Alfred Dürr: Die Kantaten von Johann Sebastian Bach 2

Die Kantaten von Johann Sebastian Bach
Erläutert von Alfred Dürr

Band 2

Bärenreiter-
Verlag

Deutscher
Taschenbuch
Verlag

Gemeinschaftliche Originalausgabe:
Bärenreiter-Verlag Karl Vötterle KG
und Deutscher Taschenbuch Verlag GmbH & Co. KG

Oktober 1971

Umschlaggestaltung: Celestino Piatti
Gesamtherstellung: C. H. Beck'sche Buchdruckerei, Nördlingen
Printed in Germany · ISBN 3-423-04081-5 (dtv)
ISBN 0-7618-0227-7 (Bärenreiter)

Inhalt

Band 2

2. Kantaten im Kirchenjahr. 1. Sonntag nach Trinitatis bis Ende des Kirchenjahres

Erster Sonntag nach Trinitatis

EPISTEL: 1. Joh. 4,16–21 (Gott ist Liebe)
EVANGELIUM: Luk. 16,19–31 (Gleichnis vom reichen Mann und vom armen Lazarus)

Die Elenden sollen essen · BWV 75

NBA I/15,87 – AD: ca. 40 Min.

1. [CHOR]: Die Elenden sollen essen	e	3/4, C
2. RECITATIVO [B]: Was hilft des Purpurs Majestät	h–e	C
3. [ARIA. T]: Mein Jesus soll mein alles sein	G	3/4
4. RECITATIVO [T]: Gott stürzet und erhöhet	a–C	C
5. [ARIA. S]: Ich nehme mein Leiden mit Freuden auf mich	a	3/8
6. RECITATIVO [S]: Indes schenkt Gott ein gut Gewissen	G–G	C
7. CHORALE: Was Gott tut, das ist wohlgetan, muß ich den Kelch gleich schmecken	G	C
Seconda parte		
8. SINFONIA	G	¢
9. RECITATIVO [A]: Nur eines kränkt ein christliches Gemüte	e–G	C
10. [ARIA. A]: Jesus macht mich geistlich reich	e	3/8
11. RECITATIVO [B]: Wer nur in Jesu bleibt	D–C	C
12. [ARIA. B]: Mein Herze glaubt und liebt	C	C
13. RECITATIVO [T]: O Armut, der kein Reichtum gleicht	a–G	C
14. CHORAL: Was Gott tut, das ist wohlgetan, dabei will ich verbleiben	G	C

Eine Leipziger Chronik, die ›Acta Lipsiensium academica‹, berichtet unter den Ereignissen vom Mai 1723:

> Den 30. dito als am 1. Sonnt. nach Trinit. führte der neue Cantor u. Collegii Musici Direct. Hr. Joh. Sebastian Bach, so von dem Fürstl. Hofe zu Cöthen hieher kommen, mit guten applausu seine erste Music auf.

Man merkt dieser Formulierung an, daß Bachs erste »Music« in den Leipziger Stadtkirchen nicht allein als eine Angelegenheit geistlichen Gemeindelebens angesehen wurde. Nein, sie bildete zugleich ein gesellschaftliches Ereignis; und die Frage, wie wohl der neue Mann einschlagen werde, erschien bedeutsam genug, um zu berichten, daß man mit ihm – fürs erste jedenfalls – zufrieden war, aber doch wiederum nicht so wichtig, daß man sich keinen Fehler in der Berichterstattung hätte leisten dürfen: Statt »Collegii Musici« muß es heißen »Chori Musici«; ein Collegium musicum übernahm Bach erst 1729. – »Mit guten applausu« (in übertragener Bedeutung; geklatscht wurde selbstverständlich nicht) klingt nicht gerade überschwenglich; aber die Erwartungen der Leipziger waren doch wohl nicht enttäuscht worden. Daß man keinen Stern erster Größe vom Range eines Telemann bekommen hatte, darüber waren sich wohl die meisten Leipziger einig, und damit hatten sie sich abgefunden; immerhin waren aber bei der Wahl Bachs auch Stimmen laut geworden wie die des Bürgermeisters Lange: »Wann Bach erwehlet würde, so könnte man Telemann ... vergessen«.

Dies etwa mag die Stimmung in Leipzig gewesen sein, mit der man sich Bachs erste »Music«, die Kantate 75, anhörte. Wie viele Werke der Trinitatiszeit ist sie zweiteilig und von beträchtlicher Ausdehnung. Inhaltlich knüpft der unbekannte Textdichter an die Evangelienlesung vom reichen Mann und armen Lazarus an; der Gegensatz Armut – Reichtum wird zum tragenden Gedanken des gesamten Textes. Gleichfalls aus dem Lesungstext entwickelt ist die Warnung vor der Unbeständigkeit des irdischen Reichtums (Satz 2). Gott stürzt und erhöht (Satz 4), und aus dieser Erkenntnis ist auch das einleitende Bibelwort, Psalm 22, 27, gewählt: »Die Elenden sollen essen, daß sie satt werden ...« Darum nimmt ein Christ die Leiden der Welt mit Freuden auf sich und erträgt ihre Plagen wie einst Lazarus geduldig (Satz 5); denn sein wahrer Reichtum ist Jesus (Satz 2), und darum erweist sich auch das Leid endlich als wohlgetan (Satz 6). Sinnvoll fügt sich hieran zum Beschluß des 1. Teils die Strophe 5 des Liedes ›Was Gott tut, das ist wohlgetan‹ von

Samuel Rodigast (1675). Im II. Teil legt der Dichter den Begriffen Armut und Reichtum übertragene Bedeutung bei: Auch geistlich ist der Christ »arm«, und nur Jesus ist es, der ihn reich macht; denn wer im Glauben an Jesus festhält und die Welt überwindet, der ist wahrhaft reich. Die Schlußstrophe aus Rodigasts obengenanntem Lied bekräftigt dies.

Der Eingangschor ist der erste jener großartigen Bibelwortchöre der Leipziger Jahre, für die dem Komponisten nunmehr die erste Kantorei des berühmten Thomanerchores – ihm hatte schon Heinrich Schütz seine ›Geistliche Chormusik‹ gewidmet – zur Verfügung steht. Der Satz ist zweigeteilt und erinnert mit seinem Gegensatz eines feierlich-ruhigen, scharf rhythmisierten und eines raschen, fugierten Teils an die Form der Französischen Ouvertüre (ein Jahr später wird Bach diese Form zur Eröffnung seines Choralkantaten-Jahrgangs wählen); sie läßt sich aber auch als Übertragung des instrumentalen Formpaares Präludium-Fuge auf den vokalen Bereich deuten. Der erste Teil ist in sich wiederum zweigeteilt: Nach Motettenart erhält jeder Textabschnitt seine eigene Thematik. Die verbindende Klammer beider Unterteile ist das rhythmisch profilierte, eigenständige Instrumentalthema, exponiert in einer 10-taktigen Einleitung des Orchesters (2 Oboen, Streicher, Continuo). Der Fugenteil wird durch instrumentale Zwischentakte in drei Abschnitte unterteilt. Der Aufbau des ganzen Satzes stellt sich demnach schematisch folgendermaßen dar (Kursivdruck: Instrumentalabschnitte ohne Chor):

A »Präludium«, zweiteilig:

Instrumentalvorspiel

(a) »Die Elenden sollen essen ...«: Imitatorisch-freipolyphoner Chorsatz mit selbständigem Instrumentalpart, z. T. Choreinbau (32f.)

Kurzes Zwischenspiel

(b) »und die nach dem Herrn fragen ...«: Quintkanon mit freipolyphoner Fortführung; Instrumente zunächst colla parte, dann wieder selbständig

Wiederholung des Vorspiels

B Fuge »Euer Herz soll ewiglich leben«:

(c) 1. Durchführung: Continuobegleiteter Solochor, dann Themeneinsätze in den Oboen (Engführung)

Zwischenspiel, Oboen und Continuo

(c') 2. Durchführung: Tuttichor + Streicher, Oboen selbständig, zum Schluß thematisch
Zwischenspiel, Gesamtinstrumentarium

(c'') Coda: Freipolyphoner Chorsatz mit überwiegend colla parte geführten Instrumenten, 2 unvollständige Themeneinsätze (Sopran, Baß)

Die *Rezitative* sind meist als Secco komponiert (Satz 4, 6, 11, 13), die Sätze 2 und 9 jedoch mit Streicherbegleitung. Ariose Partien fehlen durchweg; die schlicht-syllabische Deklamation herrscht vor.

Bei den *Arien* fällt, vergleicht man sie mit späteren Werken, das Zurücktreten des virtuos-konzertierenden zugunsten des kantablen Elements auf. So ist in allen 4 Arien die Thematik des Einleitungsritornells auch dem ersten Gesangsteil zugrunde gelegt. Besonders reizvoll geschieht dies in Satz 3, einem Streichersatz mit Oboe, in dem der Tenor zunächst mit einer unthematischen, betont gesanglichen »Devise« einsetzt:

Danach wird die Ritornellfortspinnung nochmals wiederholt, und nun erst setzt der Tenor mit dem Ritornellvordersatz ein, dessen 6 Takte er getreu übernimmt:

Auch ist eine gewisse Verwandtschaft der Arien mit Tanzcharakteren kaum zu übersehen. So läßt sich die eben erwähnte Tenor-Arie (Satz 3) als Polonaise auffassen, die Sopran-Arie ›Ich nehme mein Leiden mit Freuden auf mich‹ mit obligater Oboe d'amore (Satz 5) als Menuett; und die Alt-Arie ›Jesus macht mich geistlich reich‹ mit einer Obligatpartie der zusammengefaßten Violinen (Satz 10) könnte als Quasi-Passepied gedacht sein. Am wenigsten tänzerisch und am stärksten vom Konzert beeinflußt ist die letzte Arie (Satz 12). Der Trompete, die im Eingangssatz keine Aufgabe hatte und sonst lediglich in der Sinfonia zu Beginn des II. Teils einen Cantus firmus vorträgt (siehe unten), fällt hier, im vorletzten Kantatensatz, eine unerwartet bedeutsame Rolle zu, da sie, gestützt vom Streichorchester, den Satz thematisch eröffnet und auch im weiteren

Verlauf mit virtuoser Figuration hervortritt. Die Baßlage des Vokalparts, seine kräftigen, weiten Intervalle, der strahlende Glanz der Trompete, – all dies vereinigt sich zu einer höchst bildhaften Interpretation der Textworte »Mein Herze glaubt und liebt ...«.

Endlich ist evident, daß Bachs Komposition dem *Choral* eine bedeutsamere Rolle zuweist, als es im Text vorgesehen ist. So ist der Schlußchoral des I. wie II. Teils – beide Sätze sind musikalisch identisch – nicht wie üblich als schlicht-vierstimmiger, instrumentenverstärkter Chorsatz komponiert, sondern der im Prinzip akkordische, jedoch stark polyphon aufgelockerte Vokalsatz wird abschnittsweise in einen selbständigen Orchestersatz eingefügt, dessen Thematik aus der 1. Choralzeile abgeleitet ist. Führend sind Oboe I + Violine I; die übrigen Instrumente begleiten. Überdies ist jedoch – und das ist selbst bei Bach ungewöhnlich – auch die Einleitungs-Sinfonia des II. Teils (Satz 8) als Choralbearbeitung über dieselbe Liedweise komponiert. Diesmal wird der Cantus firmus von der Trompete vorgetragen, wiederum zeilenweise eingefügt in einen Streichersatz (+ Oboen?), der jedoch nicht wie im Schlußchoral als instrumentaler Oberstimmensatz, sondern polyphon, wenn auch der Form nach nicht als strenge Fuge gesetzt ist. Das Thema

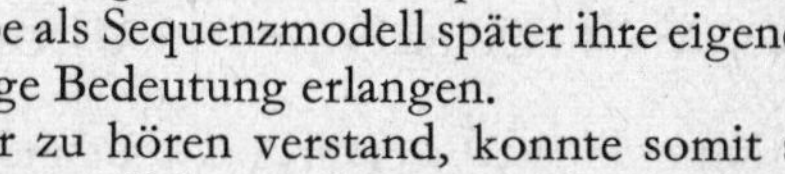

ist Gegenstand vielfacher motivischer Verwandlung, da seine drei Anfangsnoten als Klopfmotiv wie auch die Sechzehntelgruppe als Sequenzmodell später ihre eigene, vom Thema unabhängige Bedeutung erlangen.

Wer zu hören verstand, konnte somit schon an der ersten Kantatenaufführung des neuen Thomaskantors Entscheidendes über ihn erfahren. Die Kantate 75 zeigt ihn als einen vorwärtsgewandten Musiker, der sich nicht scheut, neue, ja modische Elemente in seine Komposition einzuschmelzen, freilich so, daß sie sich nicht als Fremdkörper, sondern als dienende Glieder in die Grundidee des Werkes einfügten. Besonders aber zeigt ihn unsere Kantate als einen Meister der Choralbehandlung; ja, die Melodie ›Was Gott tut, das ist wohlgetan‹ erweist sich geradezu als das Programm des Werkes und damit als Ergebnis der Auslegung des Sonntagsevangeliums. Ob Bach dabei vielleicht auch an seinen eigenen neuen Aufgabenbereich dachte, von dem er sieben Jahre später schrieb: »... so fügte es Gott, daß zu hiesigem Directore Musices u. Cantore an der Thomas Schule vociret wurde«?

O Ewigkeit, du Donnerwort · BWV 20

NBA I/15,135 – AD: ca. 31 Min.

1.	[Choral]: O Ewigkeit, du Donnerwort	F	C, 3/4, C
2.	Recitativo [T]: Kein Unglück ist in aller Welt zu finden	a–c	C
3.	Aria [T]: Ewigkeit, du machst mir bange	c	3/4
4.	Recitativo [B]: Gesetzt, es daur'te der Verdammten Qual	g–d	C
5.	Aria [B]: Gott ist gerecht	B	C
6.	Aria [A]: O Mensch, errette deine Seele	d	3/4
7.	Choral: Solang ein Gott im Himmel lebt	F	C
	Seconda parte		
8.	Aria [B]: Wacht auf, wacht auf, verlornen Schafe	C	C
9.	Recitativo [A]: Verlaß, o Mensch, die Wollust dieser Welt	a–a	C
10.	Duetto. Aria [A, T]: O Menschenkind, hör auf geschwind	a	3/4
11.	Choral: O Ewigkeit, du Donnerwort	F	C

Mit dieser Komposition eröffnete Bach am 11. Juni 1724 den Jahrgang der Choralkantaten (44ff.). Der unbekannte Textverfasser legt seiner Dichtung das bekannte Lied von Johann Rist (1642) zugrunde, das sich zur Interpretation des Evangeliums vom reichen Mann und armen Lazarus geradezu anbietet. In Satz 10 bringt er überdies noch einen direkten Hinweis auf das zuvor verlesene Gleichnis an.

Das Ristsche Lied wird in den Leipziger Gesangbüchern der Bachzeit meist mit 16 Strophen abgedruckt; als Vorlage unserer Kantate diente jedoch die auf 12 Strophen verkürzte Fassung, wie sie z. B. Gottfried Vopelius in seinem Gesangbuch von 1682 bietet. Wörtlich beibehalten sind die Strophen 1, 8 und 12; die übrigen Strophen wurden der Reihe nach zu jeweils einem Kantatensatz umgeformt, lediglich in Satz 4 sind die zwei Strophen 4 und 5 enthalten, und die Schlußzeilen aus Strophe 9 – »Vielleicht ist heut der letzte Tag, wer weiß noch, wie man sterben mag« – wurden (leicht verändert) in Satz 9 (der auf Strophe 10 fußt) übernommen. Doch steht die Umdichtung der Vorlage insgesamt sehr nahe, – ein Charakteristikum besonders der ersten Kantaten dieses Jahrgangs.

Der Schwerpunkt der Bachschen Komposition liegt auf dem kunstvoll angelegten Eingangschor, dem Bach – als erstem Satz des neuen Jahrgangs – beziehungsvoll die Form der Französischen Ouvertüre gegeben hat (47f.). Die Liedmelodie liegt im Sopran, der durch eine Zugtrompete verstärkt wird; die Zeilen 1–3 sind dem langsamen Eingangsteil, die Zeilen 4–6 dem Mittelteil (›vivace‹) und 7–8 dem langsamen Schlußteil zugewiesen, so daß der Barform a a b des Textes die musikalische Rahmenform A B A' übergestülpt wird. Vielleicht haben hierbei Gründe der Textinterpretation mitgespielt: Auf die Liedzeile »O Ewigkeit, Zeit ohne Zeit« setzt die Tempobeschleunigung ein. Unterbaut ist die Choralweise durch einen überwiegend akkordlichen, selten freipolyphonen, durchweg unthematischen Satz der vokalen Unterstimmen. Die thematische Entwicklung liegt daher ganz beim Orchester. Das Hauptmotiv des langsamen Eingangsteils ist aus dem Liedanfang abgeleitet:

vgl. hierzu:

Dagegen ist das Thema des raschen Mittelteils mitsamt seinem chromatischen Kontrapunkt nicht choralbezogen:

Auch ist der Mittelsatz keine schulgerechte Fuge, ja nicht einmal als Fugato zu bezeichnen, da die Intervalle der einzelnen Themenbestandteile vielfach wechseln.

Dieser Freiheit der Satztechnik in Orchester- und Singstimmenbehandlung steht eine starke Bindung an den Wortlaut des Textes gegenüber, die sich in einem Bestreben nach sinnfälliger Textausdeutung äußert. Hierfür einige Beispiele:

»Ewigkeit« – lange Notenwerte im vokalen Unterstimmenbau und in den Streichern,
»Donnerwort« – plötzlicher Umschlag in kurze Notenwerte mit melismatischer Figur im Baß,
»Traurigkeit« – Eindringen der chromatisch absteigenden Linie aus dem instrumentalen Kontrapunkt des Mittelteils (siehe oben) auch in die Singstimmen,
»erschrocken« – pausendurchbrochene, zuckende Rhythmen, zunächst im Orchester, dann auch im vokalen Unterstimmensatz,
»klebt« – Halteton *f'* bzw. *f* in den Singstimmen (harmonische Füllung nur in den Instrumenten).

Die musikalische Formung der *Rezitative* zeigt die Merkmale des Bachschen Reifestils: Die Deklamation ist leidenschaftlicher geworden, zugleich aber auch knapper, da ihnen die ariosen Teilstücke der Frühzeit weithin fehlen; nur in Satz 9 wird der Rezitativsatz auf die Worte »Pracht, Hoffahrt, Reichtum, Ehr und Geld« (sie entstammen wörtlich der 10. Liedstrophe) um eine motivgeprägte Continuofigur bereichert; im übrigen dominiert das continuobegleitete Secco.

Dadurch ist zugleich der Kontrast zu den *Arien* stärker geworden, die ihrerseits den Text in seinem Affekt wie auch in Einzelwendungen interpretieren. Haltetöne auf »Ewigkeit«, »ewig« und »lange«, Chromatik auf »bange« sind bereits in der Ritornellthematik des 3. Satzes vorbereitet, ebenso die kräftigen, entschiedenen, weiten Intervallsprünge auf »Gott ist gerecht« in Satz 5. Die Mahnung des 6. Satzes wirkt besonders eindringlich durch ein mehrfaches Umschlagen des vorgeschriebenen 3/4-Taktes in einen latenten 3/2-Takt:

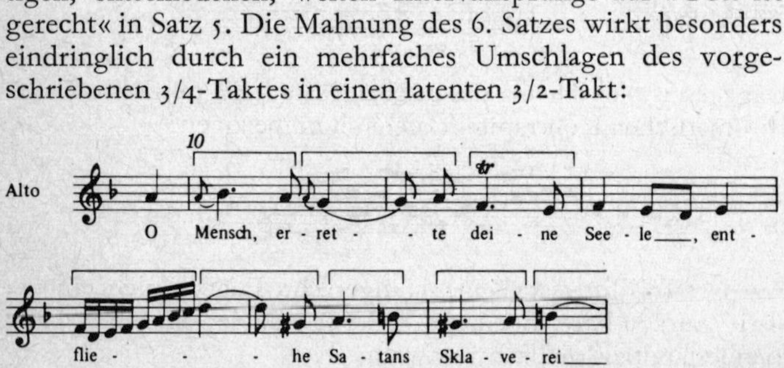

Kräftige Trompetensignale und rasche Skalenfiguren charakterisieren die Worte »Wacht auf« des Satzes 8 und lenken die Gedanken zugleich auf die Posaune des Jüngsten Gerichts. Endlich soll auch das »sprechende« Continuomotiv zu Beginn des Duetts (Satz 10) nicht unerwähnt bleiben, das der Hörer nach Einsetzen der Singstimme als ständig mahnenden Ruf »O Menschenkind« deutet.

So weicht allein in den *Schlußchorälen* der beiden Teile – der Satz ist jeweils identisch – die leidenschaftliche musikalische Diktion einer mehr objektivierenden Darstellung: Im schlichten Satz dieser Liedstrophen macht sich der Komponist zum Sprecher der Gemeinde, die am Schluß bittet, in Jesu »Freudenzelt« aufgenommen zu werden.

Brich dem Hungrigen dein Brot · BWV 39

NBA I/15, 181 – AD: ca. 24 Min.

1. [Chor]: Brich dem Hungrigen dein Brot	g	3/4, C, 3/8
2. Recitativo [B]: Der reiche Gott wirft seinen Überfluß auf uns	B–a	C
3. Aria [A]: Seinem Schöpfer noch auf Erden	F	3/8
Seconda parte		
5. [Basso solo]: Wohlzutun und mitzuteilen	d	¢
5. Aria [S]: Höchster, was ich habe	B	6/8
6. Recitativo [A]: Wie soll ich dir, o Herr	Es–g	C
7. Choral: Selig sind, die aus Erbarmen	B	C

Es ist eine schöne Legende, wenn zuweilen behauptet wird, Bach habe seine ›Flüchtlingskantate‹ im Jahre 1732 zum Festgottesdienst für die vertriebenen Salzburger Protestanten komponiert; doch hat die Forschung inzwischen festgestellt, daß das Werk in Wahrheit schon zum 23. Juni 1726 geschrieben wurde. Dennoch mag es sein, daß es sechs Jahre später bei einer erneuten Aufführung eine Erfüllung gefunden hat, von der Dichter und Komponist zuvor nichts geahnt hatten. Nur: Ob es sich wirklich so verhält, wissen wir nicht.

Der Text knüpft wiederum an das Sonntagsevangelium an. Hatten aber die Kantatendichter der früheren Werke zu diesem Sonntag in BWV 75 den Gegensatz Armut – Reichtum und in BWV 20 den Ruf zur Buße angesichts der Ewigkeit in den Mittelpunkt ihrer Ausführungen gerückt, so erkennt der Dichter dieses Textes im Gleichnis vom reichen Mann und armen Lazarus die Aufforderung zu tätiger Hilfe dem Mitmenschen gegenüber und zu Dank für Gottes Gaben. Die formale Anlage weist Beziehungen zu Kantaten Johann Ludwig Bachs auf (53); doch ist die Frage nach dem Dichter bislang noch nicht endgültig geklärt. Beide Teile werden durch je einen Bibelspruch eingeleitet. An das alttestamentliche Wort des I. Teils, Jesaja 58, 7–8, schließt sich die Mahnung zur Nächstenliebe an (Satz 2, 3) und an das neutestamentliche des II. Teils, Hebräer 13, 16, der Dank für empfangene Gaben (Satz 5), das Gelöbnis, Nächstenliebe zu üben, und die Bitte, selbst einst von Gott barmherzig aufgenommen zu werden (Satz 6). Der Schlußchoral, die 6. Strophe des Liedes ›Kommt, laßt euch den Herren lehren‹ von David Denicke (1648), faßt diese Gedanken nochmals zusammen.

Die Musik Bachs zeigt den Komponisten auf der Höhe seiner Kunst. Dies erweist sich besonders an dem großangelegten Eröffnungschor. Seine 218 Takte bieten die ganze Vielfalt der kompositorischen Mittel auf, die sich Bach angeeignet, selber weitergebildet hat und die er nun souverän beherrscht. Aus der Motette übernommen ist das Prinzip der Reihung einzelner Satzglieder mit verschiedenen Textteilen: Jeder grammatische Satz erhält die ihm gemäße Vertonung. Dies geschieht in drei großen, in sich wiederum reich gegliederten Komplexen; wir nennen sie A, B und C.

Der Mittelteil B ist relativ kurz, überwiegend akkordlich gesetzt und hat innerhalb des Gesamtaufbaus vermittelnde Funktion. Dies erweist sich auch an seiner Harmonik: Er moduliert von der Dominante d in die Subdominante c und ermöglicht hierdurch eine gleichartige harmonische Entwicklung der beiden Rahmenkomplexe, nämlich jeweils in die Dominante ihrer Ausgangstonart: g–d und c–g.

Ihrer Satzstruktur nach stehen beide Rahmenkomplexe zueinander im Wechselverhältnis: In A umrahmen zwei gleichartige, mehr akkordliche Teile einen Fugenteil; in C umrahmen zwei gleichthematische Fugenteile einen mehr akkordlichen Teil.

Der Gesamtaufbau stellt sich demnach wie folgt dar (Kursive: Instrumentalpart):

Einleitungssinfonie: Wechselchöriges Konzertieren der Blockflöten, Oboen und Streicher

A »Brich dem Hungrigen dein Brot ...«, g–d, 3/4

a Choreinbau (32f.) in die *geringfügig erweiterte Eingangssinfonie*

b Fugenexposition, *instrumentale Begleitfiguren*

a Dominantversetzte Wiederholung des ersten Abschnitts

B »So du einen nacket siehest ...«, d–c, C

c Imitatorisch-akkordlicher Satz, *instrumentale Begleitfiguren*

C »Alsdenn wird dein Licht herfürbrechen ...«, c–g, 3/8

d Fugenexposition, *Instrumente z. T. colla parte, z. T. begleitend*

e Zwei kurze, überwiegend homophone Chorpartien (»und deine Besserung ...« – »und deine Gerechtigkeit ...«), *Instrumente analog* d

d' Freie Wiederholung des Abschnitts d auf neuen Text (»und die Herrlichkeit des Herrn ...«), danach kurze, akkordliche Coda.

Daß die beiden Fugenthemen zu d und d' trotz scheinbarer Verschiedenheit im Grunde identisch sind, zeigt die folgende Gegenüberstellung:

Thema d

Thema d'

Die Sätze auf madrigalische Dichtung gruppieren sich symmetrisch um das neutestamentliche Bibelwort. Außenglieder sind die Rezitativsätze 2 und 6. Beide sind schlicht-syllabisch deklamierend angelegt, also – wenn man von den Schlußnoten des Satzes 2 (»an das Herze dringen«) absieht – ohne jeden ariosen Einschub; doch ist das erste Rezitativ continuobegleitetes Secco, während das zweite mit Streichern ausinstrumentiert ist und dadurch die an Gott gerichtete Frage und Bitte hervorhebt.

Die Arien (Satz 3 und 5) sind beide geringstimmig besetzt; die Klangfülle des Eingangschores legte diesen Kontrast wohl nahe. Satz 3 verlangt zwei Obligatpartien – Oboe und Soloviolinе –, Satz 5 faßt die beiden Blockflöten zu einer Obligatpartie zusammen. Auch in Form und Struktur sind beide Arien einander ähnlich: Beide sind zweiteilig, verzichten also auf das traditionelle Dacapo des Singstimmenparts und begnügen sich mit Ritornellumrahmung; in beiden steht die konzertante Führung der Obligatinstrumente einem kantablen, zumal in Satz 5 geradezu liedhaft-schlichten Gesangspart gegenüber.

Die Vertonung des Bibelworts (Satz 4) als Continuosatz dient offenbar gleichfalls dem Kontrast zum Tutti des Einleitungssatzes: Hatte dieser in seiner Vollstimmigkeit gleichsam die Allgemeingültigkeit des Barmherzigkeitsgebotes vor Augen geführt, so glaubt man in jenem Christus selbst (Baß!) mit erregender Eindringlichkeit reden zu hören. Der Satz gehört zu den zwischen Arioso und Arie angesiedelten Baß-Soli, die Bach mehrfach für Bibelwortvertonungen wählt (43 f.); und obgleich die gesamte Continuo-Begleitung aus Motiven des Eingangsritornells, also als Basso quasi ostinato gestaltet ist, so bewundert man doch den unerschöpflichen Einfallsreichtum Bachs, mit dem er die einzelnen Textteile in immer neuer Eindringlichkeit vertont, wobei bald das eine, bald das andere Wort stärker hervorgehoben wird (»... gefallen Gott *wohl* ... gefallen *Gott* wohl«).

Der Schlußchoral ist ein schlichter Chorsatz auf die Melodie ›Freu dich sehr, o meine Seele‹.

Zweiter Sonntag nach Trinitatis

EPISTEL: 1. Joh. 3,13–18 (Wer nicht liebet, der bleibet im Tode)
EVANGELIUM: Luk. 14,16–24 (Gleichnis vom großen Abendmahl)

Die Himmel erzählen die Ehre Gottes · BWV 76

NBA I/16 – AD: ca. 35 Min.

1.	[CHOR]: Die Himmel erzählen die Ehre Gottes	C	3/4
2.	RECITATIVO [T]: So läßt sich Gott nicht unbezeuget	a–e	C
3.	ARIA [S]: Hört, ihr Völker, Gottes Stimme	G	C
4.	RECITATIVO [B]: Wer aber hört, da sich der größte Haufen	e–C	C
5.	ARIA [B]: Fahr hin, abgöttische Zunft	C	C
6.	RECITATIVO [A]: Du hast uns, Herr, von allen Straßen	e–e	C
7.	CHORAL: Es woll uns Gott genädig sein	e	C
	Seconda parte		
8.	SINFONIA	e	C
9.	RECITATIVO [B]: Gott segne noch die treue Schar	h–a	C
10.	ARIA [T]: Hasse nur, hasse mich recht	a	3/4
11.	RECITATIVO [A]: Ich fühle schon im Geist	F–C	C
12.	ARIA [A]: Liebt, ihr Christen, in der Tat	e	9/8
13.	RECITATIVO [T]: So soll die Christenheit	C–e	C
14.	CHORAL: Es danke, Gott, und lobe dich	e	C

›Die Himmel erzählen die Ehre Gottes‹ ist die zweite Kantate, die Bach als neu ernannter Thomaskantor geschrieben hat; am 6. Juni 1723 erlebte sie in der Thomaskirche ihre erste Aufführung. Formal gibt sie sich deutlich als Schwesterwerk der Leipziger Erstlingskantate 75 (325) zu erkennen, und mit welchem Eifer Bach sich seiner neuen Aufgabe widmete, beweist die beträchtliche Ausdehnung beider Werke. Gemeinsam ist ihnen die zweiteilige Anlage; die Eröffnung des II. Teils bildet jeweils eine Instrumentalsinfonie.

Der unbekannte Textdichter knüpft an die Evangelienlesung des Sonntags an und wählt als Thema die Einladung Gottes an den Menschen, sich zu ihm zu bekehren. So ist auch das vorangestellte Psalmwort (Ps. 19, 2 und 4) aufzufassen: Der gesamte Kosmos ist ein einziger Lobpreis der herrlichen Werke Gottes; darum ergeht auch an den Menschen die Aufforderung, Gott die Ehre zu geben (Satz 1 bis 3). Dem Gang des Gleichnisses folgend, geben die Sätze 4 und 5 der Empörung darüber Ausdruck, daß der »größte Haufen« die Aufforderung Gottes verwirft und sich andern Göttern zuwendet; darum hat Gott die Heiden »von allen Straßen« zu sich gerufen (vgl. Luk. 14, 23) und erleuchtet (Satz 6). Mit dem Gebet um Gottes Segen, der 1. Strophe der Nachdichtung des 67. Psalms durch Martin Luther (1523), schließt der I. Teil.

Der II. Kantatenteil handelt nun von den Aufgaben der »treuen Schar«, die die Einladung Gottes angenommen hat (Satz 9) und sich darum dem Haß der Welt ausgesetzt sieht (Satz 9, 10). Ihre Pflicht ist es, die Liebe Christi, die sich an ihnen erwiesen hat, nun auch ihren Brüdern in der Welt angedeihen zu lassen (Satz 11 bis 13), – ein Gedanke, der sich auch in der Epistel des Sonntags wiederfindet. Die 3. Strophe des obengenannten Lutherliedes beschließt das Werk.

Der inhaltlich wie poetisch außergewöhnlich wertvolle Text ermöglichte durch seinen allgemeinen Gedankengang die Wiederverwendung der Kantate auch zu andern Anlässen; und tatsächlich scheint Bach mindestens ihren I. Teil später zum Reformationsfest aufgeführt zu haben; denn mit dieser Bestimmung wird das Werk noch im Jahre 1761 von der Firma Breitkopf in Leipzig zum Kauf angeboten.

Charakteristisch für Bachs Komposition ist die Vielfalt der zuweilen verhältnismäßig kurzen Sätze. Der gewichtigste Satz ist der großangelegte Eingangschor, dessen Instrumentarium neben Oboen, Streichern und Continuo eine Trompete verlangt, während die Singstimmen nach barocker Praxis in Solo- und Tuttichor aufgeteilt sind. In seiner Form ist dieser Eingangssatz zweiteilig, gleichsam eine vokale Übertragung der Instrumentalform Präludium und Fuge in den vokalen Bereich. Der präludienhafte A-Teil ist gegenüber älteren Beispielen dieser Art einheitlich gestaltet durch einen selbständigen Orchesterpart, dessen Thematik in der Einleitungssinfonie exponiert und im Vokalteil beibehalten wird. Als B-Teil folgt mit neuem Thema eine Permutationsfuge (24), die in großartiger Steigerung, mit dem Solochor beginnend, über den Tuttichor (+ Holzbläser und Streicher) bis zum krönenden Themeneinsatz in der Trompete weitergeführt wird. Die Coda bilden ein Kanonkomplex über eine Abwandlung des Fugenthemas und – überraschend zum Schluß – die 4 letzten Takte der Einleitungssinfonie mit Choreinbau (32f.).

Das anschließende Rezitativ (Satz 2) erhält in der Komposition ein besonderes Gewicht durch seine Ausinstrumentierung mit Streichern und durch seinen ausgedehnten Mittelteil, in dem motivische Violinfiguren der Deklamation der Singstimme bei der andächtigen Betrachtung der großen Taten Gottes besonderen Nachdruck verleihen.

Die bekannte Arie ›Hört, ihr Völker, Gottes Stimme‹ (Satz 3) ist im Gegensatz zu zahlreichen weitausgesponnenen Themen Bachs durch ein kurzes Motiv geprägt, das immer wieder die Worte »hört, ihr Völker« zu rufen scheint, sich aber doch über »sprechende« Pausen hinweg zur großen Melodielinie rundet.

Auf ein kurzes Rezitativ (Satz 4) folgt eine weitere Arie (Satz 5), die nicht nur in ihrem Text, sondern auch durch ihre dichte Instrumentation (Streicher, Trompete) und die tiefe Lage der Singstimme (Baß) im Gegensatz zur ersten steht. In der Melodik des Instrumentalritornells fallen freilich auch hier wieder die »sprechenden« Motive und Pausen auf, daneben aber auch die ausgedehnten Koloraturen der Singstimme.

Die nächsten beiden Sätze (6 und 7) gehen unmittelbar ineinander über in ihrer Entwicklung vom lockeren Seccorezitativ über das continuobegleitete Arioso zum Choral mit selbständig geführten Instrumenten. Bach bereichert hier die gebräuchliche Form des schlicht-vierstimmigen Satzes nicht allein durch obligate Führung der 1. Violine, sondern auch durch Zeilenzwischenspiele, in denen die Trompete die Choralmelodie der folgenden Zeile – vollständig oder andeutend – vorwegnimmt. Dazu erklingt ein ostinates Baßmotiv im Continuo, das aus der leicht kolorierten Fassung der Anfangszeile des Chorals gewonnen ist. Auch diese ostinate Continuofigur gehört zu jenen pausendurchsetzten sprechenden Motiven, an denen die Kantate besonders reich ist.

Im II. Kantatenteil schlägt Bach kammermusikalische Töne an, gewiß in Erinnerung an das eben erst verlassene Köthener Kapellmeisteramt. Oboe d'amore und Gambe sind die bevorzugten Instrumente, und sie leiten auch, continuobegleitet, den Teil durch eine Sinfonia ein (Satz 8), ein Stück, das mit seiner Folge ›Adagio‹ – ›vivace‹ der Französischen Ouvertüre nahesteht. Später hat Bach den Satz in seinem Orgeltrio BWV 528 mit geringen Änderungen wiederverwendet.

Auf ein kurzes, mit Streichern instrumentiertes Rezitativ (Satz 9) folgt eine Arie über einen Basso ostinato (Satz 10), die in ihrem leidenschaftlichen Affekt dem Satz ›Fahr hin, abgöttische Zunft‹ nahesteht; doch greift Bach diesmal, wohl im Hinblick auf die individuelle Aussage des Textes, zur Geringstimmigkeit des Continuosatzes[1].

In umgekehrter Folge gegenüber dem 1. Teil erklingt nun nach einem rezitativischen, meist jedoch als Arioso geformten vermittelnden Satz eine liebliche Arie (Satz 12) in der erlesenen Instrumentation der Sinfonia mit Oboe d'amore und Viola da gamba als Obligatinstrumenten, ein besonderes Schmuckstück der Kantate. Ihr folgt nach einem kurzen Rezitativ (Satz 13) die mit der Schlußstrophe textierte Wiederholung des Choralsatzes 7.

Ach Gott, vom Himmel sieh darein · BWV 2

NBA I/16 – AD: ca. 20 Min.

1. Choral: Ach Gott, vom Himmel sieh darein	d	¢
2. Recitativo [T]: Sie lehren eitel falsche List	c–d	C
3. Aria [A]: Tilg, o Gott, die Lehren	B	3/4
4. Recitativo [B]: Die Armen sind verstört	Es–g	C
5. Aria [T]: Durchs Feuer wird das Silber rein	g	C
6. Choral: Das wollst du, Gott, bewahren rein	d	C

Das Werk ist eine Choralkantate (44ff.); zugrunde liegt ihr Martin Luthers Nachdichtung des 12. Psalms (1524), eine Klage über die Abkehr der Menschen von Gott und ihre Verführung zu gottlosem Leben durch ketzerische Lehren. Anfangs- und Schlußstrophe sind im Wortlaut beibehalten, die Binnenstrophen zu je einem Rezitativ- oder Ariensatz umgedichtet worden; dabei wurden zwei Zeilen aus Strophe 2 wörtlich bzw. fast wörtlich in den Kantatensatz 2 übernommen. Der unbekannte

[1] Hier gilt es allerdings, einer allgemein verbreiteten Fehlinterpretation entgegenzutreten: Die Mitwirkung der Viola da gamba im Continuopart ist, wie die Quellen zeigen, als Ergänzung und nicht als Ersatz der übrigen Continuoinstrumente zu verstehen. Der kräftig zupackende Impuls des Satzes darf nicht als zartes »Gambensolo« mißverstanden werden!

Textredaktor folgt Luthers Dichtung im allgemeinen sehr getreu. In Satz 2 lehnt er sich mit dem Gedanken an die Gräber, die »nur Stank und Moder in sich fassen« an Matthäus 23, 27 an, während sich spezielle Anspielungen auf das Sonntagsevangelium nirgends finden; freilich ist auch der Grundgedanke des Lutherliedes schon hinreichende Auslegung des sonntäglichen Gleichnisses mit seiner Erzählung vom Ausbleiben der zum Abendmahl geladenen Gäste.

Bachs Komposition – die zweite im Jahrgang der Choralkantaten – ist zum 18. Juni 1724 entstanden. Mitbestimmend für die Gestaltung des Eingangschores war die Absicht Bachs, den Beginn des Jahrgangs durch charakteristische Abwandlung der Anfangssätze hervorzuheben (47f.). Dieser hier ist das klassische Muster einer Cantus-firmus-Motette: Die Liedweise wird in langen Notenwerten vom Alt vorgetragen, dabei jede Zeile vorbereitet durch eine fugierte Verarbeitung ihrer Melodie in den übrigen Singstimmen. Der hierdurch verursachte ständige Wechsel der Stimmenzahl mit ihrem stetigen Anwachsen bis zum Einsatz des Alts in jeder Zeile verleiht dem Satz eine eigene, strukturbedingte Dynamik. Andererseits erweckt dieser Chor durch das Fehlen obligater Instrumentalstimmen den Eindruck des Altertümlichen, Archaischen: Nur der Continuo ist stellenweise selbständig geführt; die übrigen Instrumente – 4 Posaunen, 2 Oboen und Streicher – gehen mit den Singstimmen.

Satz 2 ist als continuobegleitetes Secco komponiert; doch werden die beiden choralverwandten Textzeilen als Arioso vertont (›adagio‹), und ihre zugehörige Liedweise – es ist die der Zeilen 1 und 5 – wird nicht nur von der Singstimme mitübernommen, sondern sogar vom Continuo kanonisch aufgegriffen.

In der Arie ›Tilg, o Gott, die Lehren‹ kommt nun auch der »moderne«, konzertante Satz zu seinem Recht mit den lebhaften Figurationen einer obligaten Solovioline. Im Mittelteil benutzt Bach wiederum die Gelegenheit zu einem Zitat der Choralmelodie im Alt auf die annähernd wörtlich beibehaltene Schlußzeile der 3. Strophe »Trotz dem, der uns will meistern« (Luther: »Wer ist, der uns sollt meistern«).

Das Rezitativ ›Die Armen sind verstört‹ ist von Streichern begleitet. Seine Mittelpartie, in der von der Erhörung des Flehens durch Gott die Rede ist, geht wiederum ins Arioso über, und auch in den Rahmenteilen bewirkt eine relativ bewegte Stimmführung der begleitenden Streicher eine entsprechend streng rhythmische Deklamation der Singstimme: Auch die Faktur der rezitativischen Partien ist dem Arioso angenähert.

Die Arie ›Durchs Feuer wird das Silber rein‹ (Satz 5) wird von einem stark akkordischen und periodisch gegliederten Instrumentalsatz – 2 Oboen und Streichern – getragen. Vielleicht sollen die ständig auftretenden gegenläufigen Melodielinien, die freilich dem Auge stärker als dem Ohr auffallen, auf die Umkehr des durch das Kreuz geläuterten Christen deuten:

Im Mittelteil der Arie schweigt das Orchester zunächst (bis auf den Continuo) und setzt erst gegen Ende wieder ein, ehe zwei Adagio-Takte (»in Kreuz und Not geduldig sein«) zum Dacapo des Hauptteils zurückleiten.

Die letzte Choralstrophe ist ein schlichter Chorsatz mit duplierenden Instrumenten.

Dritter Sonntag nach Trinitatis

EPISTEL: 1. Petr. 5,6–11 (Alle eure Sorge werfet auf ihn; denn er sorget für euch)
EVANGELIUM: Luk. 15,1–10 (Gleichnisse vom verlorenen Schaf und verlorenen Groschen)

Ich hatte viel Bekümmernis · BWV 21

NBA I/16 – AD: ca. 44 Min.

1. SINFONIA	c/d[1]	C
2. CHORUS: Ich hatte viel Bekümmernis	c/d	C
3. ARIA [S]: Seufzer, Tränen, Kummer, Not	c/d	$\frac{12}{8}$
4. RECITATIVO [T]: Wie hast du dich, mein Gott	c–f/d–g	C
5. ARIA [T]: Bäche von gesalznen Zähren	f/g	C
6. CHORUS: Was betrübst du dich, meine Seele	f–c/g–d	$\frac{3}{4}$, C
Seconda parte		
7. RECITATIVO [S, B]: Ach Jesu, meine Ruh	Es–B/F–C	C
8. ARIA DUETTO [S, B]: Komm, mein Jesu, und erquicke	Es/F	C, $\frac{3}{8}$, C
9. CHORUS [+ CHORAL]: Sei nun wieder zufrieden, meine Seele – Was helfen uns die schweren Sorgen	g/a	$\frac{3}{4}$
10. ARIA [T]: Erfreue dich, Seele, erfreue dich, Herze	F/G	$\frac{3}{8}$
11. CHORUS: Das Lamm, das erwürget ist	C/D	C

Die Entstehungsgeschichte dieser Kantate liegt weithin im Dunkeln. Einer heute nicht mehr kontrollierbaren Überlieferung zufolge soll Bach sie bei seiner Bewerbung um das Organistenamt an der Liebfrauenkirche in Halle im Herbst 1713

1 Die zuerst angegebenen Tonarten beziehen sich auf Chorton (in Leipzig auch Kammerton), die folgenden auf Kammerton.

aufgeführt haben. Zudem läßt ihre komplexe Gestalt, in der sie überliefert ist, eine getrennte Entstehung einzelner Teile vermuten; – auch das läßt sich nicht mehr restlos klären. Offenbar in Zusammenhang mit der verschiedenartigen Herkunft der Sätze steht die Bestimmung des Werkes »per ogni tempo«, also für jede Zeit des Kirchenjahres, die der Umschlag der (allein erhaltenen) Originalstimmen vermerkt. Außerdem findet sich dort eine Notiz Bachs – und das ist nun der erste handgreifliche Hinweis zur Entstehungsgeschichte –, daß die Kantate am 3. Sonntag nach Trinitatis 1714 musiziert worden sei.

Später hat Bach das Werk vielfach wiederaufgeführt, einmal in seiner Köthener Zeit, wie der diplomatische Befund der Stimmen erkennen läßt (da Johann Mattheson, der Hamburger Musikschriftsteller, das Werk gekannt und kritisiert hat, denkt man an Bachs Hamburger Reise 1720). Eine weitere Wiederaufführung fand am 13. Juni 1723 in Leipzig statt (als dritte Kantate nach Bachs Amtseinführung), wohl erstmals mit Posaunenverstärkung in Satz 9; und auch in den folgenden Leipziger Jahren dürfte die Kantate noch mehrmals erklungen sein. Mancherlei wurde bei diesen Aufführungen verändert; so wechselten sich Tenor und Sopran in der Ausführung der Arien verschiedentlich ab, die Hinzunahme der Posaunen (in Satz 9) wurde schon erwähnt, die Tonart war – bezogen auf Kammerton – bald d-Moll, bald c-Moll, und manche weiteren Änderungen mögen uns heute nicht mehr rekonstruierbar sein. Die Aufführungen unserer Zeit orientieren sich jedenfalls an der letzten uns überlieferten (Leipziger) Fassung des Werkes.

Gemessen an den übrigen Kantaten des Jahres 1714 mutet der Text in seiner Vielzahl eingeflochtener Bibelwortsätze ausgesprochen altertümlich an: Satz 2 entstammt Psalm 94, 19, Satz 6 Psalm 42, 12, Satz 9 Psalm 116, 7 und Satz 11 Offenbarung 5, 12–13. Die madrigalischen Stücke dagegen entsprechen im Stil den Dichtungen Salomon Francks (26f.), dem wir auch die drei voraufgehenden Kantaten des Jahres 1714 zugeschrieben haben (BWV 182, 12, 172). Insbesondere lassen sich Zwiegespräche zwischen Jesus und der Seele in der Art, wie sie Satz 7 und 8 bieten, in Francks Dichtungen mehrfach aufzeigen. Inhaltlich bezieht sich der Text kaum auf das Evangelium des 3. Sonntags nach Trinitatis, eher schon auf die Epistel mit ihrer Mahnung, alle Sorge auf Jesus zu werfen: Die Seele in ihrer Bekümmernis und Not (Satz 2 und 3) fühlt sich von Gott verlassen (Satz 4) und von den Mächten der Hölle bedrängt (Satz 5).

Der Ermahnung folgend, auf Gott zu harren, der ihr helfen werde (Satz 6), wendet sie sich an Jesus; dieser verspricht ihr Hilfe und Erquickung (Satz 7 und 8). Nachdem die Seele so ihre Sorge auf Jesus geworfen hat, ist sie »wieder zufrieden« (Satz 9), ihr Kummer entschwindet (Satz 10), und ein Lobgesang auf das »Lamm, das erwürget ist« (Satz 11) beschließt das Werk. Am deutlichsten liegen die Beziehungen zur Epistel wohl in Satz 9 zutage mit den Entsprechungen:

Was helfen uns die schweren Sorgen	–	Alle eure Sorge werfet auf ihn
denn der Herr tut dir Guts	–	denn er sorget für euch

Dieser Satz enthält zugleich als einziger Choralstrophen, und zwar die Strophen 2 und 5 des Liedes ›Wer nur den lieben Gott läßt walten‹ von Georg Neumark (1641), so daß man fast vermuten möchte, eine frühere, kürzere Fassung der Kantate könne mit diesem Satz geschlossen haben.

Dem Eingangschor stellt Bach eine eigenthematische Sinfonia voran, die der 8 Wochen zuvor entstandenen Sinfonia zu BWV 12 stilistisch eng verwandt ist, also für 1714 komponiert worden sein könnte. Wie jene erweckt sie den Eindruck eines langsamen Konzert-Mittelsatzes, wobei Oboe und Violine I als Soloinstrumente behandelt sind, Violine II und Viola dagegen als harmonische Füllstimmen.

Weniger charakteristisch für 1714 ist dagegen das Vorherrschen des Bibelworts und seine ausschließliche Vertonung als Chorsatz, während die übrigen Kantaten dieser Zeit, sofern sie überhaupt Bibelwort enthalten, nur dessen rezitativische Vertonung kennen (vgl. BWV 18, 182, 12, 172). Sollten diese Chorsätze wirklich erst 1714 entstanden sein, so hätten wir darin eine beabsichtigte Abwandlung der Formen zu sehen: Nach der Chorfuge in BWV 182, der Passacaglia in BWV 12, dem Konzertsatz in BWV 172 wäre Bach nunmehr bestrebt, in BWV 21 das motettische Prinzip in den Mittelpunkt zu stellen.

Der Eingangschor (Satz 2), der mit seinen häufigen Wortwiederholungen (»Ich, ich, ich ...«) Matthesons Kritik herausgefordert hatte, ist zweiteilig. Er beginnt (nach einleitenden Akkordblöcken) mit einem fugenähnlichen Chorsatz über ein beliebtes Thema, das Bach wohl Vivaldis d-Moll-Konzert op. 3, Nr. 11, entnommen hat (Bachs Orgeltranskription BWV 596 desselben Konzerts muß auch in diesen Jahren entstanden sein); doch auch in seiner Orgelfuge G-Dur BWV 544 kehrt das

Thema in ähnlicher Form wieder, und es ist wohl kein Zufall, daß uns ganz am Ende des Jahres 1714 in den Werken BWV 152 und 536 (a) noch einmal eine derartige thematische Verwandtschaft zwischen Kantate und Orgelfuge entgegentritt. – Auf einen lapidaren Akkordblock »aber« folgt nun ›vivace‹ der zweite Teil des Satzes »deine Tröstungen erquicken meine Seele« in freier Polyphonie mit meist paarweise imitierenden Einsätzen. Mit einer Tempoverbreiterung – ›andante‹ – endet der eindrucksvolle Chorsatz.

Betrachten wir nun die übrigen *Chorsätze* der Kantate, so erweist sich der zweite (Satz 6) noch deutlicher als der erste dem Reihungsprinzip der Motette verpflichtet. Seine Gesamtform läßt sich als »Fantasie und Fuge« bezeichnen; der zweite Teil ist eine Permutationsfuge (24) von erstaunlich konsequenter Anlage, allmählich gesteigert durch die Einsatzfolge Soli – Instrumente – Tuttichor + Streicher – Hinzutreten der Oboe mit krönendem Themeneinsatz. Der erste Teil dagegen reiht in altertümlicher Kleingliedrigkeit Satzteil an Satzteil:

»Was betrübst du dich, meine Seele«: 2 homophone Chorblöcke, Solo-Tutti-Kontrast
»und bist so unruhig«: Kanongeflecht (›spirituoso‹), Synkopen
»in mir«: 2 Akkorde (›adagio‹)
»Harre auf Gott«: Imitierende Einsatzfolge, Instrumentalzwischenspiel
»denn ich werde ihm noch danken«: Homophoner Chorsatz

Auf die Worte »daß er meines Angesichtes Hilfe und mein Gott ist« beginnt dann die oben beschriebene Permutationsfuge.

Auch die Kombination des Bibelworts (»Sei nun wieder zufrieden ...«) mit einem Choral, wie sie Satz 9 bietet, ist alte Motettentradition. Als »modern« mag in diesem Satz die einheitliche thematische Gestaltung der den Bibeltext vortragenden Stimmen empfunden worden sein: Der gesamte Satz ist auf einem Tonleiterthema aufgebaut, dazu wird die erste der beiden Liedstrophen vom Tenor, danach die zweite vom Sopran vorgetragen. Eine zusätzliche Differenzierung erfahren die beiden Teile des Satzes durch den solistischen, nur vom Continuo begleiteten Bibelwort-Chorsatz zur ersten Strophe, während zur zweiten nicht nur der Tuttichor und die bisher verwendeten Instrumente (Oboe und Streicher) hinzutreten, sondern (in der Leipziger Fassung) auch noch ein Chor von 4 Posaunen.

Der Schlußchor endlich, nunmehr mit Hinzunahme von 3 Trompeten und Pauken (ohne Posaunen), besteht aus einem kurzen, homophonen Chorsatz mit wechselchörig begleitenden Instrumenten sowie einer ausgedehnten Permutationsfuge (»Lob und Ehre und Preis und Gewalt ...«), die wiederum auf dem Prinzip allmählicher Steigerung aufgebaut ist und durch zwei Themeneinsätze der 1. Trompete gekrönt wird.

Gegenüber diesen altertümlichen Chorsätzen verkörpern die *Arien und Rezitative* das »moderne« Prinzip. Satz 3, eine Arie mit obligater Oboe, ist von erstaunlicher Knappheit und fast völlig aus dem melodischen Vorrat des 7taktigen Einleitungsritornells entwickelt, dabei von so überwältigender Ausdruckskraft, daß man sie zum Ergreifendsten zählen möchte, das Bach geschrieben hat (vgl. die Wiedergabe des Satzes auf S. 89–91). Vordergründiger in ihrer Konzeption ist die zweite Arie (Satz 5), zu der ein streicherbegleitetes Rezitativ hinführt. Ihre Thematik ist aus dem Bild der einherrauschenden Tränenfluten gewonnen, und auch im Mittelteil hat der Komponist die Möglichkeit zur Darstellung von »Sturm und Wellen« sowie des Versinkens »in den Grund« mit musikalischen Mitteln wahrgenommen.

Unerwartet, weil weder vorbereitet, noch bis zum Ende der Kantate durchgeführt, ist der Dialog zwischen der Seele und Jesus, der den II. Kantatenteil eröffnet. Derartige Dialoge sind der evangelischen Kirchenmusik seit dem 17. Jahrhundert nicht unbekannt; neu mag an Bachs Komposition die Dramatik gewirkt haben, mit der sich dieser Dialog in Rezitativ und Duett vollzieht. So wird zu Beginn des Satzes 7 der im Text vorgezeichnete Kontrast Licht – Dunkel durch eine aufsteigende Tonleiter der begleitenden Streicher (ähnlich wie 8 Wochen zuvor in BWV 12, Satz 3!) und einen plötzlichen Fall um eine Duodezime abgebildet. Auch das Duett (Satz 8) entfernt sich in seiner leidenschaftlichen Wärme nur wenig von den weltlichen Liebesduetten in den Opern jener Zeit.

Mit Satz 10 kehrt Bach wieder zur Solo-Arie zurück, die diesmal nur vom Continuo begleitet wird und in ihrer schwungvollen, bewegten Gelöstheit die Freude der nunmehr von Kümmernis befreiten Seele widerspiegelt.

Bachs Kantate ›Ich hatte viel Bekümmernis‹ ist im 19. Jahrhundert schon früh bekanntgeworden. Ähnlich wie beim ›Actus tragicus‹ (611 ff.) mag es gerade das Fehlen konzertanter Brillanz und das Vorherrschen von Bibelworttexten gewesen sein, das die Hörer angesprochen hat. Im Kantatenwerk Bachs wirkt sie wie ein erratischer Block, und wir wüßten gern, welchem speziellen Anlaß sie ihre Entstehung in der uns überlieferten Großform verdankt. Reinhold Jauernig hat versucht, sie als Abschiedskantate für den 1714 aus Weimar scheidenden siebzehnjährigen Prinzen Johann Ernst zu deuten, einen musikalisch hochbegabten Schüler Bachs, der, schon damals krank, ein Jahr später in Frankfurt gestorben ist, ohne Weimar wiedergesehen zu haben. Der Gedanke, daß Bach seinem fürstlichen Schüler, mit dem ihn das Interesse an den Konzerten Vivaldischer Prägung verband, diese Musik zum Abschied komponiert habe, ist verlockend; doch bleibt er vorläufig Hypothese.

Ach Herr, mich armen Sünder · BWV 135

NBA I/16 – AD: ca. 17 Min.

1. [Choral]: Ach Herr, mich armen Sünder	e	$\frac{3}{4}$
2. Recitativo [T]: Ach heile mich, du Arzt der Seelen	d–C	C
3. [Aria. T]: Tröste mir, Jesu, mein Gemüte	C	$\frac{3}{4}$
4. Recitativo [A]: Ich bin von Seufzen müde	g–a	C
5. Aria [B]: Weicht, all ihr Übeltäter	a	¢
6. Choral: Ehr sei ins Himmels Throne	e	C

Das Werk ist eine Choralkantate (44ff.) und wurde erstmals am 25. Juni 1724 aufgeführt. Als Vorlage diente das Lied gleichen Anfangs von Cyriakus Schneegaß (1597), eine freie Nachdichtung des 6. Psalms. Der Zusammenhang mit den Lesungen des Sonntags ist freilich nicht sehr eng. Auf die Epistel weist der Gedanke, daß der Herr tröstet (Satz 3) und die Feinde niederschlagen wird (Satz 6). Das wichtigste Motiv jedoch, das zur Wahl dieses Liedes geführt hat, dürfte im Schluß der Evangelienlesung zu finden sein: »Also, sage ich euch, wird Freude sein vor den Engeln Gottes über *einen* Sünder, der Buße tut« (Luk. 15, 10). Die Buße des Sünders ist nun auch der Inhalt des Kirchenliedes und damit der Kantate Bachs.

Der unbekannte Autor, dem die Zurichtung des Kantatentextes oblag, hat die Strophen 1 und 6 im Wortlaut beibehalten; die 4 Mittelstrophen (2–5) hat er zu ebensovielen Rezitativen (Satz 2, 4) bzw. Arien (Satz 3, 5) umgedichtet.

Bei der Komposition hatte Bach das selbstgewählte Schema zu beobachten (47f.), nach dem der Eingangssatz dieser vierten Choralkantate des Jahrgangs die Liedweise im Baß zu enthalten und sich in der Satzstruktur von den drei vorangegangenen zu unterscheiden hatte. Bach wählte einen Typus, der wohl am ehesten als Choralfantasie zu bezeichnen ist und sich von dem sonst bevorzugten konzertanten Satz (mit eigenthematischem Instrumentalpart) durch seine kontrapunktische Struktur unterscheidet, die allen Stimmen, auch den Instrumenten, an der Choralthematik Anteil gibt. Alle 8 Liedzeilen sind in gleicher Weise in einem instrumentalen Vorbau und einem nachfolgenden Vokalteil durchgeführt, für die folgende Merkmale charakteristisch sind:

Instrumentaler Vorbau: Dreistimmig, ohne Continuo; Oboe I, II, Streicherunisono. Die Melodie der jeweiligen Liedzeile in langen Notenwerten (Grundwerte: Halbe und Viertel) in den Streichern, die Kontrapunkte der Oboen weitgehend aus der in verkürzten Notenwerten (Achteln) vorgetragenen Anfangszeile gebildet, die alle Zeilen hindurch als Gegenstimme beibehalten wird. Danach – in der Schlußzeile: davor – Übernahme dieser Gegenstimmenfigur durch die Streicher.
Vokalteil: Vierstimmig; die Oboen pausieren, die übrigen Instrumente gehen mit den Singstimmen. Gegen Schluß Steigerung durch Hinzutreten der Oboen und vorübergehende Ausweitung zur Sechsstimmigkeit. Melodie in langen Notenwerten im Baß, verstärkt durch Continuo und Posaune. Als Gegenstimmen wiederum die Verkleinerung der 1. Liedzeile.

Einzelzüge dieses Schemas werden in den verschiedenen Abschnitten nach Bedarf abgewandelt. So erfährt z. B. die Liedweise der vorletzten Zeile im Baß auf die Worte »daß ich mag ewig leben« eine (zweifellos textbedingte) Dehnung von Halben und Vierteln auf Dreiviertelnoten. Auch sind instrumentaler Vorbau und Vokalteil oft nicht scharf voneinander abgegrenzt. Insgesamt ist aber der zugrunde liegende Aufbau deutlich erkennbar und verleiht dem Satz einerseits motettische Züge, andererseits eine latente Wechselchörigkeit durch den starken Kontrast zwischen hoher Lage im Instrumentalvorbau und betont tiefer Lage im Vokalteil durch den posaunenverstärkten Baß-Cantus-firmus.

Satz 2 ist ein Seccorezitativ, das durch die sinnfällige figürliche

Abbildung schneller Fluten, rinnender Tränen und des Erschreckens einen dramatischen Akzent erhält.

Die Arie ›Tröste mir, Jesu, mein Gemüte‹ (Satz 3) ist eine der besonders reizvollen Eingebungen Bachs. Die Melodie der beiden obligaten Oboen erinnert an einen Tanzsatz: die Gesangsmelodik bildet wiederum das Versinken in den Tod, die Stille im Tode, das Erfreuen des Angesichts nach und läßt dann am Schluß auf die Worte »so erfreu mein Angesicht« die ausgezierte letzte Choralzeile erklingen.

In gleicher Weise vertont Bach im folgenden Rezitativ (Satz 4) die Anfangsworte »Ich bin von Seufzen müde«, ein Textzitat aus der 4. Strophe, mit einer expressiven Umformung der 1. Choralzeile, der sich dann der übrige Satz als schlichtes Secco anschließt.

Von großer Leidenschaftlichkeit ist die zweite Arie, ›Weicht, all ihr Übeltäter‹ (Satz 5), deren vom Streichersatz begleitete Melodik des Basses durch rollende Passagen und weite Intervallsprünge gekennzeichnet ist. – Ein schlichter Choralsatz beendet das Werk.

Diese Kantate Bachs fesselt weniger durch brillantes Konzertieren als durch intensive Textausdeutung. Wer aber tiefer in die Schönheiten der Komposition eingedrungen ist, wird sie gerade darum lieben lernen.

Vierter Sonntag nach Trinitatis

EPISTEL: Röm. 8,18–23 (Alle Kreatur sehnt sich mit uns nach der Offenbarung der Kinder Gottes)

EVANGELIUM: Luk. 6,36–42 (Aus der Bergpredigt: Übt Barmherzigkeit, richtet nicht)

Barmherziges Herze der ewigen Liebe · BWV 185

NBA I/17 – AD: ca. 16 Min.

1. ARIA DUETTO [S, T]: Barmherziges Herze der ewigen Liebe — fis/a (g)[1] — $\frac{6}{4}$

1 Die zuerst genannte Tonart bezieht sich auf Chorton, die nach dem Schrägstrich folgende auf Kammerton der Weimarer Fassung; die in Klammern hinzugefügte ist die Kammertonart der Leipziger Fassung.

2. Recitativo [A]: Ihr Herzen, die ihr euch in Stein und Fels verkehret — A–E/C–G (B–F) C
3. Aria [A]: Sei bemüht in dieser Zeit — A/C (B) C
4. Recitativo [B]: Die Eigenliebe schmeichelt sich — D–h/F–d (Es–c) C
5. Aria [B]: Das ist der Christen Kunst — h/d (c) C
6. Chorale: Ich ruf zu dir, Herr Jesu Christ — fis/a (g) C

Bach hat diese Kantate als Weimarer Konzertmeister komponiert und das Manuskript eigenhändig mit dem Datum »1715« versehen; sie wurde also am 14. Juli dieses Jahres erstmals aufgeführt. Bei ihrer Wiederaufführung in Leipzig am 20. Juni 1723 hat Bach dann einiges verändert, insbesondere das für Weimarer Chorton-Aufführung geschriebene Werk in die Kammertonart g-Moll transponiert, da fis-Moll ungewöhnlich tief gelegen hätte.

Der Text entstammt dem Jahrgang ›Evangelisches Andachts-Opffer‹ von Salomon Franck (26f.), wurde also eigens für die Aufführung von 1715 gedichtet. Franck hält sich eng an den Evangelientext: Die Aufforderung, Barmherzigkeit zu üben, die Mahnung, nicht zu richten, die Warnung »mit dem Maß, mit dem ihr meßt, wird man euch wieder messen« (Luk. 6, 38) und die abschließenden beiden Gleichnisse vom Splitter in des Bruders und vom Balken im eigenen Auge sowie vom Blinden, der einem andern Blinden den Weg weisen will, kehren wieder, und die letzte Arie faßt alle diese Ermahnungen unter der Devise »Das ist der Christen Kunst« noch einmal zusammen. Die 1. Strophe des Liedes ›Ich ruf zu dir, Herr Jesu Christ‹ von Johann Agricola (um 1530) beschließt die Kantate.

Bachs Weimarer Komposition verlangt zu Streichern und Continuo lediglich eine Oboe, dazu 4 Gesangssolisten, die im Schlußchoral chorisch verstärkt werden können. Der Eingangssatz, ein Duett über einen bisweilen thematischen, meist aber in Achteln dahineilenden Continuo, läßt als instrumentales Zitat in der Oboe – in Leipzig: Trompete – bereits zeilenweise die Melodie des Schlußchorals erklingen; auch die fallende Terz des Continuo- und Gesangsthemas stellt eine (sicherlich beabsichtigte) Beziehung zum Choralbeginn her. Die Spiegelung des Anfangsthemas ist zugleich sein Kontrapunkt, wohl um die »Spiegelung« im Text, das Erregen der menschlichen durch die göttliche Barmherzigkeit, darzustellen:

Das streicherbegleitete Rezitativ (Satz 2) geht zum Schluß in ein nur noch vom Continuo begleitetes Arioso über, wobei der imitatorische Satz gleichfalls im Dienste der Textinterpretation steht (»denn wie ihr meßt, wird man euch wieder messen«).

Erst in der zentralen Arie (Satz 3) kommt das Gesamtinstrumentarium zur Entfaltung mit reichem Figurenwerk der stellenweise solistisch behandelten Oboe. Ein schlichtes Secco (Satz 4) führt zur dritten Arie (Satz 5) für Baß und Continuo, der in der Leipziger Fassung durch das gesamte Streichorchester oktavierend verstärkt wird. Ihr Text, die Zusammenfassung aller Ermahnungen aus dem Lesungstext, duldet in seiner ununterbrochenen Aufzählung keinen Raum für Zwischenspiele und ist darum für die Arienkomposition denkbar ungeeignet[2]; dennoch weiß Bach ihn geschickt zu gliedern, indem er die Eingangszeile »Das ist der Christen Kunst« zu Beginn und zum Schluß eines jeden Arienabschnitts wiederholen läßt. Selbst der Continuo scheint mit seinem Kopfthema diese Worte vielfältig in den musikalischen Ablauf einzustreuen.

Der vierstimmig gesungene Schlußchoral wird durch eine über dem Sopran liegende selbständige Violinstimme zur Fünfstimmigkeit erweitert.

2 Franck nimmt auch sonst hierauf wenig Rücksicht; man vergleiche z. B. das zu BWV 165, Satz 5 (319) und 208, Satz 7 (649) Gesagte.

Ein ungefärbt Gemüte · BWV 24

NBA 1/17 – AD: ca. 21 Min.

1. Aria [A]: Ein ungefärbt Gemüte	F	$\frac{3}{4}$
2. Recitativo [T]: Die Redlichkeit ist eine von den Gottesgaben	B–B	C
3. Tutti: Alles nun, das ihr wollet	g	$\frac{3}{4}$
4. Recitativo [B]: Die Heuchelei ist eine Brut	F–C	C
5. Aria [T]: Treu und Wahrheit sei der Grund	a	C
6. Choral: O Gott, du frommer Gott	F	C

Die Kantate ist zum 20. Juni 1723 entstanden und wurde anscheinend im selben Gottesdienst aufgeführt, für den auch die Leipziger Fassung der Kantate 185 (351) hergestellt wurde: Wahrscheinlich reichte das letztgenannte Werk dem neuen Thomaskantor, der sich an den drei vorhergehenden Sonntagen jeweils mit einer zweiteiligen Kantate eingeführt hatte (BWV 75, 76, 21) in seiner bescheidenen Ausdehnung nicht, und so schuf er durch Hinzukomposition der Kantate 24 ein Doppelwerk, dessen eine Kantate vor, die andere nach der Predigt – gleichsam als Teil II – zu musizieren war. In späteren Jahren mag er dann wohl auch wieder jede Kantate einzeln aufgeführt haben.

Die Textgrundlage bildet eine bereits 1714 gedruckte Dichtung Erdmann Neumeisters (17); vielleicht hatte Bach für sein Leipziger Amt noch keinen rechten Dichter gefunden. Der Inhalt schließt sich nicht ganz so eng wie die Francksche Dichtung zu BWV 185 an das Evangelium an, läßt auch dessen Wärme vermissen und fällt durch die barocke Übersteigerung der ursprünglichen Ermahnungen Jesu auf: Hier wettert ein orthodoxer Prediger gegen die Untugenden seiner Gemeinde! Allein, der Text hat eine wunderbare Symmetrie, und Bach hat sie durch seine Komposition hervorgehoben. Die Mitte bildet ein Jesuswort aus dem Paralleltext des Matthäusevangeliums zur Sonntagslesung, »Alles nun, das ihr wollet, daß euch die Leute tun sollen, das tut ihr ihnen« (Matth. 7, 12). Flankiert wird dieser Satz durch zwei Rezitative, die durch ihre Anfangszeile, »Die Redlichkeit« – »Die Heuchelei«, offensichtlich aufeinander bezogen sind. Diese Rezitative werden wiederum von den beiden Arien umrahmt. Den Schlußchoral bildet die 1. Strophe des Liedes ›O Gott, du frommer Gott‹ von Johann Heermann (1630).

Bachs Komposition betont die zentrale Stellung des Bibelwortchores durch geringstimmige Instrumentierung der umrahmenden Solosätze. In der Eingangsarie bilden die unisono geführten Violinen + Viola eine Obligatstimme; vokale und instrumentale Melodik sind einander soweit angenähert, daß Obligatstimme, Alt und Continuo zu einem einheitlichen Triosatz verschmelzen.

Das erste Rezitativ (Satz 2), ein Secco mit ariosem Ausklang, enthält nicht nur textlich, sondern auch musikalisch eine auffallende Parallele zu Kantate 185. Wie dort (352), so findet sich auch in Kantate 24 die Mahnung, am Nächsten nicht anders zu handeln, als man von ihm behandelt zu werden wünscht, diesmal mit den Worten: »Mach aus dir selbst ein solches Bild, wie du den Nächsten haben willt«; und wieder wählt Bach das Arioso, wieder den imitatorischen Satz zwischen Singstimme und Continuo zur Interpretation dieses Wechselverhältnisses.

Der zentrale Chor (Satz 3) ist zweigeteilt: Der gesamte Text wird zunächst als freier Chorsatz, dann nochmals als Fuge gesungen, so daß gleichsam eine Übertragung der Instrumentalform Präludium und Fuge auf den vokalen Bereich entsteht. Zu Streichern und Continuo treten 2 Oboen, die Streicher verstärkend, dazu eine selbständig geführte Trompete. Der erste, präludienhafte Teil beginnt und schließt mit wechselchörigem Konzertieren zwischen Chor und Orchester, während die Mittelpartie imitatorisch aufgelockert ist mit teils colla parte geführten, teils figurativ begleitenden Instrumenten. Die Fuge setzt als continuobegleitete, nur von den Concertisten gesungene Doppelfuge ein, danach treten Ripienisten und Instrumente – Trompete selbständig, die übrigen colla parte – hinzu. Den Höhepunkt bildet der Themeneinsatz der Trompete, der die Zahl der thementragenden Stimmen von bisher vier auf fünf erweitert; zum Schluß geht die Fuge in einen freier gebauten Sequenzabschnitt über.

Ein streicherbegleitetes Rezitativ, wieder mit ariosem, nur vom Continuo begleitetem Ausklang, führt zur zweiten Arie (Satz 5), einem Quartettsatz aus 2 Oboi d'amore, Tenor und Continuo. Obwohl Instrumente und Singstimme nicht zu gleicher Homogenität verschmelzen wie in der ersten Arie, so werden sie doch durch das Motiv

zur Einheit verbunden, da es nicht nur im Eingangsritornell alle Instrumentalstimmen durchwandert, sondern überdies dem Vokalteil, den es eröffnet, nochmals als »Devise« vorangestellt ist.

Der Schlußchoral ist reicher als üblich ausgestattet, da dem schlichten Chorsatz ein selbständiger Orchesterpart – mit Zeilenzwischenspielen und als Begleitsatz zum Chor – gegenübergestellt ist.

Ich ruf zu dir, Herr Jesu Christ · BWV 177

NBA I/17 – AD: ca. 28 Min.

1. Chorus [Versus 1]: Ich ruf zu dir, Herr Jesu Christ	g	3/8
2. Versus 2 [A]: Ich bitt noch mehr, o Herre Gott	c	C
3. Versus 3 [S]: Verleih, daß ich aus Herzensgrund	Es	6/8
4. Versus 4 [T]: Laß mich kein Lust noch Furcht von dir	B	C
5. Versus 5: Ich lieg im Streit und widerstreb	g	C

Im Jahre 1724, als Bach seinen Jahrgang der Choralkantaten (44ff.) zu komponieren begonnen hatte, fiel der 4. Sonntag nach Trinitatis auf den 2. Juli, das Fest Mariae Heimsuchung. Für diesen Tag hat Bach die Kantate 10, ›Meine Seel erhebt den Herren‹, geschaffen und erst sehr viel später ein Werk für den 4. Trinitatissonntag nachkomponiert, um damit den Jahrgang zu vervollständigen. Dies geschah – die Partitur trägt Bachs eigenhändigen Datumsvermerk – im Jahre 1732; die hier zu betrachtende Kantate wurde demnach am 6. Juli dieses Jahres erstmals aufgeführt.

Als Text wählte Bach den unveränderten Wortlaut des Liedes von Johann Agricola (um 1530), eines der Hauptlieder dieses Sonntags, das bereits in der Weimarer Kantate 185 eine wichtige Rolle gespielt hatte (351) und besonders mit seiner 3. Strophe, aber auch in seiner Grundhaltung dem Inhalt des Evangeliums nahesteht. Die Rahmenteile des fünfstrophigen Liedes formte Bach zu Chorsätzen, die 3 Binnenstrophen zu Arien; auf Rezitative verzichtete er völlig.

Der Eingangschor hat die von den meisten Choralkantaten her vertraute Form: Der Choral wird zeilenweise vom Chor vorgetragen; die Liedweise liegt im Sopran. Eingefügt ist der Choralsatz in einen thematisch selbständigen Orchesterpart, der zu 2 Oboen (in den Cantus-firmus-Abschnitten verstärken sie den Sopran), Streichern und Continuo eine konzertierende Solovioline verlangt. Das motivische Material des Orchestersatzes besteht im wesentlichen aus einer Figur, die Solovioline und Tuttistreicher einander zuspielen und die dabei vielfach variiert wird, zumindest in ihrem Rhythmus jedoch stets erkennbar bleibt:

Daneben wird ein Halteton mit vorhergehendem, auftaktigem Aufwärtssprung wichtig, wie er gleich zu Beginn in der 1. Oboe erklingt:

Er kehrt in mannigfachen Abwandlungen wieder und enthüllt seine Bedeutung, wenn ihm bei seinem Auftreten in den Singstimmen der Text »Ich ruf« unterlegt wird. Baß, Alt und Tenor setzen mit diesem Motiv ein, ehe der Sopran die 1. Liedzeile vorträgt. Wie diese, so werden auch die meisten übrigen Liedzeilen durch choralfreie Motivik der Unterstimmen eingeleitet und kontrapunktiert; nur in Zeile 6 (»den wollest du mir geben«) liegt der Vorimitation die Choralmelodie selbst zugrunde, und die beiden letzten Zeilen (8 und 9) verzichten ganz auf eine Vorbereitung, hier setzen die Unterstimmen erst zusammen mit der Liedzeile selbst ein.

In den drei Arien erfährt die Instrumentalbesetzung eine allmähliche Steigerung von Continuosatz (Strophe 2) über den Triosatz mit Oboe da caccia (Strophe 3) bis zum Quartettsatz mit Violine und Fagott (Strophe 4), einer durch ihre Seltenheit reizvollen Besetzung. Zugleich entfernt sich die Thematik immer weiter von der Choralmelodik. In Versus 2 ist die Anfangszeile noch gut durchhörbar, nicht so sehr in der dem Vokalteil vorangestellten »Devise« als besonders beim eigentlichen Beginn des ersten Vokalteils (Takt 9–10):

In Versus 3 und 4 dagegen ist vom Choralbeginn nur noch der abwärtsgerichtete Terzsprung geblieben, mit dem das Ritornell wie der Vokalteil beginnen.

Auch die musikalische Formgebung entfernt sich allmählich von der Barform A A B des Textes. In Versus 2 stimmen beide überein. Die häufige Wiederholung des Continuoritornells in verschiedenen Abwandlungen und Teilstücken auch zu den Vokalteilen als Basso quasi ostinato vermittelt einen einheitlichen Gesamteindruck. – In Versus 3 werden die beiden Stollen des Textes zu einem einzigen musikalischen Teil zusammengefaßt, der Text des Abgesanges dagegen wird wiederholt, wodurch die Komposition die Form A B B' erhält. Diese Arie, erstmals in einer Durtonart, klingt trostvoll und versöhnlich, was sowohl ihrer sanglichen Melodik als auch der warmen Altlage des Obligatinstruments, einer Oboe da caccia, zuzuschreiben ist. – Versus 4 endlich ist formal eine Kombination der beiden vorangegangenen, da sowohl die beiden Stollen des Textes musikalisch miteinander korrespondieren als auch der Abgesang wiederholt wird, was zu der ausgedehnten Form A A' B B' führt. In diesem Satz umspielen Solovioline und Fagott die Singstimme in freudiger Gelöstheit, die nur auf die Worte »vom Sterben« vorübergehend, aber um so eindrucksvoller getrübt wird.

Der Schlußchoral ist, obgleich schlicht-vierstimmiger Chorsatz, doch im Rahmen seines Typus mit Hilfe von Durchgangsnoten und Ornamenten in seiner Ausdruckskraft gesteigert und stimmig aufgelockert (vgl. auch das obenstehende Notenbeispiel).

Fünfter Sonntag nach Trinitatis

EPISTEL: 1. Petr. 3,8–15 (Heiliget Christum in euren Herzen)
EVANGELIUM: Luk. 5,1–11 (Der große Fischzug des Petrus)

Wer nur den lieben Gott läßt walten · BWV 93

NBA I/17 – AD: ca. 23 Min.

1. CHORUS: Wer nur den lieben Gott läßt walten	c	12/8
2. RECITATIVO [+ CHORAL. B]: Was helfen uns die schweren Sorgen	g	C
3. ARIA [T]: Man halte nur ein wenig stille	Es	3/8
4. ARIA DUETTO [S, A]: Er kennt die rechten Freudenstunden	c	C
5. RECITATIVO [+ CHORAL. T]: Denk nicht in deiner Drangsalshitze	es–g	C
6. ARIA [S]: Ich will auf den Herren schaun	g	C
7. CHORAL: Sing, bet und geh auf Gottes Wegen	c	C

Das Werk ist eine Choralkantate (44ff.) und erklang erstmals am 9. Juli 1724. Freilich ist vom Material dieser Aufführung nur ein die Sätze 1 bis 4 umfassendes Continuo-Bruchstück erhalten; das übrige Material stammt von einer Wiederaufführung um 1732/1733, zu der die Kantate möglicherweise erst in die uns bekannte Form umgearbeitet wurde. Vielleicht ist das ältere Material aber auch einfach verlorengegangen und unverändert erneuert worden.

Formal ist diese Kantate ein Musterbeispiel für die Art, in der der unbekannte Textdichter seine Choralvorlage zu behandeln pflegte. Von den sieben Strophen des Liedes ›Wer nur den lieben Gott läßt walten‹ von Georg Neumark (1641) hat er die erste, mittlere und letzte wörtlich beibehalten, die zweite und fünfte durch Einschübe frei gedichteter Rezitativtexte erweitert und die dritte und sechste zu Arien umgedichtet, dabei jedoch einzelne Zeilen des ursprünglichen Liedes unverändert beibehalten. Die so entstandene Kantatendichtung ist von schöner Symmetrie: Um die Mittelachse der unveränderten Choralstrophe 4 fügt sich je ein Doppelglied Rezitativ (erweiterte Choralstrophe) – Arie (umgedichtete Strophe), während wiederum je eine unverändert beibehaltene Choralstrophe den äußeren Rahmen bildet.

Den Anlaß zur Verwendung dieses Liedes in der Hauptmusik des Sonntags bildet der zuvor verlesene Evangelienbericht: Petrus hat die ganze Nacht über nichts gefangen, wirft aber auf Jesu Rat nochmals die Netze aus und fängt eine so große Menge Fische, daß Netz und Boote sie kaum halten können. Unser Textdichter zieht daraus die allgemeine Lehre, daß der Mensch sich auf Gottes Walten verlassen solle; er spielt aber auch im frei hinzugedichteten Rezitativtext des 5. Satzes unmittelbar auf den biblischen Bericht an: »Hat Petrus gleich die ganze Nacht mit leerer Arbeit zugebracht und nichts gefangen, auf Jesu Wort kann er noch einen Zug erlangen.« So hat der Dichter Gedanken des Liedes und der Evangelienlesung unmittelbar miteinander verknüpft. Doch auch die Epistel des Sonntags enthält Ermahnungen zu christlichen Tugenden und Geduld im Leiden, also Gedankengänge, die denen des Kantatentextes durchaus verwandt sind, wenngleich unmittelbare Anspielungen fehlen. – Der bibelkundigen Gemeinde von 1724 mag auch die Anspielung auf 2. Könige 4, 40 geläufiger gewesen sein als uns Heutigen: Der Prophet Elisa läßt in Zeiten der Teuerung ein Gericht kochen, das zunächst ungenießbar bleibt und mit den Worten »Der Tod im Topf« zurückgewiesen wird, dann aber vom Propheten eßbar gemacht wird. Leichter verständlich ist die Erwähnung des »reichen Mannes« im selben Satz (5) aus dem Gleichnis vom reichen Mann und vom armen Lazarus (Luk. 16, 19–31).

Die musikalische Formung Bachs schließt sich eng an die des Textes an. Ihre Mittelachse bildet das anmutige Duett (Satz 4), zu dem Violinen und Viola im Einklang die Melodie des Chorals vortragen. Bach hat den Satz später für Orgel umgearbeitet und in den sogenannten ›Schüblerschen Chorälen‹ drucken lassen (BWV 647). Die Eröffnung der Kantate bildet ein ausgedehnter Chorsatz, eingeleitet und unterbrochen durch (thematisch einheitliche, choralunabhängige) Instrumentalritornelle, in denen die beiden Oboen vielfach eine dominierende Stellung einnehmen. Jede Liedzeile wird ferner durch eine konzertante Gesangspartie eingeleitet, für die im ersten Stollen Sopran und Alt, im zweiten Tenor und Baß sowie im Abgesang alle vier Singstimmen aufgeboten werden. Diesen konzertanten Einleitungspartien, die man sich solistisch vorgetragen denken könnte, folgt dann die jeweilige Choralzeile selbst mit der unveränderten Liedweise im Sopran; die drei unteren Singstimmen begleiten zunächst schlicht akkordisch, dann aber auf die jeweils lang gehaltene Schlußnote der Zeile in polyphon aufgelockertem Satz. Die Instrumente konzertieren dazu mit ihrer Ritornellthematik. Der ganze Satz erweckt somit den Eindruck beständigen Konzertierens, wobei sich der Schwerpunkt immer wieder verlagert: In den Ritornellen liegt er bei den Instrumenten, in der Vorbereitung der Choralzeile bei den konzertierenden Singstimmen, in der Choralzeile selbst beim Sopran und während dessen lang ausgehaltener Zeilenschlußnote bei den drei unteren Singstimmen.

Die beiden Choralrezitative, Satz 2 und 5, haben den gleichen Aufbau: Einer von der continuobegleiteten Singstimme vorgetragenen, leicht verzierten Choralzeile folgen einige Seccorezitativtakte, denen sich die nächste Choralzeile anschließt usw. Bach greift hier auf das Prinzip des Tropus (14) zurück; für ihn hat neben dem Bibelwort auch das protestantische Kirchenlied in gewisser Hinsicht autoritativen Charakter; doch bedient er sich seiner mit evangelischer Freiheit, indem er den Choral seinen Intentionen entsprechend verändert, verziert, erweitert oder verkürzt.

Noch deutlicher wird diese Freiheit Bachs dem Choral gegenüber in den beiden Ariensätzen 3 und 6. Die erste Arie wendet den Anfang der Choralmelodie nach Dur und formt daraus einen menuettartigen, fröhlichen Satz, der zweifellos das kindliche Vertrauen ausdrückt, daß »unsres Gottes Gnadenwille« gewiß »seinen Kindern Hilfe senden« wird. Überdies erscheint der Ritornellbeginn, der beim Einsatz des Vokalteils von der Singstimme aufgenommen wird, aus dem Text heraus konzipiert; denn die Pausen, die die melodischen Zweitaktgruppen untergliedern, sollen offensichtlich das Stillehalten wiedergeben, das Lauschen auf das, was uns Gottes Wille zu sagen hat:

Außer der freien Beibehaltung zweier Choralzeilen erinnert auch die Form an den ursprünglichen Choral: Durch Wiederholung des ersten Arienteils entsteht eine Barform, die im (umgedichteten) Text nicht vorgegeben ist. – Die zweite Arie, Satz 6, zeigt in ihrer anfänglichen Thematik kaum noch Anklänge an die Choralweise, übernimmt aber dafür die beiden Zeilen des Abgesangs in der Singstimme getreu bzw. leicht verziert auf die Worte »Er ist der rechte Wundermann« (Choraltext) und »nach seinem Willen machen kann« (freie Umdichtung).

Ein schlichter vierstimmiger Choralsatz in der bei Bach üblichen Form beschließt das Werk.

Siehe, ich will viel Fischer aussenden · BWV 88

NBA I/17 – AD: ca. 22 Min.

Parte prima		
1. Basso solo: Siehe, ich will viel Fischer aussenden	D–G	$\frac{6}{8}$, ¢
2. Recitativo [T]: Wie leichtlich könnte doch der Höchste uns entbehren	h–e	C
3. Aria + Ritornello [T]: Nein, Gott ist allezeit geflissen	e	$\frac{3}{8}$
Parte seconda		
4. Arioso [T, B]: Jesus sprach zu Simon: Fürchte dich nicht	G–D	C, $\frac{3}{4}$
5. Aria Duetto [S, A]: Beruft Gott selbst, so muß der Segen	A	C
6. Recitativo [S]: Was kann dich denn in deinem Wandel schrecken	fis–h	C
7. Choral: Sing, bet und geh auf Gottes Wegen	h	C

Die am 21. Juli 1726 zum ersten Male aufgeführte Kantate gehört zu den sieben Werken, die mit den von Bach aufgeführten Kantaten Johann Ludwig Bachs auffallende Textverwandtschaft zeigen (53). Ihr Inhalt knüpft an die Evangelienlesung des Sonntags an und nimmt die Berufungsgeschichte des Petrus als Beweis für Gottes Anteilnahme am Menschengeschlecht. So gewinnt der im Mittelpunkt stehende Satz 4 auch inhaltlich zentrale Bedeutung, die Worte Jesu an Petrus »Fürchte dich nicht; denn von nun an wirst du Menschen fahen« (Luk. 5, 10). Ein sinnverwandtes Wort des Alten Testaments, Jeremia 16, 16, steht zu Beginn. Ursprünglich auf die Wiederbringung aus babylonischer Gefangenschaft geprägt, verkündet es, der Herr werde Fischer und Jäger aussenden, um sein verstreutes Volk wieder zu sammeln. Die madrigalische Dichtung des ersten Kantatenteils stellt Betrachtungen darüber an, daß der Höchste, obwohl er den Menschen entbehren könnte, doch um unser Heil besorgt ist. Darum, so folgert der Dichter im II. Teil, ruht Gottes Segen auf uns, selbst wenn »kurzes Ungemach« dies nicht offenbar werden läßt. Den Beschluß bildet die letzte Strophe des Liedes »Wer nur den lieben Gott läßt walten« von Georg Neumark (1641), desselben Liedes also, das schon 1724 als Choralkantate mit dem Evangelium dieses Sonntags in Beziehung gebracht worden war.

Der Schwerpunkt der Bachschen Komposition liegt auf dem Eröffnungssatz. Obwohl Bach ihn nicht als Chor gestaltet hat, sondern – wohl wegen der direkten Rede Gottes in der Einzahl – als Baßsolo (43f.), ist er doch von beträchtlicher Ausdehnung und ungewöhnlicher Form. In seiner textbezogenen Zweiteiligkeit erweist er sich als verwandt mit Motette und Geistlichem Konzert; darum hat Bach auch die Bezeichnung »Aria« für ihn vermieden. Die musikalische Erfindung geht von den beiden zentralen Wörtern »Fischer« und »Jäger« aus: Der erste Teil des Satzes, seinem Typus nach ein Pastorale, ist eine »Szene am See«; wellenförmige Figuren wogen über ruhendem oder leicht bewegtem Orgelpunkt auf und ab. Die Singstimme wiederholt den Text vielmals in immer wieder abgewandelter und darum um so eindringlicher wirkender Deklamation. Dann plötzlich – ›allegro quasi presto‹ – wandelt sich die Szene zum Jagdbild; zu den oboenverstärkten Streichern treten noch 2 Hörner. Wiederum bewundert man die Eindringlichkeit der Deklamation, die den Hörer bis zum Schluß gefangenhält.

Das nachfolgende Rezitativ (Satz 2) mündet in eine Frage; und dies ist der Anlaß, daß Satz 3, der die Antwort bringt, nicht wie üblich mit einem Instrumentalritornell beginnt, sondern daß die Singstimme stattdessen spontan mit einem leidenschaftlichen »Nein, nein« antwortet. Auch dieser Satz ist durch eindringlichen Textvortrag geprägt, zumal da der zweite Arienteil dem anfänglichen »Nein« ein ebenso prononciertes »Ja, ja« entgegensetzt. Erst am Schluß des Satzes gesellen sich der obligaten Oboe d'amore noch Streicher (verstärkt durch Oboe d'amore II) hinzu und holen nun gleichsam die Einleitung nach mit einem Ritornell, das deutlicher als der Gesangsteil den Tanzcharakter des Satzes offenbart (die klare Zweigliederung der Takte läßt an ein Menuett denken); wahrscheinlich steht hier die Klarheit des Periodenbaus gleichnishaft für die »rechte Bahn«, auf der Gott uns führen will.

Satz 4 ist das inhaltliche Zentrum des Werkes; hier erfährt das Fischer- und Jägerbild seine Deutung. Die Worte Christi sind wiederum dem Baß zugewiesen, eingeleitet durch ein kurzes, streicherbegleitetes »Evangelistenrezitativ« des Tenors. Ein drittes Mal in dieser Kantate haben wir Anlaß, Bachs eindringliche Sprachmelodik zu bewundern in einem Arioso über einen Basso quasi ostinato des Continuo. Wie oft in derartigen Sätzen beruht der Reiz gerade auf der Spannung zwischen relativer Gebundenheit des motivgeprägten Continuo und relativer Freiheit der ausdrucksvollen Baßstimme.

Demgegenüber herrscht im anschließenden Duett (Satz 5) der imitatorische Satz vor: Die Singstimmen übernehmen nacheinander das im Eingangsritornell von Oboi d'amore und Violinen unisono exponierte Thema, und auch der Continuo greift mehrfach das Kopfmotiv imitierend auf. Selbst das Thema des B-Teils ist aus dem Anfangsthema abgeleitet, so daß ein Satz (A B B') von auffallender Einheitlichkeit entsteht.

Auf ein continuobegleitetes Seccorezitativ folgt der Schlußchoral in schlicht-vierstimmigem Satz.

Was schon bei der Betrachtung einzelner Sätze aufgefallen war, erweist sich als Charakteristikum der gesamten Kantate: das Zurücktreten des konzertierenden Prinzips hinter dem monodisch-deklamatorischen, der Verzicht auf glanzvolle, von virtuoser Spielfreude bestimmte Partien zugunsten anschaulicher Textinterpretation. Das ist für die Zeit um 1726 keineswegs durchweg bezeichnend; erinnert sei nur an die ausgedehnten Einleitungssinfonien der Kantaten 35, 169, 49 und 52 (54f.); um so mehr darf dieser Zug als absichtsvolles, wohl durch den Text angeregtes Kennzeichen gerade dieser Kantate gelten.

Sechster Sonntag nach Trinitatis

Epistel: Röm. 6,3–11 (Durch Christi Tod sind wir der Sünde gestorben)

Evangelium: Matth. 5,20–26 (Aus der Bergpredigt: Die bessere Gerechtigkeit der Christen gegenüber der Gesetzeserfüllung der Schriftgelehrten und Pharisäer)

Vergnügte Ruh, beliebte Seelenlust · BWV 170

NBA I/17 – AD: ca. 24 Min.

1. [Aria. A]: Vergnügte Ruh, beliebte Seelenlust	D	12/8
2. Recitativo [A]: Die Welt, das Sündenhaus	h–fis	C
3. Aria [A]: Wie jammern mich doch die verkehrten Herzen	fis	C
4. Recitativo [A]: Wer sollte sich demnach wohl hier zu leben wünschen	D–D	C
5. Aria [A]: Mir ekelt, mehr zu leben	D	C

Die Kantate ist 1726 entstanden und wurde am 28. Juli dieses Jahres zum ersten Male aufgeführt. In ihrer Knappheit und sparsamen Besetzung will sie sich den zweiteiligen Nachbarwerken dieses Jahres – BWV 39 und 88 gehen ihr voran, BWV 187, 45, 102 folgen ihr – nicht recht einordnen; doch bietet sich eine naheliegende Erklärung an: Vermutlich hat Bach im selben Gottesdienst noch eine Kantate seines Meininger Vetters Johann Ludwig Bach (›Ich will meinen Geist in euch geben‹) aufgeführt. Beide Kantaten wurden also offenbar ähnlich wie auch schon in früheren Jahren, z. B. am 4. Sonntag nach Trinitatis 1723 (353), gleichsam zu einem zweiteiligen Gesamtwerk vereinigt. Da er nun neben dem Werk seines Vetters nicht nochmals eine Dichtung nach demselben Muster (53) vertonen konnte, griff er auf den Kantatenjahrgang von Georg Christian Lehms (28f.) aus dem Jahre 1711 zurück.

Lehms interpretiert die Gedanken der Bergpredigt aus dem Sonntagsevangelium auf echt barocke Art. Da Jesus die Gerechtigkeit der Schriftgelehrten und Pharisäer als Scheingerechtigkeit entlarvt, so erweist sich – nach Lehms – die Welt als »Sündenhaus«; nur bei himmlischen Gedanken findet die Seele Ruhe vor ihr (Satz 1, 2). Der Christ, so meint Lehms weiter, könne sich daher angesichts der »verkehrten Herzen«, die Gott zuwider seien (Satz 3) nur das eine wünschen, nämlich das Leben so bald wie möglich zu beenden, um von Jesus aufgenommen zu werden (Satz 4, 5). An speziellen Hinweisen auf den Lesungstext finden wir in Satz 2 die Wendung: Die Welt »will allein von Racha sagen« (vgl. Matth. 5, 22).

Die Komposition Bachs ist eine echte »Cantata«. Sie enthält ausschließlich madrigalischen Text und verlangt den Alt als einzige Solostimme; nicht einmal ein Schlußchoral bietet Anlaß zur Verwendung eines Chores. Wahrscheinlich stand Bach zu jener Zeit ein fähiger Altist zur Verfügung, der dann 6 Wochen später Kantate 35 und 12 Wochen später Kantate 169 zu singen hatte. Das Instrumentarium verlangt außer Oboe d'amore, Streichern und Continuo auch eine obligate Orgel, der jedoch – im Gegensatz zu andern Kantaten Bachs aus jener Periode – kein Obligatpart in einer konzertanten Einleitungssinfonie zufällt, sondern lediglich die obligate Begleitung zweier Arien (wahrscheinlich zwang die obenerwähnte Doppelaufführung zu zeitlicher Einschränkung).

Die Eingangsarie ist von pastoraler Beschaulichkeit. Repetierende Achtel der oboenverstärkten Streicher über einer gemessen abwärtsschreitenden Baßfigur bilden den instrumentalen Rahmen, innerhalb dessen der Alt seine weitgespannte Melodik entfaltet. Ein Seccorezitativ führt zur zweiten Arie (Satz 3), einem Satz von ungewöhnlicher Instrumentation: Der Continuo schweigt; die Unterstimme – man nannte sie in solchem Falle »Bassettchen« – wird von den unisono geführten Violinen und Bratschen gebildet; zwei obligate Oberstimmen sind je einem Manual der Orgel zugewiesen. Um Bachs Absicht zu erkennen, müssen wir uns die Funktion des Generalbasses in seiner Zeit vergegenwärtigen: Er ist das Fundament, der verläßliche Halt jeder Musik. Sein Fehlen hat bei Bach in der Regel Symbolcharakter und weist entweder auf den hin, der diesen Halt nicht *braucht*[1] oder aber auf den, der ihn *verloren* hat, der keinen Grund mehr unter den Füßen, sich von Gott entfernt hat[2]. So kennzeichnet auch in der hier betrachteten Arie das Fehlen des Generalbasses »die verkehrten Herzen, die dir, mein Gott, so sehr zuwider sein«. Scharfe Vorhaltsdissonanzen charakterisieren die Melodik.

Nun aber wird der Blick von der Welt hinweg zu Gott gerichtet. Satz 4 betont diese Wendung durch Streicher-Instrumentierung, die meist aus gehaltenen Akkorden besteht, jedoch den Textworten »bei Gott zu leben, der selbst die Liebe heißt« durch bewegtere Begleitung Nachdruck verleiht.

Die Schlußarie ist ein triumphierender Gesang auf die Abkehr von der Welt und die Sehnsucht nach dem Himmel, umspielt

1 Man vergleiche z. B. die Arien ›Aus Liebe will mein Heiland sterben‹ aus der Matthäus-Passion oder ›Unschuld, Kleinod reiner Seelen‹ aus der Kantate ›Auf! süß entzückende Gewalt‹ (703).

2 Z. B. in der Arie ›Wie zittern und wanken der Sünder Gedanken‹ aus Kantate 105 (389).

von den Figurationen der obligaten Orgel, die Bach in einer Aufführung seiner letzten Lebensjahre durch obligate Flöte ersetzen ließ. Die bildkräftige Thematik des Eingangsritornells offenbart sich, wenn die Altstimme seine Melodie aufnimmt, mit ihrem (sonst als unsanglich vermiedenen) Tritonussprung auf »Mir ekelt« als textgezeugt; in der vokalen Umbildung des Themas tritt die aufwärtsstrebende Tonleiter als Bild der Hinwendung zu Jesus hinzu:

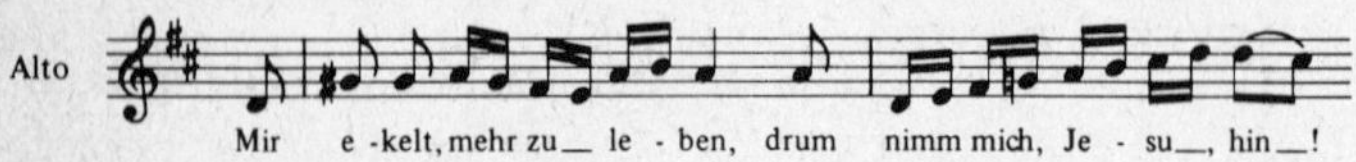

Es ist das Heil uns kommen her · BWV 9

NBA I/17 – AD: ca. 28 Min.

1.	[CHORAL]: Es ist das Heil uns kommen her	E	3/4
2.	RECITATIVO [B]: Gott gab uns ein Gesetz	cis–h	C
3.	ARIA [T]: Wir waren schon zu tief gesunken	e	12/16
4.	RECITATIVO [B]: Doch mußte das Gesetz erfüllet werden	h–A	C
5.	ARIA [DUETTO. S, A]: Herr, du siehst statt guter Werke	A	2/4
6.	RECITATIVO [B]: Wenn wir die Sünd aus dem Gesetz erkennen	fis–E	C
7.	CHORAL: Ob sichs anließ, als wollt er nicht	E	C

Das Werk ist eine Choralkantate (44ff.) und gehört seinem Typus nach – in den Ecksätzen wird der Liedtext beibehalten, in den Binnensätzen umgedichtet – dem Jahrgang von 1724/1725 an. Entstanden ist sie jedoch erst um 1732–1735, wie der diplomatische Befund der Originalquellen beweist. Denn am 6. Sonntag nach Trinitatis 1724, dem 16. Juli, weilte Bach mit seiner Frau, »so sich hören lassen«, in Köthen[3], und deswegen scheint er den auf diesen Sonntag vorgesehenen Text für eine spätere Gelegenheit zum Komponieren zurückgelegt zu haben.

Die Textgrundlage bildet das Lied von Paul Speratus (1523), das von der Rechtfertigung allein durch den Glauben handelt, eines der Hauptlieder dieses Sonntags. Dabei erwuchs dem

3 Smend Kö, S. 20.

Textredaktor die nicht ganz leichte Aufgabe, das 14strophige Lied in eine geeignete Zahl von Kantatensätzen zusammenzufassen. So ließ er die beiden Schlußstrophen, die als gereimtes Vaterunser einen Komplex für sich bilden, weg, behielt die Strophen 1 und 12 im Wortlaut bei (Satz 1 und 7), faßte die Strophen 2–4 im ersten Rezitativ (Satz 2), Strophen 5–7 im zweiten Rezitativ (Satz 4) und die Strophen 9–11 im dritten Rezitativ (Satz 6) zusammen[4] und formte Strophe 8 zur Arie ›Herr, du siehst statt guter Werke‹ (Satz 5) um. Satz 3 dagegen ist keiner eigenen Strophe nachgebildet, sondern eine freie Wiederholung der Schlußgedanken des vorangehenden Rezitativs (aus Strophe 4, 1. Hälfte).

Der Eingangschor ist nach dem von Bach bevorzugten Muster angelegt: Die Choralmelodie, zeilenweise vom Sopran vorgetragen, gestützt durch einen imitatorischen Satz der drei unteren Singstimmen, ist eingebettet in einen Instrumentalsatz, dessen Thematik keine sinnfälligen Choralbeziehungen erkennen läßt. Der klangliche Reiz des Satzes beruht auf der Besetzung mit je einer Querflöte und Oboe d'amore, die bald dem Streicherensemble konzertierend gegenübertreten, bald jedoch auch die 1. Violine in ihr Concertino miteinbeziehen. Auch der Continuo greift mehrfach thematische Motive auf, so daß ein äußerst lebendiger Satz von vielfältigen motivischen Anspielungen entsteht. In den beiden Stollen des Chorals sind auch die Imitationsmotive der begleitenden Singstimmen aus dem Orchestersatz (Flöte, Takt 3) abgeleitet, während der vokale Begleitsatz zum Abgesang motivisch wesentlich lockerer geformt ist.

Der komprimierte Text der Rezitative (siehe oben) bringt es mit sich, daß der inhaltliche Kontrast zwischen Rezitativ und Arie in dieser Kantate besonders sinnfällig wird. Bach hat diesen betrachtenden, ja beinahe berichtenden Charakter der Rezitative noch dadurch betont, daß er alle drei Sätze derselben Stimmlage, dem Baß zugewiesen hat, so daß beinahe der Eindruck einer kontinuierlichen »Predigt« entsteht, die an zwei Stellen durch eine meditative Arie unterbrochen wird. Alle drei Rezitativsätze sind als Secco komponiert, nur der Schluß des Satzes 4 festigt sich auf die Worte »... und fest um Jesu Arme schlingt« zum Arioso.

Die Arie ›Wir waren schon zu tief gesunken‹ ist ein Beispiel

4 Strophe 10 (›Die Werke kommn gewißlich her‹) ist freilich nur angedeutet durch die (teilweise noch aus Strophe 9 abgeleitete) Rezitativzeile »Dies stärket unsern Glauben wieder«.

plastischer Textinterpretation: Abwärtsstrebende Violinfiguren und synkopische Rhythmik malen das taumelnde Versinken im Abgrund der Sünde. – Anders die zweite Arie (Satz 5), die aus duettierenden Singstimmen, Querflöte, Oboe d'amore und dem Continuo einen reizvollen Quintettsatz auf kanonischer Basis formt. Während sich der Continuo auf Stütztöne beschränkt, beginnen die beiden Obligatinstrumente das Ritornell als Kanon in der Unterquinte (Einsatzfolge: Flöte–Oboe), der in der zweiten Ritornellhälfte mit umgekehrter Einsatzfolge als Oberquartkanon fortgesetzt wird. Nun greifen die Singstimmen das Thema in vokaler Vereinfachung auf, und nach 8 Takten treten die Obligatinstrumente, gleichfalls kanonisch, hinzu, so daß ein vokal-instrumentaler Doppelkanon entsteht. Ein zweiter Abschnitt des Hauptteils verläuft ähnlich; die Ritornellwiederholung leitet über zum Mittelteil. Auch dieser ist kanonisch angelegt; doch gehen hier die Instrumente mit den Singstimmen, deren Melodik gelegentlich figurativ auszierend. Das Dacapo des Hauptteils beendet den kunstvollen Satz, dessen spielerisch gelöste Melodik die innewohnende Gesetzmäßigkeit kaum ahnen, geschweige (bei unvoreingenommenem Hören) sofort erkennen läßt.

Den Beschluß bildet, wie üblich, ein schlichter, freilich in den Unterstimmen verhältnismäßig stark polyphon aufgelockerter Choralsatz.

Siebenter Sonntag nach Trinitatis

Epistel: Röm. 6, 19–23 (Der Tod ist der Sünde Sold; aber die Gabe Gottes ist das ewige Leben)

Evangelium: Mark. 8, 1–9 (Die Speisung der Viertausend)

Widerstehe doch der Sünde · BWV 54

NBA I/18, 3 – AD: ca. 14 Min.

1. Aria [A]: Widerstehe doch der Sünde	Es[1]	C
2. Recitativo [A]: Die Art verruchter Sünden	c–As	C
3. [Aria. A]: Wer Sünde tut, der ist vom Teufel	Es	₵

1 Die Tonartenangaben beziehen sich auf Chortonstimmung.

Der Text zu dieser Kantate entstammt dem Jahrgang ›Gottgefälliges Kirchen-Opffer‹ (1711) des Darmstädter Hofbibliothekars Georg Christian Lehms (28f.) und ist für den Sonntag Oculi bestimmt. Daß Bach den Text nicht zu Oculi, sondern zum 7. Sonntag nach Trinitatis, dem 15. Juli des Jahres 1714, komponiert habe, ist eine Hypothese, die sich mit einer Reihe von Gründen stützen läßt[2], letztlich jedoch unbewiesen bleibt.

Der Text der kurzen Kantate führt im wesentlichen einen einzigen Gedanken aus: Er warnt vor der Sünde als einer Gabe des Teufels, die von außen schön, im Innern jedoch verderblich sei, der man aber »mit rechter Andacht« so widerstehen könne, daß der Versucher die Flucht ergreife. Verschiedentlich hat Lehms biblische Anspielungen eingeflochten. So deutet das »übertünchte Grab« (Satz 2) auf Matthäus 23, 27, ein Jesuswort, in dem sich (neben andern Bibelstellen) auch der Kontrast auswendig – inwendig findet, der den Grundgedanken des Satzes 2 bildet. Die Anfangszeile des 3. Satzes, »Wer Sünde tut, der ist vom Teufel« entstammt wörtlich dem 1. Johannesbrief, 3, 8. Die Erwähnung der »Sodomsäpfel« (Satz 2) spielt auf eine von Flavius Josephus berichtete Überlieferung an, nach der diese – es handelt sich um die Früchte des Oschr (Calotropis procera) – von außen eßbaren Früchten gleichen, sich jedoch, wenn man sie pflücke, in Rauch und Asche auflösen. Der Text läßt sich also sowohl mit der Epistel des Sonntags Oculi (225) als auch mit der des 7. Sonntags nach Trinitatis in Verbindung bringen, während sich zu den Evangelienlesungen beider Tage nur sehr lockere Beziehungen aufzeigen lassen[3].

Früher glaubte man, die Kantate sei unvollständig überliefert; seit der Entdeckung des Textdrucks (28) wissen wir, daß dies nicht der Fall ist. Das Werk ist eine regelrechte »Cantata« für eine einzige Singstimme – Alt – und nach dem einfachsten Normalschema dieser Gattung angelegt, das zwei Arien um ein einziges Rezitativ gruppiert. An Instrumenten werden nur Streicher (mit geteilten Violen) und Continuo gefordert. Es galt daher für den Komponisten, innerhalb dieses bescheidenen Rahmens ein Spannungsfeld zu schaffen, das den Hörer fesselt. Anregen ließ sich Bach dabei offenbar durch den im Rezitativ dargelegten Doppelcharakter der Sünde, die »von außen wun-

2 Einzelheiten bei Dürr St, S. 53f., und im Kritischen Bericht NBA I/18, S. 16–18. Textdichter und Bestimmung des Textes sind jedoch erst nach Veröffentlichung jener Darlegungen bekanntgeworden.

3 Am ehesten noch in Satz 3 zum Oculi-Evangelium vom Teufelaustreiben.

derschön«, inwendig aber tödlich und ein Werk des Teufels genannt wird.

Die Eingangsarie mit ihrer einschmeichelnden Vorhaltsmelodik malt daher die verlockende Schönheit der Sünde, während zugleich der Einsatz mit einer Dissonanz (Dominantseptakkord zum Grundton der Tonika als Orgelpunkt) zum Widerstand aufruft. Man hat in diesem Satzbeginn mit einem derart harten Mißklang bisweilen einen einmaligen Geniestreich Bachs sehen wollen; aber mit dem gleichen Akkord eröffnet Bach nur wenige Monate später das Rezitativ ›Siehe, ich stehe vor der Tür und klopfe an‹ aus der Adventskantate BWV 61 (97) – hier wie dort als Weckruf aus Sicherheit und Gleichgültigkeit. Auch der Mittelteil unserer Arie ist voller harmonischer Kühnheiten, von denen besonders der zweimalige Trugschluß zur Schilderung des »Fluchs, der tödlich ist«[4] seine Wirkung nicht verfehlt.

Auch das Rezitativ (Satz 2) ist ein kühner Wurf. Die Textworte »ein leerer Schatten und übertünchtes Grab« wirken in ihrer »fahlen« Harmonik unmittelbar anschaulich; und der ariose Schluß, jenes Merkmal zahlreicher Rezitative des jungen Bach, erhält hier seinen Sinn durch die Textbezogenheit der raschen Continuoläufe, die das »scharfe Schwert, das uns durch Leib und Seele fährt« abbilden.

In der zweiten Arie (Satz 3) wird die trügerische Schönheit der Sünde als wahrhaft verwerflich, aber auch als besiegbar enthüllt. Hier faßt Bach die Violinen und die Violen zu je einer Stimme zusammen, so daß im Verein mit Alt und Continuo ein fugenartiger Quartettsatz entsteht, der durch die Verwendung feststehender Kontrapunkte am Permutationsprinzip (24) orientiert ist. Selbst der scheinbar unthematische Beginn des Continuo in fortschreitenden Achteln erklingt später im Alt auf die Worte »denn dieser hat sie aufgebracht« und enthüllt damit seine Funktion als dritter der beibehaltenen Kontrapunkte. Der Mittelteil ist dann freier gestaltet, – aber nur in den Gesangsabschnitten; denn das instrumentale Nachspiel, das jedem der beiden Mittelteil-Abschnitte folgt, bringt das Hauptthema sogar in Engführung. – Ein freies Dacapo des Hauptteils beschließt den Satz und damit zugleich die Kantate.

4 Lehms dichtete übrigens »... trifft ein Fluch, der tödlich trifft« (vgl. das Reimwort »Gift«). Entweder wollte Bach durch das schwächere »tödlich ist« die Verdoppelung des Wortes »trifft« vermeiden, oder – und das will uns glaubhafter erscheinen – hier liegt ein Überlieferungsfehler in dem nur abschriftlich bezeugten Werk vor, und auf die Trugschlußdissonanz wäre auch in Bachs Kantate das wesentlich bildkräftigere »trifft« zu singen.

Ärgre dich, o Seele, nicht · BWV 186

NBA I/18, 17 – AD: ca. 40 Min.

1.	CHORUS: Ärgre dich, o Seele, nicht	g	C
2.	RECITATIVO [B]: Die Knechtsgestalt, die Not, der Mangel	c–g	C
3.	ARIA [B]: Bist du, der mir helfen soll	B	3/4
4.	RECITATIVO [T]: Ach, daß ein Christ so sehr vor seinen Körper sorgt	g–B	C
5.	ARIA [T]: Mein Heiland läßt sich merken	d	C
6.	CHORAL: Ob sichs anließ, als wollt er nicht	F	C
	Nach der Predigt		
7.	RECITATIVO [B]: Es ist die Welt die große Wüstenei	Es–B	C
8.	ARIA [S]: Die Armen will der Herr umarmen	g	C
9.	RECITATIVO [A]: Nun mag die Welt mit ihrer Lust vergehen	c–Es	C
10.	ARIA [DUETTO. S, A]: Laß, Seele, kein Leiden	c	3/8
11.	CHORAL: Die Hoffnung wart' der rechten Zeit	F	C

Das Werk ist die erweiterte Neufassung der Weimarer Kantate BWV 186a (103f.), einst zum 3. Advent 1716 auf einen Text von Salomon Franck (26f.) komponiert. Da nämlich die Kantatenmusik in Leipzig vom 2. bis 4. Advent zu schweigen pflegte, konnte Bach die Weimarer Komposition in Leipzig nicht unverändert wiederverwenden; er arbeitete sie daher für den 7. Sonntag nach Trinitatis um, indem er Rezitative einfügte und die Arientexte, wo es ihm nötig schien, änderte. Zugleich wurde damit aus der zunächst einteiligen Komposition ein zweiteiliges Werk; und an Stelle des ursprünglichen Schlußchorals werden nun beide Teile durch je eine Strophe (12 bzw. 11) des Liedes ›Es ist das Heil uns kommen her‹ von Paul Speratus (1523) beschlossen.

Die Umdeutung des Adventstextes der Kantate auf das Evangelium des Sonntags der neuen Bestimmung wurde in erster Linie Aufgabe der neu hinzugedichteten Rezitative, in denen auf die Speisung der Viertausend vielfach hingewiesen wird mit Worten wie »Mangel« (Satz 2, 7, 9), »Hunger« (Satz 2), »schmeckt und sehet doch, wie freundlich Jesus ist« (Satz 4;

vgl. Ps. 34, 9) oder gar durch unmittelbare Anspielung auf Markus 8, 2 in Satz 7: »Ja, jammert ihn des Volkes dort ...«. So wird der Gegensatz Mangel–Überfluß zum Grundgedanken der Neufassung und das von Franck auf die Knechtsgestalt Jesu bezogene Wort aus dem Adventsevangelium »selig ist, der sich nicht an mir ärgert« (Matth. 11, 6) nunmehr umgedeutet auf die Seligkeit des Christen, der hier notleidet, im Himmel aber die Krone empfangen soll.

Daß die Neufassung in Bachs erstem Leipziger Amtsjahr, zum 11. Juli 1723 entstanden ist, bezeugt uns die Jahreszahl auf der neu angefertigten Partitur. Der Eingangschor hat Rondoform – A B A B A –, wobei Textzeile 1 des Franckschen Vierzeilers auf den Formteil A, Zeile 2–4 auf B entfallen. Während der B-Teil a cappella und überwiegend homophon (mit Imitationen in den Außenstimmen) konzipiert ist, stellt Teil A eine interessante Kombination instrumentaler und vokaler Kompositionsprinzipien dar: Auf die 8-taktige Instrumentalsinfonie folgt zunächst ein kurzer, devisenartiger Vorbau (vokal, dann instrumental wiederholt) und darauf das Hauptstück des A-Teils, ein fugischer Chorsatz als Einbau in Teilwiederholungen der Instrumentalsinfonie. Dabei verbleibt das Hauptthema bei den Instrumenten, während das Gegenthema als Quasi-Fugenthema an den Chor abgetreten wird. Bei seinem zweiten und dritten Auftreten erklingt der A-Teil in zunehmender Verkürzung, von der besonders die Instrumentaleinleitung und der devisenartige Vorbau betroffen sind: Beim dritten Mal fallen beide ganz weg.

Für die vier Arien der Kantate, die in der Weimarer Fassung unvermittelt aufeinander gefolgt waren, ist eine Steigerung der Besetzung charakteristisch, die vom Continuosatz (Satz 3) über den Triosatz (Satz 5 und 8) bis zum Orchestersatz mit Vokalduett (Satz 10) reicht und ursprünglich sogar noch deutlicher gestuft war: Satz 5 hatte in der Weimarer Fassung ein solistisches Obligatinstrument, die Oboe da caccia, verlangt, und erst in Leipzig wählte Bach mit Rücksicht auf die veränderten Stimmtonverhältnisse[5] die chorische Besetzung mit Oboe I und Violinen, was die Oktavierung dieses Parts zur Folge hatte. – In seiner Faktur prägt Satz 3 den besonders in Bachs früheren Kantaten beliebten Typus des Continuosatzes über einen Basso quasi ostinato aus, während in den Sätzen 5 und 8 das konzer-

5 Einzelheiten bei Dürr St sowie in den Kritischen Berichten NBA I/1, S. 89ff., und I/18, S. 38 und 43f.

tierende Element in den Vordergrund tritt (Instrumental- und Gesangsthemen sind verschieden!). Satz 10 dagegen hat tänzerischen (Gigue-)Charakter, die Singstimmen bewegen sich überwiegend in Parallelführung, und wo Imitationen auftreten, ordnen auch sie sich weitgehend in die Periodik des Tanzsatzes ein.

Die vier nachkomponierten Rezitativsätze lassen durch ihre z. T. recht ausgedehnten ariosen Teilstücke erkennen, daß Bachs Weimarer und Köthener Periode noch nicht lange zurückliegt: Kein einziges Rezitativ findet sich in dieser Kantate, das nicht zumindest am Schluß eine rhythmische Verfestigung zum Arioso zeigte.

Von besonderem Reiz ist endlich der neu eingefügte Choral (Satz 6 = 11) – den ursprünglichen kennen wir nicht –, da Bach die einzelnen Liedzeilen in einen eigenthematischen Instrumentalsatz von beträchtlicher Ausdehnung einfügt und überdies den Chorsatz selbst nicht, wie üblich, schlicht akkordisch gestaltet, sondern den in Viertelnoten dahinschreitenden Cantus firmus des Soprans durch (zuweilen imitatorische) Achtelbewegung der Unterstimmen kontrapunktieren läßt. So entsteht ein – für den Typus des Schlußchorals – recht differenziertes Gebilde.

Was willst du dich betrüben · BWV 107

NBA I/18,57 – AD: ca. 20 Min.

1. [Choral]: Was willst du dich betrüben	h	C
2. Recitativo [B]: Denn Gott verlässet keinen	fis–fis	C
3. Aria [B]: Auf ihn magst du es wagen	A	C
4. Aria [T]: Wenn auch gleich aus der Höllen	e	3/4
5. Aria [S]: Er richts zu seinen Ehren	h	12/8
6. Aria [T]: Drum ich mich ihm ergebe	D	C
7. [Choral]: Herr, gib, daß ich dein Ehre	h	6/8

Das Werk ist eine Choralkantate (44ff.), seine erste nachweisbare Aufführung hat am 23. Juli 1724 stattgefunden. Die Wahl des Liedes von Johann Heermann (1630) im Hinblick auf das Sonntagsevangelium bedarf keiner ausführlichen Begründung: Gottvertrauen, auch wenn der Satan scheinbar die Oberhand gewinnt, dieser Inhalt des Liedes läßt sich leicht als Lehre aus den Berichten von der Speisung der Viertausend ziehen.

Verwunderlich und aus dem überkommenen Quellenmaterial nicht zu erklären ist dagegen die Textform: Die Kantate ist die einzige des Jahrgangs 1724/1725, in der Bach einen Kirchenliedtext durchgehends wörtlich beibehält, also ohne Umdichtung der Mittelstrophen, die jedoch gleichwohl bei der Komposition als moderne Rezitative und Arien behandelt werden – ein Verfahren, das erst für Bachs spätere Choralkantaten charakteristisch werden sollte. Den Grund für diese Ausnahme kennen wir nicht, und es ist müßig, darüber nachzusinnen, ob der Dichter keinen Text geliefert hatte, ob Bach die gelieferte Dichtung aus irgendeinem Grunde als unbrauchbar befand oder ob die Kantate 107 doch schon älteren Ursprungs ist: Wir wissen es nicht. In musikalisch-stilistischer Hinsicht besteht jedenfalls kein Grund, das Werk früher als 1724 zu datieren, und gegen eine *spätere* Datierung spricht eindeutig der Quellenbefund.

Der Eingangschor entspricht dem bei Bach am häufigsten auftretenden Typus: Der vom Sopran (+ Horn) vorgetragene und von den unteren Singstimmen gestützte Choral (Melodie: ›Von Gott will ich nicht lassen‹) ist eingefügt in einen eigenthematischen, nur in geringfügigen Anklängen durch die Choralsubstanz beeinflußten Orchestersatz. Dennoch finden wir einige Eigenheiten. Am Instrumentalpart fällt die relativ reiche Holzbläserbesetzung – 2 Flöten, 2 Oboi d'amore – auf, die offenbar erst im Verlaufe des Ausschreibens der Stimmen ihre Differenzierung erfahren hat: An einigen Stellen sondern sich die Flöten mit den Violinen + Viola zu einer Art Concertino aus (der Continuo schweigt dabei); die Oboi d'amore verstärken in den Instrumentalabschnitten – wie meist auch die Flöten – den Streichersatz, in den Chorabschnitten jedoch den Sopran, also die Choralmelodie. An der Fassung der Liedweise ist bemerkenswert, daß sie nicht durchweg schlicht dargeboten, sondern bisweilen ausdrucksvoll verziert erklingt. Auch ist die Melodie nicht wie üblich konsequent zeilenweise in den Orchestersatz eingegliedert; sondern mehrere Zeilen werden zusammengefaßt: 1 + 2 (1. Stollen), 3 + 4 (2. Stollen), 5, 6–8 (Abgesang). Dadurch erweckt der ganze Chor den Eindruck eines knappen, komprimierten Satzes, zumal da auch die vokalen Gegenstimmen den Einsatz der Liedmelodie niemals vorbereiten, sondern ihm folgen in einer zwar leicht bewegten, aufgelockerten Satzweise, die aber dennoch dem akkordischen Satz oft nähersteht als dem polyphon durchgebildeten.

Das einzige Rezitativ der Kantate (Satz 2) stellt den Komponisten vor eine besondere Aufgabe: Das Gleichmaß der Liedzeilen, deren jede genau einen Takt füllt, birgt die Gefahr einer stereotypen, gezwungen wirkenden Deklamation in sich. Bach wirkt dem entgegen, indem er den Satz mit 2 Oboi d'amore instrumentiert, die die Zäsuren der Singstimme überbrücken, ferner durch Ausdehnung der beiden Schlußzeilen, wobei die vorletzte ein Melisma auf »Freuden« erhält und die letzte ›a tempo‹, also als Arioso vorgetragen wird, gleichfalls mit ausgedehntem Melisma auf »retten«.

Die Strophen 3 bis 6 sind als vier aufeinanderfolgende Arien vertont, die freilich unverkennbar von der Textstruktur des Chorals beeinflußt sind: Keine einzige folgt der üblichen (mehr oder weniger freien) Dacapoform, sondern in ihnen allen liegt die markanteste Zäsur zwischen Stollen und Abgesang, so daß die zweiteilige Anlage dominiert. Weitere Untergliederungen sind durch den jeweiligen Satzbau des Textes gegeben, so daß in Satz 3 die Andeutung einer Barform entsteht; in Satz 4 gelangt die Schlußzeile (»denn dein Werk fördert Gott«) zu besonderer Bedeutung, in Satz 6 dagegen wird die Anfangszeile des Abgesangs (»Drauf wart ich und bin still«) vom Nachfolgenden getrennt vertont. In ihrem Charakter entsprechen die beiden umrahmenden Ariensätze 3 und 6 einander; beide entfernen sich schon durch ihre Durtonart am weitesten von der Choralweise, die Melodik ist liedhaft, beinahe tänzerisch. – Von den beiden mittleren Arien ist Satz 4 nur vom Continuo begleitet und zeigt die von Bach für derartige Sätze bevorzugte Struktur: Über den Ostinatobildungen des Continuo entfaltet sich die Singstimme zu recht freier, von textbezogenen Koloraturen durchsetzter Melodik und hat nur an wenigen, dafür freilich um so bezeichnenderen Stellen an der Continuothematik teil: Gleich zu Beginn des ersten Gesangsabschnitts setzt der Continuo mit dem Ritornellthema ein, der Tenor dagegen mit dessen freier Umkehrung, dadurch wohl das Entgegenstellen des Satans gegen Gottes Willen (vgl. den Text!) kennzeichnend:

Folgerichtig erklingt der Themenkopf in der Schlußzeile – und nur hier – auf die Worte »denn dein Werk fördert Gott« auch in der Singstimme in der aufwärtsgerichteten Originalgestalt:

Tenore

Satz 5, eine Sopran-Arie mit 2 obligaten Oboen, nähert sich in ihrer Thematik am stärksten der Liedweise. Schon aus dem instrumentalen Ritornell lassen sich Anklänge an den Liedanfang heraushören; deutlicher wahrnehmbar wird er beim Einsatz der Singstimme. Unverhüllt in Originalgestalt erklingt dann am Schluß der Arie die letzte Liedzeile (»Was Gott will, das geschicht«).

Reich ausgestattet ist der Schlußchoral. Der Vokalsatz ist zwar schlicht akkordisch und faßt wiederum in derselben Weise wie Satz 1 mehrere Liedzeilen zu einem Abschnitt zusammen; eingebettet ist er jedoch in einen reichen Orchestersatz (Streicher + Holzbläser; das Horn verstärkt wieder den Sopran), dessen blühender Sicilianorhythmus auch in den Choralabschnitten stets seine Selbständigkeit bewahrt.

Es wartet alles auf dich · BWV 187

NBA I/18, 93 – AD: ca. 25 Min.

1. [Chor]: Es wartet alles auf dich	g	C
2. Recitativo [B]: Was Kreaturen hält das große Rund der Welt	B–g	C
3. Aria [A]: Du, Herr, du krönst allein das Jahr	B	3/8
Parte 2		
4. [Basso solo]: Darum sollt ihr nicht sorgen	g	C
5. Aria [S]: Gott versorget alles Leben	Es	C, 3/8, C
6. Recitativo [S]: Halt ich nur fest an ihm	c–B	C
7. Choral: Gott hat die Erde zugericht	g	3

Die Kantate ist zum 4. August 1726 komponiert worden. Sie gehört zu jener Gruppe, die hinsichtlich ihrer Texte eine auffällige Verwandtschaft mit Kantaten Johann Ludwig Bachs aufweist (53).

Der Gedankengang des Textes schließt sich an den Bericht des Sonntagsevangeliums von der Speisung der Viertausend an. Der I. Teil der Kantate preist Gott als den Spender aller Nahrung. Satz 1 entstammt Psalm 104 (Vers 27–28), und auch das folgende Rezitativ redet in der Sprache der Psalmen, wobei der Dichter neben andern wieder an Psalm 104 gedacht haben wird, wenn er fragt: »Was zeuget nicht die Flut? Es wimmeln Ström und Seen« (vgl. Ps. 104, 25: »Das Meer, das so groß und weit ist, da wimmelts ohne Zahl«) oder wenn er »der Vögel großes Heer« erwähnt (Ps. 104, 17: »Daselbst nisten die Vögel, und die Reiher wohnen auf den Tannen«). Endlich ist auch die anschließende Arie (Satz 3) eine unverkennbare Anspielung auf ein Psalmwort (Ps. 65, 12: »Du krönest das Jahr mit deinem Gut, und deine Fußtapfen triefen von Fett«).

Der II. Teil wendet sich mit persönlicheren Worten an die christliche Gemeinde. Das einleitende Jesuswort (Matth. 6, 31–32) entstammt der Bergpredigt; seine Wahrheit, so will der Dichter sagen, erweist sich in der Speisung der Viertausend; und deshalb darf jeder einzelne Christ – bezeichnenderweise wählt der Dichter nunmehr die Ichform – »in kindlichem Vertrauen« Gott für sich sorgen lassen. Die Strophen 4 und 6 des Liedes ›Singen wir aus Herzensgrund‹ von Hans Vogel (1563) beschließen die Kantate.

Der Eingangschor zeigt Bach auf der Höhe seiner Meisterschaft. Die weit ausladende Einleitungssinfonie des Orchesters – 2 Oboen, Streicher, Continuo – liefert das thematische Material, dessen vielfache Wiederholung im weiteren Verlauf des Satzes als Einheit stiftendes Moment wirkt: Bald erklingen ausgedehntere Partien als Rahmen für den Choreinbau (32f.) des Vokalsatzes, bald einzelne Motive als Begleitfiguren des selbständig geführten Instrumentalsatzes. In den Vokalteilen wird der Text nach alter Motettenart abschnittsweise vorgetragen, im letzten jedoch nochmals vollständig wiederholt. Dadurch entsteht folgende Formgliederung (Kursive = Instrumentalpart):

Einleitungssinfonie (28 Takte)

A Freipolyphoner Chorsatz mit Kanonbildungen und Choreinbau

1. »Es wartet alles auf dich«. Kanonisch-freipolyphoner Chorkomplex (a), *Instrumente weitgehend selbständig begleitend*

2. »Es wartet ...« und »daß du ihnen Speise gibest ...«. Zweithemiger kanonisch-freipolyphoner Chorkomplex (a + b), *Instrumente weitgehend colla parte geführt*
3. Choreinbau in *Sinfonie, Takt 6–13*
Sinfonie, verändert und verkürzt (17 Takte)
B Chorfuge, *Instrumente zunächst colla parte, dann selbständiger geführt (Sinfoniemotivik)*
Thema: »Wenn du ihnen gibest ...«, Kontrapunkt: »Wenn du deine Hand auftust ...«
C Choreinbau (mit Anklängen an a und b) auf den vollständigen Text in *Sinfonie, Takt (12–) 16–28 (Verschränkung mit Teil B)*

Diese Struktur ist für die Bibelwortchöre der Leipziger Reifezeit Bachs charakteristisch: Das motettische Reihungsprinzip sichert eine textbezogene Formung der einzelnen Gesangsabschnitte, während das überlagernde Konzertprinzip die Einheitlichkeit des gesamten Satzes herstellt. Die Wiederholung des Textes in Verbindung mit Anklängen an den A-Teil im C-Teil erweckt den Gesamteindruck einer sehr frei gehandhabten Dacapoform.

Ein schlichtes Seccorezitativ leitet zur ersten Arie (Satz 3) über, die in nahezu Händelscher Pracht Gott als den Erhalter des Lebens preist. Zugleich erweckt aber der 3/8-Takt, unterstützt durch die Kleingliedrigkeit der Motivik, den Eindruck eines feierlichen Tanzes. Erhöht wird sein Reiz durch die synkopische Rhythmik, die zu unregelmäßiger Periodengliederung des Instrumentalritornells (Streicher + Oboe 1) führt: An Stelle der sonst bevorzugten 2-, 4- oder 8-Taktgruppen finden wir hier eine Gruppierung zu 2 · 3 + 3 · 4 Takten.

Das Bibelwort, das den II. Teil der Kantate einleitet, ist dem Solobaß als der »vox Christi« zugewiesen (43 f.). Auch hier sorgen die Instrumente – Violinen unisono, dazu Continuo, der gleichfalls an der motivischen Arbeit teilhat – mit ihren ständigen Wiederholungen der plastischen Motive dieses Satzes für seine Einheitlichkeit.

Die folgende Arie (Satz 5) ist demgegenüber zweiteilig-kontrastierend angelegt. Feierliche, punktierte Rhythmen und eine weitgespannte, kunstreiche Melodie der Solo-Oboe charakterisieren den ersten Arienteil, während auf die Worte »Weicht, ihr Sorgen« (›un poco allegro‹) die Melodik wiederum ins Tänzerische umschlägt. Zum Schluß greift die Wiederholung des Instrumentalritornells nochmals die Feierlichkeit des ersten Teils auf.

Vielleicht ist die Wahl der Instrumentation in Arien und Chorsätzen nicht ohne Absicht geschehen; denkbar wäre, daß Bach mit der Folge: Tutti – Streichersatz + Oboe 1 – Violini in unisono – Oboe solo die Wandlung vom Allgemeinen zum Besonderen im Gedankengang der Dichtung nachzuvollziehen sucht. Trifft dies zu, so ist man versucht, die Streicherbegleitung des nun folgenden Rezitativs (Satz 6) als Symbol der Geborgenheit des Einzelnen in Gottes Liebe und in der christlichen Gemeinde aufzufassen, so wie der Schlußchoral, der alle Mitwirkenden zu gemeinsamer Vierstimmigkeit zusammenfaßt, im Namen der versammelten Gemeinde stellvertretend für diese musiziert wird.

Gesegnet ist die Zuversicht · BWV Anh. 1

Eine Kantate dieses Titels wird 1770 unter Bachs Namen von der Breitkopfschen Musikalienhandlung in Leipzig zum Kauf angeboten; erhalten ist uns die Musik jedoch nicht. Möglicherweise liegt hier eine Verwechslung mit einem Werk gleichen Titels von Georg Philipp Telemann vor; vgl. dazu den Kritischen Bericht I/18 der NBA, S. 118f.

Achter Sonntag nach Trinitatis

Epistel: Röm. 8,12–17 (Welche der Geist Gottes treibt, die sind Gottes Kinder)

Evangelium: Matth. 7,15–23 (Aus der Bergpredigt: Warnung vor falschen Propheten: An ihren Früchten sollt ihr sie erkennen)

Erforsche mich, Gott, und erfahre mein Herz · BWV 136

NBA I/18,131 – AD: ca. 21 Min.

1. [Chor]: Erforsche mich, Gott, und erfahre mein Herz	A	12/8
2. Recitativo [T]: Ach, daß der Fluch, so dort die Erde schlägt	h–cis	C
3. Aria [A]: Es kömmt ein Tag	fis	C, 12/8, C

4. RECITATIVO [B]: Die Himmel selber sind nicht rein h–h C
5. ARIA [T, B]: Uns treffen zwar der Sünden Flecken h 12/8
6. CHORAL: Dein Blut, der edle Saft h C

In der uns überlieferten Gestalt entstammt dieses Werk dem ersten Leipziger Kantatenjahrgang Bachs und wurde am 18. Juli 1723 erstmals aufgeführt. Verschiedene Anzeichen des Quellenbefundes lassen jedoch vermuten, daß Bach dabei auf früher Komponiertes zurückgegriffen hat. Einwandfrei ad hoc komponiert sind nur der 12/8-Teil des Satzes 3 sowie der Schlußchoral; – man ist daher versucht, an eine weltliche Urform der übrigen Teile oder allenfalls an eine Kirchenkantate anderer Bestimmung (daher mit anderem Schlußchoral!) zu denken. Doch konnte Näheres hierzu bisher nicht ermittelt werden.

Unbekannt ist auch der Dichter des Textes, der sich gedanklich eng an das Sonntagsevangelium anlehnt (eine Beobachtung, die gegen den eben geäußerten Parodieverdacht sprechen könnte). Die Warnung vor falschen Propheten führt im Eingangssatz zur Bitte um den rechten Glauben mit den Worten des Psalms 139, 23. Satz 2 stellt eine Verbindung zum ersten Sündenfall her: Die Frage Jesu »Kann man auch Trauben lesen von den Dornen oder Feigen von den Disteln?« weckt die Erinnerung an 1. Mose 3, 17–18 (»verflucht sei der Acker um deinetwillen ... Dornen und Disteln soll er dir tragen«), auf die der Beginn des Rezitativs »Ach, daß der Fluch, so dort die Erde schlägt« hinzielt. In Satz 3 dienen die Schlußworte des Evangeliums (»Es werden nicht alle, die zu mir sagen: Herr, Herr! in das Himmelreich kommen ...«) als Anlaß zur Warnung vor Heuchelei. Nun aber zeigt sich, wie bedeutsam der Hinweis auf die Verfluchung Adams für das Verständnis des gesamten Textverlaufs ist: Die beiden Doppelglieder Rezitativ–Arie (Satz 2–3, 4–5) sind auf dem Kontrast von Adams Fall und Jesu Sühnetod aufgebaut, einer Gegenüberstellung, die sich bereits bei Paulus mehrfach findet (Jesus als der neue Adam z. B. Röm. 5, 14; 1. Kor. 15, 22 und 45). Satz 4 bringt den Umschwung, eingeleitet durch eine Anspielung auf Hiob 15, 15 (»... die Himmel sind nicht rein vor ihm«): Wer Jesu Opfer im Glauben annimmt, der ist dem »Mangel seiner Werke« zum Trotz gerechtfertigt. Gleiches sagen auch Satz 5 und der Schlußchoral, die 9. Strophe des Liedes ›Wo soll ich fliehen hin‹ von Johann Heermann (1630).

Der Eingangschor hat die Form einer weitläufigen Fuge, der jedoch ein gewisser Mangel an Zielstrebigkeit der Entwicklung anhaftet. So wird gleich von Beginn an der *gesamte* Text in die Komposition einbezogen; erst in der zweiten Hälfte gewinnen einige Haltetöne und homophone Rufe »prüfe mich« eine bescheidene Bedeutung als Ansätze zur Textinterpretation. Auch tritt das eigentliche Fugenthema

wesentlich häufiger in den Außen- als in den Innenstimmen auf, was vielleicht aus der möglichen Entstehungsgeschichte des Satzes zu erklären ist und auf eine geringstimmige Vorlage weisen könnte. Ähnlich auffällig sind die instrumentale Ritornellumrahmung, die mehr konzertanten als fugischen Charakter hat, sowie der Beginn des Vokalteils mit einer »Devise«, der dann nochmals eineinhalb Instrumentaltakte folgen, ehe die Fuge wirklich beginnt. Endlich ist auch die Rolle, die den Instrumenten zugewiesen ist, sehr unterschiedlich: 2 Oboen (Oboe und Oboe d'amore) sind nicht selbständig geführt, sondern gehen in den Ritornellen mit den beiden Violinen und in den Vokalteilen mit dem Sopran. Unter den Streichern dominiert die Violine I mit ihrer fast ständig durchlaufenden, jedoch unthematischen, figurativen Sechzehntelbewegung, während Violine II meist, Viola und Continuo fast stets in Achtel- und ruhigerer Bewegung fortschreiten; ein Horn präsentiert zu Beginn des Ritornells das Hauptthema (siehe oben) und ist auch im weiteren Verlauf des Satzes selbständig geführt. Seiner Form nach ist der Satz hälftig gebaut (A A'): Zwei gleichthematische Chorfugenkomplexe werden durch Instrumentalpartien umrahmt und voneinander abgegrenzt.

Ein Seccorezitativ führt zur ersten Arie (Satz 3), einem Satz mit obligater Oboe d'amore, deren ausdrucksvolle Figuration dem warnenden Text auch dann entspricht, wenn dieser sekundären Ursprungs sein sollte. Der kontrastierende Mittelteil (›presto‹) »Denn seines Eifers Grimm vernichtet ...« ist, wie erwähnt, nachträglich eingefügt worden.

Auch das zweite Rezitativ (Satz 4) ist ein Secco, lediglich die Schlußtakte deuten ein Arioso an. Ihm folgt ein Duett mit einer von beiden Violinen in chorischem Unisono vorgetragenen Obligatstimme, das in seiner bald imitatorischen, bald homophonen Singstimmenführung den weltlichen Duetten der Köthener Jahre nahesteht, andererseits freilich dem Text – z. B. in dem Einwurf »Allein«, den modulatorischen Ausweichungen auf »Jesu Wunden« und den Sequenzpassagen auf »Strom« – durchaus angepaßt ist.

Der schlichte Schlußchoral nach der Melodie ›Auf meinen lieben Gott‹ ist durch die selbständige Führung der Violine 1 zur Fünfstimmigkeit erweitert. Wollte Bach etwa durch diese Aufwertung des Schlußchorals der parodiebedingten (?) Indifferenz des Eingangssatzes entgegenwirken?

Wo Gott der Herr nicht bei uns hält · BWV 178

NBA I/18, 161 – AD: ca. 23 Min.

1. [Choral]: Wo Gott der Herr nicht bei uns hält	a	C
2. Recitativo [+ Choral. A]: Was Menschenkraft und -witz anfäht	C–e	C
3. Aria [B]: Gleichwie die wilden Meereswellen	G	9/8
4. Choral [T]: Sie stellen uns wie Ketzern nach	h	C
5. Choral et Recitativo: Aufsperren sie den Rachen weit	h	C
6. Aria [T]: Schweig, schweig nur, taumelnde Vernunft	e	C
7. Choral: Die Feind sind all in deiner Hand	a	C

Das Werk ist eine Choralkantate (44ff.) und erfuhr am 30. Juli 1724 seine erste Aufführung. Das zugrunde gelegte Kirchenlied ist eine Nachdichtung des 124. Psalms durch Justus Jonas (1524), die sich ihres Inhalts wegen – Warnung vor den Feinden Christi – leicht zum Sonntagsevangelium in Beziehung setzen läßt, wobei insbesondere die Wendung »Ach Gott, der teure Name dein muß ihrer Schalkheit Deckel sein« der Prophezeihung Jesu entspricht, daß nicht alle, die »Herr, Herr!« zu ihm sagen, in das Himmelreich kommen werden.

Als sich ein halbes Jahrhundert später der Göttinger Musikgelehrte Johann Nikolaus Forkel Bachs Choralkantaten für 2 Louisdor von Friedemann Bach ausgeliehen hatte, da benutzte er die Gelegenheit, sich zwei, die ihm besonders gefielen, abzuschreiben. Er wählte dazu ›Es ist das Heil uns kommen her‹ (366ff.) und das hier betrachtete Werk. Es ist nicht leicht zu sagen, was ihn gerade auf diese beiden Stücke verfallen ließ. An unserer Kantate mag ihn vielleicht die Dramatik der beiden Arien gereizt haben, vielleicht aber auch das gehäufte Auftreten von Choralbearbeitungen. Tatsächlich hat der unbekannte Textredaktor dieses Mal von dem 8-strophigen Lied volle 6 Strophen beibehalten, nämlich außer Anfangs- und zwei (!) Schlußstrophen noch die Strophen 2, 4 und 5, – den Text der Strophen 2 und 5 durch tropierende Rezitativeinschübe erweitert. Lediglich die Strophen 3 und 6 wurden zu je einer Arie umgedichtet. Im Tropustext zu Satz 5 nimmt der Dichter die Möglichkeit zu spezieller Anspielung auf das Sonntagsevangelium mit seiner Warnung vor falschen Propheten wahr: »Gott wird die törichten Propheten mit Feuer seines Zornes töten«.

Der Eingangschor verkörpert den von Bach bevorzugten Typus des eröffnenden Choralchorsatzes: In einen thematisch selbständigen Orchestersatz ist der vom Chor vorgetragene Choral zeilenweise eingefügt. Die Liedweise liegt im Sopran, verstärkt durch ein Horn; die Unterstimmen stützen sie in teils akkordlichem, teils freipolyphonem Satz mit gelegentlicher Neigung zu Imitationen. Offenbar reizte es Bach dabei, die beiden Anfangszeilen wegen ihres Textinhalts kontrastierend zu vertonen:

»Wo Gott der Herr nicht bei uns hält«: schlicht homophon, lang gehaltener Akkord auf »hält«,
»wenn unsre Feinde toben«: polyphon, punktierte Rhythmen, Sechzehntelläufe.

Doch ließ er es geschehen, daß derselbe Satz auch für den zweiten Stollen des Liedes verwendet wurde, obwohl dessen Text (»und er unsrer Sach nicht zufällt im Himmel hoch dort oben«) keine Veranlassung zu gegensätzlicher Zeilenbehandlung bietet. Der Orchestersatz von 2 Oboen, Streichern und Continuo scheint mit seinen bewegten Sechzehntelfiguren und noch mehr mit seinen straffen, punktierten Rhythmen vornehmlich vom Bild der tobenden Feinde inspiriert zu sein; und die Beibehaltung der Eingangsthematik in den Instrumenten verleiht dem ganzen Satz (über den aufgezeigten Kontrast in der Singstimmenbehandlung hinaus) eine grandiose Einheitlichkeit.

Ein kontrapunktisches Meisterstück ist der tropierte Choral,

Satz 2. Während die rezitativischen Einschübe als Secco vertont sind, werden die in Halbenotenwerten vorgetragenen Choralabschnitte vom Continuo stets mit der Verkürzung der jeweiligen Liedzeile auf Achtelwerte kontrapunktiert:

Satz 3 ist durch die Vorstellung der »wilden Meereswellen« angeregt, deren Auf- und Abwogen die Melodieführung der obligaten Streicherstimme (Violinen + Viola) wie der Singstimme und auch des Continuo widerspiegelt. Gewaltige Koloraturen werden dem Baß auf das Wort »Meereswellen«, später auf »erweitern« und besonders »zerscheitern« abverlangt.

Der wörtlich beibehaltenen Choralstrophe 4 entspricht auch in der Vertonung die getreue Beibehaltung der unverzierten Liedmelodie im Tenor. Eingebettet ist der Choral in einen motivgeprägten, homogenen Instrumentalsatz aus 2 Oboi d'amore sowie dem Continuo, der hier als gleichberechtigter Partner der instrumentalen Oberstimmen in Erscheinung tritt.

Satz 5 ist wie Satz 2 eine durch Tropierung erweiterte Choralstrophe; doch weichen die Vertonungen beider Texte wesentlich voneinander ab. Hatte Bach den gesamten Satz 2 einer einzigen Singstimme, dem Alt, zugewiesen, so differenziert er nunmehr: Die Choralzeilen erklingen in schlichtem, vierstimmigem Chorsatz (nur auf die Worte »und stürzen« läßt sich Bach die Einführung einer textbezogenen Sechzehntelfigur im Baß nicht entgehen), während die Rezitativeinschübe nacheinander dem Baß, Tenor, Alt und nochmals dem Baß zufallen. Der Continuo, der auch in den Choralteilen selbständig geführt ist, wird durchgehends von einem Dreiklangsmotiv beherrscht, das den ganzen Satz einheitlich prägt und einen metrisch gefestigten Gesangsvortrag auch der Rezitativpartien erfordert.

Satz 6 gehört nicht nur zu den musikalisch reizvollsten des Werkes, er ist zugleich derjenige, der für Bachs Zeit inhaltlich die aktuellste Bedeutung gewinnt, da er gegen die »taumelnde Vernunft« polemisiert. Die ursprüngliche Textvorlage, Psalm 124, erwähnt die Vernunft überhaupt nicht. Das Lied des Justus

Jonas nimmt zwar den Passus auf, daß Gottes Gnade für die Vernunft unfaßbar sei; doch liegt darin keineswegs das eigentliche Ziel der Strophe, die vielmehr die Aufgabe hat, dem alttestamentlichen Psalm einen evangelischen Sinn zu geben. Sie lautet in der Fassung der Bachzeit:

Ach Herr Gott! wie reich tröstest du,
Die gänzlich sind verlassen;
Die Gnadentür steht nimmer zu,
Vernunft kann das nicht fassen,
Sie spricht: »Es ist nun alls verlorn«,
Da doch das Kreuz hat neu geborn,
Die deiner Hülf erwarten. (vgl. EKG 193, Strophe 4)

Für das Jahrhundert der Aufklärung dagegen wird die Apologetik gegen den Rationalismus zum Hauptproblem; und so stellt nicht nur Bachs Textdichter ein Schweigegebot für die Vernunft an den Beginn der Arie, auch Bach selbst entwirft das Arienritornell – einen Streichersatz – mit seinen Synkopen und Schüttelfiguren aus der Vorstellung des Taumelns (der Vernunft) heraus; dazwischen erklingen immer wieder die akkordischen Akzente: »schweig!«. Nur der Mittelteil dieser hochdramatischen Arie kommt vorübergehend auf die Worte »so werden sie mit Trost erquickt« zur Ruhe (Fermate, ›adagio‹), ehe ein freies Dacapo des Hauptteils einsetzt.

Satz 7 beschließt die Kantate als schlichter vierstimmiger Choralsatz.

Es ist dir gesagt, Mensch, was gut ist · BWV 45

NBA I/18, 199 – AD: ca. 23 Min.

1. [Chor]: Es ist dir gesagt, Mensch, was gut ist	E	C
2. Recitativo [T]: Der Höchste läßt mich seinen Willen wissen	H–gis	C
3. Aria [T]: Weiß ich Gottes Rechte	cis	3/8

Parte seconda

4. Arioso [B]: Es werden viele zu mir sagen	A	C
5. Aria [A]: Wer Gott bekennt aus wahrem Herzensgrund	fis	C

6. Recitativo [A]: So wird denn Herz und Mund selbst von mir Richter sein E–E **C**
7. Choral: Gib, daß ich tu mit Fleiß E **C**

Die Kantate, geschrieben für den 11. August 1726, gehört zu jenen Werken, deren Textstruktur Verwandtschaft mit den Kantaten des Meininger Kapellmeisters Johann Ludwig Bach aufweist (53), und selbst in der Musik beider Vettern lassen sich gewisse Beziehungen erkennen.

Mit einem Wort des Propheten Micha (6, 8) knüpft der unbekannte Dichter im Eingangssatz an die Jesusworte des Sonntagsevangeliums »An ihren Früchten sollt ihr sie erkennen« und ». . . sondern die den Willen tun meines Vaters im Himmel« an. In der madrigalischen Dichtung wird dieser Gedanke – Gott macht den Menschen seinen Willen bekannt und verlangt von ihnen dessen Erfüllung – weiter ausgeführt. Dabei zieht der Dichter die biblischen Bilder vom Knecht, der seines Herrn Willen weiß (Luk. 12, 42ff., besonders 47) und von dem Rechenschaft gefordert wird (Luk. 16, 1–9), heran. Der II. Kantatenteil beginnt mit einem wörtlichen Zitat der Schlußworte des Sonntagsevangeliums, an das wiederum biblische Anspielungen geknüpft werden: Die folgende Arie ist eine Paraphrase der Jesusworte »Wer nun mich bekennet vor den Menschen, den will ich bekennen vor meinem himmlischen Vater« (Matth. 10, 32). Die Dichtung mündet in den trostvollen Hinweis, daß Gott nicht nur die Erfüllung seines Willens fordere, sondern dazu auch seinen Beistand zu leisten versprochen habe. Mit der 2. Strophe des Liedes ›O Gott, du frommer Gott‹ von Johann Heermann (1630) klingt die Kantate aus.

Der Eingangschor ist eines jener großartigen Beispiele für die vielgestaltigen, dabei doch aus einem einzigen Thema entwikkelten Chöre des reifen Bach. Ermöglicht wird diese Vielgestaltigkeit durch den Wechsel in der Satzweise zwischen einem den Chorpart einleitenden dreigliedrigen Imitationskomplex (»Es ist dir gesagt«), einer anschließenden Chorfugenexposition und Choreinbau (32 f.) in die Wiederholung von Teilen der instrumentalen Einleitungssinfonie des Satzes. Durch mehrfache Wiederholung verschiedener Partien – nur die Fugenexposition kehrt nicht wieder – und den dadurch hervorgerufenen Wechsel zwischen fugischem und konzertantem Prinzip, wobei das kompositorische Übergewicht bald beim Chor, bald bei den Instrumenten liegt, wird jene Vielheit in der (thematischen) Einheit erreicht, die für die großangelegten Leipziger Bibelwortchöre Bachs kennzeichnend ist.

Zwei Rezitative und zwei Arien gruppieren sich symmetrisch um das neutestamentliche Bibelwort, das zugleich das Zentrum des Werkes und den Beginn des II. Teils bildet. Die Rezitative sind als schlichtes, nur vom Continuo begleitetes Secco vertont und stehen ganz im Dienste des eindringlichen Textvortrags. Von den beiden Arien verlangt die erste (Satz 3) volle Streicherbegleitung; sie setzt starke rhythmische Akzente und läßt klare periodische Gliederungen erkennen, – zwei Eigenschaften, die in die Nähe des Tanzes weisen. Formal ist sie zweiteilig, ohne Dacapo.

Der Solobaß, hier als »vox Christi« aufzufassen (43 f.), eröffnet mit einem Jesuswort den II. Teil der Kantate. Wieder begleiten die Streicher, diesmal in lebhafter Sechzehntelbewegung, die den drohenden Worten leidenschaftlichen Nachdruck verleiht. Der Satz, von Bach als ›Arioso‹ bezeichnet, wird in seiner musikalischen Substanz weitgehend von der instrumentalen Einleitung bestimmt, die auch in den Gesangsteilen, in verschiedene Tonarten versetzt (A, E, fis, A), viermal wiederkehrt und dabei meist nur geringfügig verändert, das dritte Mal freilich nur angedeutet wird. Dieser Instrumentalsatz dient dem Solobaß als vorgeformter Rahmen, innerhalb dessen die Gesangsmelodik durch kühne Intervallsprünge und reiche Koloraturen gekennzeichnet ist.

Auch in den Sechzehntelfiguren der nun folgenden zweiten Arie (Satz 5) scheint noch etwas von jener Bewegtheit des Arioso nachzuschwingen; und doch bildet die geringstimmige Besetzung mit Soloflöte zu Alt und Continuo einen beträchtlichen, durch den trostvollen Text unterstrichenen Kontrast zu den vorhergehenden Sätzen. Noch weiter schreitet die Abklärung in den überwiegend klaren Dur-Harmonien des anschließenden Rezitativs und des Schlußchorals, der jenem »strengen« II. Kantatenteil einen gelösten Ausgang verleiht.

Neunter Sonntag nach Trinitatis

EPISTEL: 1. Kor. 10,6–13 (Warnung vor Abgötterei und Sicherheitsdünkel; Trost in Versuchung)
EVANGELIUM: Luk. 16,1–9 (Gleichnis vom ungerechten Haushalter)

Herr, gehe nicht ins Gericht · BWV 105

NBA I/19 – AD: ca. 25 Min.

1. [CHOR]: Herr, gehe nicht ins Gericht	g	C, ¢
2. RECITATIVO [A]: Mein Gott, verwirf mich nicht	c–B	C
3. ARIA [S]: Wie zittern und wanken	Es	$\frac{3}{4}$
4. RECITATIVO [B]: Wohl aber dem, der seinen Bürgen weiß	B–Es	C
5. ARIA [T]: Kann ich nur Jesum mir zum Freunde machen	B	C
6. CHORAL: Nun, ich weiß, du wirst mir stillen	g	C/$\frac{12}{8}$

Die Kantate entstammt dem ersten Leipziger Jahrgang Bachs und wurde zum 25. Juli 1723 komponiert. Der unbekannte Textdichter entnimmt dem Gleichnis des Sonntagsevangeliums den Gedanken, daß der Mensch vor Gottes Gericht nicht bestehen kann, und den Rat »Machet euch Freunde mit dem ungerechten Mammon« (Luk. 16, 9), der auf Jesus bezogen wird: Sein Opfertod tilgt unsere Schuld (Satz 4), darum gilt allein, ihn sich zum Freunde zu machen (Satz 5).

Als Eingangsspruch dient Psalm 143, 2, und auch in den folgenden Sätzen wird das Bild des schuldbeladenen Menschen durch Anspielung auf verschiedene Bibelstellen gezeichnet: Der Beginn des 2. Satzes lehnt sich an Psalm 51, 13 (»Verwirf mich nicht von deinem Angesicht«) an; der Begriff »schneller Zeuge« findet sich bei Maleachi 3, 5 (»Ich will zu euch kommen und euch strafen und will ein schneller Zeuge sein wider die Zauberer, Ehebrecher ...«); in der Sopran-Arie (Satz 3) wird ein Bild aus dem Römerbrief 2, 15 aufgegriffen: »die Gedanken, die sich untereinander verklagen oder entschuldigen«; und daß Jesus die Handschrift, die uns verklagte, getilgt und ans Kreuz geheftet habe (vgl. Satz 4), ist gleichfalls ein Pauluswort, das sich im Kolosserbrief 2, 14 findet. Der Schlußchoral ist die

11. Strophe des Liedes ›Jesu, der du meine Seele‹ von Johann Rist (1641).

Den Eingangschor gestaltet Bach zweiteilig und folgt dabei nach Motettenart dem grammatischen Bau des Textes. Die erste Hälfte bildet ein durch 8 Instrumentaltakte eingeleitetes, ›adagio‹ überschriebenes Quasi-Präludium (»Herr, gehe nicht ins Gericht mit deinem Knecht«), das freipolyphone Chorabschnitte mit selbständigem Orchestersatz vereint und mit einem Choreinbau (32 f.) in die vollständige Instrumentaleinleitung endet. Nun folgt – nach einem Orchesterzwischenspiel auf dem Orgelpunkt D – eine Chorfuge (»Denn vor dir wird kein Lebendiger gerecht«) mit colla parte geführten Instrumenten, die als Muster einer Permutationsfuge (24) gelten darf. Beide Teile dieses Eingangssatzes lassen den Chor zunächst nur vom Continuo begleiten und die Instrumente erst in einem zweiten Abschnitt hinzutreten, so daß wir annehmen dürfen, daß Bach die Chorsänger wie in mehreren voraufgehenden Kantaten dieses Jahrgangs in »Concertisten« und »Ripienisten« aufgeteilt hat und die letztgenannten erst zusammen mit den Instrumenten einsetzen ließ.

Einem schlichten, aber ausdrucksvollen Seccorezitativ folgt als Satz 3 eine der originellsten und zugleich eindrucksvollsten Arien Bachs. Die Haltlosigkeit des Sünders, das Zittern und Wanken seiner Gedanken, ihr »Sich-untereinander-Verklagen«, all das wird in Musik gesetzt. Der Continuo schweigt: Das feste Fundament der Musik und – im übertragenen Sinne – der menschlichen Existenz fehlt. Stellvertretend übernimmt die Viola mit repetierenden Achteln die Grundstimme; die beiden Violinen malen als Harmoniefüllung mit Sechzehnteltremolo das Zittern, von dem der Text redet. Auf diesem Untergrund zeichnet die obligate Oboe mit expressiver Gestik das Bild des ziellos schwankenden sündigen Gewissens. Gehäufte, ständig wechselnde Septakkorde malen ein Bild quälender Ausweglosigkeit. Nach Abschluß des Instrumentalritornells nimmt die Singstimme die Thematik der Oboe auf und bildet sie zugleich weiter: Auf den Text »indem sie sich untereinander verklagen ...« entstehen neue, im Ritornell nicht vorbereitete Kanonfiguren zwischen Sopran und Oboe, das Hintereinanderherjagen der einander verklagenden und entschuldigenden Gedanken veranschaulichend. Der freien Wiederholung dieses A-Teils folgt ein kürzerer B-Teil von freierer, jedoch gleichfalls durch Ritornellsubstanz bestimmter Thematik; die Wiederholung des Instrumentalritornells beschließt den eindrucksvollen Satz.

Das zweite Rezitativ (Satz 4) ist ein Streichersatz, den Bach als »motivgeprägtes Accompagnato« gestaltet hat, um dem Text Nachdruck zu verleihen. Denn dieser bringt nun die entscheidende Wendung, den Hinweis auf die Bürgschaft, die Jesus durch seinen Tod für den Sünder übernommen habe. Auch die folgende Arie steht in größtem Gegensatz zur vorhergehenden. Zum Streichorchester tritt ein Horn, von der 1. Violine ständig in rascher Figuration umspielt; die Melodik ist liedhaft, fast tänzerisch, Rhythmik und Harmonik sind gelöst und lassen klare Gliederungen erkennen.

Im Schlußsatz erklingt der vom Chor in homophonem Satz zeilenweise vorgetragene Choral eingebettet in einen Orchestersatz, der noch einmal jenes Tremolo aufgreift, das (nachdem es im Eingangssatz in den pochenden Achteln des Continuo andeutungsweise aufgeklungen war) der Arie ›Wie zittern und wanken‹ ihr Gepräge gegeben hatte. Nunmehr charakterisiert dieses Tremolo die Textworte »du wirst mir stillen mein Gewissen, das mich plagt« durch allmähliche Verlangsamung: Das zitternde Gewissen kommt zur Ruhe. Ausgehend von Sechzehntelrepetitionen klingt die Bewegung ab zu Achteltriolen (als 12/8-Takt notiert), dann zu gewöhnlichen Achteln, triolischen Vierteln + Achteln (wieder im 12/8-Takt notiert) bis hin zu Viertel- und Halbebewegung, in der die Kantate versöhnlich endet, – ein Werk, das man wohl zu den großartigsten Seelenschilderungen barocker und christlicher Kunst zählen darf.

Was frag ich nach der Welt · BWV 94

NBA I/19 – AD: ca. 23 Min.

1. [Choral]: Was frag ich nach der Welt	D	C
2. Aria [B]: Die Welt ist wie ein Rauch und Schatten	h	C
3. Recitativo [+ Choral. T]: Die Welt sucht Ehr und Ruhm	G	$\frac{3}{8}$/C
4. Aria [A]: Betörte Welt	e	C
5. Recitativo [+ Choral. B]: Die Welt bekümmert sich	D	C

6. Aria [T]: Die Welt kann ihre Lust und Freud	A	C 12/8
7. Aria [S]: Es halt es mit der blinden Welt	fis	C
8. Choral: Was frag ich nach der Welt	D	C

Das Werk ist Choralkantate (44ff.), von Bach zum 6. August 1724 komponiert. Zugrunde liegt ihr das 8-strophige Lied von Balthasar Kindermann (1664), zum Kantatentext umgeformt durch einen unbekannten Dichter, der die Strophen 1, 3, 5, 7 und 8 im Wortlaut beibehalten hat, 3 und 5 allerdings durch tropierende (14) Rezitativeinschübe erweitert, während die Strophen 2, 4 und 6 zu Arien umgedichtet wurden. Nunmehr entspricht den Liedstrophen 1–5 je ein Kantatensatz, Strophe 6 bildet die Vorlage für die beiden letzten Arien[1] (Satz 6 und 7) und die beiden letzten Strophen fallen dem Schlußchoral (Satz 8) zu.

Der Zusammenhang des Textes mit den Lesungen des Sonntags ist verhältnismäßig locker. Zwar warnt die Epistel vor Abgötterei, und im Evangelium betonen Worte wie »die Kinder dieser Welt sind klüger als die Kinder des Lichtes« und vom »ungerechten Mammon« (Luk. 16, 8 bzw. 9) jenen Gegensatz Welt – Jesus, der Lied und Kantatentext beherrscht. Aber über derartige allgemeine Gedanken gehen die Beziehungen nicht hinaus.

Der Komponist Bach hat an der Vertonung dieses Textes, wie uns scheinen will, ungewöhnlich starken Anteil genommen, und uns Heutigen mag vielleicht der Eindruck entstehen, daß eine Welt, die so herrliche Kompositionen hervorbringt, doch nicht so völlig zu verachten sein mag, wie der barocke Dichter uns glauben machen will. Zudem scheinen auch äußere Umstände auf die Komposition eingewirkt zu haben: Während Bach in seinen bisherigen Leipziger Kantaten die Querflöte nur

1 Die von Rudolf Wustmann (Joh. Seb. Bachs Kantatentexte, Leipzig 1913, S. 187) aufgestellte und von Arnold Schering (BJ 1933, S. 67 und 70) und andern wiederholte Behauptung, Satz 7 sei »frei hinzugedichtet«, trifft nicht zu, wie die folgende Gegenüberstellung zeigt:

BWV 94, Satz 7	Strophe 6, Zeile 5–8:
Es halt es mit der blinden Welt,	Ein andrer hälts mit ihr,
Wer nichts auf seine Seele hält,	Der von sich selbst nichts hält,
Mir ekelt vor der Erden.	
Ich will nur meinen Jesum lieben	Ich liebe meinen Gott,
Und mich in Buß und Glauben üben,	Was frag ich nach der Welt?
So kann ich reich und selig werden.	

selten herangezogen und mit mäßigen Aufgaben betraut hatte, verwendet er sie nunmehr hier und in einigen folgenden Kantaten des Jahrgangs an hervorragender Stelle. Offenbar stand ihm jetzt ein fähiger Spieler zur Verfügung (50).

So ist gleich im Eingangschor dem oboenverstärkten Streichorchester eine konzertierende Flöte gegenübergestellt, deren lebhafte Sechzehntelfiguration beinahe den Eindruck eines Flötenkonzerts hervorruft. Die Liedmelodie (Grundwert: Viertelnoten) ist wie üblich dem Sopran anvertraut und zeilenweise in den Orchestersatz eingefügt, gestützt von einem relativ uncharakteristischen homophonen oder leicht imitatorischen, überwiegend in Achteln gehaltenen Unterbau der übrigen Singstimmen. Die Thematik des Orchestersatzes, die in einem 12-taktigen Einleitungsritornell exponiert wird, zeigt im Gegensatz zu vielen ähnlichen Choralchören Bachs deutliche Verwandtschaft mit der Liedsubstanz. Sie wird in der Hauptsache durch zwei Motive geprägt, deren erstes (a) der Flöte zugewiesen ist, das Ritornell eröffnet und beschließt und auch zwischendurch in Abwandlungen gegenwärtig ist:

Das zweite Motiv (b) erklingt als Oberstimme eines vierstimmigen Tuttisatzes der Streicher (+ 2 Oboen):

Seine Ableitung aus der Anfangszeile des Chorals – Melodie: ›O Gott, du frommer Gott‹ – ist offensichtlich:

Zugleich sind aber auch Zeile 5 bzw. 6 darin enthalten:

Hat man dies erkannt, so erscheint es endlich auch nicht ausgeschlossen, daß die Spitzentöne des oben mitgeteilten Flötenthemas (a) eine bewußte Ableitung aus Choralzeile 7 darstellen:

Weniger leicht ist es, Beziehungen des Satzcharakters zum Text aufzuzeigen. Vielleicht war es Bachs Absicht, mit der lebhaften Bewegtheit des Satzes, zumal des Motivs (a), die Geschäftigkeit der Welt – im Gegensatz zu der Ruhe, die Jesus bietet – zu illustrieren, wie ja überhaupt die Textinterpretation des Barockmusikers nicht davor zurückschreckt, einen Sachverhalt, der im Text negiert oder verworfen wird, dennoch als Anregung für die musikalische Erfindung zu verwenden. Wir werden davon noch zu reden haben.

Satz 2 ist eine continuobegleitete Arie mit den für derartige Sätze charakteristischen Ostinatobildungen. Hinabstürzende Motive (Takt 1, 2) und Skalenfiguren malen die Flüchtigkeit der Welt, während Haltetöne (»bleibt«, »hält«) die Beständigkeit des an Jesus Glaubenden kennzeichnen, daneben aber auch – auf »besteht« – das Bestehen der Welt, obgleich der Text gerade von ihrer Vergänglichkeit spricht (»weil sie nur kurze Zeit besteht«). Auch hier bestätigt sich das Obengesagte: Der Begriff selbst, nicht der Sinnzusammenhang, in dem er steht, wird in Musik gesetzt.

In Satz 3 ist die Choralmelodie dem Tenor anvertraut und melodisch stark ausgeziert. Eingeleitet und begleitet wird sie von 2 Oboen und Continuo, so daß ein reizvoller Trio- bzw. Quartettsatz entsteht, der als Vorläufer des Satzes ›Er ist auf Erden kommen arm‹ aus dem Weihnachts-Oratorium gelten kann, zumal da beide Rezitativeinschübe enthalten, die von den Oboen mit kurzen Akkorden begleitet werden.

Von großartig-herber Schönheit ist die Arie ›Betörte Welt‹ (Satz 4) mit obligater Flöte. Gehäuft auftretende verminderte oder übermäßige Intervalle sowie Querstände kennzeichnen den »Betrug« und »falschen Schein« der Welt. Lediglich der Mittelteil bringt vorübergehende Aufhellung. Er ist in sich zweigeteilt: Ein Allegro-Abschnitt kontrastiert zu den ihn umrahmenden Partien durch Tempo, flüssigere Harmonik und vielfache Terzen- und Sextenparallelen; allein, er geht schon nach 7 Takten in Adagiobewegung über (zu verstehen als

›Tempo primo‹), in der die zweite Hälfte des Mittelteils, thematisch dem Hauptteil verwandt, verläuft. Ein verkürztes Dacapo beschließt den Satz.

Satz 5 entspricht textlich-formal dem gleichfalls als Choraltropus gedichteten Satz 3, und auch die Vertonung zeigt Ähnlichkeiten, indem die Choralweise, wiederum stark ausgeziert, einer Solostimme – dem Baß – zugeteilt ist. Doch wird die Singstimme diesmal nur vom Continuo begleitet, der die Choralabschnitte stets durch unthematische, chromatische Skalenbewegung kontrapunktiert, den Kummer der verachteten Welt illustrierend, während die Rezitativeinschübe als Secco gestaltet sind.

Die folgenden beiden Arien sind sanglicher, gelöster, stärker periodisch gegliedert als die voraufgehenden. Hat schon Satz 6, ein ausgesprochen akkordischer Streichersatz, Tanzcharakter (er steht dem Pastorale nahe), so ist Satz 7 eine offensichtliche Bourrée – zumindest das von der Oboe d'amore solo zum Continuo vorgetragene Ritornell und der Beginn des Vokalteils; die Weiterführung geschieht dann in kunstvollerem, weniger lapidarem Satz. Arnold Schering hat dieser Arie eine geistvolle Studie gewidmet (BJ 1933, S. 66–70) und auf die Schwierigkeit hingewiesen, die es dem heutigen Hörer bedeutet, wenn ein so offensichtlich »weltlicher« Tonsatz in seinem Text vom Ekel vor der »Welt« handelt:

> Hier liegt ein Fall vor, der über die Grenzen der Musik und ihrer Fähigkeit hinausweist. Denn zwei ewig unvereinbare Dinge treffen zusammen: das jederzeit positive, bejahende, lebensnahe, immer nur als reine Wirklichkeit erfaßbare Wesen der Musik, und das mit Voraussetzungen, Bedingungen, Einschränkungen und Kettenschlüssen aller Art rechnende diskursive Denken.

Wenn man Schering vielleicht auch nicht in allen Einzelheiten beistimmen wird (liegt hier wirklich »eine Spielart der Sinnfigur der Ironie« vor?), so sind die Schwierigkeiten doch unverkennbar: Wie in den obenerwähnten Fällen chakterisiert Bachs Musik wiederum nur einzelne Begriffe (»Welt«), nicht aber die Aussage des Textes. Wir werden das wohl am ehesten verstehen, wenn wir bedenken, daß Bachs Zeit die Begriffe – und so auch die »inventio« eines Musikstücks – weitgehend rationalisiert und typisiert. Was die Musik hier anspricht, ist der Typus »Welt«, nicht ihre spezifischen Charakteristika wie Blindheit, Schlechtigkeit usw. Auch werden der Musik hier keine psychologisierenden Aufgaben zugemutet, indem sie etwa im Hörer Ekel vor der Welt zu erzeugen suchte. – Sätze wie dieser sollten uns warnen, Bachs Musik allzusehr als »Auslegung« eines Textes aufzufassen und Bachs Kunst an seiner Textdarstellung zu messen statt am Kunstwerk selbst, der Musik.

Ein schlichter Chorsatz mit den beiden letzten Liedstrophen bildet den Schluß der Kantate.

Tue Rechnung! Donnerwort · BWV 168

NBA I/19 – AD: ca. 17 Min.

1. Aria [B]: Tue Rechnung! Donnerwort	h	C
2. Recitativo [T]: Es ist nur fremdes Gut	fis–cis	C
3. Aria [T]: Kapital und Interessen	fis	3/8
4. Recitativo [B]: Jedoch, erschrocknes Herz, leb und verzage nicht	h–G	C
5. Aria [S, A]: Herz, zerreiß des Mammons Kette	e	6/8
6. Choral: Stärk mich mit deinem Freudengeist	h	C

Der Text zu dieser Kantate stammt aus Salomon Francks (26f.) Jahrgang ›Evangelisches Andachts-Opfer‹ von 1715, und es liegt nahe, auch die Entstehung der Bachschen Kantate in die Weimarer Zeit um 1715 anzusetzen. Allein, die autographe Partitur ist ganz eindeutig Leipziger Ursprungs; ihr Konzeptcharakter steht außer Zweifel. Wir müssen also annehmen, daß sich Bach in Weimar den Text zur Komposition vorgemerkt, den Plan aber erst in Leipzig ausgeführt hat. Sollte es dennoch jemals eine Weimarer Kantate dieses Textes gegeben haben, so muß sie sich von der Leipziger Fassung so stark unterschieden haben, daß diese praktisch einer Neukomposition gleichkommt.

Der Inhalt des Textes hält sich eng an das Sonntagsevangelium. Die Anfangsworte der Eingangsarie sind ihm entnommen (Luk. 16, 2), die Situation des ungerechten Haushalters wird als die des Menschen schlechthin gedeutet, von dem Gott einst Rechenschaft fordern wird und der dann – in Anlehnung an Luk. 23, 30 – wünschen wird, Berge und Hügel mögen auf ihn fallen und ihn bedecken. Der Barockdichter Franck schreckt nicht vor einer ins einzelne gehenden Gleichsetzung der Begriffe zurück, die für unsere heutige Auffassung in ihrer Realistik das Maß des in der Poesie Möglichen überschreitet (»wenn ich ... meine Rechnung so voll Defekte sehe«, »Kapital und Interessen ...«). Ähnlich wie in Kantate 105 bringt dann Satz 4 die entscheidende Wendung mit dem Hinweis auf Jesu Opfertod, der »deine Schuld durchstrichen« hat. Franck führt diesen Gedanken jedoch noch weiter: Es gilt nun, sich auf die *rechten* Pflichten des Haushalters zu besinnen, »den Mammon klüglich anzuwenden« (vgl. Luk. 16, 8–9) und »den Armen wohlzutun«, so verliere der Tod seinen Schrecken (Satz 5). Die 8. Strophe des Liedes ›Herr Jesu Christ, du höchstes Gut‹ von Bartholomäus Ringwaldt (1588) nimmt den Gedanken an Jesu Opfer und an den eigenen Tod als Schlußchoral wieder auf.

Bachs Komposition dürfte zum 29. Juli 1725 entstanden sein. Die Besetzung hält sich in kammermusikalischen Grenzen. Ein Chor wird höchstens für den Schlußchoral gebraucht (sofern er nicht solistisch gesungen wurde); das Instrumentarium verlangt zu Streichern und Continuo noch 2 Oboi d'amore.

Die Eingangsarie beginnt ihr Ritornell mit punktierten Streicherakkorden (triolisch aufzufassen) über Sechzehnteltriolen des Continuo:

Im Verlaufe des Satzes erweist sich, daß die Continuotriolen der eigentliche Themenkern sind, da sie zum Abschluß des Ritornells im Streicherunisono erklingen, von der Singstimme als Koloratur auf »Donnerwort« aufgenommen werden und auch sonst vielfach ohne ihren Akkordüberbau im Continuo auftreten. Im Hauptteil formt Bach weite Strecken des Gesangsparts als Vokaleinbau (32 f.) in die Wiederholung von Ritornellpartien, während der nur vom Continuo begleitete Mittelteil freier gebaut ist, jedoch in der nahezu unaufhörlichen Triolenfiguration des Continuo an die thematische Substanz des Ritornells gebunden ist. Ein verkürztes Dacapo beschließt den Satz.

Satz 2 ist von 2 Oboi d'amore begleitet, die zunächst nur mit Haltetönen den harmonischen Untergrund für die Rezitation der Singstimme bilden, am Schluß aber die Textworte »ihr Berge, fallt ...« und »Blitz« mit entsprechenden Figuren unterstreichen und so dem Rezitativ einen ariosen Ausgang geben.

Gegenüber dem Eingangssatz treten die beiden folgenden Arien in der Instrumentation immer mehr zurück: Als Satz 3 folgt eine Tenor-Arie mit obligater Oboe d'amore (I, II unisono) und als Satz 5 – nach einem schlichten Seccorezitativ – ein continuobegleitetes Duett mit weithin kanonisch geführten Singstimmen über einem quasi ostinaten Continuobaß, dessen Zweiunddreißigstel-Schleuderfiguren das Zerreißen der Kette des Mammons bildlich darstellen.

Ein schlicht-vierstimmiger Choralsatz beendet die Kantate.

Zehnter Sonntag nach Trinitatis

EPISTEL: 1. Kor. 12,1–11 (Mancherlei Gaben, aber *ein* Geist)
EVANGELIUM: Luk. 19,41–48 (Jesus verkündigt die Zerstörung Jerusalems und treibt die Händler aus dem Tempel)

Schauet doch und sehet, ob irgend ein Schmerz sei · BWV 46

NBA I/19 – AD: ca. 20 Min.

1. [CHOR]: Schauet doch und sehet, ob irgend ein Schmerz sei	d	$\frac{3}{4}$
2. RECITATIVO [T]: So klage, du zerstörte Gottesstadt	g–g	C
3. ARIA [B]: Dein Wetter zog sich auf von weiten	B	$\frac{3}{4}$
4. RECITATIVO [A]: Doch bildet euch, o Sünder, ja nicht ein	F–c	C
5. ARIA [A]: Doch Jesus will auch bei der Strafe	g	C
6. CHORAL: O großer Gott von Treu	d	C

Den zu drastischer Darstellung neigenden Künstler des Barock mußte das Evangelium dieses Sonntags besonders anziehen. Der unbekannte Textdichter knüpft an dessen ersten Teil an, die Ankündigung eines schrecklichen Gerichts über die unbußfertigen Sünder, und läßt es in seiner Dichtung an Vorhaltungen, Mahnungen und Warnungen nicht fehlen.

Ausgangspunkt ist ein Vers aus den Klageliedern des Jeremia (1, 12) »Schauet doch und sehet, ob irgend ein Schmerz sei wie mein Schmerz ...«, der hier auf Jesu Schmerz über Jerusalem umgedeutet wird; und das nachfolgende Rezitativ erklärt auch die Ursache der Klage: Die eigene Schuld hat Gottes Gericht heraufbeschworen; da Jesu Tränen nicht die Buße herbeiführen konnten, so werden jetzt »des Eifers Wasserwogen«, also eine neue Sintflut (man beachte die barocke Steigerung »Tränen – Wasserwogen«!) die Sünder vernichten. Auch die folgende Arie (Satz 3) handelt von Gottes Gericht und vergleicht es mit einem Gewitter, das sich über dem ständig unbußfertigen Sünder allmählich (»von weiten«) zusammenzieht, um dann mit einem plötzlichen Blitzstrahl loszubrechen.

Nun aber, in Satz 4, bringt der Dichter die »Applicatio«, die Wendung an die gegenwärtige Gemeinde: Nicht nur die Bewohner von Jerusalem zur Zeit Christi, auch ihr selbst seid Sünder und, wenn ihr euch nicht bessert, dem Untergang geweiht (eine Anspielung auf Luk. 13, 5: »so ihr euch nicht bessert, werdet ihr alle auch also umkommen«). Die Frommen aber, so verheißt tröstend die anschließende Arie, werden unter Jesu sicher sein (vgl. Matth. 23, 37: »Wie oft habe ich deine Kinder versammeln wollen, wie eine Henne versammelt ihre Küchlein unter ihre Flügel ...«); und der Schlußchoral, die 9. Strophe des Liedes ›O großer Gott von Macht‹ von Johann Matthäus Meyfart (1633) bittet Gott, daß er uns um Jesu Leiden willen schone.

Bach hat diese Kantate in seinem ersten Leipziger Amtsjahr komponiert und am 1. August 1723 zum ersten Mal aufgeführt. Der Eingangschor ist ein großangelegtes Klagelied, formal eine Kombination von motettischen und konzertanten Elementen. Motettisch ist daran die enge Beziehung zum gesungenen Text. Dem Satzbau des Bibelworts entsprechend ist der gesamte Eingangschor in zwei große Teile gegliedert, einen freipolyphonen Satz (»Schauet doch und sehet ...«) und eine Fuge (»denn der Herr hat mich voll Jammers gemacht ...«). Auch die Themenbildung ist in auffallender Weise textbezogen mit ihrer Anhebung betonter Wörter (»Schauet«, »sehet«) und ihren dissonanten Halbtonschritten auf »Schmerz« und »Jammers«. Motettisch ist endlich auch das Prinzip der Chorfuge (zweiter Teil des Satzes), wobei die Instrumente meist mit den Singstimmen zusammengehen, während die Blockflöten als deren gleichberechtigte Partner selbst eine Fugenstimme übernehmen. Erst gegen Schluß verselbständigen sich auch die übrigen Instrumente wieder. Konzerthafte Elemente enthält dagegen zumal die erste Satzhälfte mit ihrer instrumentalen Einleitungssinfonie (zweiteilig: a b), mit der selbständigen Funktion der Instrumente während des folgenden Vokalteils und dessen rondoartiger Struktur im Wechsel von Quintkanon- und Choreinbaupartien (32 f.). Die Gesamtform des Satzes stellt sich demnach wie folgt dar (Kursive = Instrumentalpart):

A *Sinfonie a b*
Quintkanon c, *motivische Begleitfiguren*
Sinfonie a + Choreinbau
Quintkanon c', *motivische Begleitfiguren*
Sinfonie a b + Choreinbau (dominantversetzt)
B Chorfuge, *Blockflöten thematisch, übrige Instrumente colla parte*
mit freipolyphoner Coda, *Instrumente selbständiger*

Die Instrumentation ist für einen festlosen Sonntag des Kirchenjahres mit 2 Blockflöten, 2 Oboi da caccia sowie einer den Sopran verstärkenden Zugtrompete[1] bemerkenswert reichhaltig und trägt das ihre dazu bei, den Satz eindringlich wirken zu lassen. Daß Bach ihn auch selbst geschätzt hat, beweist die Wiederverwendung seines ersten Teils auf die Worte »Qui tollis peccata mundi« in der h-Moll-Messe (1733).

Auch das Rezitativ ›So klage, du zerstörte Gottesstadt‹ (Satz 2) ist durch seine Instrumentation besonders herausgehoben: Zu den harmonieangebenden Streicherakkorden treten die beiden Blockflöten mit ostinaten Sechzehntelfiguren, die wohl die Bäche der Tränen darstellen sollen, von denen im Text die Rede ist.

Die anschließende Arie (Satz 3) ist in ihrer barocken Bildlichkeit der dramatische Höhepunkt der Kantate. Zum Streichorchester tritt die Trompete als Sinnbild göttlicher Hoheit; punktierte Rhythmen markieren das Drohende des aufziehenden Wetters, abwärtsgleitende Skalenfiguren das Einbrechen des Rachestrahls. Anschaulich hat Bach auch in den Notenwerten der Baßpartie das allmähliche Aufziehen des Wetters (ruhige Bewegung, Spannungsmoment der großen Septime) gemalt, während das Ausbrechen des Gewitters durch eine Verkürzung der Notenwerte charakterisiert wird: Die Figur »doch dessen Strahl« wird auf die Worte »bricht endlich ein« mit doppelter

1 Zu einer Hervorhebung des Soprans bietet die Satzstruktur keinen Anlaß. Offenbar wollte Bach lediglich den Trompeter des Satzes 3 hier nicht unbeschäftigt lassen.

Schnelligkeit wiederholt! Auch Worte wie »unerträglich« werden mit dem ganzen Dissonanzenreichtum der Bachschen Tonsprache auskomponiert.

Ein kurzes Seccorezitativ leitet über zu der zweiten Arie der Kantate (Satz 5), die in jeder Beziehung gegensätzlich zu der eben betrachteten entworfen ist. Dominierte in dieser die Trompete, so sind es jetzt die Blockflöten; gehörte diese der Baßstimme, die das Bild eines Rache kündenden Propheten heraufbeschwor, so wird jene der Mittellage der Altstimme zugewiesen. Besonders charakteristisch aber ist das Fehlen sämtlicher Instrumentalbässe in dieser Arie: An die Stelle des Continuo treten die beiden Oboi da caccia (unisono), eine in damaliger Zeit »Bassettchen« genannte Satzweise. Bach verwendet sie stets mit besonderer Absicht (365), diesmal zur Kennzeichnung der Unschuld der Frommen, die Jesus vor dem Strahl der göttlichen Rache schützen wird. Nur im dritten Teil der Arie erleben wir, »Wenn Wetter der Rache die Sünder belohnen«, noch einmal ein an die vorige Arie anklingendes Bild des göttlichen Zorns, – jedoch nur, um den Gegensatz, »daß Fromme sicher wohnen«, mit seinen langen Haltetönen desto eindrucksvoller hervortreten zu lassen.

Der Schlußchoral ist nicht wie üblich in schlicht-vierstimmigem Satz gehalten, sondern mit Zeilenzwischenspielen der beiden (hier doppelt besetzten) Blockflöten ausgestattet. Bach verleiht dem Satz auf diese Weise auch musikalisch das Gewicht, das ihm textlich zukommt; denn während nahezu die ganze Kantate nur von der Rache handelt, die den Unbußfertigen treffen wird, so nennt erst der Schlußchoral mit dem Hinweis auf den Sühnetod Jesu den Grund, warum auch der Sünder auf die Gnade Gottes hoffen darf. Gleichzeitig klingen aber diese Zeilenzwischenspiele des Schlußchorals auch musikalisch an ähnliche Figuren des Eingangssatzes an, und diese offensichtliche Motivähnlichkeit in den Rahmensätzen verleiht der Kantate den Eindruck besonderer formaler Geschlossenheit.

Nimm von uns, Herr, du treuer Gott · BWV 101

NBA I/19 – AD: ca. 25 Min.

1. Chor: Nimm von uns, Herr, du treuer Gott	d	₵
2. Aria [T]: Handle nicht nach deinen Rechten	g	$\frac{3}{4}$

3. Recitativo [+ Choral. S]: Ach! Herr Gott, durch die Treue dein — d $\frac{3}{4}$/C
4. Aria [B]: Warum willst du so zornig sein — a ¢
5. Recitativo [+ Choral. T]: Die Sünd hat uns verderbet sehr — d C
6. Aria [S, A]: Gedenk an Jesu bittern Tod — d $\frac{12}{8}$
7. Choral: Leit uns mit deiner rechten Hand — d C

Das Werk ist eine Choralkantate (44ff.) und wurde am 13. August 1724 erstmals aufgeführt. Zugrunde liegt das 1584 zur Pestzeit gedichtete Lied von Martin Moller (nach dem lateinischen ›Aufer immensam‹, Wittenberg 1541), das in Leipzig zu den Hauptliedern des Sonntags gehörte und dessen gedankliche Beziehungen zum Sonntagsevangelium offensichtlich sind. Der unbekannte Verfasser des Kantatentextes hat die Strophen 1, 3, 5 und 7 im Wortlaut beibehalten, dabei in den Strophen 3 und 5 tropierende (14) Rezitativeinschübe angebracht. Die Strophen 2, 4 und 6 wurden zu je einer Arie umgedichtet; jedem Satz der Kantate entspricht demnach eine Liedstrophe. Dabei hat der Dichter gelegentlich die Möglichkeit wahrgenommen, unmittelbare Anspielungen auf die Evangelienlesung einzustreuen, am deutlichsten in Satz 2: »daß wir nicht durch sündlich Tun wie Jerusalem vergehen«, aber auch in Satz 3, wenn vom »feindlichen Zerstören« die Rede ist. Daneben sind Anspielungen auf andere Bibelstellen eingefügt, so in Satz 5 auf Johannes 8, 44 (über den Teufel: »Der ist ein Mörder von Anfang«) und den 1. Petrusbrief 5, 8 (»euer Widersacher, der Teufel, geht umher wie ein brüllender Löwe und sucht, welchen er verschlinge«).

Schon in der Dichtung fällt auf, daß auch in den madrigalischen Texten Liedzeilen getreu oder in nur leichter Abwandlung übernommen worden sind, so in Satz 4: »Warum willst du so zornig sein« und in Satz 6: »Gedenk an Jesu (Moller: deins Sohns) bittern Tod ... die sind ja für die ganze Welt die Zahlung und das Lösegeld«. Nur Satz 2 ist als einziger der ganzen Kantate von wörtlichen Choralzitaten frei.

Beinahe noch auffälliger ist es jedoch, wie sehr sich Bach bei der Komposition immer wieder an der Choralweise orientiert. Auch in musikalischer Hinsicht bleibt allein Satz 2 ohne sinnfällige Anführungen der Choralmelodie. Einer der Gründe für diese starke Choralbezogenheit der Komposition mag sein, daß Mollers Dichtung auf die Weise des Lutherliedes ›Vater unser im Himmelreich‹ gesungen wurde, deren Melodie zu Bachs Zeit gewiß noch zum vertrauten Erbe der Reformation zählte, zugleich aber in ihrer dorischen Tonalität auch schon mit einem Anflug von ehrerbietiger Distanz gehört worden sein mag. Bei einer Liedweise von modernerem Habitus hätte sich der Komponist vielleicht zu freizügigerer Behandlung berechtigt gefühlt.

In seiner Form unterscheidet sich der Eingangschor wenig vom Normaltyp der Choralkantaten: Die Liedweise liegt im Sopran, Zeile für Zeile vorbereitet und gestützt durch die unteren Singstimmen, eingefügt in einen eigenthematischen Orchestersatz von 2 Oboen, Oboe da caccia, Streichern und Continuo. Trotzdem zeigt der Satz charakteristische Eigentümlichkeiten, die eine Dominanz des vokalen und ein Zurücktreten des instrumentalen Elements bewirken. So fehlt dem Orchestersatz nahezu jeder konzertante Zug. Die einleitende Instrumentalsinfonie im Allabrevetakt ließe sich fast ohne Änderungen mit einem Text versehen und vokal wiedergeben. Ihr beherrschendes Thema erklingt wechselweise in Streichern und Holzbläsern:

Ein anderes Motiv, das auch schon in der Einleitung auftritt, aber erst als Begleitmotiv des Vokalsatzes an Bedeutung gewinnt, wird mit unterschiedlichem Anfangsintervall verwendet:

 auch:  bis hin zu: 

Bezeichnend ist, daß die Orchesterbegleitung des Chorsatzes zwar nicht durchweg, aber doch auf weite Strecken hin nicht thematisch, sondern motivgeprägt ist und dadurch stärker als üblich hinter dem Chorsatz zurücktritt.

Andererseits wird die Bedeutung des Chorsatzes hervorgehoben. Die Singstimmen werden durch einen Posaunenchor verstärkt, dessen Oberstimme wie üblich vom Zink (»Cornetto«) gebildet wird; außerdem wird der Cantus firmus durch eine den Sopran oktavierende Querflöte mitgespielt. Jede Liedzeile wird, ehe sie in Ganzenoten vom Sopran vorgetragen wird, durch Vorimitation der Unterstimmen (Halbe und kleinere Notenwerte) vorbereitet und freipolyphon (mit gelegentlicher Aufnahme des oben angeführten Instrumentalthemas) begleitet. So ist der ganze Satz im Grunde eine großangelegte Cantus-firmus-Motette, deren Besonderheit im Mitwirken eines eigenthematischen Instrumentalparts besteht, – eine Eigenheit, die sie mit Bachs Motette ›O Jesu Christ, meins Lebens Licht‹ (BWV 118) teilt.

Die folgende Arie (Satz 2), ursprünglich mit obligater Flöte, später mit Solovioline besetzt, verhilft nun dem konzertanten Element zu seinem Recht. Auch der Textausdeutung gibt Bach Raum mit Haltetönen auf »ruhn«, aufsteigenden Motiven auf »Höchster«, Seufzermotiven auf »Flehen« und absinkenden Melodielinien auf »vergehen«.

Der erste Choraltropus der Kantate (Satz 3) versieht die stark ausgezierte und in 3/4-Takt versetzte Choralmelodie mit einer ostinaten, ebenfalls aus der Liedweise abgeleiteten Continuobegleitung. Eingeschoben sind Seccorezitativpartien.

Die zweite Arie (Satz 4) ist von ganz ungewöhnlicher Form, die ihre Ursache in Bachs Bestreben hat, eine leidenschaftlich-dramatische, konzertante Arie (›vivace‹) mit dem teils vokalen, teils instrumentalen Zitat sämtlicher Choralzeilen (›andante‹) zu kombinieren. So setzt nach dem instrumentalen, von den 3 Oboen und Continuo ausgeführten Ritornell der Baß mit der ersten Choralzeile ein, die bald als Cantus-firmus-Zitat, bald als Arientext vertont wird; danach folgt der restliche A-Teil der Arie. Im B-Teil dagegen wird zu freiem Vokalsatz die gesamte Choralweise in vierstimmigem Instrumentalsatz zeilenweise im Andante vorgetragen. Erst der Schluß des B-Teils greift kurz vor dem Arienschlußritornell wieder das schnelle Anfangstempo auf, die Instrumente zitieren Ritornellthematik, so daß eine Art scheinbares Dacapo entsteht, das den Satz formal wenigstens andeutungsweise abrundet.

Der zweite Choraltropus-Satz der Kantate (Satz 5) ist dem ersten ähnlich, jedoch durchweg geradtaktig. Auch diesmal ist die ostinate Begleitfigur des Continuo aus der Choralmelodik entwickelt.

Als musikalischer Höhepunkt der Kantate darf wohl das Duett (Satz 6) mit obligater Flöte und Oboe da caccia gelten; – die vielfache Verwendung der Querflöte in der Erstfassung des Werkes bestärkt den Verdacht, daß Bach 1724 einen fähigen Spieler zur Hand hatte (50). Das ausdrucksvoll-flehende Thema im Sicilianorhythmus, das zu Beginn in der Flöte erklingt, ist zugleich Kontrapunkt zur 1. Choralzeile, die von der Oboe da caccia zitiert wird. Beide, sofort im Stimmtausch wiederholt, stehen nicht nur am Beginn des Instrumentalritornells, sie bilden auch, um einen vokalen Kontrapunkt vermehrt, das grundlegende Themenmaterial aller drei Vokalteile dieses Satzes (A B_A A'). Die im (annähernden) Wortlaut beibehaltenen Liedzeilen 1, 3 und 4 bewahren auch musikalisch die Choralmelodie; so beginnt der erste Teil (A) in beiden Singstimmen (imitatorisch einsetzend) mit der 1. Choralzeile, der zweite (B_A) mit Zeile 3 und 4 (danach instrumentales Zitat der Zeile 1), während Teil 3, seinem Text entsprechend, wieder in Zeile 1 einmündet und so den Eindruck eines verkürzten Dacapo hervorruft.

In schlicht-vierstimmigem Satz folgt die Schlußstrophe des Liedes.

Herr, deine Augen sehen nach dem Glauben · BWV 102

NBA I/19 – AD: ca. 24 Min.

1. [CHOR]: Herr, deine Augen sehen nach dem Glauben	g	C
2. RECITATIVO [B]: Wo ist das Ebenbild, das Gott uns eingepräget	B–B	C
3. ARIA [A]: Weh der Seele, die den Schaden nicht mehr kennt	f	C
4. ARIOSO [B]: Verachtest du den Reichtum seiner Gnade	Es	3/8
Parte seconda		
5. ARIA [T]: Erschrecke doch, du allzu sichre Seele	g	3/4
6. RECITATIVO [A]: Beim Warten ist Gefahr	c–G	C
7. CHORAL: Heut lebst du, heut bekehre dich	c	C

Die Kantate, von Bach zum 25. August 1726 komponiert, gehört zu jenen, die in ihrer Textstruktur Verwandtschaft mit Kantaten Johann Ludwig Bachs aufweisen (53). Auffällig ist dabei, daß Bach diesmal den II. Teil erst mit Satz 5 beginnen läßt, also auf den Parallelismus der Einleitung beider Teile durch je ein Bibelwort verzichtet.

Der Text knüpft an das Sonntagsevangelium an, geht jedoch auf keine Einzelheiten ein, sondern entnimmt ihm lediglich die Mahnung, rechtzeitig Buße zu tun. Der I. Kantatenteil schildert die Gefahren, die der unbußfertigen Seele drohen; in Teil II ist der Dichter bemüht, den Unbußfertigen wachzurütteln und zur Bekehrung aufzurufen. Der eigentlich hier zu erwartende Hinweis auf das durch Christi Tod besiegelte Gnadenangebot Gottes, wie wir es z. B. in Kantate 46 finden (398), fehlt diesmal; »der strenge Ernst herrscht hier bis zuletzt« (Wustmann). Der Text des Eingangssatzes entstammt Jeremia 5, 3, der des 4. Satzes dem Römerbrief 2, 4–5. Den Schlußchoral bilden die Strophen 6 und 7 des Liedes ›So wahr ich lebe, spricht dein Gott‹ von Johann Heermann (1630).

Der Eingangschor gehört zu den großen Leistungen des reifen Bach und zeigt in seiner formalen Vielgliedrigkeit steten Wechsel zwischen Dominanz des Orchestersatzes bei häufigem Choreinbau (32 f.) und des Chorsatzes mit eigenständiger, überaus sprachgerechter, textgezeugter Thematik. Eingeleitet wird der Satz durch eine Instrumentalsinfonie von 2 Oboen, Streichern und Continuo, die der Exposition des im Orchestersatz verwendeten Themenmaterials dient. Die Gesamtform des Satzes stellt sich wie folgt dar (Kursivdruck = Instrumentalpart):

Einleitungssinfonie a b
A »Herr, deine Augen ...«:
Konzertanter Vorbau (solistisch-akkordisch; *Sinfoniethematik*)
Sinfonie a + Choreinbau
»Du schlägest sie ...«:
Fugenexposition mit freipolyphonem Ausklang, *Begleitfiguren*
»Herr, deine Augen ...« (Text verschränkt):
Sinfonie b + Choreinbau
B »Sie haben ein härter Angesicht ...«:
Chorfuge, *Instrumente teils colla parte, teils selbständig*
A' »Herr, deine Augen ...« (Text verschränkt):
Sinfonie a b + Choreinbau

Auffällig ist dabei, daß Bach den Formaufbau des Satzes durch Verschränkung der Textpartien verschleiert; insbesondere ist der Einsatz der Reprise A' nur dem analysierenden Auge, schwerlich aber dem unbefangen hörenden Ohr exakt feststellbar.

Auf ein schlichtes Seccorezitativ folgt Satz 3, eine Arie, deren Gestik an eindringlicher Wirkung wohl nicht zu überbieten ist. Mit einem langgehaltenen, dissonanten *des*'' einsetzend, scheint die obligate Oboe ein »Weh!« über die unbußfertige Seele auszurufen, und die gesamte Melodik des Satzes mit ihren Querständen und ungewöhnlichen Intervallschritten ist ein einziges, höchst anschauliches Abbild der Seele, die »von ihres Gottes Gnaden selbst sich trennt«.

Das neutestamentliche Bibelwort (Satz 4), vorgetragen vom Baß, gehört zu jenen Sätzen, denen Bach meist außer ›Basso solo‹ keine nähere Bezeichnung gibt (43 f.). Dieses Mal findet sich die Überschrift ›Arioso‹, obwohl der Satz mit seinem verkürzten Dacapo beinahe eine Arie darstellt. Durtonart und lebhafter Dreiertakt schaffen einen – mehr musikalisch zu fordernden als textlich begründeten – Kontrast zur vorhergehenden Arie, und auch die Deklamation der Singstimme (»Vérachtest«, »Géduld«) läßt sich höchstens durch die zweifelhafte Erklärung rechtfertigen, Bach habe hier die Verachtung der Gnade Gottes gleichnishaft durch Verachtung sprachgerechter Deklamation wiedergeben wollen. Der Mittelteil freilich gibt die Verstocktheit des Herzens sinnfällig durch viermalige Motivwiederholung wieder, die nach der Ästhetik der Bachzeit ausschließlich durch die Absicht, einen im Text genannten Sachverhalt musikalisch zu verdeutlichen, gerechtfertigt wird:

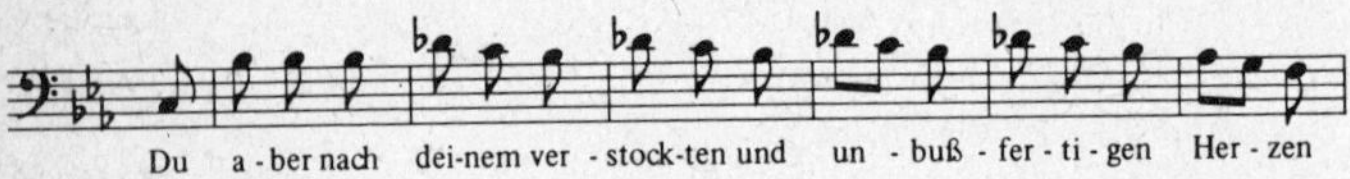

Die Arie ›Erschrecke doch‹ (Satz 5), die den II. Teil der Kantate einleitet, sucht den Sünder wachzurütteln. Die musikalischen Mittel sind weiträumige Melodik – zumal in der obligaten Flöte, aber auch in der Singstimme – und lebhafte Bewegung. Textbedingt ist der bewegungsmäßige Kontrast auf den wenig poetischen, inhaltlich aus dem vorhergehenden Bibelwort abgeleiteten Vergleich

> Die Gotteslangmut geht auf einem Fuß von Blei, (Haltetöne)
> Damit der Zorn hernach dir desto schwerer sei (Achtel, Flöte: Sechzehntel)

Auch das nachfolgende Rezitativ (Satz 6) weist inhaltlich auf die Dringlichkeit der Buße hin. Musikalisch wird diese Mahnung unterstrichen durch die Formung als »motivgeprägtes Accompagnato« (30), ausgeführt durch 2 Oboen.

Danach beschließt ein zweistrophiger, schlichter Choralsatz auf die Melodie ›Vater unser im Himmelreich‹ die Kantate.

Elfter Sonntag nach Trinitatis

Epistel: 1. Kor. 15, 1–10 (Paulus über das Evangelium von Christus und sein Apostelamt)
Evangelium: Luk. 18, 9–14 (Gleichnis vom Pharisäer und Zöllner)

Mein Herze schwimmt im Blut · BWV 199

NBA I/20 – AD: ca. 26 Min.

1. Recitativo [S]: Mein Herze schwimmt im Blut	c–c/d–d[1]	C
2. Aria [S]: Stumme Seufzer, stille Klagen	c/d	C
3. Recitativo [S]: Doch Gott muß mir genädig sein	B–B/C–C	C
4. Aria [S]: Tief gebückt und voller Reu	Es/F	$\frac{3}{4}$
5. Recitativo [S]: Auf diese Schmerzensreu	c–g/d–a	C
6. Chorale [S]: Ich, dein betrübtes Kind	F/G	C
7. Recitativo [S]: Ich lege mich in diese Wunden	Es–B/F–C	C
8. Aria [S]: Wie freudig ist mein Herz	B/C	$\frac{12}{8}$

Die Kantate stammt aus Bachs Weimarer Zeit und wurde am 12. August 1714 zum ersten Mal aufgeführt. Der Text stammt aus dem Jahrgang ›Gottgefälliges Kirchen-Opffer‹ des Darmstädter Hofbibliothekars Georg Christian Lehms (28f.) und war bereits 1712 von Johann Christoph Graupner, Hofkapellmeister zu Darmstadt, vertont worden. Ob Bach die Dichtung über den Textdruck oder über Graupners Komposition kennengelernt hat, bleibt unentschieden.

Der Text knüpft an das Sonntagsevangelium an. Mit barocker Drastik schildert der Dichter den vom Sündenbewußtsein geplagten Menschen; wörtlich dem Evangelium entnommen ist das Gebet des Zöllners »Gott sei mir Sünder gnädig« (Luk. 18, 13) in Satz 3. In der zweiten Kantatenhälfte findet der reuige Sünder Trost im Gedanken an den Kreuzestod Christi, der Gott versöhnt hat, so daß dieser »nach Reu und Leid« sein Herz vor dem Sünder nicht mehr verschließt.

1 Die zuerst genannten Tonarten beziehen sich auf Chorton, die folgenden auf Kammerton.

Bachs Vertonung bezeugt den Erfindungsreichtum des jugendlichen Komponisten, der bestrebt ist, mit den bescheidenen Mitteln eines Solosoprans, einer Oboe, Streichern und Continuo vielfältige Wirkungen zu erzielen. Da selbst für einen schlichten Choralsatz offenbar kein Chor zur Verfügung stand (oder Bach in der Absicht, eine reine »Cantata« zu schaffen, bewußt auf ihn verzichtete), mußte für die Vertonung des im Text vorgesehenen Chorals eine andersartige Lösung gefunden werden, und auch für die gleichbleibende Sopranlage der Singstimme war durch Wechsel der Instrumentation und der angewendeten Formen ein Ausgleich zu schaffen. So wählt Bach für fast sämtliche Rezitativsätze nicht nur Continuo-, sondern auch Streicherbegleitung, wodurch zumal in Satz 1 die im Text vorgesehene Dramatik des im Sündenbewußtsein zerknirschten und ratlosen Herzens besonders eindrucksvoll hervorgehoben wird.

Satz 2, eine Arie mit obligater Oboe, beeindruckt durch die Weiträumigkeit ihrer Melodik, und wir gehen vielleicht nicht fehl, wenn wir in den weitausgreifenden, ständig ihre Richtung wechselnden Intervallsprüngen der Oboenmelodik die Ausweglosigkeit nachgebildet sehen, in der sich die ihrer Sünde bewußte Seele findet. Kompositionstechnisch interessant ist dabei Bachs Bestreben, große Teile der Arie immer wieder durch die eingangs von der Oboe vorgetragene Ritornellthematik zu bestreiten: im gesamten Satz findet man kaum einen Takt, in dem sie nicht anzutreffen wäre. Als formale Besonderheit ist endlich zu vermerken, daß Bach, der Intention des Dichters folgend, vor Einsatz des üblichen Dacapo noch einige continuobegleitete Rezitativtakte einschiebt.

Auch das folgende Rezitativ (Satz 3) ist wieder von Streichern begleitet und unterscheidet sich so vom rezitativischen Einschub in der vorhergehenden Arie. Es leitet unmittelbar über in die zweite Arie (Satz 4), die gleichfalls den Streichern zugewiesen ist und in ihrer breit ausgespielten Feierlichkeit sowie in ihrer eingängigen Melodik stark an Händel erinnert. In ihrem Charakter ist sie erheblich von der vorhergehenden unterschieden: Die Ausweglosigkeit und Verzweiflung des Sünders ist nach abgelegtem Schuldbekenntnis einer gefaßten Ruhe gewichen, die sich im Wechsel sowohl des Tongeschlechts vom Moll zum Dur als auch der Instrumentation vom charakteristischen Soloinstrument der Oboe zum volltönigen Streicherklang widerspiegelt. Auch in dieser Arie setzt das Dacapo nicht ohne vorherige Zäsur ein: Der Mittelteil läuft in einige kadenzartige Adagiotakte aus, die der Bitte »habe doch Geduld mit mir« besonderen Nachdruck verleihen.

Drei kurze Rezitativtakte (Satz 5) münden in den einzigen Choral der Kantate (Satz 6), die 3. Strophe des Liedes ›Wo soll ich fliehen hin‹ von Johann Heermann (1630). Die eigene, heute nicht mehr gebräuchliche, seinerzeit offenbar besonders in Thüringen heimische Choralmelodie erklingt zeilenweise im Sopran zu lebhafter Figuration einer obligaten Viola, die ihre Thematik aus dem Anfangsmotiv der Choralmelodie entwickelt.

Das nun folgende Rezitativ (Satz 7) ist schon ganz auf den fröhlichen Ton der abschließenden Arie gestimmt, was sich besonders in einer ausgedehnten Koloratur auf das Wort »fröhlich« offenbart, in deren Bewegtheit außer dem Sopran auch die 1. Violine miteinstimmt.

Die abschließende Arie (Satz 8) ist in tänzerischem Gigue-Rhythmus gehalten, sie könnte auch in rein instrumentaler Fassung das Finale irgend einer Suite bilden. In dreiteiliger Dacapoform, jedoch ohne abschließendes Ritornell führt sie die Kantate mit auffallender Knappheit zu Ende.

Bach hat das Werk in den Jahren nach 1714 mehrfach wiederaufgeführt, teilweise in sehr beschränkten Verhältnissen (unter Vereinfachung des Instrumentariums), gelegentlich auch mit Austausch der Viola des Choralsatzes 6 gegen ein Violoncello piccolo (50), – ein deutliches Zeichen der Wertschätzung, die der Komponist selbst diesem Werk gegenüber hegte.

Siehe zu, daß deine Gottesfurcht nicht Heuchelei sei · BWV 179

NBA I/20 – AD: ca. 19 Min.

1. CHORUS: Siehe zu, daß deine Gottesfurcht nicht Heuchelei sei	G	₵
2. RECITATIVO [T]: Das heutge Christentum	e–h	C
3. ARIA [T]: Falscher Heuchler Ebenbild	e	C
4. RECITATIVO [B]: Wer so von innen wie von außen ist	G–C	C
5. ARIA [S]: Liebster Gott, erbarme dich	a	3/4
6. CHORAL: Ich armer Mensch, ich armer Sünder	a	C

Die Kantate entstammt dem ersten Amtsjahr Bachs und erlebte am 8. August 1723 ihre erste Aufführung, – wahrscheinlich durch die Hinzunahme von BWV 199 zur Zweiteiligkeit erweitert. Der Text des unbekannten Dichters knüpft eng an die Evangelienlesung an und kämpft im eifernden Ton eines Kanzelredners gegen Heuchelei, die auch im heutigen Christentum stark verbreitet sei. Als Eingangswort dient ein Spruch aus Jesus Sirach 1, 34; die anschließende Moralpredigt gefällt sich in gelehrsamen Anspielungen wie »laulichte Laodicäer« (vgl. Offenb. 3, 14–16: »der Gemeinde zu Laodicäa schreibe: ... Weil du aber lau bist und weder kalt noch warm, werde ich dich ausspeien«), »aufgeblasne Pharisäer« (vgl. das Sonntagsevangelium) und »Sodomsäpfel« (369). In Satz 4 wird unmittelbar auf das »Exempel« hingewiesen, das Pharisäer und Zöllner im Gleichnis Jesu darbieten; und folgerichtig schließt sich Satz 5 mit einem Gebet an, dem des Zöllners ähnlich, wenngleich auch hier wieder eine weniger poetische als gelehrsame Anspielung auf Habakuk 3, 16 (»Eiter geht in meine Gebeine«) eingeflochten wird. Die Kantate schließt mit der 1. Strophe des Liedes ›Ich armer Mensch, ich armer Sünder‹ von Christoph Tietze (1663).

Als Eingangssatz wählt Bach die Form der motettischen Fuge: Die Instrumente gehen mit den Singstimmen; nur der Continuo ist teilweise selbständig. Der Satz beginnt mit einer streng periodisch gegliederten Gegenfuge (jeder Themeneinsatz ist die Umkehrung des vorhergehenden), wobei die beiden Satzteile des Textes auf Thema (»Siehe zu ...«) und Gegensatz (»und diene Gott ...«) aufgeteilt werden:

Den Abschluß dieser Fuge und zugleich das Bindeglied zur zweiten, freier gebauten Hälfte dieses Satzes bildet ein kurzer Quintkanon über ein neues Thema zur zweiten Texthälfte:

(Man beachte die jeweils zum Wort »falschem« auftretende Chromatik!)

In dieser zweiten Satzhälfte treten dann verschiedenartige Themenkombinationen und Engführungen auf.

Ein continuobegleitetes Seccorezitativ führt zur ersten Arie (Satz 3), deren rhythmisch stark differenzierte instrumentale Oberstimme den Oboen samt Violine I anvertraut ist, während Violine II und Viola nur als harmonische Füllstimmen fungieren. Im ersten Vokalteil übernimmt auch der Tenor die Ritornellthematik, deren Synkopenreichtum wohl das Gleißnerische der Heuchler abbilden soll; der zweite Teil der Arie ist im Gesangspart freier gestaltet; eine formale Abrundung des Satzes wird, da ein Dacapo fehlt, nur durch das Schlußritornell hergestellt.

Auch das zweite Rezitativ (Satz 4) ist überwiegend als Secco entworfen, lediglich die Schlußworte »so kannst du Gnad und Hülfe finden« werden durch ariose Ausgestaltung hervorgehoben. Der ausdrucksstärkste Satz ist jedoch die zweite Arie (Satz 5). 2 Oboi da caccia entwickeln im Ritornell eine eindringliche, von flehender Gestik gezeichnete Thematik, die als instrumentaler Hintergrund zum Vokaleinbau (32 f.) auch in den Gesangsteilen weitgehend beibehalten wird, der Singstimme aber dennoch Raum gibt für eine gebärdenreiche, durch weite Intervalle wie Sexten und Septimen gekennzeichnete Melodik.

Der Schlußchoral auf die Melodie ›Wer nur den lieben Gott läßt walten‹ ist, wenngleich als schlichter Chorsatz, so doch mit auffallend starker rhythmischer Differenzierung der Begleitstimmen entworfen, die noch einmal die Bitte um Erbarmen nachdrücklich hervorheben.

Herr Jesu Christ, du höchstes Gut · BWV 113

NBA I/20 – AD: ca. 30 Min.

1. [Choral]: Herr Jesu Christ, du höchstes Gut	h	3/4
2. [Choral. A]: Erbarm dich mein in solcher Last	fis	C
3. Aria [B]: Fürwahr, wenn mir das kömmet ein	A	12/8
4. Recitativo [+ Choral. B]: Jedoch dein heilsam Wort, das macht	e	C
5. Aria [T]: Jesus nimmt die Sünder an	D	C
6. Recitativo [T]: Der Heiland nimmt die Sünder an	G–e	C
7. Aria [S, A]: Ach Herr, mein Gott, vergib mirs doch	e	3/4
8. Choral: Stärk mich mit deinem Freudengeist	h	C

Diese Choralkantate wurde von Bach zum 20. August 1724 komponiert. Zugrunde gelegt ist das Bußlied von Bartholomäus Ringwaldt (1588), das im Zusammenhang mit dem Sonntagsevangelium gleichsam als eine Paraphrase der Worte »Gott sei mir Sünder gnädig« des Zöllners aufgefaßt wird. Der unbekannte Textverfasser hat die Strophen 1, 2, 4 und 8 in die Kantatensätze gleicher Zählung wörtlich übernommen, dabei Strophe 4 durch Rezitativeinschübe erweitert. Die übrigen Strophen sind frei nachgedichtet; doch wurde in den Ariensätzen 3 und 7 die Anfangszeile der jeweiligen Liedstrophe beibehalten. Am freisten sind die Strophen 5 und 6 behandelt, die in den entsprechenden Kantatensätzen nur entfernt anklingen. So entstammt z. B. die Wendung »wie David und Manasse« – sie spielt auf 2. Samuelis 12, 13 und 2. Chronik 33, 12f. an – der 5. Liedstrophe, wird aber erst am Ende des Satzes 6 aufgegriffen. Dafür geht der Dichter in diesen beiden Sätzen näher auf die Gedanken der Lesung ein. Die Vergebung, um die Ringwaldts Lied nur bittet, wird hier dem bußfertigen Christen zugesprochen. Diese Sätze sind es, die den Kantatentext in die Nähe einer Predigt rücken. Nicht nur der »bußfertge Zöllner« aus dem Gleichnis und sein »Gott sei mir gnädig« werden erwähnt (Satz 6); auch eine Reihe weiterer Bibelstellen wird angeführt, um zu belegen, daß der Sünder auf die Gnade Jesu hoffen darf:

»Jesus nimm die Sünder an« (Satz 5) »Der Heiland nimmt die Sünder an« (Satz 6)	Lukas 15, 2
»Dein Sünd ist dir vergeben« (Satz 5)	Matthäus 9, 2; Lukas 7, 48
»Kommt her zu mir, die ihr mühselig und beladen« (Satz 6)	Matthäus 11, 28

Der Eingangschor entspricht weitgehend der Normalgestalt des einleitenden Choralchorsatzes: Die Melodie ist dem Sopran anvertraut, die Unterstimmen begleiten in schlichtem Chorsatz; ein selbständiger Orchestersatz rahmt die einzelnen Liedzeilen ein. Aus dem Instrumentalensemble von 2 Oboen, Streichern und Continuo ist die 1. Violine mit einer fast ständig bewegten, konzertierenden Sechzehntelfiguration hervorgehoben, die auch in den Gesangsabschnitten fortdauert, wenn die übrigen Instrumente bis auf den Continuo schweigen. Die Thematik der Instrumentalritornelle läßt klarer als in vielen ähnlichen Sätzen ihre Herkunft aus der 1. Choralzeile erkennen:

Ungewöhnlich ist auch, daß dem ruhigen, akkordischen Begleitsatz eine verhältnismäßig stark ausgezierte Liedweise des Soprans gegenübersteht. Offenbar ist es die Gebärde des um Erbarmen flehenden Sünders, die Bach durch diese Behandlung der Choralweise zum Ausdruck bringen will.

Strenger gibt sich der 2. Satz, ein Choraltrio der unisono geführten Violinen mit Alt und Continuo nach Art der Sätze, die Bach später für Orgel transkribiert hat, der sogenannten Schübler-Choräle. Hier singt der Alt die Liedweise (Strophe 2) ohne jede Auszierung, während die instrumentale Ritornellthematik mit ihren zahlreichen absteigenden Tonleiterfiguren vielleicht durch die Vorstellung des von seiner Last gedrückten Sünders angeregt worden sind, vielleicht auch durch den Schluß der Evangelienlesung (»wer sich selbst erniedrigt ...«).

Im schwebenden 12/8-Rhythmus, begleitet von 2 Oboi d'amore und Continuo, immer noch entfernt an die Liedweise anklingend, aber nunmehr in trostvolles Dur gewendet, erklingt das Thema der ersten Arie (Satz 3), einer der besonders reizvollen und eingängigen Erfindungen Bachs. Auch die Singstimme greift dasselbe Thema auf, um alsbald mit einer ausgedehnten Koloratur auf »gewandelt« und später mit chromatischen Gängen auf »[das Herze] bräche« die im Text vorgegebenen Bilder musikalisch nachzuzeichnen.

In Satz 4, einem Choral mit tropierenden Rezitativeinschüben (14), wird die vom Baß gesungene Liedweise durch eine ostinate Continuofigur begleitet, während die Rezitativpartien als schlichtes Secco komponiert sind. Da die Choralmelodie im übrigen fast unverziert bleibt, wird die Auszierung in der letzten Liedzeile auf das Wort »Jesu« als Schlußsteigerung empfunden.

Die zweite Arie der Kantate (Satz 5) verlangt eine obligate Flöte und kommt der ersten an freudiger Gelöstheit nahezu gleich. Zwar steht der fließenden Melodik und dem schwebenden Dreiertakt der ersten nun ein reicher untergliedertes Ritornell im Vierviertelktakt gegenüber, aber dieser Vierviertelktakt – und das macht seinen Reiz aus – ist auf weite Strecken hin ein latenter 6/4-Takt, wie bereits der Beginn erkennen läßt:

Flauto traverso 

Als Besonderheit ist schon von Philipp Spitta vermerkt worden, daß die Schlußzeile der Arie, »Dein Sünd ist dir vergeben«, obwohl *kein* Choraltext, doch auf die melismatisch ausgezierte Melodie der letzten Liedzeile gesungen wird.

Durch Streicherbegleitung ist das anschließende Rezitativ mit seinen Trostworten hervorgehoben; sein Höhepunkt ist das »Gott sei mir gnädig«, das der bußfertige Christ dem Zöllner nachspricht. Ohne einleitendes Ritornell und ohne Zwischenspiele, nur mit 3 instrumentalen Schlußtakten versehen, gibt sich das continuobegleitete Duett (Satz 7) als Verwandter des geringstimmigen Choralkonzerts aus dem 17. Jahrhundert zu erkennen. Obwohl nur die 1. Textzeile wörtlich aus der Liedstrophe übernommen ist, hat Bach die Choralmelodik nicht nur dieser, sondern auch der Zeilen 3, 5 und 7 in ausgezierter Form beibehalten und – ähnlich wie in Satz 5 – mit frei gedichtetem, madrigalischem Text verbunden. Ja, selbst abweichende Silbenzahl bildet kein Hindernis; sie wird durch Melismen und Dehnungen der Melodie aufgefangen.

Die Schlußstrophe beendet das Werk als schlichter Chorsatz.

Zwölfter Sonntag nach Trinitatis

EPISTEL: 2. Kor. 3,4–11 (Klarheit des Geistes)
EVANGELIUM: Mark. 7,31–37 (Heilung eines Taubstummen)

Lobe den Herrn, meine Seele · BWV 69a

NBA I/20 – AD: ca. 27 Min.

1. [CHOR]: Lobe den Herrn, meine Seele	D	3/4
2. RECITATIVO [S]: Ach, daß ich tausend Zungen hätte	h–e	C
3. ARIA [T]: Meine Seele, auf, erzähle	C	9/8
4. RECITATIVO [A]: Gedenk ich nur zurück	e–G	C
5. ARIA [B]: Mein Erlöser und Erhalter	h	3/4
6. CHORAL: Was Gott tut, das ist wohlgetan, darbei will ich verbleiben	G	C

Die Kantate ist zum 15. August 1723 entstanden und später mehrfach wiederverwendet, dabei auch verschiedentlich verändert worden. So hat Bach um 1727 die Tenor-Arie ›Meine Seele, auf, erzähle‹ zur Alt-Arie in G-Dur umgeformt, dabei statt mit Blockflöte und Oboe da caccia nunmehr mit Oboe und Violine besetzt; und in seinen letzten Lebensjahren hat er das Werk zur Ratswechselkantate umgestaltet (598 f.).

Der Text knüpft an das Evangelium an, versteht aber zugleich die Wundertat Jesu als Symbol für das ständige Wirken Gottes am Menschen, der daher mit den Worten des Psalms 103, 2 zum Gotteslob aufgefordert wird (Satz 1). Die anschließenden Sätze folgen dieser Aufforderung. Daß dabei besonderer Nachdruck auf das *Erzählen* (vgl. Satz 3) der Wohltaten Gottes mit »tausend Zungen« (vgl. Satz 2) gelegt wird, ist als Anspielung auf die Taubstummenheilung zu verstehen, ebenso wie sich die Worte des 4. Satzes »Mein Mund ist schwach, die Zunge stumm ... sprich dein kräftig Hephata« nur aus der vorangegangenen Lesung erklären. Satz 5 bittet dann den »Erhalter« Gott auch um künftigen Schutz und greift mit den Worten »Gott hat alles wohl gemacht« noch einmal auf die Lesung zurück (vgl. Mark 7, 37). Der Schlußchoral führt denselben Gedanken mit den Worten der 6. Strophe des bekannten Liedes von Samuel Rodigast (1675) aus.

Dem lobpreisenden Charakter des Textes entsprechend bietet

die Bachsche Komposition im Eingangschor das für einen gewöhnlichen Sonntag überaus festliche Instrumentarium von 3 Trompeten, Pauken, 3 Oboen zu Streichern und Continuo auf. Sein Zentrum und zugleich den Höhepunkt des Satzes bildet eine großangelegte Doppelfuge, deren Themendualismus aus dem Text gewonnen wird (»Lobe den Herrn ... und vergiß nicht ...«). Beide Themen werden zunächst einzeln durchgeführt und danach kombiniert. Dies vollzieht sich innerhalb einer hälftigen Form mit der jeweiligen Abfolge Chor (Soli?) – Instrumente – Tutti, wobei die erste Hälfte ganz dem 1. Thema zufällt, die zweite mit dem 2. Thema beginnt und in ihrem Tutti-Abschnitt die Kombination beider Themen bringt, so daß die Gesamtstruktur dieser Doppelfuge eine in mehreren Phasen sich vollziehende Steigerung aufweist. Die Exposition des 1. Themas ist als Permutationsfuge (24) gebaut; die Fortführung sowie die Durchführungen des 2. Themas sind freier angelegt.

Den Rahmen dieser Fuge bilden freipolyphone und akkordliche Partien, z. T. als Choreinbau (32 f.), ihrerseits umrahmt durch die instrumentale Einleitungssinfonie, so daß der ganze Satz eine schöne Symmetrieform zeigt:

Sinfonie – Chor – Doppelfuge (hälftig) – Chor – Sinfonie

Einem Seccorezitativ folgt die Arie ›Meine Seele, auf, erzähle‹, in der der I. Oboist zur Oboe da caccia, der II. Oboist zur Blockflöte zu greifen hatte, – ein Beispiel für die Vielseitigkeit, die Bach von seinen Instrumentisten erwarten durfte. Ob die Umarbeitung um 1727 (siehe oben) vielleicht ihren Grund darin hatte, daß die Spieler dieser Aufführung nicht über dieselben Kenntnisse verfügten? Jedenfalls haben wir keine Ursache anzunehmen, Bach habe die Änderung aus ästhetischem Mißfallen an der originellen und für das barocke Klangideal so charakteristischen Bläserbesetzung vorgenommen. Musikalisch gehört der Satz dem Typus des Pastorale an, das durch seine schwebende Dreiertaktbewegung freudige Gelöstheit widerspiegelt.

Ein Seccorezitativ, das sich gegen Schluß zum Arioso steigert, führt zur zweiten Arie (Satz 5), wiederum im Dreiertakt, jedoch von kräftigem, energischem Rhythmus. Bewundernswert ist im zweiten Arienteil die Gestaltung des im Text gegebenen Kontrastes »Leiden – Freuden« auf engem Raum durch Chromatik (im ersten Abschnitt fallend, im zweiten steigend) bzw.

lebhafte Baß-Koloraturen, die in den Jubelruf »Gott hat alles wohl gemacht« einmünden.

Den schlichten Chorsatz des Schlußchorals hat Bach aus BWV 12 übernommen. Obwohl er sie mit den vorhandenen Kräften leicht hätte darstellen können, hat er doch die obligate Oberstimme des Originalsatzes weggelassen. Welche Gründe ihn dazu veranlaßt haben mögen, wissen wir heute nicht mehr zu sagen.

Lobe den Herren, den mächtigen König der Ehren · BWV 137

NBA I/20 – AD: ca. 18 Min.

1. Chorus: Lobe den Herren, den mächtigen König der Ehren	C	$\frac{3}{4}$
2. Aria [A]: Lobe den Herren, der alles so herrlich regieret	G	$\frac{9}{8}$ $\frac{3}{4}$
3. Aria [S, B]: Lobe den Herren, der künstlich und fein dich bereitet	e	$\frac{3}{4}$
4. Aria [T]: Lobe den Herren, der deinen Stand sichtbar gesegnet	a	$\frac{3}{4}$
5. Choral: Lobe den Herren, was in mir ist, lobe den Namen	C	$\frac{3}{4}$

Das Werk ist eine Choralkantate (44ff.), jedoch nicht innerhalb des bekannten Jahrgangs entstanden (welche Kantate Bach zum 12. Sonntag nach Trinitatis 1724 aufgeführt hat, wissen wir nicht), sondern offenbar erst ein Jahr später[1], zum 19. August 1725. Auch fehlt dem Werk die charakteristische Eigenheit des Jahrgangs von 1724/1725, die madrigalische Umdichtung der Binnenstrophen: Bach hat alle 5 Strophen des Liedes von Joachim Neander (1680) in unverändertem Wortlaut beibehalten.

Auch die Komposition Bachs orientiert sich stärker als in den meisten vergleichbaren Kantaten am Choral. Seine Melodie ist in allen Sätzen hörbar; sie erklingt im Eingangs- und Schlußsatz im Chorsopran, in Satz 2 im Solo-Alt; Satz 3 läßt ihre beiden Anfangstakte als Kopfmotiv in den Singstimmen hören, und

1 Zu der unbewiesenen Behauptung, die Kantate habe auch als Ratswechselkantate gedient, vergleiche man unten S. 600.

im 4. Satz wird sie, nun wieder vollständig, von der Trompete gespielt, mit dem Arienpart des Tenors kombiniert. Bach schafft so ein fünfsätziges, symmetrisches Gebilde, in dem die vorgegebene Liedmelodie nach der Mitte zu immer individuellere Züge annimmt: In den Rahmensätzen erklingt sie vollstimmig, vom Chor gesungen, in den Zwischengliedern geringstimmig konzertierend, im Zentrum jedoch ausdruckshaft umgeprägt und nur noch in Andeutungen wahrnehmbar.

Der Eingangschor entfaltet in konzertierendem Wechsel von Trompeten, Oboen und Streichern eine strahlende Pracht; dazu erklingt der Choral im Sopran des aufgelockerten Chorsatzes, dessen Unterstimmen die Einsätze der Liedzeilen durch ein Fugato über das (selbständige) Instrumentalthema vorbereiten und sich lediglich auf die Worte »Kommet zu Hauf, Psalter und Harfen, wacht auf« zu kompaktem, akkordischem Satz verdichten.

Eine konzertierende Violine umspielt in reizvollem Figurenwerk die vom Alt vorgetragene, leicht ausgezierte 2. Liedstrophe. Bach hat den frohgestimmten Satz später als Bearbeitung für Orgel in die bei Schübler gestochenen ›Sechs Choräle‹ übernommen (BWV 650) und ihm den Text des Adventsliedes ›Kommst du nun, Jesu, vom Himmel herunter auf Erden‹ von Kaspar Friedrich Nachtenhöfer (1667) zugeordnet.

Die 3. Strophe erklingt als Duett mit 2 obligaten Oboen. Beim Einsatz der Singstimmen wird offenbar, daß auch die Oboenmelodik des Eingangsritornells bereits aus der Choralsubstanz gebildet ist; Quintanstieg und Terzabfall sind auch in diesem Satz beibehalten, freilich nach Moll gewendet:

Die Form dieses Duetts ist insofern ungewöhnlich, als alle vier Gesangsabschnitte einander weitgehend gleichen. So ist nicht nur der 2. Abschnitt, der den 2. Stollen des Textes aufzunehmen hat, die Wiederholung des 1. Abschnitts (eine Formgebung, die der Barform des Liedes entspricht und daher naheliegt), auch der 3. und 4. Abschnitt, die beide den vollständigen Text des Abgesangs vortragen, sind eine nur leicht veränderte Wiederholung der beiden Anfangsabschnitte, denen lediglich einige chromatische Takte (»In wieviel Not«) vorangestellt wurden.

Auch die 4. Strophe ist in Moll vertont, erhält aber ihren besonderen harmonischen Reiz dadurch, daß die Liedmelodie, gespielt von der Trompete zu continuobegleitetem Gesang des Tenors, in der Paralleltonart C-Dur steht. Noch häufiger als im vorangehenden Duett sind Anklänge an die Choralmelodie auch in die Gesangspartie eingeflochten. In ihrem Text fällt das metrumverändernde, energische »Denke dran« (Neander: »Denke daran«) auf.

Der abschließende Choralsatz ist durch selbständige Trompetenbehandlung zu prächtiger Siebenstimmigkeit gesteigert.

Geist und Seele wird verwirret · BWV 35

NBA I/20 – AD: ca. 31 Min.

1. CONCERTO	d	C
2. ARIA [A]: Geist und Seele wird verwirret	a	6/8
3. RECITATIVO [A]: Ich wundre mich	F–g	C
4. ARIA [A]: Gott hat alles wohl gemacht	F	C
Seconda parte		
5. SINFONIA	d	3/8
6. RECITATIVO [A]: Ach, starker Gott, laß mich doch dieses stets bedenken	B–a	C
7. ARIA [A]: Ich wünsche mir, bei Gott zu leben	C	3/8

Der Text zu dieser Kantate stammt von dem Darmstädter Hofbibliothekar Georg Christian Lehms (28f.) und lehnt sich eng an das Evangelium des Sonntags an: Die Wunder Gottes, von denen das Volk »mit Jauchzen« erzählt, sind so groß, sagt die Eingangsarie, daß Geist und Seele bei ihrer Betrachtung verwirrt verstummen; und das folgende Rezitativ erwähnt die Taubstummenheilung, von der das Evangelium berichtet, noch direkter: »Den Tauben gibst du das Gehör, den Stummen ihre Sprache wieder ...«. Der Schluß des biblischen Berichts bildet die Vorlage für die zweite Arie: ›Gott hat alles wohl gemacht‹, und die Fortsetzung »Seine Liebe, seine Treu wird uns alle Tage neu« ist eine Anspielung auf Klagelieder 3, 23. Mit dem Rezitativ ›Ach, starker Gott‹ beginnt der II. Kantatenteil, der vermutlich erst nach der Predigt musiziert wurde. Er enthält die »Applicatio«, die Anwendung des Textes auf die Christen der versammelten Gemeinde: Auch ihnen möge Gott die Ohren öffnen und die Zunge lösen, ihn zu preisen und sich als Gottes Kinder und Erben zu erweisen. Diese Erbschaft des Gottesreiches ist das eigentliche Ziel des Christenlebens, und so schließt die Dichtung mit dem Wunsch, recht bald vom »jammerreichen Schmerzensjoch« dieser Erde befreit, bei Gott mit allen Engeln »ein fröhliches Halleluja« zu singen.

Bachs Komposition ist zum 8. September 1726 entstanden. Die Textdichtung Lehms' (1711) ist eine regelrechte »Cantata« im Sinne der Terminologie der Zeit, da sie auf Bibelwort und Choral verzichtet und ausschließlich madrigalische Dichtung enthält. Bach folgt seinem textlichen Vorbild, verzichtet darum auch auf die Heranziehung eines Chores und überträgt sämtliche Gesangspartien dem Solo-Alt. Offenbar stand ihm in jenem Jahr ein besonders fähiger Altist zur Verfügung (365).

Zum Ausgleich für das Fehlen des Chores ist die Aufgabe, die dem Orchester zufällt, um so gewichtiger; denn wie in verschiedenen anderen Kantaten dieser Jahre hat Bach auch hier ein älteres, wahrscheinlich in Köthen komponiertes Konzert wiederverwendet. Ja, die Kantate ist darum ein besonders wertvolles Zeugnis des Bachschen Schaffens, weil das instrumentale Vorbild – wohl ein Konzert für Oboe und Streichorchester – verloren und das Werk im übrigen nur noch in dem 9-taktigen Fragment einer unvollendet gebliebenen Umarbeitung als Cembalokonzert (BWV 1059) bezeugt ist.

An die Stelle des ursprünglichen Soloinstruments tritt in dieser Kantate die obligate Orgel. Der Eingangssatz des Konzerts eröffnet den I., sein mutmaßlicher Schlußsatz den II. Kantatenteil. Ob wir in der Arie ›Geist und Seele wird verwirret‹ eine Umarbeitung des langsamen Mittelsatzes jenes Konzerts sehen dürfen, ist ungewiß, aber nicht ausgeschlossen. Das Ausmaß der jeweiligen Änderungen läßt sich, da das Original fehlt, nicht mit Sicherheit feststellen; doch dürfte die Verstärkung der Streicher durch 2 Oboen und 1 Oboe da caccia eine Zutat der Kantatenfassung sein, die ein gelegentliches Pausieren der einen oder anderen Instrumentengruppe ermöglichte (die unvollendete Cembaloübertragung verlangt nur 1 Oboe).

Auf den einleitenden Konzertsatz folgt jene Arie, in der wir, wie erwähnt, vielleicht den Mittelsatz des verschollenen Konzerts zu sehen haben. Doch ist Vorsicht geboten: Bachs Partiturautograph ist stärker korrigiert als im vorangehenden Satz, und die Instrumentengruppen, Bläser und Streicher, sind vielfach selbständig geführt; – beides könnte auch für eine Neukomposition, zumindest für eine durchgreifende Änderung sprechen. Auf alle Fälle erfüllt der Satz vorzüglich die Anforderungen, die einem Komponisten dieser Zeit bei der Vertonung eines solchen Textes erwachsen; denn die ornamentale Figuration der obligaten Orgel inmitten einer ausdrucksvollen Siciliano-Melodie der übrigen Instrumente läßt sich unschwer gleichnishaft für die Wunder Gottes verstehen; und vielleicht lassen sich gar die Pausen, die die Motive des Siciliano-Themas voneinander trennen, als Figur des Verstummens vor den Wundern auffassen, von dem im Text die Rede ist.

Das Rezitativ (Satz 3), das den beiden konzerthaften Sätzen folgt, ist ein Continuosatz mit schlicht-syllabisch deklamierender Singstimme. Mit der Arie ›Gott hat alles wohl gemacht‹ treten wir zum ersten Male in dieser Kantate in einen eindeutigen Dur-Bereich. Wiederum ist die Orgel Obligatinstrument, – und diesmal begleitet sie die Singstimme allein, nur vom Continuo gestützt; doch treten nun an die Stelle der reichen figurativen Auszierung eine einfache, mehr dreiklangsbetonte, in Sequenzen sich fortspinnende Melodik und eine vornehmlich motorische Rhythmik, die dem Satz und damit dem Beschluß des I. Kantatenteils einen froh-bewegten Charakter verleihen.

Teil II der Kantate wird wiederum durch einen raschen (›presto‹) Sinfoniesatz eröffnet, in dem die obligate Orgel von Anfang an die Führung innehat, zunächst im Zwiegespräch mit dem Orchester, danach solistisch, von den Instrumenten begleitet. Noch ausschließlicher dominiert die Orgel im zweiten Teil dieses in zweiteiliger Reprisenform angelegten Satzes, was sich schon darin ausdrückt, daß das Eröffnungsthema hier nicht mehr wiederkehrt; nur sein Anfangstakt

durchzieht als treibende Kraft den ganzen Satz.

Das zweite Rezitativ (Satz 6) ist wie das erste als syllabisch deklamierendes Secco angelegt.

Die Schlußarie ›Ich wünsche mir, bei Gott zu leben‹ hat bezeichnenderweise tänzerischen Charakter. Auch verzichtet sie mit ihrer Tonart C-Dur auf eine harmonische Rückkehr zur

Ausgangstonart der Kantate und führt nur in ihrem zweiten Teil zu vorübergehenden textbedingten Molltrübungen. Wieder kommt der obligaten Orgel, die sich damit als das einzige und ständige Soloinstrument dieser Kantate erweist, eine hervorragende Rolle zu; denn bereits nach 5 Takten beginnt sie eine Triolenfiguration, die nicht nur für den Rest des Ritornells, sondern auch für die Begleitung der Gesangsabschnitte bestimmend bleibt und zu den Textworten »ein fröhliches Halleluja ...« sowie »[mein martervolles Leben] enden« auch auf die Singstimme übergreift.

Es ist uns heute nur noch schwer nachvollziehbar, daß Bach in diesem Kunstwerk zu Beginn mit einem Preis der Wunderheilungen Jesu gleichsam ein Ja zum Leben und am Schluß mit der Bitte um ein baldiges Ende ein noch emphatischeres Ja zum Tode sagen konnte. Doch wird man diese Einstellung nicht nur mit den stets lauernden Kriegs- und Seuchengefahren und erst recht nicht allein mit dem Hinweis auf theologische Gemeinplätze wie den vom »irdischen Jammertal« (so verbreitet sie gewesen sein mögen) begründen dürfen, sondern sicherlich auch mit der biblischen Auffassung, daß wir hier das Wirken Gottes nur »in einem Spiegel« sehen, einst aber »von Angesicht zu Angesicht«.

Dreizehnter Sonntag nach Trinitatis

Epistel: Gal. 3,15–22 (Gesetz und Verheißung)
Evangelium: Luk. 10,23–37 (Gleichnis vom barmherzigen Samariter)

Du sollt Gott, deinen Herren, lieben · BWV 77

NBA I/21,3 – AD: ca. 17 Min.

1. [Chor]: Du sollt Gott, deinen Herren, lieben	C	C
2. Recitativo [B]: So muß es sein	C–C	C
3. Aria [S]: Mein Gott, ich liebe dich von Herzen	a	C
4. Recitativo [T]: Gib mir dabei, mein Gott! ein Samariterherz	e–G	C

5. [Aria. A]: Ach, es bleibt in meiner Liebe — d $\frac{3}{4}$
6. Choral: [Herr, durch den Glauben wohn in mir] — g–D C

Die Kantate entstammt dem ersten Leipziger Jahrgang Bachs und erfuhr am 22. August 1723 ihre erste Aufführung. Der unbekannte Textdichter hält sich eng an das Sonntagsevangelium, besonders ausgiebig an die »Vorgeschichte« des Gleichnisses, die auch zur Lesung gehört, nämlich die Frage des Schriftgelehrten »was muß ich tun, daß ich das ewige Leben ererbe?« und die Antwort, die Jesus ihn durch seinen Hinweis auf das Gesetz selbst geben läßt: »Du sollst Gott deinen Herrn lieben ... und deinen Nächsten wie dich selbst«. Dieses Wort ist der Kantate als Eingangsspruch vorangestellt, und seine Gliederung bestimmt auch den textlichen Aufbau der folgenden madrigalischen Dichtung: Je ein Doppelglied Rezitativ – Arie handelt von der Liebe zu Gott und von der Liebe zum Nächsten, die freilich, so sagt die zweite Arie, bei allem guten Willen doch unvollkommen bleibt. Der Schlußchoral ist uns ohne Text überliefert; zweifellos wird in ihm der Entschluß, das Liebesgebot zu erfüllen, und die Bitte um Gottes Segen hierzu nunmehr auch im Namen der versammelten Gemeinde bekräftigt. Vorgeschlagen wurden als Text die Strophe 8 des Liedes ›Wenn einer alle Ding verstünd‹ von David Denicke (1657) mit dem Text »Du stellst, Herr Jesu, selber dich zum Fürbild wahrer Liebe« (so Karl Friedrich Zelter) und die gleichfalls von Denicke (1657) stammende Strophe 8 des Liedes ›O Gottes Sohn, Herr Jesu Christ‹ mit dem Text »Herr, durch den Glauben wohn in mir« (so Werner Neumann mit Hinweis auf das musikalisch unbefriedigende Verhältnis des von Zelter vorgeschlagenen Textes zu dem überlieferten Bachschen Satz).

Der gewichtigste Satz der Komposition ist der Eingangschor, den Bach als Choralbearbeitung geformt hat und der wegen seiner tiefsinnigen Symbolik in der Bach-Literatur eine beträchtliche Berühmtheit erlangt hat, – leider aber nicht in unserer Aufführungspraxis.

Bach erinnert sich nämlich an die Parallelstelle im Matthäus-Evangelium (22, 34–40), in der Jesus nach dem »vornehmsten Gebot im Gesetz« gefragt wird und dann gleichfalls – fast mit den Worten unseres Eingangschors – das Gebot der Gottes- und der Nächstenliebe als einander gleichrangig nennt und hinzufügt: »In diesen zwei Geboten hanget das ganze Gesetz und die Propheten«. Bach sucht daher die Bedeutung dieser beiden Gebote mit allen ihm zur Verfügung stehenden Mitteln hervorzuheben und zu kommentieren. Er legt dem Satz die Choralmelodie ›Dies sind die heilgen zehn Gebot‹ zugrunde, um zu zeigen: Das *ganze Gesetz* ist im Liebesgebot enthalten. Die Melodie erklingt im *Kanon* (als dem Symbol des Gesetzes), und zwar in höchster Lage in der Trompete und in tiefster Lage im Continuo; dadurch wird der *allumfassende* Charakter (»das ganze Gesetz und die Propheten«) des Liebesgebots verdeutlicht. Außerdem ist dieser Unterquartkanon ein *Vergrößerungskanon*: Grundwert ist in der Trompete die Viertel-, im Continuo die Halbenote, so daß der Trompete mehrfach Anlaß zur Wiederholung von Zeilen gegeben ist; zum Schluß wiederholt sie den ganzen Choral. Dieser Vergrößerungskanon besagt: Das Liebesgebot ist das *vornehmste* Gebot. Gleiches wird auch durch die Zeilenwiederholungen, d. h. durch die vielfache Präsenz des Chorals ausgedrückt. Außerdem jedoch bewerkstelligt es Bach durch diese Wiederholungen, daß der Trompete in diesem Satz genau zehn Einsätze (nach vorhergehenden Pausen) zufallen, was offenbar als ein Hinweis auf die Zehnzahl der Gebote aufzufassen ist.

Der Chorsatz, der durch ein 8-taktiges Instrumentalvorspiel eingeleitet und dann nur noch einmal durch 7 Instrumentaltakte (sie dienen wohl der Hörbarmachung der Choralweise) unterbrochen wird, ist fugisch, oder genauer gesagt, imitatorisch, da ihm das spezifische Kennzeichen der Fuge, die Quintbeantwortung des Themas, fehlt. Dieses Thema – es erklingt schon im Vorspiel der Instrumente – ist nicht unmittelbar dem Choral entnommen, aber dennoch aus ihm entwickelt. Es lautet:

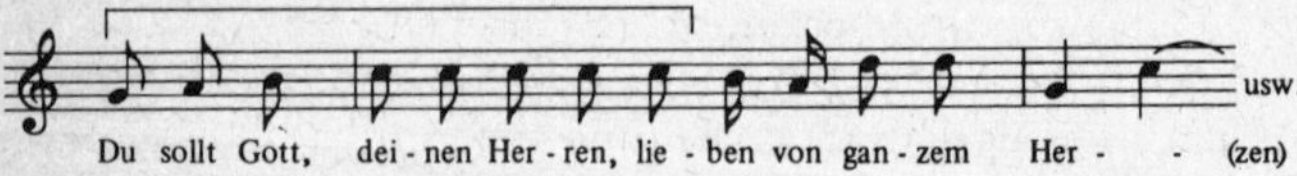

Schon seine Tonrepetitionen lassen den Hörer an die 1. Liedzeile denken:

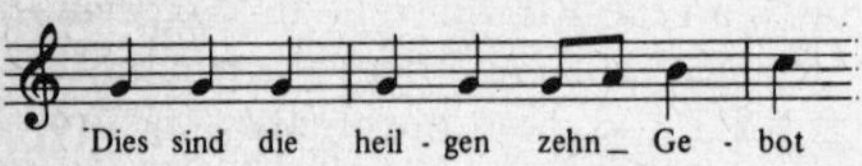

Auch lassen sich die oben mit ⌈ ⌉ bezeichneten 8 Anfangsnoten als Krebs der Umkehrung der 1. Choralzeile deuten. Aber selbst ohne diese komplizierte Ableitung ist die Verwandtschaft des Themas mit dem Choralbeginn beim Anhören unverkennbar.

Ein schlicht-syllabisches Seccorezitativ führt zur ersten Arie, die durch Terzenparallelführung der beiden obligaten Oboen einen innigen Charakter erhält.

Das zweite Rezitativ wird von Streichern begleitet, zunächst mit gehaltenen Akkorden, zum Abschluß in lebhafter Bewegung. Diese Instrumentation unterstreicht den Gebetscharakter des Satzes und verleiht der Bitte um ein »Samariterherz« und um das ewige Leben auch musikalisch besonderen Nachdruck.

Die zweite Arie der Kantate (Satz 5) ist eigenartigerweise mit obligater Trompete instrumentiert, die zu der Klage des Textes über die eigene Unzulänglichkeit wenig passen will. Vielleicht lag hierfür ein äußerer Anlaß vor, den wir nicht mehr kennen.

Der (textlos überlieferte) Schlußchoral auf die Melodie ›Ach Gott, vom Himmel sieh darein‹ beendet das Werk in schlichtem Choralsatz.

Allein zu dir, Herr Jesu Christ · BWV 33

NBA I/21,25 – AD: ca. 27 Min.

1. [Choral]: Allein zu dir, Herr Jesu Christ	a	3/4
2. Recitativo [B]: Mein Gott und Richter	e–G	C
3. Aria [A]: Wie furchtsam wankten meine Schritte	C	C
4. Recitativo [T]: Mein Gott, verwirf mich nicht	a–a	C
5. Aria [T, B]: Gott, der du die Liebe heißt	e	3/4
6. Choral: Ehr sei Gott in dem höchsten Thron	a	C

Die Kantate ist in Bachs zweitem Leipziger Amtsjahr, also innerhalb des Choralkantaten-Jahrgangs (44ff.) entstanden und am 3. September 1724 erstmals aufgeführt worden. Zugrunde liegt ihr das Lied von Konrad Hubert (1540; 4. Strophe Nürnberg 1540); aus ihm hat der unbekannte Textverfasser die erste und letzte (= 4.) Strophe wörtlich übernommen, während die beiden Mittelstrophen zu je einem Satzpaar Rezitativ – Arie umgedichtet wurden (Strophe 2 = Satz 2–3; Strophe 3 = Satz 4–5).

Obgleich der Zusammenhang mit dem Lied durch zahlreiche inhaltliche Entsprechungen und wörtliche Herübernahme ganzer Satzteile unverkennbar ist, hatten doch die Erweiterung um zwei Sätze und die damit verbundene Verlängerung des Textes eine freiere Paraphrasierung der Lieddichtung zur Folge, als wir sie aus den Kantaten der vorhergehenden Sonntage kennen.

Überhaupt ist der Zusammenhang des Hubertschen Liedes, das Jesus um Befreiung von drückender Sündenlast bittet, mit den Lesungen des Sonntags nicht sehr eng. Anlaß zu seiner Verwendung war wohl im wesentlichen der Vers »vor allen Dingen lieben dich und meinen Nächsten gleich als mich« (aus Strophe 3) als Anspielung auf Lukas 10, 27; ihm entspricht in der Umdichtung zur Kantate besonders Satz 5. In den Sätzen 2, 3 und 4 hat der Dichter jedoch nichts Wesentliches unternommen, um den Zusammenhang mit den Lesungstexten enger zu gestalten, wohl aber einige weitere biblische Anspielungen eingeflochten, so in Satz 2 auf Hiob 9, 3 (der Mensch, der mit Gott hadert, kann ihm »auf tausend nicht eins antworten«), in Satz 4 auf Psalm 51, 13 (»verwirf mich nicht von deinem Angesicht«) und auf Galater 5, 6 (»in Christo Jesu gilt ... der Glaube, der durch Liebe tätig ist«).

Der Eingangschor entspricht dem meistverwendeten Typus der Bachschen Eröffnungs-Choralsätze: Die Liedweise ist dem Sopran anvertraut, gestützt durch die übrigen Singstimmen, die bald in schlichtem, akkordlichem, bald in imitatorischem Satz begleiten, auch gelegentlich rhythmische Akzente setzen (»Ich ruf dich an«). Eingebettet ist der Liedsatz zeilenweise in einen thematisch selbständigen (allenfalls durch das anfangs imitatorisch eingeführte Sechzehntelmotiv lose mit dem Liedbeginn verknüpften) konzertanten Orchestersatz, der von 2 Oboen, Streichern und Continuo ausgeführt wird.

Satz 2 ist ein continuobegleitetes Seccorezitativ mit ariosem Ausklang, der den Text »mich wiederum erfreuen« durch eine lebhafte Koloratur wirkungsvoll von dem vorhergehenden schlicht deklamierten Textvortrag abhebt.

Von besonderem Reiz ist die Instrumentation der folgenden Arie, eines Streichersatzes, in dem die Violine I, mit Dämpfer versehen, melodieführend hervortritt, während Violine II, Viola und Continuo pizzicato begleiten. Unverkennbar bildet die Violinstimme mit ihrer auf- und abschwankenden Melodik, ihrer querständigen Chromatik und ihrer synkopischen Rhythmik das furchtsame Wanken der Schritte ab, von dem im Text die Rede ist. Bezeichnenderweise fallen die geschilderten Merkmale, die fast den gesamten Satz beherrschen, auf die Worte des Mittelteils »doch hilft mir Jesu Trostwort wieder, daß er für mich genung getan« weg.

Satz 4 ist wiederum ein schlichtes Seccorezitativ mit einer einzigen textbedingten Dehnung auf »halten«; nicht einmal der fast wörtlich übernommene Beginn der 3. Liedstrophe »gib mir nur aus (Hubert: »nach deinr«) Barmherzigkeit den wahren Christenglauben« ist in der Komposition hervorgehoben oder gar mit seiner Choralmelodie übernommen, wie das sonst häufig geschieht.

Bei dem anschließenden Duett (Satz 5) möchte man fast meinen, Bach habe sich durch die Sopran-Arie der Kantate des Vorjahres (BWV 77, Satz 3) anregen lassen. Wiederum ist von der Liebe zu Gott die Rede, wiederum wird das Obligat-Instrumentarium durch 2 Oboen gebildet, und wiederum ist die Thematik – zumindest der Themenkopf – durch Sexten- und Terzenparallelführung gekennzeichnet, die diesmal (da der Satz als Duett komponiert ist) auch von den Singstimmen übernommen wird. Obwohl die Themenfortspinnung diesmal stärker der Polyphonie verhaftet ist, bleibt doch hier wie dort der Eindruck zarter Innigkeit bestehen, wie wir überhaupt Grund zu der Annahme haben, daß der Hörer der Bachzeit mit dem Oboenton mehr die Vorstellung beseelten Gesanges verband als wir, die wir diesem Instrument gern einen koketten, schnippischen Charakter zusprechen. Bezeichnend für diesen Satz ist auch, daß die Melodik der Oboen derjenigen der Singstimmen so stark angenähert ist, daß sich dieses Duett ohne große Schwierigkeit zum Gesangsquartett für Sopran, Alt (= Oboe I, II), Tenor und Baß umschreiben ließe.

Die Schlußstrophe beendet die Kantate in schlichtem Chorsatz.

Ihr, die ihr euch von Christo nennet · BWV 164

NBA I/21, 59 – AD: ca. 17 Min.

1. [ARIA. T]: Ihr, die ihr euch von Christo nennet — g $\frac{9}{8}$
2. RECITATIVO [B]: Wir hören zwar, was selbst die Liebe spricht — c–a C
3. ARIA [A]: Nur durch Lieb und durch Erbarmen — d C

4. Recitativo [T]: Ach, schmelze doch durch deinen Liebesstrahl — Es–g **C**
5. Aria [S, B]: Händen, die sich nicht verschließen — g **¢**
6. Choral: Ertöt uns durch dein Güte — B **C**

Der Text zu dieser Kantate entstammt dem Jahrgang ›Evangelisches Andachts-Opfer‹ Salomon Francks (26f.) aus dem Jahre 1715; trotzdem ist Bachs Komposition erst zum 26. August 1725 entstanden, – oder vorsichtiger ausgedrückt: Falls eine Weimarer Komposition Bachs auf diesen Text bestanden haben sollte, so müßte sie von der uns erhaltenen so stark abweichen, daß wir praktisch eine Neukomposition vor uns hätten. Das geht aus dem Konzeptcharakter der autographen Partitur von 1725 deutlich hervor. Wir haben also einen Parallelfall zu Kantate 168 (395) vor uns.

Franck hält sich in seiner Dichtung eng an das Sonntagsevangelium, und zwar im Gegensatz zu den Dichtern, deren Texte Bach in den beiden Vorjahren vertont hatte, mehr an dessen zweiten Teil: Während die Liebe zu Gott (»Du sollst Gott, deinen Herren, lieben ...«) unerwähnt bleibt, wird die Barmherzigkeit dem Nächsten gegenüber (»... und deinen Nächsten als dich selbst«) dringend gefordert, ihr Fehlen bei den Christen bitter beklagt; dabei finden sich mehrfach Anspielungen auf das Gleichnis der Sonntagslesung: Priester und Levit »sind ja ein Bild liebloser Christen« (Satz 2), während »samaritergleiche Herzen ... an Erbarmung reich« sind (Satz 3). Auch Wendungen aus der Bergpredigt (Matth. 5, 7 und 7, 7) klingen in Satz 2 an. Den Abschluß bildet die letzte (5.) Strophe des Liedes ›Herr Christ, der einig Gotts Sohn‹ von Elisabeth Creutziger (1524).

Die Komposition entspricht in ihrer geringstimmigen Besetzung dem kammermusikalischen Typus, wie Bach ihn für Francks Kantaten bereits 1715 zumeist verwendet hat: Außer den vier Gesangssolisten wird ein Chor – wenn überhaupt – nur für den Schlußchoral benötigt; und das Instrumentarium ist zwar mit 2 Querflöten, 2 Oboen, Streichern und Continuo recht reich besetzt; doch verzichtet Bach darauf, die Instrumente in konzertierendem Wechselspiel einander gegenüberzustellen; statt dessen treten sie entweder solistisch oder in geringstimmigem Unisono auf, allenfalls im Streichersatz ohne selbständig geführte Bläser.

So ist die Eingangsarie zwar vollstimmig, aber als reiner

Streichersatz entworfen. Das Thema, mit markantem Quintsprung abwärts einsetzend, beherrscht Instrumental- und Vokalthematik des Satzes weitgehend; auch die Gesangsabschnitte des hälftig geformten Satzes (A B A' B') enthalten vielfachen Vokaleinbau (32 f.) in instrumentale Ritornellwiederholungen.

Im 2. Satz, einem Seccorezitativ, ist die Bergpredigt-Paraphrase »Die mit Barmherzigkeit den Nächsten hier umfangen, die sollen vor Gericht Barmherzigkeit erlangen« durch die Vertonung als arioses Teilstück hervorgehoben. Seine liedhafte Melodik hat zu der Vermutung geführt, Bach habe hier ein Choralzitat (in freier Auszierung) angebracht; doch ist bislang noch keine Melodie ermittelt worden, die dafür in Frage käme.

Besonders reizvoll ist die folgende Alt-Arie (Satz 3) mit 2 obligaten Querflöten, deren Seufzermelodik Liebe und Erbarmen, von denen der Text handelt, versinnbildlichen sollen. Wie die erste Arie zeigt auch diese nicht die übliche Dacapoform; statt dessen wird der zweite Arienteil frei wiederholt (A B B' = »Gegenbar«).

Ein durch die Streicherbegleitung eindringlich gestaltetes Rezitativ führt zur dritten Arie des Werkes (Satz 5), einem Duett, in dessen instrumentaler Obligatstimme Flöten, Oboen und Violinen zusammengefaßt sind. Ähnlich wie in Satz 1 ist die Thematik, ja die ganze melodische Faktur der Instrumental- und Gesangsstimmen einander soweit angenähert, daß ein homogener Quartettsatz von instrumentaler Oberstimme, Sopran, Baß und Continuo entsteht. Die Struktur des Satzes ist höchst kunstvoll: Eine Themenumkehrung im Eingangsritornell soll wohl auf die im Text angedeutete Wechselbeziehung zwischen menschlichem und göttlichem Erbarmen weisen. Noch kunstvoller sind die vier Gesangsabschnitte geformt: Der Text ist auf die ersten drei Abschnitte verteilt; der vierte, der auch musikalisch eine Wiederholung des ersten andeutet, faßt nochmals den gesamten Text zusammen. Jeder Abschnitt beginnt mit einer Kanonpartie, die dann freipolyphon zu Ende geführt wird; der dritte, ausgedehnteste Abschnitt enthält deren zwei. Dadurch entsteht eine symmetrische Anordnung der Kanonpartien:

A	B	C		A'
Oktavkanon	Quartkanon	Quintkanon	Quartkanon	Oktavkanon

Den Schluß des Abschnitts A' bildet ein Vokaleinbau in die vollständige Wiederholung des Eingangsritornells; ungeachtet dessen erklingt es unmittelbar darauf noch einmal als instrumentales Schlußritornell.

Ein schlichter Choralsatz beendet das Werk.

Vierzehnter Sonntag nach Trinitatis

EPISTEL: Gal. 5,16–24 (Die Werke des Fleisches und die Frucht des Geistes)

EVANGELIUM: Luk. 17,11–19 (Heilung der zehn Aussätzigen)

Es ist nichts Gesundes an meinem Leibe · BWV 25

NBA I/21,81 – AD: ca. 16 Min.

1. [CHOR]: Es ist nichts Gesundes an meinem Leibe	e	C
2. RECITATIVO [T]: Die ganze Welt ist nur ein Hospital	d–d	C
3. ARIA [B]: Ach, wo hol ich Armer Rat	d	C
4. RECITATIVO [S]: O Jesu, lieber Meister	a–C	C
5. ARIA [S]: Öffne meinen schlechten Liedern	C	3/8
6. CHORAL: Ich will alle meine Tage	C	C

Die Kantate aus dem ersten Leipziger Jahrgang Bachs ist zum 29. August 1723 entstanden. Der Text, dessen barock-drastische Vergleiche uns heute nur schwer erträglich und alles andere als poetisch scheinen, knüpft an das Sonntagsevangelium an und wendet den Bericht von der Aussätzigenheilung auf die Situation der gesamten Menschheit an: Seit Adams Sündenfall – »Der erste Fall hat jedermann beflecket« (Satz 2) – ist die ganze Welt »nur ein Hospital«, da die Sünde den Menschen krank gemacht hat. Dieser Gedanke wird eingangs mit den Worten des Psalms 38, 4 ausgedrückt (Satz 1) und in Satz 2 und 3 ausführlich abgehandelt. Die »Salb aus Gilead« (Satz 3) weist auf Jeremia 8, 22 und 46, 11; Gilead, das Kernstück des Ostjordanlandes, war reich an Balsam. Am Schluß des 3. Satzes wird dann der Blick auf Jesus gerichtet. Er allein kann die Seele heilen und wird darum in Satz 4 und 5 um Reinigung vom »Sündenaussatz« gebeten, – eigenartigerweise ohne den nach christlicher Theologie hier zu erwartenden Hinweis auf seinen Opfertod auf Golgatha, so daß Jesus bei aller Drastik des Textes doch ein wenig bläßlich als der allmächtige Wundertäter und nicht als das Opfer für unsere Sünden erscheint. Der dichterisch am besten gelungene Satz ist wohl die letzte Arie mit der Bitte um Erhörung und mit dem Ausdruck der Hoffnung, einst im Chor der Engel ein besseres Danklied singen zu können. Die letzte (12.) Strophe des Liedes ›Treuer Gott, ich muß dir klagen‹ von Johann Heermann (1630) greift denselben Gedanken – Ruhm und Dankbarkeit für Gott hier und in der Ewigkeit – auf und macht ihn zum Anliegen der versammelten Gemeinde.

Wie in der eine Woche zuvor aufgeführten Kantate 77 hat Bach auch in dieser Kantate besondere Sorgfalt auf die Gestaltung des Eingangschores verwendet. Wie in jener Kantate ist er als Choralbearbeitung angelegt, der ein vollständiges instrumentales Choralzitat zugrunde liegt, diesmal der Melodie ›Herzlich tut mich verlangen nach einem selgen End‹. Vielleicht ist jedoch nicht dieser Text gemeint, sondern das zu Bachs Zeiten als Nachdichtung des 6. Psalms gleichfalls allbekannte und auf dieselbe Melodie gesungene Lied ›Ach Herr, mich armen Sünder‹, das Bachs Kantate 135 zugrunde liegt (348 ff.) und nicht nur in seinem gesamten Inhalt unserem Kantatentext nähersteht als das zuvor genannte, sondern dessen Beginn der 2. Strophe »Heil du mich, lieber Herre, denn ich bin krank und schwach« eine unmittelbare Verbindung zu den Textworten des Satzes herstellen würde.

Die formale Anlage des Satzes ist recht kunstvoll. Als Einleitung des in phrygischer Tonart stehenden Satzes dient das Zitat der 1. Choralzeile in langen Notenwerten im Continuo, kontrapunktiert durch motivische Achtelfiguration des oboenverstärkten Streicherensembles. Danach setzt der Chorsatz ein mit einer eigenthematischen Doppelfuge, zu der ein Posaunenchor (wie üblich mit Zink als Oberstimme) zeilenweise den Choral in vierstimmigem Satz vorträgt. Beim Ausschreiben der Stimmen hat Bach die Choralweise dann noch durch 3 Blockflöten in der Oberoktave mitspielen lassen. Der gesamte Aufbau stellt sich demnach wie folgt dar:

	Singstimmen	*Streicher + Oboen*	*Posaunen + Flöten*
A		Vorspiel: Eigenmotivische Figuration zur 1. Liedzeile (Continuo)	
	Chorfuge a (»Es ist nichts Gesundes ...«)	Eigenmotivische Figuration	Choral, 1. Stollen
A'		Vorspiel wie oben	
	Chorfuge a' (Stimmtausch)	Wie oben	Choral, 2. Stollen
B	Chorfuge b (»und ist kein Friede ...«)	zunächst pausierend, dann colla parte	Choral, Abgesang, 1. Hälfte
C	Kombination der Chorfugenthemen a + b	colla parte	Choral, Abgesang, 2. Hälfte

Auf ein syllabisch deklamierendes Seccorezitativ folgt die erste Arie, ein Continuosatz, dessen in vielfacher Abwandlung ostinatohaft wiederholtes Ritornellmotiv die Ratlosigkeit, von der der Text redet, treffend verdeutlicht.

Auch das zweite Rezitativ gibt sich, wenige Melismen (»flieh«, »lebenslang«) ausgenommen, in syllabischer Schlichtheit, nur vom Continuo begleitet; es folgen also auf den stark besetzten Eingangssatz drei Continuosätze nacheinander. Erst die zweite Arie (Satz 5) vereinigt wieder Holzbläser und Streicher, wobei der Chor der 3 Blockflöten dem oboenverstärkten Streicherchor wechselchörig, gleichsam als Echo, gegenübertritt. Die tänzerische, menuetthafte Melodik des Satzes eröffnet nach aller quälenden Ratlosigkeit, von der der Text gesprochen hatte, nach dem kunstvoll »gearbeiteten« Eingangschor und den karg instrumentierten drei folgenden Sätzen nun eine neue Perspektive: Die Musik klingt zart, liedhaft, ätherisch; man wird an barocke Darstellungen musizierender Engel erinnert – nicht zuletzt natürlich durch deren Erwähnung im Text.

Auch der schlichte Choralsatz auf die Melodie ›Freu dich sehr, o meine Seele‹ klingt nach dem grüblerischen Beginn des Werkes versöhnlich aus.

Jesu, der du meine Seele · BWV 78

NBA I/21, 117 – AD: ca. 25 Min.

1. [Choral]: Jesu, der du meine Seele	g	3/4
2. Aria Duetto [S, A]: Wir eilen mit schwachen, doch emsigen Schritten	B	C
3. Recitativo [T]: Ach! ich bin ein Kind der Sünden	d–c	C
4. Aria [T]: Das Blut, so meine Schuld durchstreicht	g	6/8
5. Recitativo [B]: Die Wunden, Nägel, Kron und Grab	Es–f	C
6. Aria [B]: Nun du wirst mein Gewissen stillen	c	C
7. Choral: Herr, ich glaube, hilf mir Schwachen	g	C

Der Kantate, die Bach im Rahmen des Choralkantaten-Jahrgangs am 10. September 1724 erstmals aufgeführt hat, liegt das 12-strophige Lied von Johann Rist (1641) zugrunde. Der unbekannte Librettist hat die Anfangs- und Schlußstrophe im Wortlaut beibehalten und die übrigen Strophen zu madrigalischer Dichtung umgeformt, dabei jedoch in den Rezitativen einige Liedzeilen wörtlich übernommen:

Strophe 3, Zeile 1–2 wird Beginn des Satzes 3
Strophe 4, Zeile 5–6 wird Zeile 7–8 des Satzes 3
Strophe 5, Zeile 7–8 wird Ende des Satzes 3
Strophe 10, Zeile 5–8 wird Ende des Satzes 5

Daß die Umformung in madrigalische Dichtung inhaltlich zwar streng, formal aber oft recht frei gehandhabt wurde, folgt notwendigerweise aus der großen Strophenzahl des Liedes. So liegt nur den Sätzen 2 und 6 je eine Strophe zugrunde (2 und 11), Satz 3 dagegen Strophe 3–5, Satz 4 Strophe 6–7 und Satz 5 Strophe 8–10.

Die Wahl des Liedes läßt sich aus den Lesungen des Sonntags keineswegs zwingend begründen: Ganz im Gegensatz zum Text des Vorjahres (BWV 25) wird die Krankenheilung kaum erwähnt und ausschließlich symbolisch verstanden. Den Mittelpunkt des Liedes und so auch unserer Kantate bildet der Gedanke an Jesu Passion, die den Glaubenden geheilt und das Gewissen gestillt hat. Nur an wenigen Stellen geht der Dichter über den Liedtext hinaus noch spezieller auf die Evangelienlesung ein (»Du suchest die Kranken ...«, »Der Sünden Aussatz«); die ganze zweite Kantatenhälfte weist über den Text des Sonntagsevangeliums hinaus, erweitert ihn und legt ihn aus: Die Nähe zur Predigt ist wiederum fühlbar.

Bachs Komposition ist durch ihre unmittelbare Wirkung und durch ihren Formenreichtum bemerkenswert. Dabei fällt auf, daß oft die formal besonders streng gebundenen Sätze zugleich ein Höchstmaß an Ausdruckskraft erreichen. Dies gilt zumal für den Eingangschor, der in die Form einer Passacaglia gekleidet ist. Das Thema tritt insgesamt 27 mal auf, davon zweimal in der Umkehrung und mehrfach in der Oberstimme oder in andere Tonarten (Subdominante, Dominante, Dominant- und Tonikaparallele) versetzt. Aber selbst in den bisweilen eingeschobenen, scheinbar themenfreien Takten ist der Zusammenhang mit dem Thema gewahrt: Entweder wird es durch einen charakteristischen, schon aus mehreren Themendarbietungen bekannten Kontrapunkt vertreten, oder der Themenkopf wandert in Engführung durch die Singstimmen. Ist durch die Passacagliastruktur den Instrumenten eine gewisse Zurückhaltung auferlegt – an die Stelle des konzertanten Gegen- und Miteinander tritt das variative Nacheinander –, so fällt den Singstimmen eine um so bedeutsamere Rolle zu. Statt daß die drei Unterstimmen die Choralweise des Soprans in schlichtem oder nur leicht aufgelockertem Satz begleiten (wie dies häufig geschieht), bereiten sie jeden Zeileneinsatz mit wechselnder Thematik in imitierendem Satz vor und kontrapunktieren die einzelnen Liedzeilen in ausdrucksvoller Polyphonie. Ihre Funktion ist die der Vermittlung zwischen Passacaglia und Choral: Bei aller Polyphonie ist der Unterstimmensatz Teil des Variationengerüstes und diesem thematisch verbunden; andererseits obliegt ihm jedoch auch die Ausdeutung des gesungenen Choraltextes, so daß Bach für jede Zeile ein charakteristisches, den Text ausdeutendes Imitationsthema zu erfinden bestrebt ist.

Das Passacagliathema ist eines der lapidaren Themen der Musikgeschichte und lange Zeit vor Bach nachweisbar. Es füllt den Raum einer Quarte chromatisch absteigend aus; der Ausgangston wird in der Regel als Tonika verstanden, der Endton als Dominante, die zur Tonika (dem Ausgangspunkt der Themenwiederholung) zurückleitet. Bach selbst zitiert es erstmals kurz in Versus 5 (›Hier ist das rechte Osterlamm‹) der Kantate 4 ›Christ lag in Todes Banden‹ (um 1707/1708), dann in Kantate 12 ›Weinen, Klagen‹, deren Satz 2 später als ›Crucifixus‹ der h-Moll-Messe zum bekanntesten Beispiel dieser Art werden sollte. In der hier betrachteten Kantate lautet die erste Themendarbietung:

Bewundernswert ist es, wie Bach die Formen der Passacaglia und des Chorals zu vereinen weiß und dabei den Textwendungen der einzelnen Liedzeilen ihren eigenen Ausdruck verleiht (z. B. »kräftiglich herausgerissen« durch aufwärtsstrebende Imitationsthematik, markante Rhythmik, Modulation nach F-Dur).

Besonders reizvoll und daher weithin bekannt ist das Duett (Satz 2), das dem 1. Satz mit seiner chromatisch absinkenden nun die diatonisch aufsteigende Figur entgegenstellt als Symbol des Hineilens zu Jesus. Die Continuoinstrumente malen teils in flinker Bewegung (Violoncelli), teils durch Markierung der Stütztöne (Kontrabaß) die »schwachen, doch emsigen Schritte«, mit denen die Gläubigen zu ihrem Meister eilen, recht sinnfällig aus. Auch der kanonische Beginn der beiden Singstimmen als Symbol der Nachfolge Christi hat seine Begründung im Text, desgleichen die vielfachen Wiederholungen gerade der Worte »o Jesu«, »zu dir« und die Koloraturen auf »erfreulich«.

Im folgenden Rezitativ (Satz 3) fallen die großen Intervallsprünge auf, die die Verzweiflung des Sünders malen. Von der Möglichkeit, die zahlreichen wörtlichen Liedzitate dieses Satzes auch mit der zugehörigen Choralmelodie zu verbinden, macht Bach keinen Gebrauch, wohl aber komponiert er den Satzschluß, das Zitat aus der 5. Liedstrophe, als Arioso mit höchst ausdrucksvoller Melodik und hebt es so aus dem übrigen, als Secco komponierten Satz heraus.

Mit der anschließenden Arie (Satz 4) beginnt der Hinweis auf die Tilgung unserer Schuld durch die Passion Christi. Aus den Flötenpassagen glaubt man das »Durchstreichen« der Schuld (Tonleiter) sowie das erleichterte Hüpfen des Herzens (Staccatofiguren) herauszuhören.

Das zweite Rezitativ der Kantate, Satz 5, ist besonders kunstvoll angelegt. Die pathetisch rezitierende Baßstimme und das Streicheraccompagnato erinnern an ähnliche Sätze aus Bachs Passionen; plötzliche Tempowechsel (›vivace‹, ›adagio‹, ›andante‹) und die Vortragsanweisung ›con ardore‹ (zum Vivace) erhöhen die dramatische Wirkung. Wiederum dienen weite Intervallsprünge der Singstimme als Ausdruckssteigerung (Takt 2: übermäßige Undezime). Zu dem textlichen Choralzitat am Schluß des Satzes gesellt sich dieses Mal auch die Choralmelodie des Abgesangs, jedoch in so kunstvoller Umspielung, daß es einigen Hinhörens bedarf, um sie wiederzuerkennen. Sicherlich ist dies eine der subjektivsten und expressivsten Auszierungen eines cantus firmus, die je für Singstimme geschrieben wurden.

Die letzte Arie (Satz 6) eröffnet wiederum einen andern Ausblick. Sie ist in ihrer Anlage fast ein kleines Konzert für Oboe und Vokalbaß mit Tuttieinwürfen der Streicher. Tatsächlich besteht ihr Aufbau in einem stetigen Wechsel zwischen einem Tutti-Vordersatz a, einer Solo-Fortspinnung b der Oboe und ab und zu einer Tutti-Kadenz c. Schon das 8-taktige Eingangsritornell setzt sich auf diese Weise zusammen (wobei es überrascht, daß die irreguläre Taktanzahl der Einzelglieder zur scheinbar »regulären« Achtzahl der Einleitungstakte führt):

	Tutti	–	Solo	–	Tutti	–	Solo	–	Tutti
Form:	a		b		a		b'		c
Takte:	1		2 1/2		1		2 1/2		1

Diese Gliederung bleibt den gesamten (bis Takt 32 reichenden) A-Teil hindurch erhalten und wird lediglich durch Austausch des Tuttitaktes a gegen den Solobaß, durch Vokaleinbau (32 f.) in die Sologlieder und durch Dominanttransposition variiert. Erst der (subdominantische) B-Teil ist ein wenig freier gestaltet, obgleich das Grundschema erkennbar bleibt und der Schluß dieses Teils gar als scheinbares Dacapo gebildet ist, da die Singstimme in die fast unveränderte Gesamtwiederholung des Ritornells eingebaut ist, ehe die rein instrumentale Ritornellwiederholung den Satz zum Abschluß bringt.

Ein schlicht-vierstimmiger Chorsatz führt uns zum Schluß wieder zum originalen Liedtext und zur originalen Melodie des Chorals zurück.

Wer Dank opfert, der preiset mich · BWV 17

NBA I/21, 149 – AD: ca. 19 Min.

1. [Chor]: Wer Dank opfert, der preiset mich	A	$\frac{3}{4}$
2. Recitativo [A]: Es muß die ganze Welt ein stummer Zeuge werden	fis–cis	C
3. Aria [S]: Herr, deine Güte reicht so weit	E	C
Parte seconda		
4. Recitativo [T]: Einer aber unter ihnen, da er sahe	cis–fis	C
5. Aria [T]: Welch Übermaß der Güte schenkst du mir	D	C
6. Recitativo [B]: Sieh meinen Willen an	h–cis	C
7. Choral: Wie sich ein Vatr erbarmet	A	$\frac{3}{4}$

Die Kantate gehört zu der Reihe von Werken, die formale Beziehungen zu Johann Ludwig Bachs Kantaten aufweisen (53). Inhaltlich schließt sich der Text an die Evangelienlesung des Sonntags an und betont die Dankesschuld des Menschen für die von Gott erwiesenen Wohltaten, wobei im I. Kantatenteil vornehmlich von der weltumspannenden Güte Gottes die Rede ist, deren Wohltaten allenthalben spürbar sind, während der II. Teil von der Pflicht des Christen handelt, Gott dafür zu danken. Doch seine Wohltaten, so sagt das abschließende Rezitativ, sind nur Abbilder der noch reicheren Schätze, die wir einst in der Seligkeit zu erwarten haben.

In den Text sind mancherlei Bibelworte hineinverwoben. Der Eingangssatz entstammt Psalm 50, 23. Die Worte des ersten Rezitativs »wenn ihre Ordnung als in Schnuren geht« spielen auf Psalm 19, 5 (»Ihre Schnur gehet aus in alle Lande«) an, während sich der Beginn der folgenden Arie an Psalm 36, 6 anlehnt (»Herr, deine Güte reicht, soweit der Himmel ist, und deine Wahrheit, soweit die Wolken gehen«). Das Eingangsrezitativ zum II. Teil, Lukas 17, 15–16, entstammt dem Sonntagsevangelium selbst, und das letzte Rezitativ paraphrasiert mit den Worten »Fried, Gerechtigkeit und Freud in deinem Geist« ein Bibelwort aus dem Römerbrief 14, 17 (»das Reich Gottes ist ... Gerechtigkeit und Friede und Freude in dem Heiligen Geiste«). Alle diese Anspielungen lassen uns in dem Dichter einen profunden Kenner der Bibel sehen, dessen Lobpreisungen, vom christlichen Standpunkt gesehen, freilich in einer gewissen Beschränkung auf den ersten Glaubensartikel befangen bleiben. Den Schlußchoral bildet die 3. Strophe des Liedes ›Nun lob, mein Seel, den Herren‹ von Johann Gramann (1530).

Ganz anders trägt dagegen die Musik die unverkennbaren Züge der Einmaligkeit, die Sebastian Bachs Werke aus der Dutzendware seiner Zeitgenossen (und darunter auch Johann Ludwig Bachs) herausheben. Schon die 27-taktige Einleitungssinfonie des 1. Satzes ist von eindrucksvoller Großzügigkeit der Anlage. Der danach einsetzende Chor ist in zwei gleichartige Hälften gegliedert, deren jede wiederum in sich zweiteilig aufgebaut ist. Dabei entsteht die folgende Gesamtform (Kursivdruck = Instrumentalpart):

Einleitungssinfonie a a' b
A Fugenexposition x, *Instrumente allmählich hinzutretend*
Sinfonie a' b + Choreinbau (32 f.)
Überleitung, vokal-*instrumental*
A' Fugenexposition x', *Instrumente teils selbständig, teils colla parte*
Sinfonie a b + Choreinbau

Diese thematisch einheitliche Durchgestaltung und die großflächige architektonische Anlage der reifen Vokalwerke Bachs sind das Ergebnis einer zielstrebigen Entwicklung von der motettischen Vielgliedrigkeit hin zur einheitlichen Großform.

Ein schlichtes Seccorezitativ bildet das Bindeglied zur ersten Arie (Satz 3), deren Gesangspartie wohl mit Rücksicht auf die Länge des Textes auf ein Dacapo verzichtet und dreiteilig angelegt ist. Doch wird eine formale Abrundung dadurch erzielt, daß der Schluß des dritten Teils mit der Ritornellwiederholung so kombiniert ist, daß diese zwar weitgehend den Instrumenten, teilweise aber auch dem Sopran zufällt und nur wenige Instrumentaltakte die Arie abschließen.

Der II. Kantatenteil, nach der Predigt zu musizieren, beginnt, wie bei jenem Typus üblich, mit einem Wort des Neuen Testaments, diesmal jedoch nicht mit einem als Baßsolo vertonten Jesuswort, sondern mit einem kurzen Bericht, der – seinem erzählenden Charakter entsprechend – als schlichtes »Evangelistenrezitativ« dem Tenor zufällt. Dieses knappe Secco bildet gleichsam die Einleitung zur zweiten Arie (Satz 5), gleichfalls dem Tenor zugewiesen, mit vollstimmigem Streichersatz. Sie bringt in liedhafter Melodik die Dankesschuld des Menschen Gott gegenüber zum Ausdruck; dabei sind Worte wie »Dank« und »Lob« durch ausgedehnte Koloraturen gekennzeichnet.

Auch hier verzichtet Bach aus Textgründen auf ein regelrechtes Dacapo, läßt aber den dritten Teil merklich an den ersten anklingen. Wiederum leitet ein Seccorezitativ – ariose Partien fehlen der Kantate ganz – über zum Schlußchoral, der 3. Strophe des Liedes ›Nun lob, mein Seel, den Herren‹ von Johann Gramann (1530), einem Satz, der bei aller Schlichtheit doch ein Muster Bachscher Erfindungsgabe darstellt, so z. B. in den »herbstlich« anmutenden Klängen auf »der Wind nur drüber wehet«.

Fünfzehnter Sonntag nach Trinitatis

Epistel: Gal. 5,25–6,10 (Ermahnung zum Wandel im Geist)
Evangelium: Matth. 6,24–34 (Aus der Bergpredigt: Aufforderung, nicht kleingläubig zu sorgen, sondern nach dem Reich Gottes zu trachten)

Warum betrübst du dich, mein Herz · BWV 138

NBA I/22 – AD: ca. 20 Min.

1. [Choral + Recitativo. A]: Warum betrübst du dich, mein Herz	h	C
2. Recitativo [B]: Ich bin veracht	e–e	C
3. [Choral + Recitativo. S, A]: Er kann und will dich lassen nicht	h	C
4. Recitativo [T]: Ach süßer Trost	G–D	C
5. Aria [B]: Auf Gott steht meine Zuversicht	D	3/4
6. Recitativo [A]: Ei nun! so will ich auch recht sanfte ruhn	h–h	C
7. [Choral]: Weil du mein Gott und Vater bist	h	6/8

Bachs Kantate gleicht in manchem einer Choralkantate, obgleich sie um 1 Jahr vor dem Choralkantaten-Jahrgang, nämlich zum 5. September 1723 entstanden ist und auch dem für Bach charakteristischen Textschema nicht folgt: Aus dem 14-strophigen Lied sind nur die ersten 3 Strophen verwendet, und der übrige Text korrespondiert keineswegs mit den restlichen Liedstrophen. Andererseits ist es ein und dasselbe Lied (Nürnberg 1561) – es wird zuweilen Hans Sachs zugeschrieben –, dessen

Anfangsstrophen in den Sätzen 1, 3 und 7 enthalten sind und das sich wegen seiner inhaltlichen Nähe zur Evangelienlesung als Lied dieses Sonntags wie auch des 7. Sonntags nach Trinitatis von altersher eingebürgert hatte.

Der unbekannte Textdichter hat dieses Liedgerüst auch nicht ungeschickt mit Dramatik angereichert, indem er dem Choral des Gottvertrauens die Einzelstimme der zweifelnden Sorge, dem regelmäßigen Strophenbau die madrigalische Freiheit der Rezitativdichtung (mit auffallend vielen Kurzzeilen) gegenüberstellt. So bilden die Sätze 1 bis 3 einen großen Komplex, in dem Choralzeilen ständig durch kontrastierende Rezitativeinschübe unterbrochen sind. Erst mit Satz 4 tritt der Umschwung ein: Die Aufforderung zum Gottvertrauen wird angenommen. Hier hat auch die einzige Arie dieser an Rezitativen überreichen Dichtung ihren Platz, ehe ein nochmaliges kurzes Rezitativ zum Schlußchoral, der Liedstrophe 3, führt.

Inhaltlich lehnt sich die Dichtung mehrfach an das Sonntagsevangelium an (z. B. »Gott sorget freilich vor das Vieh«), andererseits hat es der Dichter auch nicht versäumt, weitere biblische Wendungen einzuflechten, die von vagen Anklängen bis zu deutlich erkennbaren Zitaten reichen. Man vergleiche z. B. in Satz 1 »Wer wird mich noch erlösen vom Leibe dieser ... Welt« mit Römer 7, 24, in Satz 2 »wenn Seufzer meine Speise und Tränen das Getränke sein« mit Psalm 42, 4, in Satz 3 »er gibt den Vögeln seine Speise, er sättiget die jungen Raben« mit Psalm 147, 9 und endlich in Satz 4 »Wenn Gott mich nicht verlassen noch versäumen will« mit Hebräer 13, 5.

Die Bachsche Komposition ist so ungewöhnlich wie die Textgestalt. Der große Eingangskomplex mit seinem steten Wechsel von Choralzeilen und Rezitativ ist nicht nach einem einzigen Schema, sondern in freier Abfolge gestaltet. So legt z. B. die Textstruktur nahe, den Beginn als Dialog – etwa zwischen »Furcht« (Rezitativ) und »Hoffnung« (Choral) – ähnlich den Kantaten 60 (517) und 66/4–5 (241 f.) zu komponieren. Aber indem Bach die Rezitativpartien bald dem Alt (Satz 1), bald dem Baß (Satz 2), bald dem Sopran und endlich wieder dem Alt zuweist, verzichtet er auf die dramatische Gegenüberstellung eines einzigen Solisten und des Choralchores. Hinzu kommt, daß auch die Choralpartien keinen geschlossenen Kontrast zu den rezitativischen Soloteilen bilden; sondern jeder Choraleinwurf ist unterschiedlich aufgebaut.

Faßt man die Sätze 1–3 als einen Gesamtkomplex auf, innerhalb dessen Choral und Rezitativ miteinander abwechseln, so ergibt sich folgender Aufbau, wobei wir ohne Rücksicht auf engere formale Entsprechungen die Choralpartien mit A, A' usw., die Rezitativpartien mit B, B' usw. bezeichnen:

Satz 1

A Choralstrophe 1, Zeilen 1–3. Jede Zeile in der Abfolge:
- Eigenthematische Streichereinleitung (+ Continuo) a
- Hinzutreten der 2 Oboi d'amore, Ob. I mit der jeweiligen Choralzeile b, Ob. II mit chromatisch absinkendem Lamento-Motiv c
- Einsatz des (Solo-)Tenors mit dem jeweiligen Choraltext als Arioso, Thematik a in Tenor und Oboen, Streicher begleitend
- Einsatz des Chores mit der jeweiligen Choralzeile, Liedweise im Sopran, schlichter, vollstimmiger Satz, Thematik c im (etwas bewegteren) Vokalbaß

B Streicherbegleitetes Alt-Rezitativ, Zäsuren durch Oboenfiguration überbrückt

A' Choralstrophe 1, Zeilen 4–5 in schlichtem, vollstimmigem Satz bei etwas bewegterem Baß; keine Lamento-Thematik (Text!)

Satz 2

B' Continuobegleitetes Baß-Rezitativ (Secco)

Satz 3

A'' Choralstrophe 2, Zeilen 1–3, in schlichtem vierstimmigem Satz (Chor + Streicher) mit kurzen Zeilenzwischenspielen (Oboen + Streicher)

B'' Streicherbegleitetes Sopran-Rezitativ

A''' Choralstrophe 2, Zeilen 4–5, in imitatorischem Chorsatz (+ Instrumente) über Thematik der Choralzeile 4. Fünfstimmiger Satz: Violine I selbständig geführt.

B''' Continuobegleitetes Alt-Rezitativ (Secco)

A''' Wiederholung der Choralstrophe 2, Zeilen 4–5 (wie oben)

Auch Satz 4 und 5 gehen unmittelbar ineinander über: Auf ein Seccorezitativ folgt die liedhaft-tänzerische Baß-Arie mit Streicherbegleitung, innerhalb deren die Violine I mit häufiger Sechzehntelfiguration dominiert. Der (textbedingte) Kontrast zum voraufgehenden Satzkomplex ist offensichtlich.

Wenige Seccorezitativ-Takte leiten über zum Schlußchoral, dessen schlichter, leicht polyphon aufgelockerter Chorsatz zeilenweise in einen eigenthematischen Orchestersatz eingefügt ist.

Was Gott tut, das ist wohlgetan · BWV 99

NBA I/22 – AD: ca. 21 Min.

1. [Choral]: Was Gott tut, das ist wohlgetan	G	C
2. Recitativo [B]: Sein Wort der Wahrheit stehet fest	h–h	C
3. Aria [T]: Erschüttre dich nur nicht, verzagte Seele	e	3/8
4. Recitativo [A]: Nun, der von Ewigkeit geschlossne Bund	h–D	C
5. Aria Duetto [S, A]: Wenn des Kreuzes Bitterkeiten	h	C
6. Choral: Was Gott tut, das ist wohlgetan	G	C

Bach schrieb diese Choralkantate (44 f.) zum 17. September 1724. Zugrunde liegt das bekannte Lied von Samuel Rodigast (1674), das sich ähnlich wie das im Vorjahr verwendete ›Warum betrübst du dich, mein Herz‹ (439 f.) leicht zu den Ermahnungen der Bergpredigt aus dem Sonntagsevangelium in Beziehung setzen läßt. Die Rahmenstrophen 1 und 6 sind wie üblich beibehalten worden, während die vier Binnenstrophen zu je einem madrigalischen Kantatensatz umgedichtet wurden. Der unbekannte Textverfasser spielt in Satz 4 mit den Worten »und haben alle Tage gleich ihre eigne Plage« (vgl. Matth. 6, 34) unmittelbar auf das Sonntagsevangelium an und folgt im übrigen dem Gedankengang der Liedstrophen ziemlich getreu – in Satz 2 sogar mit Beibehaltung fast sämtlicher Reime –; auffällig ist lediglich, daß er mehrfach einen Hinweis auf das »Kreuz« einflicht, das Gott dem Menschen auferlegt, so in Satz 3 (»wenn dir der Kreuzeskelch so bitter schmeckt«) und zweimal in Satz 5 (»des Kreuzes Bitterkeiten«, »Wer das Kreuz ... vor unerträglich schätzet«). Dadurch erhält der Gedankengang des Kantatentextes noch stärker als Evangelium und Lied einen Hinweis auf die Leiden, die dem Christen in dieser Welt – so wie einst Christus selbst – auferlegt sind.

Der Eingangschor hat ausgesprochen konzerthaften Charakter. Die Streicher tragen ein selbständiges, jedoch aus dem Anfang des Chorals abgeleitetes Thema vor. Nach einer Kadenz in Takt 16 beginnt dann ein continuobegleitetes Concertino aus Querflöte, Oboe d'amore und Violine 1 mit der Wiederholung des Themenkopfes in der Oboe und kontrapunktierender Sechzehntelfiguration der Flöte. Ihm gesellt sich nach 3 Takten der Chor hinzu, wobei der Sopran (+ Horn) die Melodie zeilenweise in langen Notenwerten (Grundwert: Halbe) vorträgt und die drei Unterstimmen in bewegterem, jedoch überwiegend akkordlichem Satz (Viertel und Achtel) begleiten. Erst das folgende Zwischenspiel vereinigt dann Streicher und Bläser zu wechselndem Konzertieren. Während dieser Komplex des 1. Liedstollens als 2. Stollen wiederholt wird, bringt der Abgesang neue Gruppierungen: Träger des mit Tutti-Funktion ausgestatteten Abschnitts sind nun nicht mehr allein die Streicher, sondern Streicher + Bläser (also ein wirkliches instrumentales Tutti), und die Flöte tritt ihre Funktion figurativen Konzertierens gelegentlich auch an die Oboe ab. Darum ist auch das instrumentale Nachspiel ungewöhnlicherweise nicht identisch mit dem Eingangsritornell: Die sukzessive Anordnung Streicher – Soli ist aufgegeben, statt ihrer sind bereits Concertino-Partien in den Tutti-Komplex eingefügt.

Satz 2 ist ein schlichtes, continuobegleitetes Seccorezitativ, ausklingend in eine weitläufige, ariose Koloratur auf das Wort »wenden«.

Die folgende Arie (Satz 3) gibt unserm Verdacht, Bach habe Ende 1724 über einen besonders fähigen Flötisten verfügt (50), neue Nahrung. Die Themenbildung ist offensichtlich schon im Eingangsritornell vom Text bestimmt. Zwar läuft die Fortspinnung in figurativer Zweiunddreißigstelbewegung dahin; der Vordersatz jedoch malt sinnfällig die *Erschütterung* der *verzagten* Seele durch ein Schüttelmotiv und nachfolgende Chromatik, gibt also ein getreues Abbild der im Text erwähnten Affekte, ungeachtet der Mahnung des Textes »Erschüttre dich nur *nicht*, verzagte Seele«:

Flauto traverso

Beachtenswert ist auch der volltaktige Beginn, der beim Einsetzen der Singstimme zu der anscheinend aus Gründen der

Textinterpretation beabsichtigt regelwidrigen Betonung »Érschüttre« führt.

Satz 4 ist offensichtlich in Entsprechung zu Satz 2 entworfen, wiederum als continuobegleitetes Secco, arios ausklingend auf das Schlußwort »erscheinet«.

In welchem Maße Bach die Flöte in unserer Kantate bevorzugt, wird deutlich an der Tatsache, daß dieses Instrument nach seiner konzertanten Rolle im Eingangschor, nach seiner solistischen Verwendung in der Tenor-Arie nunmehr auch noch im Duett (Satz 5) neben der Oboe d'amore einen Solopart zugewiesen erhält, während die Streicher allein in den Ecksätzen herangezogen werden. Bach formt zunächst aus beiden Holzbläserpartien und begleitendem Continuo einen Triosatz als Ritornell, der beim (themengleichen) Einsatz der Singstimmen zum Quintettsatz erweitert wird. Wie in vielen Duetten Bachs, so hat sich auch in diesem Satz noch etwas von der Reihenstruktur der Motette erhalten, nach der auch die Duette Agostino Steffanis geformt waren, die der Bachzeit als klassisch galten: Der B-Teil unseres Satzes bringt ein neues Thema, und eine formale Abrundung wird, da ein Dacapo nicht vorgesehen ist, durch ein instrumentales Zitat aus dem A-Teil innerhalb des B-Teils sowie durch abschließende Wiederkehr des einleitenden Instrumentalritornells erzielt.

Ein schlichter Chorsatz auf die 6. Liedstrophe beendet die Kantate.

Jauchzet Gott in allen Landen · BWV 51

NBA I/22 – AD: ca. 20 Min.

1. [Aria. S]: Jauchzet Gott in allen Landen	C	C
2. Recitativo [S]: Wir beten zu dem Tempel an	a–a	C
3. Aria [S]: Höchster, mache deine Güte	a	12/8
4. Chorale [S]: Sei Lob und Preis mit Ehren	C	3/4
5. [Finale. S]: Alleluja	C	2/4

Als Bach im Jahre 1726 den dritten der uns erhaltenen Leipziger Kantatenjahrgänge komponierte, fiel der 15. Sonntag nach Trinitatis mit dem Michaelisfest (29. September) zusammen. Für diesen Tag entstand die Michaeliskantate BWV 19 (570).

Die Kantate ›Jauchzet Gott in allen Landen‹ ist dagegen einige Jahre später komponiert worden, höchstwahrscheinlich zum 17. September 1730, um die noch für den Sonntag des Kirchenjahres verbliebene Lücke im Jahrgang zu schließen.

Auffällig ist freilich, daß der Text kaum mit den Lesungen des Tages in Zusammenhang gebracht werden kann, weshalb Bach auch den Titel auf dem Umschlag des Aufführungsmaterials mit dem Zusatz »et In ogni Tempo« versehen hat. Gab es etwa an jenem Tage 1730 einen besonderen Anlaß zu feiern? Gewiß, einige Verbindungen zur Evangelienlesung lassen sich herstellen. So mögen z. B. die Worte des 1. Satzes »daß er uns in Kreuz und Not allezeit hat beigestanden« mit Bezug auf Matthäus 6, 30 gewählt worden sein (»sollte er das nicht viel mehr euch tun, o ihr Kleingläubigen«) und »mache deine Güte ferner alle Morgen neu« (Satz 3) könnte auf Matthäus 6, 34 zielen (»der morgende Tag wird für das Seine sorgen«). Insgesamt aber ist der Text ein jubelnder Lobpreis und Dank für Gottes Beistand, verbunden mit der Bitte um künftige Treue. Dabei wird mit den Worten »Wir beten zu dem Tempel an, da Gottes Ehre wohnet« (Satz 2) auf Psalm 138, 2 sowie 26, 8 angespielt, und der Hinweis, daß Gottes Treue – bzw. Güte – »täglich neu« sei (Satz 2) bzw. »alle Morgen neu« werden möge (Satz 3), deutet auf Klagelieder 3, 22–23 (»Die Güte des Herrn ... ist alle Morgen neu, und deine Treue ist groß«). Den Schluß bildet die Zusatzstrophe (Königsberg 1549) zu Johann Gramanns Lied ›Nun lob, mein Seel, den Herren‹, der ein »Alleluja« angehängt ist.

Bachs Komposition ist weithin bekannt und bedarf kaum eingehender Erklärung. Als echte »Cantata« verlangt sie als Gesangsstimme durchweg nur einen Solosopran, an Instrumenten eine Trompete (ein Arrangement Friedemann Bachs fügt noch eine zweite Trompete und Pauken hinzu), Streicher und Continuo. Diese Instrumentalbesetzung ist in Bachs Kantaten einmalig, findet sich jedoch bei italienischen Meistern wie z. B. Alessandro Scarlatti häufiger. Die Sopranpartie ist recht virtuos und erstaunlich hoch geführt (bis zum dreigestrichenen *c*); offenbar hatte Bach damals einen fähigen Sänger zur Verfügung (an einen weiblichen Sopran wird man wohl in dem konservativen Leipzig kaum denken dürfen). Auch dem Trompeter wird ein erhebliches Können abverlangt; doch dessen Part war gewiß bei dem Senior der Leipziger Ratsmusiker, Gottfried Reiche (1667–1734), in guten Händen. Dieses Eindringen virtuoser Elemente ist ein Merkmal der späteren Kantaten Bachs.

Der Eingangssatz weist unverkennbare Ähnlichkeit mit der Form des Instrumentalkonzerts auf. Die Solisten – Sopran, Trompete und bisweilen auch Violine 1 – ergehen sich in weitgespannten Koloraturen, werden aber immer wieder unterbrochen oder auch begleitet durch motivische Tutti-Einwürfe aus dem Ritornell, wobei der Themenkopf, ein gebrochener Dreiklang, außer in der Grundtonart C auch in der Dominante G, den Paralleltonarten a, e und der Wechseldominantparallele h erklingt. Dadurch erhält der ganze Satz trotz seiner textlichen Weitläufigkeit (8 Zeilen, von denen 7 auf den Mittelteil entfallen) eine hervorstechende thematische Einheitlichkeit.

Das einzige Rezitativ der Kantate (Satz 2) ist zweigeteilt. Es beginnt als streicherbegleitetes Accompagnato (a); doch sind die beiden Schlußzeilen des Textes (»Muß gleich der schwache Mund ...«) zu einem eigenen zweiten Teil geweitet, einem nur noch vom Continuo begleiteten Arioso, das in sich wiederum zweigliedrig geformt ist (b b').

Die zweite Arie (Satz 3) ist wie das voraufgehende Arioso Continuosatz und durch quasi-ostinate Baßfiguren geprägt, über die sich die Sopranstimme in ausdrucksvollen Koloraturen spannt: Ähnlich wie in der ersten Arie verleiht auch hier eine gleichbleibende Instrumentalthematik dem Satz mit seiner frei schweifenden Gesangsmelodie einen einheitlichen Charakter.

Der Schlußchoral wird nicht wie üblich als schlichter Chorsatz vorgetragen; sondern die vom Sopran unverziert gesungene Liedweise ist in einen instrumentalen Triosatz von 2 Soloviolinen und Continuo eingefügt. Ihr folgt ein fugiertes »Alleluja«, das in seiner virtuosen Singstimmenbehandlung die Kantate zu einer begeisternden Schlußsteigerung führt. So vereint dieses Werk bei all seiner Knappheit der Form fünf charakteristische Satzprinzipien des Barock: Konzert (Satz 1), Monodie (Satz 2), Ostinatovariation (Satz 3), Choralbearbeitung (Satz 4) und Fuge (Satz 5).

Sechzehnter Sonntag nach Trinitatis

Epistel: Eph. 3,13–21 (Paulus betet für die Stärkung des Glaubens der Gemeinde in Ephesus)

Evangelium: Luk. 7,11–17 (Auferweckung des Jünglings zu Nain)

Komm, du süße Todesstunde · BWV 161

NBA I/23 – AD: ca. 19 Min.

1. Aria [A]: Komm, du süße Todesstunde	C/Es[1]	C
2. Recitativo [T]: Welt, deine Lust ist Last	a–C/c–Es	C
3. Aria [T]: Mein Verlangen ist, den Heiland zu umfangen	a/c	$\frac{3}{4}$
4. Recitativo [A]: Der Schluß ist schon gemacht	C–C/Es–Es	C
5. Chor: Wenn es meines Gottes Wille	C/Es	$\frac{3}{8}$
6. Choral: Der Leib zwar in der Erden	e/g	C

Bachs Kantate 161 ist in Weimar entstanden und wurde am 6. Oktober 1715 zum ersten Mal aufgeführt. Den Text dichtete Salomon Franck (26f.), dessen Kantatenjahrgang ›Evangelisches Andachts-Opffer‹ speziell für die Kirchenmusik des Jahres 1715 in der Weimarer Schloßkapelle bestimmt war.

Wie vielfach in den Auslegungen der Bachzeit dient die Lesung vom Jüngling zu Nain als Anlaß zum Ausdruck höchster Todessehnsucht. Die Auferweckung eines Toten durch Jesus wird nicht unreflektiert als lebensbejahend aufgefaßt, sondern als Gleichnis: Auch mich wird Jesus einst auferwecken, und darum kann ich mir nichts besseres wünschen als einen baldigen Tod, der mich der erhofften Auferstehung näherbringt.

Doch nicht nur der Grundgedanke, auch die Einzelzüge der Poesie berühren, wenngleich sich ihre dichterische Qualität weit über die Alltagsware der Zeit erhebt, dennoch den heutigen Hörer oft fremdartig. Das Prunken mit Gelehrsamkeit, ein Charakteristikum der Predigt dieser Epoche, hat auch in die geistliche Dichtung Eingang gefunden; und wenn Franck in

1 Die zuerst genannten Tonarten beziehen sich auf Chorton (in Leipzig: Kammerton), die folgenden auf Kammerton (Weimarer Stimmung).

der Eingangsarie das Bild vom Geist verwendet, der »Honig speist aus des Löwen Munde«, so wird vom bibelfesten Hörer erwartet, daß er sich an Richter 14 erinnert, jene Erzählung, in der Simson einen Löwen erschlägt und nach einigen Tagen entdeckt, daß sich ein Bienenschwarm in dem Aas eingenistet hat; und Simson ißt von dem Honig. Wie aus dem toten Löwen, so will Franck sagen, süße Nahrung kommt, so wird sich auch mein eigener Tod in Wahrheit als süß und lebensspendend erweisen. Der Schluß des 2. Satzes enthält eine Anspielung auf Philipper 1, 23 (»ich habe Lust abzuscheiden und bei Christo zu sein«), ein Gedanke der auch in Satz 3 wiederaufgenommen wird. Bezeichnend für Franck sind ferner Wortspiele wie »deine Lust ist Last« (Satz 2), desgleichen die Freude am Gegensatz: »dein Freudenlicht ist mein Komete [Komet = Unheilszeichen], und wo man deine Rosen bricht, sind Dornen ohne Zahl« (ebenda). Bei alledem ist Francks Dichtung ein tiefempfundenes persönliches Bekenntnis der Jesussehnsucht und ein Beweis für die im Gefolge des Pietismus erwachte Frömmigkeit auch derer, die sich selbst nicht als ausgesprochene Pietisten verstanden.

Bachs Komposition ist von unbeschreiblichem Reiz. Ähnlich dem ›Actus tragicus‹ (612) ist der Klang zweier Blockflöten charakteristisch für die »stillen«, verinnerlichten Töne, die hier vorherrschen. Zu den Blockflöten tritt diesmal ein vollständiges Streicherensemble. Wie in den Kantaten 80a und 185 desselben Jahrgangs faßt Bach das Werk in einer Bogenform zusammen, indem er die Melodie des Schlußchorals, der 4. Strophe des Liedes ›Herzlich tut mich verlangen‹ von Christoph Knoll (1611), bereits in der Eingangsarie von der Orgel zum Gesang des Alts vortragen läßt (bei einer Leipziger Wiederaufführung scheint an die Stelle des textlosen Zitats der Gesang der 1. Strophe des Liedes durch den Sopran getreten zu sein). Ja, auch die Themenerfindung erweist sich in den Sätzen 1, 3 und andeutungsweise auch in Satz 5 als Ableitung aus der Choralmelodie, die dadurch zum beherrschenden »Thema« der gesamten Kantate wird. Von seiner Urgestalt entfernen sich die Sätze 1 bis 5 variationenartig immer weiter, um sie dann im Schlußsatz 6 wieder unverändert erklingen zu lassen. Man vergleiche den jeweils 1. Einsatz innerhalb des Satzes:

Satz 1
Organo
(Soprano)

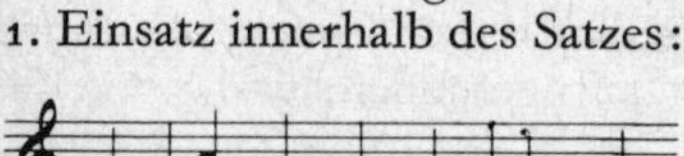

Satz 1
Alto

Satz 3
Tenore

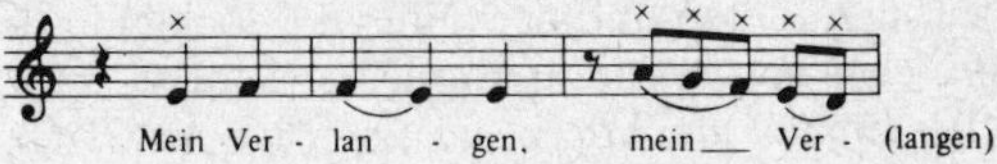

Satz 5
Soprano

Die Eingangsarie beginnt mit einem Ritornell der beiden meist parallelgeführten Blockflöten (in Leipzig wohl Querflöten) zu begleitendem Continuo. Mit dem Einsatz der Altstimme, zu der später die Orgel mit dem Choral hinzutritt (bzw. in Leipzig der Sopran) steigert sich die Stimmigkeit vom Triosatz zum kunstvollen Quintettsatz, dessen Kontrastwirkung – der individuell geformten Gesangsmelodie steht die objektive Form der vorgegebenen Choralweise gegenüber – schon etwas von dem Eindruck vorwegnimmt, den der 14 Jahre später entstandene Eröffnungschor der Matthäus-Passion auf den Hörer ausübt.

Das Tenor-Rezitativ (Satz 2) zeigt die für den frühen Bach vielfach typische Form des Secco mit ariosem Ausklang, – eine Anlage, die speziell in diesem Satz durch den Text motiviert erscheint, der in die oben erwähnte Bibelwortparaphrase mündet.

Satz 3, eine Tenor-Arie mit vollstimmigem Streichersatz, greift nochmals den Affekt der Eingangsarie, das Todesverlangen und die Sehnsucht nach der Vereinigung mit Christus auf, setzt aber der fließenden Melodik des 1. Satzes rhythmische Impulse entgegen: Die Bewegtheit des Dreiertaktes, zunächst in Synkopen gestaut (»Verlangen«), dann in Achteln frei dahinströmend (»den Heiland zu umfangen«) erweist sich als textgezeugt. Der Arienmittelteil tritt durch seinen weithin nur continuobegleiteten Satz hinter dem umrahmenden Hauptteil zurück; doch wird das »verlangende« Kopfmotiv auch hier in den Streicher-Einwürfen beibehalten.

Besondere Sorgfalt hat Bach auf die Komposition des nun folgenden Alt-Rezitativs gewendet. Die Begleitung des vollen Instrumentariums der Blockflöten und Streicher bildet nacheinander die markanten Textgedanken ab, den sanften Schlaf (absteigende Skalenbewegung in Alt, Continuo und Flöten zu Haltetönen der Streicher), die Auferweckung durch Jesus (Sechzehntelbewegung) und endlich das Schlagen des Todesglöckleins in den Flöten und der tieferen Glocken in den Pizzicati der Streicher mit Bevorzugung leerer Saiten.

Satz 5, bei Franck als Arie bezeichnet, ist von Bach in vierstimmigem Chorsatz komponiert worden, wobei man sich freilich einen denkbar kleinen Chor vorzustellen hat, vielleicht gar 4 Solisten. Das Instrumentalritornell mit den absinkenden Seufzerfiguren der Flöten ist deutlich aus dem Thema der Eingangsarie abgeleitet, nun aber in die bewegte Freude der bevorstehenden Vereinigung mit Jesus gewandelt (Dreiertakt). Der Satz ist homophon und liedhaft; auf die Steigerung der Begeisterung im Verlaufe des Satzes hat schon Arnold Schering hingewiesen. Der Textschluß – »Dieses sei mein letztes Wort« – verbietet ein textliches Dacapo: Der mit 8 Zeilen verhältnismäßig lange Text wird mit einigen Wiederholungen, aber ohne Rückgriffe auf frühere Teile der musikalischen Form A B B' A' unterlegt.

Der schlichte Chorsatz des Schlußchorals wird durch selbständige Unisonoführung der beiden Flöten zur Fünfstimmigkeit gesteigert; ihr lebhafter Kontrapunkt setzt der alten, ernsten phrygischen Melodie ein unerwartetes Glanzlicht auf, ein Sinnbild für das verklärte Leuchten des auferstandenen Leibes, von dem der Text spricht.

Christus, der ist mein Leben · BWV 95

NBA I/23 – AD: ca. 21 Min.

1. [Choral + Recitativo. T; Choral]: Christus, der ist mein Leben – Mit Freuden, ja mit Herzenslust – Mit Fried und Freud ich fahr dahin	G, G–g, g	$\frac{3}{4}$ / C, ¢
2. Recitativo [S]: Nun, falsche Welt	d–h	C
3. Chorale [S]: Valet will ich dir geben	D	$\frac{3}{4}$
4. Recitativo [T]: Ach könnte mir doch bald so wohl geschehn	h–A	C

5. ARIA [T]: Ach schlage doch bald, selge Stunde — D $\frac{3}{4}$
6. RECITATIVO [B]: Denn ich weiß dies — h–G C
7. CHORAL: Weil du vom Tod erstanden bist — G C

Die Kantate ist in Bachs erstem Leipziger Jahr entstanden und erlebte am 12. September 1723 ihre erste Aufführung. Wie Salomon Franck in Kantate 161, so hat auch der unbekannte Textdichter dieser Kantate die Evangelienlesung zum Anlaß genommen, seiner Todessehnsucht und Weltverachtung Ausdruck zu geben. Obwohl er dabei – gleich Franck – auf den Jüngling zu Nain nicht ausdrücklich anspielt, so macht doch das letzte Rezitativ (Satz 6), das die Begründung für den Sterbenswunsch enthält, den Zusammenhang hinreichend deutlich: »Denn ich weiß ..., daß ich aus meinem Grabe ganz einen sichern Zugang zu dem Vater habe ... So kann ich nun mit frohen Sinnen mein selig Auferstehn auf meinen Heiland gründen«: Jesus wird, so meint demnach der Dichter, wie damals den Jüngling zu Nain, so einst auch mich auferwecken.

Auffällig und in dieser Anordnung ungewöhnlich ist die Vielzahl der in den Text eingeflochtenen Choralstrophen. Ähnlich wie in der nur eine Woche vorher uraufgeführten Kantate 138 bilden die drei Anfangssätze einen eng zusammenhängenden Komplex von drei Choralsätzen, die durch rezitativische Überleitungen miteinander verbunden sind; doch hat der Librettist dieses Mal nicht mehrere Strophen desselben Liedes, sondern die Eingangsstrophen aus drei verschiedenen Chorälen gewählt: ›Christus, der ist mein Leben‹ (Jena 1609), ›Mit Fried und Freud ich fahr dahin‹ (Martin Luther 1524, nach Lukas 2, 29–32) und ›Valet will ich dir geben‹ (Valerius Herberger 1613). Den Schluß der Kantate bildet die 4. Strophe des Liedes ›Wenn mein Stündlein vorhanden ist‹ von Nikolaus Herman (1560), so daß die Kantate insgesamt nicht weniger als vier Choralstrophen enthält.

Der Eingangssatz beginnt mit einem Ritornell des Orchesters – 2 Oboi d'amore, Streicher, Continuo –, in dem das (choralunabhängige) Themenmaterial des Anfangsteils exponiert wird: eine innige, synkopisch rhythmisierte, terzen- und sextenreiche Melodik der Todessehnsucht. Eingefügt in den Orchestersatz ist der schlicht-vierstimmige, vom Chor mit Verstärkung eines Horns vorgetragene Choral. Die Dehnung der Verszeile »Sterben ist mein Gewinn« scheint auf eine alte Leipziger Tradition zurückzugehen; denn ähnliches wird in einer Johann Hermann Schein zugeschriebenen Eintragung in dessen ›Leipziger Cantional‹ (1627) zu dem Liede ›Ich hab mein Sach Gott heimgestellt‹ über die »Herrn Cantores« berichtet:

> Wenn sie nun auf den 10. Versicul ... kommen, da singen sie adagio mit einem sehr langsamen Tactu, weiln in solchen versiculis verba emphatica enthalten, nemlich Sterbn ist mein Gwinn.

Das anschließende Tenorsolo, wechselnd zwischen Arioso und Seccorezitativ, ist durch motivische Einwürfe der Instrumente mit dem Eingangschoral thematisch verbunden. Danach setzt unvermittelt ›allegro‹ der zweite Choralsatz ein mit thematischer Vorimitation jeder Verszeile durch Horn (die verbreitete Behauptung, es handele sich um einen Zinken, beruht auf einem Lesefehler) und Oboi d'amore, anschließend in schlichtem Chorsatz, der durch selbständige Führung der Violine 1 zur Fünfstimmigkeit erweitert wird (die übrigen Instrumente gehen mit den Singstimmen). Wieder folgt ein Seccorezitativ (Satz 2), dieses Mal nur vom Continuo begleitet und ohne ariose Einschübe, einmündend in den dritten Choral (Satz 3), dessen unverzierte Melodie vom Sopran allein vorgetragen wird, und zwar die 1. Liedzeile nur mit Begleitung des Continuo (Ostinatomotivik), danach treten die unisono geführten Oboen mit einer Obligatmelodie hinzu, die dem Satz Ariencharakter verleiht.

Auf diesen Eingangskomplex folgt, eingerahmt durch je ein Seccorezitativ, die einzige Arie der Kantate (Satz 5), ein Satz von ergreifender Schönheit. Die instrumentale Führung liegt bei den Oboen; die Begleitfiguren der gezupften Streicher imitieren das Geläut der Sterbeglocken. Der eigenartige Kontrast der ruhigen Oboenmelodie mit ihren Echoeffekten und der lebhaften Gesangspartie gibt der Arie den Reiz des Ungewöhnlichen, der durch die spannungsvolle Harmonik erhöht wird.

Wie ›Mit Fried und Freud‹ aus Satz 1 ist auch der schlichte Chorsatz des Schlußchorals zur Fünfstimmigkeit erweitert durch eine hoch oben schwebende Obligatstimme der 1. Violine, ein Sinnbild der Jesussehnsucht, die das ganze Werk durchzieht.

Liebster Gott, wenn werd ich sterben · BWV 8

NBA I/23 – AD: ca. 23 Min.

1. [Choral]: Liebster Gott, wenn werd ich sterben	E/D[2]	12/8
2. Aria [T]: Was willst du dich, mein Geist, entsetzen	cis/h	3/4
3. Recitativo [A]: Zwar fühlt mein schwaches Herz	gis–A/fis–G	C
4. Aria [B]: Doch weichet, ihr tollen, vergeblichen Sorgen	A/G	12/8
5. Recitativo [S]: Behalte nur, o Welt, das Meine	fis–gis/e–fis	C
6. Choral: Herrscher über Tod und Leben	E/D	C

Wie alle Bachschen Kantaten zu diesem Sonntag nimmt auch ›Liebster Gott, wenn werd ich sterben‹ den Evangelienbericht von der Auferweckung des Jünglings zu Nain als Anlaß zu Gedanken über den eigenen Tod. Anders jedoch als in den zuvor entstandenen, oben betrachteten Werken BWV 161 und 95 steht zu Beginn der Kantate nicht der Wunsch nach einer baldigen Vereinigung mit Jesus, sondern vielmehr die bange Frage nach dem Sterben, das mir als »des alten Adams Erben« meine Sündhaftigkeit zum Bewußtsein bringt (Satz 1 bis 3). Doch werden alle Sorgen verworfen mit dem Hinweis auf Jesus (Satz 4) und Gottes Treue, die ja »alle Morgen neu« wird (einer der zahlreichen Anspielungen auf Klagelieder 3, 23 innerhalb des Bachschen Kantatenwerks).

Der unbekannte Textverfasser hat das Lied von Caspar Neumann (vor 1697) als Grundlage benutzt und dessen Rahmenstrophen 1 und 5 im Wortlaut beibehalten (Satz 1, 6). Die 2. und 3. Strophe wurden zu den Kantatensätzen 2 und 3 umgedichtet, während Strophe 4 in ihren Anfangszeilen für Satz 4, im übrigen aber für Satz 5 als Vorlage gedient hat. Obwohl der Dichter besonders für die zuletzt genannten Sätze den Text durch eigene Zutaten »strecken« mußte, hat er sich dabei doch fast ausschließlich an den Gedankengang des Liedes gehalten. Allenfalls läßt sich in den Worten »Mich rufet mein Jesus, wer sollte nicht gehn« (Satz 4) – statt Neumanns »Sollt ich nicht zu Jesu gehn« –

2 Die zuerst genannten Tonarten beziehen sich auf die Originalfassung von 1724, die folgenden auf eine Wiederaufführung in den 1740er Jahren.

ein Hinweis auf die Jesusworte des Evangeliums »ich sage dir, stehe auf!« (Luk. 7, 14) sehen.

Bachs Komposition ist – in E-Dur – am 24. September 1724 erstmals aufgeführt worden; sie gehört also dem Jahrgang der Choralkantaten (44ff.) an. Zu einer Wiederaufführung in den 1740er Jahren hat Bach eine Transposition des Werkes nach D-Dur vorgenommen.

Der Eingangschor führt dem Hörer in großartiger Vision die Stunde des Todes vor Augen. Träger der eigenthematischen Entwicklung innerhalb des Instrumentalsatzes sind 2 Oboi d'amore, die mit ausdrucksvoller Melodik die bange Frage nach der Todesstunde unterstreichen, während die übrigen Instrumente in naturalistischer Weise den Klang der Sterbeglocken nachahmen, die gezupften Streicher in tiefer Lage, eine Querflöte (ursprünglich hohe Blockflöte?) in extremer Höhe. Die Liedmelodie wird zeilenweise vom Sopran vorgetragen, verstärkt durch ein mitgehendes Horn, und von den übrigen Singstimmen in akkordlichem oder leicht polyphon aufgelockertem Satz unterbaut. Die Melodie, einst eine Auftragskomposition des Leipziger Nikolaiorganisten Daniel Vetter zum Begräbnis des Kantors Jakob Wilisius, war wohl besonders in Leipzig bekanntgeworden; Bach dürfte sie Vetters Choralbuch ›Kirch- und Haus-Ergötzlichkeit‹ (Teil II, Leipzig 1713) entnommen haben. Ihre Expressivität, ein Zeugnis für das Aufkommen des Pietismus in dieser Zeit, unterscheidet sich merklich von den sonst vorzugsweise in den Choralkantaten verwendeten Kernliedern aus der Zeit Luthers und der Orthodoxie.

Die vier madrigalischen Mittelsätze gliedern sich ihrem Textinhalt wie ihrem musikalischen »Affekt« nach in zwei kontrastierende Doppelglieder Arie – Rezitativ, deren erstes der bangen Sorge um den Tod Ausdruck gibt, das zweite dagegen dem Trost durch die Gewißheit der Treue Gottes. Während in den gezupften Continuonoten der Tenor-Arie noch die Sterbeglocken des Eingangssatzes nachklingen, entfaltet eine obligate Oboe d'amore eine ausdrucksvolle Melodie. Anschaulich hat Bach in der motivischen Verkürzung des Kopfmotivs (Takt 1) bei dessen Wiederholung (Takt 2) und andeutungsweise noch ein weiteres Mal (Takt 3) die wachsende Unruhe eingefangen, die den Geist beim Gedanken an den Tod befällt:

Oboe d'amore
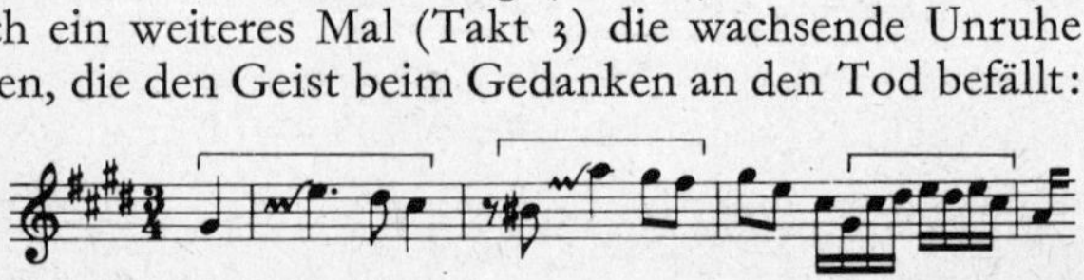

Bange Fragen enthält auch das folgende, von Streichern begleitete Alt-Rezitativ; die beiden Kadenzen sind daher als »Phrygischer Schluß« angelegt, der durch seine (innerhalb des Dur-Moll-Systems) dominantische (Halbschluß-)Wirkung bei ansteigender Oberstimme von Bach mit Vorliebe als Frageformel verwendet wird.

In der Baß-Arie (Satz 4) klingen dagegen ganz andere Töne auf. Die Todesangst ist überwunden, und in frohem Gigue-Rhythmus, klar überschaubar gegliedert, entwickelt das Ritornell seine Thematik in homophonem Streichersatz mit virtuos konzertierender Querflöte (50). Der ausgedehnten Arie folgt nur noch ein kurzes Seccorezitativ, ehe sich das Gesamtinstrumentarium zum Schlußchoral vereint, den Bach, wenn auch mit eingreifenden Änderungen, von Daniel Vetter übernommen hat (vgl. oben).

Wer weiß, wie nahe mir mein Ende · BWV 27

NBA I/23 – AD: ca. 19 Min.

1. [Choral +] Recitativo [S, A, T]: Wer weiß, wie nahe mir mein Ende – Das weiß der liebe Gott allein	c	$\frac{3}{4}$
2. Recitativo [T]: Mein Leben hat kein ander Ziel	g–c	C
3. Aria [A]: Willkommen! will ich sagen	Es	C
4. Recitativo [S]: Ach, wer doch schon im Himmel wär	c–c	C
5. Aria [B]: Gute Nacht, du Weltgetümmel	g	$\frac{3}{4}$
6. Choral: Welt ade! ich bin dein müde	B	C, $\frac{3}{4}$

Der unbekannte Textdichter dieser von Bach erstmals am 6. Oktober 1726 aufgeführten Kantate folgt in seinen Gedanken weitgehend dem Text der Kantate 8 (453): Auch diesmal gibt die Evangelienlesung den Anlaß, den eigenen Tod mit Sorgen und Bangen zu bedenken und ihn als Ziel des Lebens zu erkennen (Satz 1, 2). Dann aber, ohne nähere Begründung, schlägt die Stimmung um: Der Tod wird willkommen geheißen (Satz 3) und – unter Anspielung auf Philipper 1, 23 – herbeigewünscht

(Satz 4). Die beiden Schlußsätze 5 und 6 besiegeln den Abschied von der Welt.

Hier also wird die zugrunde liegende Auffassung der Evangelienlesung, nämlich der Auferweckung des Jünglings von Nain als symbolischer Vorwegnahme der Auferweckung aller Toten und daher als Gewähr für die eigene Auferstehung, nur noch vorausgesetzt und nicht mehr als Auslegung vorgetragen (vielleicht geschah das in der Predigt); sie bildet den unausgesprochenen Anlaß für das Umschlagen der Meditationen über den Tod aus Sorge in Hoffnung, aus Todesangst in Todessehnsucht und Weltverachtung.

Diese gewisse Unselbständigkeit des Textes – mag nun eine bewußte Anlehnung an fremde Vorbilder, eine Rücksichtnahme auf den Inhalt der Predigt oder nichts von alldem vorliegen – spiegelt sich auch in zwei weiteren, ganz konkreten Feststellungen wider: Satz 3 hat in seinen beiden Anfangszeilen eine Arie Erdmann Neumeisters (17) aus dessen erstem Kantatenjahrgang aus dem Jahre 1700 (1. Sonntag nach Trinitatis) zum Vorbild; und Bach selbst hat als Schlußchoral einen Satz Johann Rosenmüllers übernommen. Man hat daher in Bach auch den Textdichter der Kantate sehen wollen; doch fehlen hierfür über den bloßen Verdacht hinaus konkrete Anhaltspunkte. – Als Choral des Eingangssatzes dient die 1. Strophe des gleichnamigen Liedes von Ämilie Juliane von Schwarzburg-Rudolstadt (1686), den Schluß bildet die 1. Strophe des Liedes von Johann Georg Albinus (1649).

Der 1. Satz ist den Eingangssätzen der Choralkantaten verwandt: Ein schlichter Chorsatz ist zeilenweise in einen thematisch selbständigen Orchestersatz eingefügt. Der Choral wird jedoch dreimal – zunächst nach einer, später nach zwei Zeilen – von tropierenden (14) Rezitativeinschüben unterbrochen, die nacheinander von Sopran, Alt und Tenor ausgeführt werden. Den Zusammenhang des komplexen Gebildes gewährleistet der Instrumentalsatz, dessen Thematik in einer 12-taktigen Einleitung exponiert wird: 2 Oboen konzertieren mit einer versonnenen, bang fragenden Melodie über einem motivisch begleitenden Streichersatz. Der Einsatz der 1. Oboe zeigt entfernte Verwandtschaft mit der später vom Chorsopran (+Horn) vorgetragenen Choralweise (Melodie: ›Wer nur den lieben Gott läßt walten‹):

Soprano
Oboe I

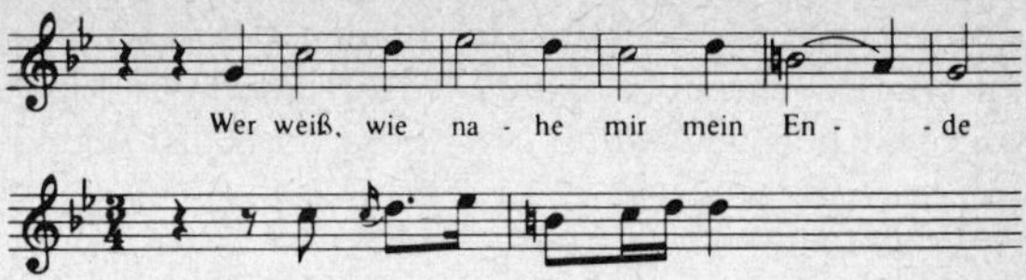

Der Chorsatz ist überwiegend homophon, nur einige Zeilenenden werden durch Textwiederholungen unter gedehnter Sopran-Schlußnote erweitert, und die letzte Zeile beginnt mit einer kurzen Vorimitation der Unterstimmen. Die Einheit des Satzes beruht insbesondere auf der motivischen Begleitfigur der Streicher, die vorübergehend in den Continuo abwandert, aber nur selten aussetzt und auch während der Rezitativeinschübe beibehalten wird. Diese Rezitativeinschübe sind das einzige Beispiel eines Rezitativs im Dreivierteltakt bei Bach.

Ein Seccorezitativ (Satz 2) führt zu der Alt-Arie (Satz 3), deren ungewöhnliche Instrumentalbesetzung in einer Oboe da caccia und obligatem Cembalo sowie Continuo besteht. Bei späterer Wiederaufführung trat an die Stelle des Cembalos die obligate Orgel. Die liedhaft-eingängige Melodik verstärkt den Reiz der ungewöhnlichen Instrumentation.

Das folgende Rezitativ (Satz 4) wird von Streichern begleitet, im allgemeinen mit gehaltenen Akkorden, auf den zweimaligen Ruf »Flügel her!« dagegen in unmißverständlicher Weise mit je einer auffahrenden Tonleiterfigur der 1. Violine. Bemerkenswert ist auch, daß der Satz »Ach, wer doch schon im Himmel wär« zu Beginn als Ausruf, am Ende jedoch mit phrygischem Schluß und aufsteigender Melodielinie ähnlich einer Frage vertont ist: Der Schluß des Satzes bleibt – wie der des Lebens – offen.

Die Baß-Arie (Satz 5) entwickelt ihre Thematik bereits im einleitenden Streicherritornell aus den kontrastierenden Begriffen des Textanfangs: »Gute Nacht« – ruhiger Vordersatz – »du Weltgetümmel« – bewegte Fortspinnung –; und erst im Mittelteil weichen die eingestreuten Tumultmotive einer ausgebreiteten Ruhe, ehe ein verkürztes Dacapo des Hauptteils einsetzt.

Der Reiz der Kantate beruht auf einer gewissen Einfachheit, beinahe Kindlichkeit, die zu dem ernsten Thema des Todes in sicherlich bewußtem Gegensatz steht. Schon der Text deutet das an, da Gott in Satz 1 und nochmals in Satz 5 als »der liebe Gott« apostrophiert wird, und die Musik verstärkt den Eindruck durch die Schlichtheit der beiden Choralsätze – Satz 6 stammt von Rosenmüller –, die Liedhaftigkeit der Alt-Arie und die Abgeklärtheit des »Gute Nacht« in der Baß-Arie.

Siebzehnter Sonntag nach Trinitatis

Epistel: Eph. 4,1–6 (Ermahnung zur Einigkeit im Geist)
Evangelium: Luk. 14,1–11 (Heilung eines Wassersüchtigen am Sabbat, Mahnung zur Bescheidenheit)

Bringet dem Herrn Ehre seines Namens · BWV 148

NBA I/23 – AD: ca. 23 Min.

1. [Chor]: Bringet dem Herrn Ehre seines Namens	D	¢
2. [Aria. T]: Ich eile, die Lehren des Lebens zu hören	h	6/8
3. [Recitativo. A]: So wie der Hirsch nach frischem Wasser schreit	G–G	C
4. [Aria. A]: Mund und Herze steht dir offen	G	C
5. Recitativo [T]: Bleib auch, mein Gott, in mir	e–fis	C
6. [Choral]: Amen zu aller Stund	fis	C

Der Text zu dieser Kantate ist eine – freilich sehr freie – Nachdichtung eines 6-strophigen Gedichts ›Weg, ihr irdischen Geschäfte‹, das Picander (56f.) unter diesem Sonntag in seinem geistlichen Erstlingswerk ›Erbauliche Gedanken‹ 1725 veröffentlicht hat. Nun bietet jedoch die Quellenüberlieferung einige Hinweise, die auf eine Komposition des Werkes durch Bach bereits zum 19. September 1723 deuten könnten; und wenn dies zutrifft, dann möchte man annehmen, Picander selbst habe sein damals noch ungedrucktes Gedicht umgeformt, oder der Kantatentext sei gar die primäre Dichtung gewesen. Da aber die Quellenkritik über Vermutungen hinaus keine einwandfreien Belege liefert, muß auch mit der Möglichkeit gerechnet werden, daß Bachs Komposition erst einige Jahre später entstanden ist.

Die Dichtung greift auf den ersten Teil der Evangelienlesung zurück, die Frage der Sabbatheiligung. Freilich, hier geht es nicht wie im biblischen Bericht um die Frage, ob man am Sabbat auch – entgegen dem Ruhegebot – gute Werke tun dürfe, sondern beinahe um das Gegenteil, die Unverletzlichkeit des Feiertags und die Pflicht des Menschen, am Sabbat Gott die Ehre zu geben. So beginnt unser Text mit Psalm 29, 2 und besingt im Anschluß daran die Freude am Sabbat (Satz 2) und die Sehnsucht nach Gott (Satz 3); er bittet den Höchsten, ins Herz des Gläubigen einzuziehen (Satz 4) und ihm seinen Geist zu verleihen, damit ihm einst »nach der Zeit« geschenkt sein möge, »den großen Sabbat« mit Gott zu feiern. Der Schlußchoral nach der Melodie ›Auf meinen lieben Gott‹ ist ohne Text überliefert; Erk, Wustmann und nach ihm Neumann wählen als Text die 6. Strophe des genannten Liedes (Lübeck, vor 1603) – vgl. oben –, während Spitta und die BG die Schlußstrophe »Führ auch mein Herz und Sinn« aus dem Liede ›Wo soll ich fliehen hin‹ von Johann Heermann (1630), das in Leipzig nach derselben Melodie gesungen wurde, vorziehen.

Bachs Komposition verlangt die für einen gewöhnlichen Sonntag unerwartet festliche Instrumentalbesetzung von Trompete, 3 Oboen, Streichern und Continuo, offensichtlich, um dem lobpreisenden Text auch instrumentalen Glanz zu verleihen.

Der Eingangschor, an dessen Ausführung wohl das Gesamtinstrumentarium beteiligt ist (die kärgliche Quellenüberlieferung bezeugt keine Oboen, die jedoch zweifellos mit den Streichern zusammengehen), zeigt, auf seine wesentlichen Merkmale reduziert, folgenden Aufbau:

A Instrumentalsinfonie, Exposition des thematischen Materials
A' Chorfuge. Vorgelagert ist ein kurzer homophoner Chorblock; es folgen zwei Fugenexpositionen von unterschiedlicher Thematik, beide durch selbständige Führung der Trompete zur Fünfstimmigkeit erweitert:
   a »Bringet dem Herrn Ehre seines Namens«
   b »betet an den Herrn im heiligen Schmuck«
A Choreinbau (32 f.) in die Wiederholung der Einleitungssinfonie

Gegliedert wird der Hauptteil (A') durch instrumentale Zwischenspiele. – Bemerkenswert ist die Verschleierung des Fugenbeginns durch einen 4-taktigen vollstimmigen Chorkomplex[1], aus dem sich Sopran und Alt, die inzwischen mit ihrem Themenvortrag eingesetzt haben, herauslösen. Tenor und Baß folgen. Derartige Verschleierungen der zugrunde liegenden Form sind auch sonst bei Bach nicht gerade selten; vergleichbar ist z. B. der Beginn der Chorfuge ›Fecit potentiam‹ im Magnificat BWV 243.

Eine starke Einheitlichkeit des gesamten Satzes erreicht Bach dadurch, daß er beide Fugenthemen – a und b – aus dem Beginn der Instrumentalsinfonie entwickelt, wie die folgende Gegenüberstellung verdeutlicht:

Durch einen lebhaften und stark figurativen obligaten Soloviolinpart zeichnet Bach in Satz 2 nicht allein die Freude am Tage des Herrn, sondern auch das »Eilen«, um die »Lehren des Lebens zu hören«. Den ganzen Satz durchzieht eine strahlende, doch niemals übermütige Fröhlichkeit.

Das streicherbegleitete Alt-Rezitativ (Satz 3) schlägt demgegenüber fast mystische Klänge an; die ausdrucksvolle Dekla-

1 Dieser Chorkomplex ist *nicht* identisch mit dem oben zu A' genannten kurzen homophonen Chorblock, der der Fuge voraufgeht und von ihr durch instrumentale Zwischentakte getrennt ist.

mation der Singstimme klingt aus mit den Worten »denn Gott wohnt selbst in mir«.

Die mystische Versenkung der Seele in Gott und Gottes in die Seele bildet auch den Inhalt der nachfolgenden Arie (Satz 4) mit Begleitung dreier Oboen, die sich wohl aus 2 Oboi d'amore und 1 Oboe da caccia zusammensetzen. Auffällig ist, daß der Continuo beim Einsatz der Singstimme mehrfach schweigt; und nach dem, was wir über die Symbolik der Bachschen Sätze »senza continuo« wissen (365), dürfte hier das Sichlösen der Seele von der Erdenschwere, ihr Einswerden mit Gott symbolisch dargestellt sein.

Ein Seccorezitativ führt zum schlicht-vierstimmigen Schlußchoral, über dessen Textprobleme bereits oben berichtet wurde.

Ach lieben Christen, seid getrost · BWV 114

NBA I/23 – AD: ca. 26 Min.

1. CHORUS [CHORAL]: Ach lieben Christen, seid getrost	g	$\frac{6}{4}$
2. ARIA [T]: Wo wird in diesem Jammertale	d	$\frac{3}{4}$, $\frac{12}{8}$, $\frac{3}{4}$
3. RECITATIVO [B]: O Sünder, trage mit Geduld	g–d	C
4. CHORAL [S]: Kein Frucht das Weizenkörnlein bringt	g	C
5. ARIA [A]: Du machst, o Tod, mir nun nicht ferner bange	B	C
6. RECITATIVO [T]: Indes bedenke deine Seele	g–g	C
7. CHORAL: Wir wachen oder schlafen ein	g	C

Das Lied von Johannes Gigas (1561), das dieser Choralkantate (44ff.) zugrunde liegt, ist mit den Lesungen des Sonntags auf den ersten Blick nur schwer in Verbindung zu bringen. Es ist ein Bußlied und verkündet, daß die Christenheit die gegenwärtige Heimsuchung des Herrn wohlverdient habe und daß sie, wenn Seele und Leib von Gottes Engel bewahrt blieben, durch einen seligen Tod nur aus der Trübsal in die Freude versetzt werde. Speziellere Beziehungen zum Evangelientext stellt erst die Umdichtung des unbekannten Librettisten her. Dieser läßt die Strophen 1, 3 und 6 unberührt (sie werden zu Satz 1, 4 und 7 der Kantate), gewinnt aus Strophe 2 die Sätze 2 und 3 sowie aus Strophe 4 und 5 die Sätze 5 und 6 der Kantate. Während nun Satz 2, 5 und 6 das Vorbild des Kirchenliedtextes noch deutlich erkennen lassen, entfernt sich Satz 3 erheblich von den kärglichen 3 Liedzeilen des Vorbildes und spinnt die Frage nach der Schuld an Gottes Heimsuchung weiter aus: »Das Unrecht säufst du ja wie Wasser in dich ein, und diese Sündenwassersucht ist zum Verderben da und wird dir tödlich sein«. Hier folgert der Dichter: Wie Jesus im Evangelienbericht den Wassersüchtigen geheilt hat, so hat er auch meine Sünden, die der Wassersucht gleichen, geheilt durch seinen »Gang zum Vater« (Satz 4). Gleich darauf enthält Satz 3 noch eine weitere Anspielung auf den Evangelientext: »Der Hochmut aß vordem von der verbotnen Frucht, Gott gleich zu werden; wie oft erhebst du dich mit schwülstigen Gebärden, daß du erniedrigt werden mußt«. Hier also wird Jesu Warnung vor Hochmut – »wer sich selbst erhöht, der soll erniedrigt werden ...« (Luk. 14, 11) – zu Adams Fall, der Ursünde der Menschheit, in Beziehung gesetzt und zugleich auf die gegenwärtige Gemeinde angewandt. So verstanden, ist aber auch der folgende Choral ›Kein Frucht das Weizenkörnlein bringt, es fall denn in die Erden‹ ebenso wie die folgenden Sätze mit ihrem Hinweis auf die Seligkeit nach dem Tode eine einzige große Auslegung des genannten Jesuswortes, mit dem die Evangelienlesung schließt.

Bachs Komposition ist zum 1. Oktober 1724, also im Rahmen des Jahrgangs der Choralkantaten entstanden. Das Instrumentarium zeigt die Normalbesetzung von 2 Oboen, Streichern und Continuo; hinzu tritt in den Ecksätzen noch ein Cantus-firmus-verstärkendes Horn und in Satz 2 eine Querflöte, deren Spieler anscheinend in den übrigen, zumindest in den vollstimmigen Sätzen an anderer Stelle gebraucht wurde (er könnte z. B. in Satz 1 und 7 das Horn geblasen haben); denn ohne Notwendigkeit hätte Bach für Satz 1 gewiß kein »Chorus tacet« in die Flötenstimme setzen lassen.

Der Eingangschor, ›vivace‹ überschrieben, ist nach der von Bach vorzugsweise verwendeten Form aufgebaut: Die Liedzeilen des Chores sind einzeln in den selbständigen Orchestersatz eingefügt; die Choralweise – es ist die Melodie ›Wo Gott der Herr nicht bei uns hält‹ – liegt im Sopran (+ Horn). Trotz seiner thematischen Eigenständigkeit ist jedoch der Instrumentalsatz motivisch aus dem Choralbeginn entwickelt; denn die charakteristischen Tonstufen, Terz, Grundton und Quinte, aus denen die 1. Liedzeile geformt ist, findet man in Takt 1 sowohl in der Oberstimme als auch im Continuo wieder:

Während aber der Instrumentalsatz einen motivisch-thematisch gleichbleibenden, geradezu »ostinaten« klanglichen Hintergrund bildet, ist der Chorsatz in den einzelnen Liedzeilen stark textabhängig entworfen. Gleich für die beiden Anfangszeilen bilden die beiden Textworte »getrost« und »verzagen« einen markanten Kontrast:

Zeile 1 (»getrost«): lebhafter, akkordischer, homorhythmischer Satz, Zeile 2 (»verzagen«): gehaltene Noten, polyphoner Satz, sukzessiver, quasi-imitatorischer Stimmeneinsatz.

Zwischen diesen beiden Möglichkeiten bewegt sich auch die Satzweise der übrigen Liedzeilen. Bemerkenswert ist noch, daß die vorletzte (6.) Zeile als Imitationsmotiv der Unterstimmen den Beginn des Continuo (siehe das oben mitgeteilte Notenbeispiel) in vokaler Vereinfachung übernimmt.

Auch in den 2. Satz hinein wirkt der inhaltliche Gegensatz zwischen Verzagtheit und Trost: Die Arie – sie gehört zu jenen Sätzen, die einen gewandten Spieler der obligaten Flötenpartie verlangen (50) – besitzt einen kontrastierenden Mittelteil; und während im Hauptteil eine weitgespannte Flötenmelodie die bange Frage kennzeichnet, wo der Geist »in diesem Jammertale« Zuflucht finden könne, gibt der Mittelteil bei fließender Flötenfiguration – ›vivace‹ – die Antwort: »Allein zu Jesu Vaterhänden will ich mich in der Schwachheit wenden ...«. Daß anschließend der Hauptteil mit seiner Frage wiederholt wird, ist inhaltlich schwer zu rechtfertigen und geschieht wohl aus formalen Gründen (Dacapoform).

Satz 3 beginnt als Secco, verdichtet sich jedoch im Mittelteil zum Arioso, um die auf den Evangelientext weisenden

Worte »erhebst« und »erniedrigt« (vgl. oben) ausdrucksvoll hervorzuheben.

Die 3. Choralstrophe (Satz 4) ist als Continuosatz komponiert: Über einem quasi-ostinaten Instrumentalbaß singt der Sopran die einzelnen Choralzeilen schlicht und nahezu unverziert.

Die Alt-Arie ›Du machst, o Tod, mir nicht mehr ferner bange‹ (Satz 5), instrumentiert mit Oboe I und Streichern, bringt einen frohen und zuversichtlichen Ton in die Kantate. Sie ist der einzige Satz in einer Durtonart, erfährt freilich dennoch mehrfach Molleintrübungen, besonders eindrucksvoll auf die Worte »es muß ja so einmal gestorben sein«, die übrigens fast wörtlich dem Choraltext entnommen sind.

Ein kurzes Seccorezitativ führt danach schnell zum schlichtvierstimmig gesetzten Schlußchoral.

Wer sich selbst erhöhet, der soll erniedriget werden · BWV 47

NBA I/23 – AD: ca. 24 Min.

1. [Chor]: Wer sich selbst erhöhet, der soll erniedriget werden	g	₵
2. Aria [S]: Wer ein wahrer Christ will heißen	d	3/8
3. Recitativo [B]: Der Mensch ist Kot, Stank, Asch und Erde	g–Es	C
4. Aria [B]: Jesu, beuge doch mein Herze	Es	C
5. Choral: Der zeitlichen Ehr will ich gern entbehrn	g	C

Im Jahre 1720 veröffentlichte der Regierungssekretär Johann Friedrich Helbig einen Jahrgang von Kantatendichtungen unter dem Titel ›Auffmunterung Zur Andacht‹ für den Gebrauch der fürstlichen Kapelle zu Eisenach. Als deren Kapellmeister »von Haus aus« fungierte Georg Philipp Telemann, der auch die meisten Texte Helbigs komponiert hat. Ein einziges Mal – soweit wir wissen – hat auch Bach einen Text dieses Jahrgangs in Musik gesetzt; möglicherweise hat ihm die allzu dürftige Poesie die Lust zu weiteren Vertonungen genommen, vielleicht hatte er auch den Text gar nicht über Helbigs Druck, sondern durch die Komposition Telemanns kennengelernt.

Aus dem Erscheinungsjahr des Textdrucks hat man früher

geschlossen, Bach habe auch seine Komposition schon 1720 als Köthener Kapellmeister (während des Aufenthalts mit seinem Fürsten in Karlsbad) angefertigt, um für die geplante Reise nach Hamburg eine neue Komposition bereit zu haben. Allein, die diplomatischen Merkmale der Quellen widersprechen dieser Theorie ebenso gründlich wie der reife Stil des Werkes; daher kann an seiner Entstehung in Leipzig, und zwar zum 13. Oktober 1726, kein Zweifel herrschen.

Der Text knüpft an die Warnung Jesu vor Hochmut an, von der der zweite Teil des Sonntagsevangeliums erzählt. Der Eingangssatz zitiert den Schlußvers der Lesung, Lukas 14, 11, im Wortlaut. Ihm schließt sich in den Sätzen 2 und 3 eine recht drastische Predigt gegen den Hochmut an, die dann in der zweiten Arie und im Schlußchoral (Satz 4 und 5) in ein Gebet um Demut und um die ewige Seligkeit mündet. Die Wendung »daß ich nicht mein Heil verscherze wie der erste Höllenbrand« (Satz 4) zielt auf die im christlichen Volksglauben verbreitete Legende von Luzifer, der, ursprünglich Engel, seines Hochmuts wegen in die Hölle gestürzt wurde (in Anlehnung an Luk. 10, 18). Als Schlußchoral dient die Strophe 11 des Liedes ›Warum betrübst du dich, mein Herz‹ (439).

Den Schwerpunkt der Bachschen Komposition bildet der gewaltige, 228 Takte lange Eingangschor. Beim ersten Anhören erweckt er den Eindruck einer riesigen Chorfuge, begleitet von Instrumenten und eingeleitet durch eine ausgedehnte (nichtfugische) Instrumentalsinfonie; doch erweist er sich bei näherer Betrachtung als erheblich differenzierteres Gebilde. Die Instrumentalsinfonie in der Normalbesetzung von 2 Oboen, Streichern und Continuo exponiert zunächst ein ernstes Thema (a), dessen homophoner Vordersatz sich in seinem Alternieren zwischen Streichern und Bläsern als Abkömmling der alten doppelchörigen Praxis erweist; und ganz nebenbei tritt dann in der Fortspinnung, zuerst in den Oboen (Takt 12–14) jene Sequenz auf, die später als Kern des Fugenthemas das »Sich-selbst-Erhöhen« abbilden soll:

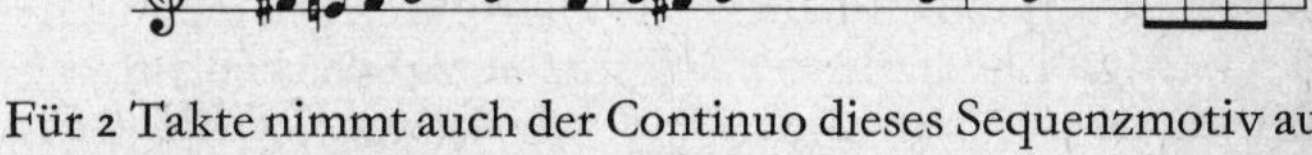

Für 2 Takte nimmt auch der Continuo dieses Sequenzmotiv auf; und nach einem Dominantschluß bringt eine erweiterte, variierte Wiederholung dieses ersten Ritornellabschnitts die Rück-

wendung zur Tonika. Nun erst, nach 44 Takten, setzt der Chor ein (Soli?) mit einer ausgedehnten Fugenexposition, deren Thema in auf- und absteigender Melodielinie die erste Texthälfte bildlich wiedergibt (»erhöhet – erniedriget«), während der im folgenden beibehaltene 1. Kontrapunkt (Spitta spricht darum von einer Doppelfuge) in umgekehrt verlaufender Melodielinie die zweite Texthälfte interpretiert (»erniedriget – erhöhet«). Ein kurzer, mehr homophoner Nachsatz – doppelt gesetzt und mit Instrumentaltakten umrahmt – folgt; und nun wird der gesamte Komplex Fuge (nunmehr Tutti?) – Nachsatz frei wiederholt. Daran schließt sich als Quasi-Dacapo der Einleitung ein Choreinbau (32f.) in die vollständig wiederholte Instrumentalsinfonie. Eine schematische Darstellung des Satzes ergibt das folgende Bild einer symmetrischen Bogenform (Kursivdruck = Instrumentalpart):

A *Sinfonie a a'*
B Chorfuge b (Soli?), *Instrumente teils Motivik a, teils pausierend, zuletzt Oboen thematisch (5. Themeneinsatz)*
Homophoner Nachsatz c c
B' Chorfuge b' (Tutti?), *Instrumente vom 2. Themeneinsatz an colla parte, zuletzt Oboen thematisch (wie oben)*
Homophoner Nachsatz c c'
A *Sinfonie a a'* + Choreinbau

Die Sopran-Arie (Satz 2) hat der Forschung hinsichtlich der Besetzung ihrer recht virtuosen instrumentalen Obligatpartie manches Rätsel aufgegeben. Heute kann mit großer Wahrscheinlichkeit gesagt werden, daß die ursprüngliche Fassung von 1726 obligate Orgel verlangte; die Arie erweist sich darin als Verwandte des Satzes ›Ich geh und suche mit Verlangen‹ aus der 3 Wochen später entstandenen Kantate 49. Erst zu einer Wiederaufführung, wohl frühestens 1734, hat Bach die Partie neu gefaßt und offenbar für obligate Violine bestimmt (wie schon Spitta 1, 821f. richtig erkannt hat). Musikalisch spiegelt der Satz den im Text vorgezeichneten Gegensatz Demut – Hoffart wider: Der Hauptteil (»Demut«) ist durch eine fließende und zumal im Instrumentalpart kunstvoll-figurative Melodik gekennzeichnet, der Mittelteil (»Hoffart«) dagegen durch eine widerborstige Rhythmik der Singstimme zu gleichfalls rhythmusbetonten Doppelgriffen in der Obligatstimme, während der Continuo die Thematik des Hauptteils aufgreift und damit die formale Einheit des Satzes gewährleistet.

Ein mit Streichern ausinstrumentiertes, aber schlicht-syllabisch deklamiertes Rezitativ leitet über zur zweiten Arie (Satz 4) mit obligater Oboe und Violine. Beide Instrumente bilden in imitatorischem Satz mit dem begleitenden Continuo ein Trio, das durch den Einsatz der Singstimme zum Quartett erweitert wird; und da sich auch der Solobaß in Thematik und Bewegung den instrumentalen Obligatstimmen angleicht, entsteht ein homogenes Satzgefüge. Der relativ lange (8-zeilige) Text hat Bach bewogen, die Arie dreiteilig und ohne vokales Dacapo zu formen, dabei wird im B-Teil nochmals der textliche Gegensatz Demut – Hochmut mit ähnlichen Mitteln wie in der ersten Arie (fließende Rhythmik, Stufenmelodik – »sprechende« Pausen, große Intervalle) sinnfällig interpretiert.

Der Schlußchoral beendet das Werk in auffällig schlichtem Chorsatz.

Achtzehnter Sonntag nach Trinitatis

Epistel: 1. Kor. 1,4–9 (Dank des Paulus für den Segen des Evangeliums zu Korinth)

Evangelium: Matth. 22,34–46 (Jesus nennt die Gottes- und Nächstenliebe als vornehmstes Gebot und fragt die Pharisäer über Christus, der zugleich Davids Sohn und Davids Herr genannt wird)

Herr Christ, der einge Gottessohn · BWV 96

NBA I/24 – AD: ca. 17 Min.

1. [Choral]: Herr Christ, der einge Gottessohn	F	9/8
2. Recitativo [A]: O Wunderkraft der Liebe	B–F	C
3. Aria [T]: Ach ziehe die Seele mit Seilen der Liebe	C	C
4. Recitativo [S]: Ach führe mich, o Gott, zum rechten Wege	F–F	C
5. Aria [B]: Bald zur Rechten, bald zur Linken	d	3/4
6. Choral: Ertöt uns durch dein Güte	F	C

Dieser Choralkantate (44ff.) liegt das 5-strophige Lied von Elisabeth Creutziger (1524) zugrunde, das Christus, den wahren Sohn Gottes, als den Morgenstern preist und um Liebe und Erkenntnis bittet, damit der alte Mensch absterbe und der neue, der nur nach Gott trachtet, lebendig werde. Der unbekannte Textverfasser hat wie üblich die Rahmenstrophen beibehalten und die Mittelstrophen so umgedichtet, daß Strophe 2 und 3 jeweils zum Kantatensatz gleicher Nummer wurden und Strophe 4 den Sätzen 4 und 5 zum Vorbild diente. Begreiflicherweise ist darum auch die Nachdichtung in den beiden letztgenannten Sätzen besonders frei. Um die Umformung der 2. Strophe verfolgen zu können, müssen wir berücksichtigen, daß diese zu Bachs Zeit einen von unsern heutigen Gesangbüchern (EKG 46) abweichenden Wortlaut hatte:

Für uns ein Mensch geboren
Im letzten Teil der Zeit,
Der Mutter unverloren
Ihr jungfräulich Keuschheit ...

Daraus wurden die Rezitativzeilen »wenn sich die Herrlichkeit im letzten Teil der Zeit zur Erde senket ... da dies gebenedeite Weib in unverletzter Keuschheit bliebe«.

Obwohl dieses Lied heute meist der Epiphaniaszeit zugeordnet wird, ist es doch schon seit alters her auch mit dem 18. Sonntag nach Trinitatis verbunden. Diese Beziehung weist auf den zweiten Teil der Evangelienlesung, in der Jesus die Pharisäer nach Christus, also dem Messias, fragt und sie durch den Hinweis, daß dieser zugleich Davids Sohn (2. Sam. 7) und Davids Herr (Ps. 110, 1) genannt werde, in Verlegenheit bringt. Die Antwort des gläubigen Christen, wie sie wohl auch in den Predigten der Bachzeit gegeben worden sein mag, gibt unser Liedbeginn: Christus, nach alter Prophezeihung aus Davids Geschlecht, ist zugleich »der einge Gottessohn«, den – die Kantatendichtung sagt das noch deutlicher als das Lied – »David schon im Geist als seinen Herrn verehrte«. Die zweite Hälfte der Kantate (wie des Liedes) macht sich nun zum Sprecher der versammelten Gemeinde, indem sie den als Heiland erkannten Herrn um Führung auf rechtem Wege für die eigene Zukunft bittet.

Bachs Komposition ist zum 8. Oktober 1724 entstanden. Sie weicht in Einzelheiten von dem bevorzugten Schema der Choralkantaten ab: Im Eingangschor liegt der Cantus firmus – in langen Notenwerten vorgetragen – im Alt, der zur besseren

Hörbarmachung durch ein Horn, bei späterer Wiederaufführung (um 1744/1748) durch Posaune verstärkt wird. Das Instrumentarium sieht außer den üblichen 2 Oboen, Streichern und Continuo noch einen »Flauto piccolo«, eine Diskantblockflöte in *f*'', vor, deren Figuration zweifellos das glänzende Flimmern des Morgensterns abbilden soll. In einer späteren Aufführung, vermutlich 1734, hat Bach die Diskantblockflöte – wohl notgedrungen – durch einen »Violino piccolo« ersetzt. Der thematisch selbständige Orchestersatz, dem die einzelnen Liedzeilen eingefügt sind, wirkt auch in den Chorsatz hinein, da die kontrapunktierenden Singstimmen Sopran, Tenor und Baß sich nicht mit schlichter, akkordischer Begleitung begnügen, sondern einen polyphonen, imitatorischen Gegenstimmensatz entwikkeln, dessen Thematik dem Instrumentalsatz teils unmittelbar entlehnt, teils entfernter verwandt ist.

Ein Seccorezitativ (Satz 2) führt zur Arie ›Ach ziehe die Seele mit Seilen der Liebe‹ (einem Hosea 11, 4 entlehnten Bilde); und wie so oft in diesem Jahrgang gibt Bach dem Querflötenspieler – es ist wohl der Diskantflötist aus Satz 1 – Gelegenheit, sich als gewandter Künstler zu erweisen (50).

Auch das zweite Rezitativ (Satz 4) ist ein schlichtes Secco. Ihm folgt eine Arie (Satz 5) mit vollstimmigem Oboen- und Streichersatz, der das Schwanken des verirrten Schrittes nach rechts und links durch unmißverständliche Figuren wie auch durch Alternieren zwischen Streichern und Bläsern bildlich darstellt. Im Mittelteil auf die Worte »Gehe doch, mein Heiland, mit« ändert sich die Motivik: Die wankenden Figuren weichen akkordlichen, einfachen Schrittmotiven, während der dritte Teil der nach dem Schema A B C_A angelegten Arie eine Synthese beider Motive bringt und mit sinkenden sowie steigenden Melodielinien die Textworte »laß mich in Gefahr nicht sinken« bzw. »bis zur Himmelspforte« jeweils musikalisch interpretiert.

Ein Schlußchoral in schlichtem Chorsatz beendet das Werk.

Gott soll allein mein Herze haben · BWV 169

NBA I/24 – AD: ca. 27 Min.

1. Sinfonia	D	
2. Arioso [A]: Gott soll allein mein Herze haben	D–fis	$\frac{3}{8}$/C

3. Aria [A]: Gott soll allein mein Herze haben D C
4. Recitativo [A]: Was ist die Liebe Gottes G–fis C
5. Aria [A]: Stirb in mir, Welt und alle deine Liebe h 12/8
6. Recitativo [A]: Doch meint es auch dabei D–A C
7. Choral: Du süße Liebe, schenk uns deine Gunst A C

Bach hat diese Kantate zum 20. Oktober 1726 komponiert. Ihre Besetzung ist ungewöhnlich: Mit Ausnahme des anspruchslosen Schlußchorals ist die Gesangspartie durchweg dem Solo-Alt übertragen; doch steht dieser Beschränkung in der Singstimmenbesetzung ein reiches Instrumentarium von 3 Oboen (Oboe III als Oboe da caccia), Streichern und obligater Orgel gegenüber. Unter ihnen dominiert – wie in einigen weiteren Kantaten aus dieser Zeit – die obligate Orgel.

Der Textdichter ist unbekannt. Inhaltlich knüpft das Libretto an den ersten Teil des Sonntagsevangeliums an: Jesus antwortet auf die Frage nach dem vornehmsten Gebot im Gesetz: »Du sollst lieben Gott, deinen Herrn, von ganzem Herzen, von ganzer Seele und von ganzem Gemüte. Dies ist das vornehmste und größte Gebot. Das andere aber ist ihm gleich: Du sollst deinen Nächsten lieben als dich selbst«. Die ersten vier Textsätze (Kantatensatz 2–5) singen demnach von der Liebe zu Gott, das letzte Rezitativ und der Schlußchoral (Satz 6–7) von der Liebe zum Nächsten.

Kunstvoll hat der Dichter das einleitende Arioso und Rezitativ (Satz 2) und die folgende Arie (Satz 3) miteinander verknüpft, indem er den Eingangssatz zweiteilig gestaltet und jedem Teil eine Textzeile aus der nachfolgenden Arie voranstellt. Der jeweils anschließende Rezitativtext ist dann eine Auslegung des vorangestellten Mottos, und jeder Teil endet wieder mit der Anfangszeile der Arie. Beginnt also die Arie (Satz 3) mit den beiden Zeilen

Gott soll allein mein Herze haben,
Ich find in ihm das höchste Gut,

so gliedert sich der vorangehende Satz 2 folgendermaßen:

Gott soll allein mein Herze haben.
... *(Auslegung)* ...
Gott soll allein mein Herze haben.

Ich find in ihm das höchste Gut.
... (*Auslegung*) ...
Gott soll allein mein Herze haben.

Im zweiten Rezitativ (Satz 4) finden wir eine Anspielung auf 2. Könige 2, 11: Nach der alttestamentlichen Tradition ist der Prophet Elia nicht gestorben, sondern lebend in einem feurigen Wagen zum Himmel entrückt worden. Die Liebe zu Gott, so will der Dichter hier sagen, überwindet selbst den Tod, sie läßt uns im Leben am Reiche Gottes teilhaben.

Die zweite Arie (Satz 5) ist eine Paraphrase der Verse 15–16 aus dem 1. Johannesbrief, Kapitel 2: »Habt nicht lieb die Welt noch was in der Welt ist. So jemand die Welt liebhat, in dem ist nicht die Liebe des Vaters. Denn alles, was in der Welt ist: des Fleisches Lust und der Augen Lust und hoffärtiges Leben, ist nicht vom Vater, sondern von der Welt«. Den Schlußchoral bildet die 3. Strophe des Lutherliedes ›Nun bitten wir den Heiligen Geist‹ (1524).

Bei der Komposition hat Bach in 2 Sätzen auf ein bereits früher geschaffenes Instrumentalkonzert zurückgegriffen. Wir kennen es als Cembalokonzert E-Dur BWV 1053, doch war die ursprüngliche Form vermutlich für ein anderes Obligatinstrument bestimmt (Flöte? Oboe?); sie ist uns nicht erhalten. Den 1. Satz dieses Konzerts hat Bach als Einleitungssinfonie (Satz 1) verwendet, und zwar in D-Dur, Obligatinstrument ist die Orgel. Tuttiinstrumente sind Streicher (samt Continuo) und – für die Kantate neu hinzukomponiert – die 3 Oboen.

Der ausgedehnte Einleitungssatz von reiner Dacapoform verleiht der Eröffnung der Kantate ein ungewöhnliches Gewicht; doch sind auch die folgenden Sätze überaus kunstvoll gearbeitet. So wechselt der 2. Satz mehrfach zwischen ariosen und rezitativischen Partien, und zwar so, daß die obenerwähnten, gleichsam als Motto zitierten Zeilen des folgenden Arientextes als Arioso, die auslegenden Zwischenpartien dagegen als Rezitativ vertont werden. Endlich wird die Eingangszeile am Schluß noch ein weiteres Mal, nunmehr rezitativisch wiederholt.

Die folgende Arie (Satz 3), in der die Altstimme nur von obligater Orgel und Continuo begleitet wird, gibt der Anfangszeile »Gott soll allein mein Herze haben« eine Fassung, die zwar entfernt an die Umkehrung der Arioso-Melodie anklingt, im Grunde aber eine Neuformung darstellt: Wie Bach uns diese Worte, die offensichtlich nicht nur vom Dichter, sondern auch vom Komponisten als Inbegriff des gesamten Kantatentextes aufgefaßt werden, als Arioso, Rezitativ und Arie in ständig neuer Beleuchtung erscheinen läßt, das offenbart die ganze Kunst des Predigers Bach. Der recht virtuos gehaltene Orgelpart trägt gleichfalls dazu bei, ihre Bedeutung zu unterstreichen.

Ein schlichtes Rezitativ (Satz 4) leitet über zu der zweiten Arie (Satz 5) ›Stirb in mir, Welt und alle deine Liebe‹. Auch dieser Satz ist dem obenerwähnten Instrumentalkonzert entnommen; wiederum fällt der Orgel die Funktion des Obligatinstruments zu, und die Altstimme ist in kunstvoller Weise in den bereits bestehenden Satz hineinkomponiert worden. Diese Arie darf als einer der treffendsten Belege dafür gelten, wie ein Satz durch die Hineinnahme in ein neues Werk und seine Umarbeitung nicht verlieren, sondern gewinnen kann: Die Neufassung ist weit über den originalen Konzertsatz hinausgewachsen und gehört unzweifelhaft zu den genialsten Gesangssätzen, die je geschrieben wurden. Im E-Dur-Cembalokonzert ist der Satz als »Siciliano« bezeichnet; in unserer Kantate ist er wohl als Grabgesang für die Lust der Welt gedacht. Allein, welch ein Grabgesang! Und welch eine schwärmerische Versenkung in die Himmlische Liebe, die hier mit irdischen Mitteln besungen wird!

Hat damit die Aufforderung, Gott zu lieben, eine selbst für Bach außergewöhnlich reiche Form gewonnen, so schließt sich die Mahnung, auch den Nächsten zu lieben, in knappen, rezitativischen Worten an (Satz 6) und leitet unmittelbar zum Schlußsatz über: Zu dem persönlich ausgesprochenen Entschluß des Einzelchristen, Gott allein und den Nächsten zu lieben, gesellt sich die Bitte der gesamten Gemeinde, der Heilige Geist möge ihr zu dieser Liebe helfen.

Neunzehnter Sonntag nach Trinitatis

EPISTEL: Eph. 4,22–28 (Ziehet den neuen Menschen an, der nach Gott geschaffen ist)
EVANGELIUM: Matth. 9,1–8 (Heilung des Gichtbrüchigen)

Ich elender Mensch, wer wird mich erlösen · BWV 48

NBA I/24 – AD: ca. 16 Min.

1. [CHOR]: Ich elender Mensch, wer wird mich erlösen	g	3/4
2. RECITATIVO [A]: O Schmerz, o Elend, so mich trifft	Es–B	C
3. CHORAL: Solls ja so sein	B	C
4. ARIA [A]: Ach lege das Sodom der sündlichen Glieder	Es	3/8
5. RECITATIVO [T]: Hier aber tut des Heilands Hand	B–B	C
6. ARIA [T]: Vergibt mir Jesus meine Sünden	g	3/4
7. CHORAL: Herr Jesu Christ, einiger Trost	g	C

Der Text dieser Kantate, das Werk eines unbekannten Dichters, knüpft an das Sonntagsevangelium an. Das Wort Jesu zu dem Gichtbrüchigen »deine Sünden sind dir vergeben« lenkt den Sinn auf die eigene Sündhaftigkeit, die der Vergebung bedarf. Den Ausgangspunkt bildet ein Pauluswort aus dem Römerbrief 7, 24 (Satz 1); das darauffolgende Rezitativ vergleicht die Sünden mit einem Gift, das zum Tode führt: Wenn schon der Leib unter Qualen im Tode endet, so ist der Tod der Seele an der Sünde noch verderblicher. Darum bittet der Dichter Gott, er möge wenn nicht den Leib, so doch die Seele verschonen; dies sagt zunächst die 4. Strophe des Liedes ›Ach Gott und Herr‹ von Martin Rutilius (1604), dann die darauffolgende Arie (Sätze 3 und 4). Nun aber findet der Dichter im Evangelienbericht Trost; denn da Jesus »auch unter den Toten Wunder« tut (vgl. Ps. 88, 11) und sich »kräftig in den Schwachen« zeigt (vgl. 2. Kor. 12, 9), wird er auch gegen allen Anschein »den Leib gesund, die Seele stark« machen (Satz 5 und 6). Zuversichtlich endet die Kantate mit der 12. Strophe des Liedes ›Herr Jesu Christ, ich schrei zu dir‹ (Freiberg 1620).

Bachs Komposition gehört dem ersten Leipziger Jahrgang

an und wurde am 3. Oktober 1723 erstmals aufgeführt. Mit mehreren andern Kantaten dieses Jahres teilt sie die Bindung des Eingangssatzes an eine instrumental vorgetragene Choralmelodie; es ist die Weise, die zu Bachs Zeit meist mit dem Text ›Herr Jesu Christ, du höchstes Gut‹ (so auch EKG 167) in Verbindung gebracht wird; und es ist dem Inhalt des Liedes nach sehr wohl denkbar, daß dieser Text gemeint ist. Da aber das Lied ›Herr Jesu Christ, ich schrei zu dir‹ nach derselben Melodie gesungen wird, ist zugleich auch die Verbindung zum Schlußchoral gegeben, dessen Anfangsstrophe ebensogut dem instrumentalen Zitat beigeordnet werden kann. In seiner Struktur ist der Eingangssatz dreischichtig: Die *Einleitung* des Streichorchesters ist thematisch eigenständig; ihr Themenvordersatz bildet zugleich den Kontrapunkt zu dem nach 12 Takten in imitatorischem Satz entwickelten *Vokalthema*, das mit einem markanten Sextsprung beginnt und den ganzen Eingangssatz in mannigfachen Stimmvertauschungen und Kanonbildungen beherrscht. Dazu tragen Trompete und Oboen (I, II unisono) die *Choralmelodie* im Unterquartkanon zeilenweise vor.

Auch das Alt-Rezitativ (Satz 2) wird durch weite Intervallsprünge gekennzeichnet, die auf dem Hintergrund gehaltener Streicherakkorde um so ausdrucksvoller wirken. Unerwartet folgt nun ein schlicht-vierstimmiger Choral (Satz 3), der jedoch durch kunstvolle Harmonisierung zumal der Schlußzeile »und laß mich hier wohl büßen« die Ausdrucksgewalt der vorangegangenen Sätze mit den ihm eigenen Mitteln fortsetzt.

Die nun einsetzende Arie überrascht durch ihre Lieblichkeit: Kein drohendes Strafgericht, keine Zerknirschung spricht aus ihr, sondern kindliche Demut in der Bitte, wenigstens die Seele zu schonen. Die beinahe tänzerisch schwingende Melodie der obligaten Oboe wird auch von der Singstimme übernommen, so daß Oboe und Alt ein homogenes Duett über unthematischem Continuo bilden.

Die zweite Arie (Satz 6), von der ersten nur durch ein kurzes Seccorezitativ getrennt, ähnelt der ersten in ihrem rhythmischen Schwingen, das nun durch ständigen Wechsel von hemiolischem (verkapptem 3/2-) und gewöhnlichem 3/4-Takt noch bewußter wahrgenommen wird. Der kompakte Streichersatz (+ Oboe I) gibt der Arie – ihrem Text entsprechend – einen zuversichtlichen Charakter, der sie von der Zartheit der vorangehenden abhebt.

Wo soll ich fliehen hin · BWV 5

NBA I/24 – AD: ca. 23 Min.

1. [Choral]: Wo soll ich fliehen hin — g C
2. Recitativo [B]: Der Sünden Wust hat mich nicht nur befleckt — d–g C
3. Aria [T]: Ergieße dich reichlich, du göttliche Quelle — Es $\frac{3}{4}$
4. Recitativo [A]: Mein treuer Heiland tröstet mich — c–c C
5. Aria [B]: Verstumme, Höllenheer — B C
6. Recitativo [S]: Ich bin ja nur das kleinste Teil der Welt — g–g C
7. Choral: Führ auch mein Herz und Sinn — g C

Das Werk ist eine Choralkantate (44ff.) und wurde zum 15. Oktober 1724 komponiert. Zugrunde liegt das 11-strophige Lied von Johann Heermann (1630), dessen Anfangs- und Endstrophe unverändert beibehalten wurden. Die Binnenstrophen dagegen hat der unbekannte Textverfasser in recht freier Weise umgedichtet. Dabei wurden Strophe 2–3 zu Satz 2, Strophe 4 zu Satz 3, Strophe 5–7 zu Satz 4, Strophe 8 zu Satz 5 und Strophe 9–10 zu Satz 6.

Ähnlich wie in der Kantate des Vorjahres, BWV 48, bildet das Jesuswort zu dem Gichtbrüchigen »deine Sünden sind dir vergeben« den Anknüpfungspunkt; es weckt das eigene Sündenbewußtsein und mündet in die Zuversicht, daß Jesus nicht nur dem Gichtbrüchigen, sondern mit seinem Opfertode allen Menschen die Sünden weggenommen hat. So wenden die Sätze 1 bis 3 allmählich den Blick von der ausweglosen Lage des Sünders auf den Sühnetod Jesu. Den eigentlichen Umschwung zur zuversichtlichen Haltung bringt Satz 4, so daß der Sünder die Kraft findet, sich gegen den Satan aufzulehnen (Satz 5) und Gott bittet, Christi Tod möge auch ihm die ersehnte Erlösung bringen (Satz 6, 7). Dem Textdichter mußte daran gelegen sein, aus der Vielzahl der Strophentexte für die beiden Arien kräftige Bilder zu finden und so dem Komponisten Vorlagen zu liefern für eine charakteristische »Inventio« und einen hinreichenden Kontrast beider Arien zueinander. Die Wahl fiel für Satz 3 auf das Bild von der »göttlichen Quelle« voll Blut, das die Sündenflecken abwäscht – in seiner Drastik echt barock, aber in zahlreichen biblischen Bildern vorgezeichnet, z. B. in Psalm 51, 4 und 9 sowie in Offenbarung 1, 5 und 7, 14 –; und für Satz 5 wählt er das Bild des tobenden »Höllenheeres«, dessen Lärmen auf Geheiß des gläubigen Christen plötzlich verstummen muß, wenn dieser ihm Jesu Blut entgegenhält.

In seiner Komposition hat Bach noch ein übriges getan: Indem er die Rezitativsätze 2 und 6 jeweils als schlichtes Secco vertont, Satz 4 dagegen mit dem von der Oboe geblasenen Lied-Cantus-firmus kombiniert, hebt er den Satz hervor, der inhaltlich die entscheidende Wendung von der Verzweiflung zum Trost bringt und schafft zugleich in formaler Hinsicht ein Zentrum, um das sich die übrigen Sätze – von innen nach außen: Arie, Rezitativ, Choral – symmetrisch gruppieren.

Der Eingangssatz folgt der gewohnten Form: Die einzelnen Liedzeilen werden vom Sopran, verstärkt durch eine Trompete und unterbaut durch die übrigen Chorstimmen, in den selbständigen Orchestersatz (2 Oboen, Streicher, Continuo) hineingesungen. Ähnlich wie in der 14 Tage zuvor uraufgeführten Kantate 114 (462f.) wird die Thematik des Orchestersatzes, wenngleich sie sich selbständig und eigengesetzlich entwickelt, doch aus der Liedmelodie abgeleitet, wie der Beginn der Einleitungssinfonie im Vergleich zur Choralweise des Soprans erkennen läßt:

Auch die Umkehrung dieses Themas tritt bereits in Takt 3 auf; sie läßt sich aber auch als Ableitung aus der 2. Liedzeile deuten, die ihrerseits eine freie Umkehrung der Liedzeile 1 darstellt:

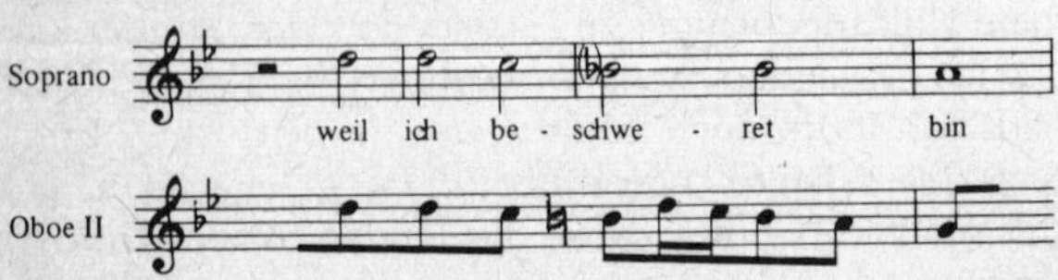

Dieses Thema samt seiner Umkehrung durchzieht den ganzen Eingangschor, es beherrscht nicht nur den Instrumentalsatz, sondern auch den vokalen Unterbau der Liedmelodie, der meist in imitatorischem, seltener in akkordlichem Satz gehalten ist. Auch 3- und 4-tönige Skalenfiguren – abwärts und aufwärts –

treten im Orchestersatz häufig auf und lassen sich, wenn nicht als Ableitungen des Themas, so doch im Sinne einer allgemeinen Affinität zu dem Liedanfang in Beziehung setzen.

Die beiden Arien bringen in ihrer musikalischen Anlage die Gegensätzlichkeit ihres Textinhalts zum Ausdruck, zeigen dessenungeachtet jedoch auch manche gemeinsamen Züge. Satz 3 ist geringstimmig (mit obligater Viola) instrumentiert, Satz 5 vollstimmig (mit Trompete und oboenverstärktem Streichersatz). In Satz 3 dominiert, dem Text entsprechend, die fließende Melodik der durchlaufenden Sechzehntelbewegung in der Viola; in Satz 5 herrscht kurzgliedrige, von »sprechenden« Pausen durchsetzte, scharf akzentuierte Rhythmik vor, wobei die einleitenden und auch später häufig auftretenden Dreiachtelmotive den Textbeginn »Verstumme« vorwegzunehmen scheinen. – Eine gewisse Ähnlichkeit beider Arien äußert sich in der Verwendung instrumentaler Spielfiguren. In Satz 3 wird dieses figurative Element zusammen mit einem viertönigen, abwärtsgerichteten Tonleiterausschnitt zur Charakterisierung der reichlich fließenden Quelle verwendet, und wenn Satz 5 ähnliche Figuren in Violine 1 (+ Oboen) zeigt, so mag auch darin ein textinterpretierendes Element zu sehen sein: Eben jene Quelle ist es, die das Höllenheer zum Verstummen bringt.

Der Schlußchoral ist in üblicher Form als schlichter, instrumentenverstärkter Chorsatz gestaltet.

Ich will den Kreuzstab gerne tragen · BWV 56

NBA I/24 – AD: ca. 21 Min.

1. Aria [B]: Ich will den Kreuzstab gerne tragen	g	$\frac{3}{4}$
2. Recitativo [B]: Mein Wandel auf der Welt	B–B	C
3. Aria [B]: Endlich, endlich wird mein Joch	B	C
4. Recitativo [B]: Ich stehe fertig und bereit	g–c	C, $\frac{3}{4}$
5. Choral: Komm, o Tod, du Schlafes Bruder	c	C

Der unbekannte Dichter des sprachlich besonders schön gelungenen Textes knüpft offenbar an die Kantatendichtung ›Ich will den Kreuzweg gerne gehen‹ zum 21. Sonntag nach Trinitatis aus Erdmann Neumeisters erstem Kantatenjahrgang (17) an. Vielleicht ist der Librettist derselbe, der bereits 3 Wochen zuvor in BWV 27 Neumeistersche Verse desselben Jahrgangs nachgedichtet hatte (456). Ausgangspunkt des Textes bildet wiederum das Sonntagsevangelium, und wenn auch die Heilung des Gichtbrüchigen nicht ausdrücklich erwähnt wird, so steht seine Gestalt doch stellvertretend für den Jünger Christi, der seinen »Kreuzstab« auf sich nimmt und unter »Plagen« seinen Weg geht, bis die Prophezeihung aus Offenbarung 7, 17 wahr wird: »Gott wird abwischen alle Tränen von ihren Augen« (Satz 1); denn auch dem Gichtbrüchigen hat Jesus seine Sünden vergeben, wie das Evangelium berichtet. Nun folgt mit Satz 2 ein anderes Bild, gleichfalls dem Lesungstext entnommen. Hatte dieser begonnen »Da trat er in das Schiff und fuhr wieder herüber und kam in seine Stadt« (Matth. 9, 1), so wird nunmehr das ganze Leben als eine Schiffahrt aufgefaßt; ihr Ziel, die Heimatstadt, ist das Himmelreich. Wieder helfen einige biblische Anspielungen, das Bild auszuschmücken: Mit den Worten »Ich will dich nicht verlassen noch versäumen« zitiert der Schreiber des Hebräerbriefes 13, 5 das Versprechen Gottes an Josua (Jos. 1, 5), und das Bild dessen, der »aus vielem Trübsal« kommt, entstammt Offenbarung 7, 14. Satz 3 ist erfüllt von der Freude auf die erhoffte Gemeinschaft mit dem Heiland. Der Text lehnt sich an das bekannte Wort Jesaja 40, 31 an: »Die auf den Herrn harren, kriegen neue Kraft, daß sie auffahren mit Flügeln wie Adler, daß sie laufen und nicht matt werden«. Zugleich erwacht die Todessehnsucht: »O gescheh es heute noch!« Diese Sehnsucht erfüllt Satz 4 und den Schlußchoral, die 6. Strophe des Liedes ›Du, o schönes Weltgebäude‹ von Johann Franck (1653). Zuvor jedoch wird ein Vers aus dem Eingangssatz wiederaufgenommen, eine Eigenheit, die wir in den Dichtungen des dritten Bachschen Kantatenjahrgangs mehrfach beobachten können (53 f.).

Bach hat den Text zum 27. Oktober 1726 komponiert, und zwar, wie der Kopftitel des Partiturautographs sagt, als »Cantata à Voce Sola e Stromenti«; denn mit Ausnahme des vierstimmigen Schlußchorals ist der Gesangspart durchweg dem Baß zugewiesen. So ist das Werk eines der wenigen aus Bachs Feder, das schon im Original die Bezeichnung »Cantata« trägt.

In der Eingangsarie, deren Besetzung das Gesamtinstrumentarium von 2 Oboen, Taille (= Oboe da caccia), Streichern und Continuo verlangt, hat Bach wohl mit Rücksicht auf die Länge des Textes eine unkonventionelle, dreiteilige Form vom Schema A A' B gewählt. Sie läßt sich als freie Barform deuten (der 1.

Stollen kadenziert auf der Dominante, der 2. Stollen auf der Subdominante); und dies entspricht auch dem Reimschema ab ab cc des Textes. Der A-Teil bezieht sein thematisches Material aus dem Eingangsritornell, dessen Kopfmotiv (es tritt zum Schluß eines jeden Ritornells sowie der Vokalteile A und A' jeweils auch einmal im Continuo auf) mit seinem übermäßigen Sekundschritt unmißverständlich den »Kreuzstab« symbolisiert, während die nachfolgenden, stufenweise fallenden Seufzerfiguren das »Tragen« abbilden: Nicht immer ist die Instrumentaleinleitung schon so deutlich wie hier im Blick auf die nachfolgende Textunterlegung erfunden:

Der zweite Teil (A') entspricht weitgehend dem ersten, variiert jedoch bezeichnenderweise den Beginn mit Rücksicht auf den neuen Text (»der führet mich nach meinen Plagen ...«). Der dritte Teil dagegen, der Abgesang (B) des Bars, bringt eine völlig neue, triolische, stark deklamatorische Gesangsthematik (»Da leg ich den Kummer auf einmal ins Grab ...«); lediglich die Instrumente stellen durch Zitat der obenerwähnten Seufzerfiguren in den Zäsuren des Gesangsparts die Beziehung zu den A-Teilen und zugleich die Verbindung zur Schlußwiederholung des Eingangsritornells her.

Satz 2 malt in seinen Violoncello-Begleitfiguren die Wellen des Meeres. Die Bewegung kommt zur Ruhe, sobald der Text bei den Worten »so tret ich aus dem Schiff ...« angelangt ist.

Die zweite Arie, Satz 3, bildet in ihrer freudigen Stimmung einen betonten Gegensatz zur ersten. Solo-Oboe und Solo-Baß konzertieren in ausgedehnter Figuration und Koloratur miteinander. Entgegen dem Eingangssatz folgt diese Arie der üblichen Dacapoform.

Satz 4 beginnt als Rezitativ mit Streicherbegleitung, mündet jedoch nach 7 Takten in die nur wenig veränderte zweite Hälfte des Abgesangs der ersten Arie. Auch die Seufzerfiguren der Streicher kehren in ihrer oben dargestellten Funktion als Überbrückung der Zäsuren wieder und geben dem Werk eine bei Bach selten anzutreffende betonte formale Abrundung.

Der Schlußchoral ist trotz seiner üblichen vierstimmigen Schlichtheit ein besonderes Meisterwerk. Schon die Textwahl ist glücklich, da der Wunsch, durch den Tod mit Jesus vereint zu sein, mit dem Bilde des im »sichern Port« anlegenden Schiffes verbunden wird und damit auf den Vergleich des Lebens mit einer Schiffahrt in Satz 2 zurückweist. In Bachs Satz wirkt die Umwandlung des Beginns der Crügerschen Melodie (Leipzig 1649) mit 2 Halben  in die Form 

mit ihrer emphatischen Synkope auf »Komm« schlechthin genial. Nicht weniger genial ist die Vertonung der vorletzten Zeile, in der man bei der Auflösung des verminderten Septakkordes nach G-Dur unmittelbar das Hindurchdringen durch den Schmerz des Todes in die Herrlichkeit wahrzunehmen glaubt:

[Untextiertes Fragment] · BWV Anh. 2

Das Autograph der Motette ›Der Geist hilft unser Schwachheit auf‹ zur Beerdigung des Thomasschulrektors Ernesti am 24. Oktober 1729 trägt auf seiner Rückseite ein 6taktiges Fragment:

J. J. Concerto Dominica 19 post Trinitatis à 4 Voci. 1 Violino Conc: 2 Violini | Viola e Cont. di Bach.

Offensichtlich ist dies der Anfang zu einer Kantate, und da der 19. Sonntag nach Trinitatis dieses Jahres auf den 23. Oktober, also einen Tag vor der Aufführung der Motette fiel, dürfen wir die Entstehung des Fragments getrost gleichfalls in das Jahr 1729 datieren. Wahrscheinlich ist eine weitere Ausführung des Werkes durch den eingetretenen Todesfall unterbrochen worden und zumindest vorläufig unterblieben. Ob wir die Skizze mit Picanders Text zu diesem Sonntag aus dem Jahrgang 1728/1729 (57f.) – ›Gott, du Richter der Gedanken‹ – in Zusammenhang bringen dürfen, bleibt fraglich: Der Text lag schon 1728 vor, könnte also auch schon um 1 Jahr früher vertont worden sein.

Zwanzigster Sonntag nach Trinitatis

EPISTEL: Eph. 5,15–21 (Wandelt vorsichtig, werdet voll des Geistes)

EVANGELIUM: Matth. 22,1–14 (Gleichnis vom königlichen Hochzeitsmahl)

Ach! ich sehe, itzt, da ich zur Hochzeit gehe · BWV 162

NBA I/25 – AD: ca. 18 Min.

1. ARIA [B]: Ach! ich sehe, itzt, da ich zur Hochzeit gehe	a/h[1]	C
2. RECITATIVO [T]: O großes Hochzeitsfest	C–d/D–e	C
3. ARIA [S]: Jesu, Brunnquell aller Gnaden	d/e	12/8
4. RECITATIVO [A]: Mein Jesu, laß mich nicht	a–C/h–D	C
5. ARIA DUETTO [A, T]: In meinem Gott bin ich erfreut	C/D	3/4
6. CHORAL: Ach, ich habe schon erblicket	a/h	C

Die Kantate ist in Weimar zum 3. November 1715 entstanden; den Text dazu entnahm Bach dem Jahrgang ›Evangelisches Andachts-Opffer‹ von Salomon Franck (26f.). Wie schon der Titel der Sammlung sagt, bezieht sich die Dichtung auf das Sonntagsevangelium, auf dessen voraufgegangene Lesung in Satz 4 ausdrücklich Bezug genommen wird: »... mit Schrecken hab ich ja vernommen, wie du den kühnen Hochzeitgast, der ohne Kleid erschienen, verworfen und verdammet hast!« Der Dichter erschrickt vor der großen Krisis, in die der Mensch hineingerät, indem er Gottes Einladung annehmen oder verwerfen kann, eine Lage, die durch die Schlußworte Jesu »viele sind berufen, aber wenige sind auserwählt« gekennzeichnet ist. Nach einem einleitenden Hinweis auf diese entscheidende Bedeutung der Einladung Gottes (Satz 1) – »Wohl und Wehe« hängt von meiner Antwort ab – betrachtet der Text Gottes große Liebe, die sich in dieser Einladung kundtut (Satz 2), bittet

1 Die zuerst genannte Tonart bezieht sich auf Chortonstimmung der Weimarer Aufführung, die darauffolgende auf die Leipziger Wiederaufführung in Kammertonstimmung.

Jesus um das erquickende Lebensbrot (Satz 3) und um Hilfe, daß der Gast sich als der Einladung würdig erweise (Satz 4), und schließt in der frohen Hoffnung, daß Gott dem Sünder, den er durch Jesu Tod gerecht gemacht hat, auch »nach diesem Leben« im Himmel ein Ehrenkleid geben werde (Satz 5). Den gleichen Gedanken nimmt auch der Schlußchoral auf, die 7. Strophe des Liedes ›Alle Menschen müssen sterben‹ von Johann Rosenmüller (1652).

Wie häufig bei Franck ist die Sprache emphatisch, vielfach schwärmerisch bis hin zu dem mystisch-sehnsüchtigen Anruf Christi »komm, vereine dich mit mir«. Ein bei Franck beliebtes Stilmittel, die Bildung poetischer Komposita (»Seelengift und Lebensbrot«, »Himmelsglanz und Höllenflammen«) läßt sich allenthalben beobachten, dazu der Gebrauch biblischer Bilder wie »Der Himmel ist sein Thron, die Erde dient zum Schemel seinen Füßen« (nach Jes. 66, 1), »so werd ich würdiglich das Mahl des Lammes schmecken« (nach Offenb. 19, 9) oder »daß er mir ... hat angezogen die Kleider der Gerechtigkeit« (nach Jes. 61, 10).

Insgesamt erweist sich Franck wiederum als der originellste und in poetischer Hinsicht wohl stärkste unter den Dichtern, deren Texte Bach zu diesem Sonntag vertont hat.

Bach hat die Weimarer Komposition in seinem ersten Leipziger Amtsjahr am 10. Oktober 1723 wiederaufgeführt und dazu einige Änderungen vorgenommen: Offenbar hat er erst zu dieser Aufführung eine Stimme für Corno da tirarsi (Zugtrompete) hinzukomponiert, ferner wurde der Tatsache, daß die Leipziger Aufführungen in Kammertonstimmung stattfanden, durch Höhertransposition Rechnung getragen, so daß die Instrumentalstimmen neu geschrieben werden mußten. Obwohl wir aber auf diese Weise das Werk in zwei Stimmengruppen vorliegen haben, scheint das Material doch nicht vollständig zu sein; jedenfalls ist es sehr unwahrscheinlich, daß die Sopran-Arie (Satz 3) in der uns überlieferten Weise auszuführen ist, also nur mit einer Continuobegleitung, die in den Ritornellen ganz auf sich allein gestellt ist und für diese Aufgabe doch reichlich wenig Substanz aufweist. Da Bachs Partitur jedoch verloren ist, fehlen uns über die mutmaßlich zu ergänzende(n) Partie(n) – vielleicht Oboe (da caccia?) – jegliche näheren Anhaltspunkte[2].

2 Die Veröffentlichung einer für die Praxis bestimmten Rekonstruktion mit 2 Violinen von Winfried Radeke befindet sich in Vorbereitung.

Die Kantate beginnt mit einer Baß-Arie, begleitet vom Gesamtinstrumentarium (soweit ersichtlich). Die imitatorisch-polyphone Struktur der drei Oberstimmen – Violine I, II und der durch Zugtrompete unterstützten Viola – steigert sich nach Einsatz der Singstimme stellenweise zu höchst klangvollem, dichtem Stimmengewebe, aus dem das Kopfmotiv

Violino I

immer wieder herauszuhören ist.

Die beiden Rezitativsätze 2 und 4 sind als Secco komponiert, die von ihnen umschlossene Arie (Satz 3) ist, wie erwähnt, unvollständig.

Das Alt-Tenor-Duett (Satz 5) ist wiederum nur continuobegleitet (auch dies spricht für das Fehlen einer Obligatstimme in Satz 3, sonst hätten wir den ungewöhnlichen Fall von 4 aufeinanderfolgenden Continuosätzen innerhalb einer 6sätzigen Kantate). In diesem Duett scheint jedoch nichts zu fehlen. Die quasi-ostinate Continuostimme ist durch weite, kräftige Intervallsprünge gekennzeichnet. Wie häufig in Bachs Duettsätzen läßt die vielgliedrige Form – hier: A B B C A C – noch deutlich die Verwandtschaft mit der motettischen Reihungsform erkennen (18).

Dem abschließenden schlichten Choralsatz liegt eine Melodie des Liedes (›Alle Menschen müssen sterben‹) zugrunde, die offenbar recht ungebräuchlich war, da sie Johannes Zahn (›Die Melodien der deutschen evangelischen Kirchenlieder‹, Nr. 6783) anderweitig nicht nachweisen konnte. Sie findet sich aber auch in einer Choralbearbeitung des Weimarer Stadtorganisten und Vetters Bachs, Johann Gottfried Walther (DDT 26/27, S. 32), scheint also damals in Weimar bekannt gewesen zu sein.

Schmücke dich, o liebe Seele · BWV 180

NBA I/25 – AD: ca. 28 Min.

1. [Choral]: Schmücke dich, o liebe Seele — F 12/8
2. Aria [T]: Ermuntre dich, dein Heiland klopft — C C
3. Recitativo [+ Choral. S]: Wie teuer sind des heilgen Mahles Gaben – Ach, wie hungert mein Gemüte — a–F C

4. Recitativo [A]: Mein Herz fühlt in sich Furcht und Freude B–B C
5. Aria [S]: Lebens Sonne, Licht der Sinnen B $\frac{3}{4}$
6. Recitativo [B]: Herr, laß an mir dein treues Lieben F–F C
7. Choral: Jesu, wahres Brot des Lebens F C

Die Evangelienlesung des Sonntags mit dem Heiligen Abendmahl in Beziehung zu bringen, ist ein naheliegender Gedanke, spricht doch der Paralleltext bei Lukas (14, 16–24) ausdrücklich von einem »groß Abendmahl« statt des bei Matthäus erwähnten Hochzeitsmahles. So hat der unbekannte Librettist Johann Francks Abendmahlslied (1649) zugrunde gelegt und dessen Rahmenstrophen 1 und 9 sowie Strophe 4 im Wortlaut beibehalten, die übrigen Strophen dagegen umgedichtet, und zwar die Strophen 2 und 7 zu Arien (Satz 2 und 5), Strophen 3 sowie 5–6 und 8 zu Rezitativen (Satz 3, 4, 6). Die Umdichtung folgt dem Gedankengang, ja bisweilen dem Wortlaut des Liedes recht genau, und über die allgemeine Beziehung zum Evangelium hinaus noch spezielle Berührungspunkte zu schaffen, hat der Textautor nicht für nötig befunden.

Bachs Komposition, entstanden zum 22. Oktober 1724, trägt fast in allen Sätzen einen überaus feierlichen, beinahe hymnischen Charakter. Daran wird deutlich: Im Gegensatz zu Francks Kantate 162 steht hier nicht die kritische Lage des Menschen, Gottes Einladung anzunehmen oder zu verwerfen, im Mittelpunkt, sondern das Hochzeitsmahl und die in der Einladung sich offenbarende Liebe Gottes zum Menschen. Der Eingangschor und beide Arien haben Tanzcharakter; wenngleich sie keine eigentlichen Tanzsätze sind, so steht doch Satz 1 der Gigue, Satz 2 der Bourrée und Satz 5 der Polonaise nahe.

Der Eingangssatz folgt der in Choralkantaten üblichen Form: Die Liedmelodie im Sopran, gestützt von den übrigen Singstimmen, ist zeilenweise in den thematisch eigenständigen Orchestersatz eingefügt. Charakteristisch für diesen Satz ist die völlige Unabhängigkeit der Orchesterthematik von der Choralweise sowie ein konzertierendes Alternieren der Instrumentengruppen – 2 Blockflöten, 2 Oboen (Oboe II = Oboe da caccia) und Streicher mit Continuo –, endlich ein stetes Beibehalten der imitatorischen Satzweise in den begleitenden Singstimmen. Wie die Instrumentalthematik, so sind auch die Imitationsmotive des vokalen Begleitsatzes meist cantus-firmus-unabhängig und aus einem einzigen Motiv

entwickelt – mit Ausnahme der (identischen) Liedzeilen 5 und 6 (»denn der Herr voll Heil und Gnaden läßt dich itzt zu Gaste laden«); in ihnen sind die vokalen Begleitstimmen aus der Choralmelodie abgeleitet. Vielleicht wollte Bach hierdurch die Einladung Gottes und ihre Bedeutung für den Menschen auch musikalisch hervorheben.

Mit einem Wecksignal und rhythmischen Sequenzfiguren, die vielleicht das »Klopfen« des Heilands abbilden sollen, setzt die obligate Flöte in Satz 2 ein, und auch der Tenor trägt mit seinen pointierten Rufen »ach öffne, öffne bald« zur Verstärkung des »ermunternden« Charakters der Arie bei. Auch dieser Satz stützt unsere Vermutung, Bach habe im Herbst 1724 einen fähigen Querflötenspieler zur Verfügung gehabt (50).

Satz 3 mündet nach nur wenigen rezitativischen Secco-Takten in die 4. Choralstrophe ein. Sie wird vom Sopran auf die ausdrucksvoll, wenngleich nicht übermäßig verzierte Liedmelodie gesungen und ist zeilenweise eingebettet in eine figurative, motivgeprägte Obligatpartie des Violoncello piccolo (50f.).

Auch der folgende Satz ist ein Rezitativ; doch hat Bach die Gefahr der Einförmigkeit geschickt vermieden durch Ausinstrumentierung des Satzes mit 2 Blöckflöten, die anfänglich in Haltetönen, allmählich aber bewegter begleiten. So werden in der zweiten Rezitativhälfte zunächst die Zäsuren des Singstimmenparts durch Achtel- und Sechzehntelbewegung überbrückt, und der Schluß des Satzes nähert sich bereits dem Arioso.

Homophoner Vollklang kennzeichnet die zweite Arie des Werkes (Satz 5); Streicher und Bläser spalten sich nur gelegentlich in den Gesangsabschnitten zu einzelnen Gruppen (ähnlich dem Eingangssatz) auf, meist dienen die Bläser zur Oberstimmenverstärkung des Streichersatzes. Dieser Vollklang verleiht dem Satz etwas Strahlendes, Hymnisches, zumal in den Rahmenteilen, während der Mittelteil, seinem Text entsprechend, mehr zur Geringstimmigkeit neigt.

Satz 6, ein knappes Seccorezitativ, mündet in ein abschließendes Arioso auf die Worte »und deiner Liebe stets gedenke«.

Der Schlußchoral hat die übliche Form des schlichten, instrumental verstärkten Chorsatzes.

Ich geh und suche mit Verlangen · BWV 49

NBA I/25 – AD: ca. 29 Min.

1. Sinfonia	E	3/8
2. Aria [B]: Ich geh und suche mit Verlangen	cis	3/8
3. Recitativo [S, B]: Mein Mahl ist zubereit'	A–A	C/3/8
4. Aria [S]: Ich bin herrlich, ich bin schön	A	C
5. Recitativo [S, B]: Mein Glaube hat mich selbst so angezogen	fis–E	C
6. Aria [+ Choral. S, B]: Dich hab ich je und je geliebet – Wie bin ich doch so herzlich froh	E	2/4

Die Kantate ist ausdrücklich als »Dialogus« bezeichnet und erweist sich damit als später Abkömmling der geistlichen Dialogkomposition des 17. Jahrhunderts, die, ausgehend von der Vertonung biblischer Zwiegespräche, später mit Vorliebe Jesus und die gläubige Seele als Dialogpartner einführte und so das Zwiegespräch aus der Sphäre des Berichts in die der persönlichen Empfindung versetzte: Der einzelne Christ selbst sieht sich nun Jesus als seinem Gesprächspartner gegenübergestellt.

So erklärt es sich auch, daß der biblische Vorwurf solcher Dialoge mit besonderer Vorliebe im Hohenliede Salomonis gesucht wird, jener Liebesdichtung, die schon nach altkirchlicher Tradition in eine Zwiesprache Christi (als Bräutigam) mit der Seele (als Braut) oder auch seiner Kirche umgedeutet wird. Die Kantate ›Ich geh und suche mit Verlangen‹ bezieht ihre Bilder gleichfalls vornehmlich aus diesem Buch der Bibel, wenngleich auch auf andere Schriftworte angespielt wird.

Den Anlaß zur Wahl dieses Stoffes findet der unbekannte Textdichter im Evangelium des Sonntags, dem Gleichnis vom königlichen Hochzeitsmahl, dem er freilich nur einzelne Züge entnimmt: Jesus selbst ist der Bräutigam, die Seele seine Braut, die zur Hochzeit geladen und um ihres Glaubens willen von Jesus angenommen wird. Die zweimalige Einladung des Königs ist hier also zu einer zusammengefaßt, die Absage der zuerst geladenen Gäste bleibt unerwähnt, die Unwürdigkeit derer, die als Ersatz geladen sind, wird nur andeutungsweise offenbar (»Die Majestät ruft selbst und sendet ihre Knechte, daß das gefallene Geschlechte im Himmelssaal bei dem Erlösungsmahl zu Gaste möge sein«). Auch die im Gleichnis angehängte Erzählung von dem Gast, der in die Finsternis geworfen wird, weil er kein hochzeitliches Kleid trägt, erscheint, sofern überhaupt, dann nur ins Positive gewendet: Die von Jesus als Braut erwählte Seele darf von sich sagen: »Ich bin herrlich, ich bin schön ... meines Heils Gerechtigkeit ist mein Schmuck und Ehrenkleid«. Dafür finden sich zahlreiche andere biblische Bilder wie das von der Taube, mit der die Braut verglichen wird (Hoheslied 5, 2; 6, 9), vom fetten Mahl, das der Herr den Völkern zubereitet hat (Jes. 25, 6), von dem Bund, den der Herr mit Israel geschlossen hat (Hosea 2, 21: »Ich will mich mit dir verloben in Ewigkeit«), von der Treue bis an den Tod, die die Lebenskrone erringt (Offenb. 2,10), von dem vor der Tür stehenden und anklopfenden Herrn (Offenb. 3, 20), während der Beginn der Schlußarie auf das Wort des Propheten Jeremia (31, 3) deutet: »Ich habe dich je und je geliebt; darum habe ich dich zu mir gezogen aus lauter Güte«.

Bach hat diesen Text 1726 komponiert und erstmals am 3. November dieses Jahres aufgeführt. Vorangestellt ist der Textvertonung eine großangelegte Sinfonie mit konzertierender Orgel, ein Satz, der ursprünglich das Finale eines dreisätzigen Instrumentalkonzerts, vermutlich aus Bachs Köthener Zeit, gebildet hatte. Es ist dasselbe Konzert – die Urform zu BWV 1053 –, dem Bach für die nur 14 Tage zuvor aufgeführte Kantate 169 ›Gott soll allein mein Herze haben‹ die beiden vorangehenden Sätze entnommen hatte (55). Den so erweiterten Kantaten haftet durch ihre groß dimensionierten Konzertsätze ein ausgesprochen virtuos-dekorativer Zug an, der der Kantate als »Predigtmusik« von Natur aus nicht eigen ist. Vielleicht wollte Bach mit ihm das Fehlen eines Chores ausgleichen; in unserer Kantate entsteht überdies der Eindruck einer Hochzeitsmusik, die die späteren Worte des Bräutigams »Mein Mahl ist zubereit' und meine Hochzeittafel fertig« illustrieren hilft. Nicht zuletzt ist dieser konzertante Charakter aber auch ein Beweis für jene Freiheit des Luthertums, die in der Ausübung des von Gott aufgetragenen Amtes – hier des kunstreichen Musikers – eine legitime Form des Gottesdienstes sieht.

Auch die folgenden Sätze erhalten durch reichliche Verwendung der obligaten Orgel einen betont virtuosen Zug. So erklingt nach der Sinfonie die Eingangsarie ›Ich geh und suche mit Verlangen‹ in kontrastierendem cis-Moll, nur von der obligaten Orgel und Continuo begleitet. Die weiten Intervallsprünge ihres Eingangsritonells, die sich bald nach oben, bald nach unten wenden, mag man als das eifrige Suchen des Bräutigams deuten. Ihre Form steht der Rondostruktur des Konzertsatzes näher als der klaren Dreigliederung der Dacapo-Arie.

Das nun folgende Dialogrezitativ hat ausgesprochen dramatischen Charakter. Wird schon sein Beginn durch begleitende Streicher aus der Ebene des schlichten Seccorezitativs herausgehoben, so beginnt auf die Worte »Komm, Schönste, komm und laß dich küssen« ein regelrechtes Liebesduett in tänzerischem Dreiertakt, wie es jeder Oper zur Zierde gereicht hätte.

Auch die folgende Sopran-Arie (Satz 3) in der erlesenen Instrumentierung mit einer Oboe d'amore und Violoncello piccolo (50f.) ist ein Meisterstück Bachscher Charakterisierungskunst; und vielleicht deuten wir nicht zuviel in sie hinein, wenn wir in den Komplementärfiguren, die Oboe d'amore und Violoncello piccolo einander zuwerfen, das Sichdrehen und -wenden einer im Reifrock geschmückten Braut zu sehen glauben, die sich in ihrer Schönheit mit Wohlgefallen betrachtet.

War aber schon im Mittelteil dieser Arie durch den Vergleich des Hochzeitskleides mit der von Christus geschenkten Rechtfertigung des Sünders der Weg gewiesen, den uns der Gedankengang der Kantate führen will, so finden wir im folgenden Rezitativ die Anwendung des Gleichnisses deutlich ausgesprochen: Im Glauben an Christus ist das abgefallene Menschengeschlecht zum himmlischen Erlösungsmahl eingeladen.

Das abschließende Duett gehört zu den kunstreichsten Kantatensätzen, die wir aus Bachs Feder kennen. Formal galt es, den Choral so in den Satz einzubauen, daß trotz Fehlen eines Chores der Eindruck des Abschlusses aufkommt. Gleichzeitig war ein Gegenstück zu der konzertanten Virtuosität der Eingangssätze zu schaffen, das eine ausgewogene Großform entstehen ließ. Bach hat beide Aufgaben genial gelöst. Der Choral, die 7. Strophe des Liedes ›Wie schön leuchtet der Morgenstern‹ von Philipp Nicolai (1599), erklingt in langen Notenwerten im Sopran, wodurch der Symbolcharakter unseres Dialogs – die Braut als Einzelseele steht zugleich auch für die von Christus gegründete Kirche, die Gemeinde der zu Gott Auserlesenen – endgültig offenbar wird. In gleicher Weise haben aber auch die Instrumente und mit ihnen die obligate Orgel ebenso wie die Partie des Solobasses Anteil an der Choralsubstanz: Der Beginn der Liedweise mit seinem Quintaufschwung und Terzabfall ist im Ritornell wie in der Baßmelodie deutlich wahrnehmbar:

Die simultane Doppeltextigkeit der Sopran- und Baßpartie krönt den Dialogcharakter, was besonders im Abgesang beim Zusammenklang der Worte »Ich komme bald, mach auf, mein Aufenthalt« (Baß) und »Amen, amen, komm, du schöne Freudenkrone« (Sopran) offenbar wird. Die Form des Satzes ist durch die Barform des Chorals bestimmt. Als Rahmen dient ihr ein instrumental vorgetragenes Ritornell, in dessen Schlußwiederholung auch der Baßpart mit den Anfangsworten des Satzes eingefügt ist, – eine Satzweise, die zugleich als abschließende Steigerung und als Andeutung einer Dacapoform wirkt.

Unsere Kantate gehört zu denjenigen Werken, deren Inhalt sich bei oberflächlicher Betrachtung nicht sofort in seiner Bedeutung erschließt. Zu nahe liegt hier der Einwand, Bach habe durch einen reichen Aufwand musikalischer Schönheiten über das eigentlich Anstößige des Gleichnisses hinwegmusiziert, ebenso wie ja schon der Dichter das, was das Gleichnis an erschreckenden Zügen enthält, großherzig beiseitegelassen hatte. Dem wäre jedoch entgegenzuhalten, daß nicht nur die hochzeitliche Freude, die aus dieser Musik spricht, sondern auch der Schrecken des Todes, wie er sich in andern Kantaten Bachs findet, damals noch viel unmittelbarer erlebt wurden als heute, wobei stets das eine die notwendige Ergänzung zum andern bildet. Wer in einer Osterkantate singen konnte »Letzte Stunde, brich herein«, ohne dem Sinn des Festes Gewalt anzutun, der konnte sich auch an der »Weltlichkeit« unserer Kantate erfreuen, ohne den Gedanken an Finsternis und Tod in der Weise auszuschalten, in der das unsere spezialisierte »Welt« heute tut.

Einundzwanzigster Sonntag nach Trinitatis

EPISTEL: Eph. 6,10–17 (Ergreift den Harnisch Gottes, damit ihr, wenn der böse Tag kommt, das Feld behaltet)
EVANGELIUM: Joh. 4,47–54 (Heilung des Sohnes eines Königischen, nachdem dieser an Jesus glaubt)

Ich glaube, lieber Herr, hilf meinem Unglauben · BWV 109

NBA I/25 – AD: ca. 25 Min.

1. [CHOR]: Ich glaube, lieber Herr, hilf meinem Unglauben	d	C
2. RECITATIVO [T]: Des Herren Hand ist ja noch nicht verkürzt	B–e	C
3. ARIA [T]: Wie zweifelhaftig ist mein Hoffen	e	C
4. RECITATIVO [A]: O fasse dich, du zweifelhafter Mut	C–d	C
5. ARIA [A]: Der Heiland kennet ja die Seinen	F	3/4
6. CHORAL: Wer hofft in Gott und dem vertraut	d–a	C

Die Evangelienlesung des Sonntags hat die Frage nach dem Glauben zum Gegenstand; die Krankenheilung bildet lediglich den Anlaß hierzu. Jesus sagt: »Wenn ihr nicht Zeichen und Wunder sehet, so glaubet ihr nicht«; doch der Vornehme (»Königische«) glaubt, als Jesus ihm sagt »Gehe hin, dein Sohn lebt«, und weil er glaubt, so will das Evangelium sagen, wird ihm geholfen.

Der unbekannte Dichter des Kantatentextes stellt das Wort aus einem ähnlichen Bericht, Markus 9, 24, an den Beginn. Mit diesem Wort redet der Vater eines Besessenen Jesus an, und es kennzeichnet wie kaum ein anderes das Zerrissensein des Menschen zwischen Glauben und Zweifel. Die folgenden Sätze bilden fast eine Art »Dialogus zwischen Furcht und Hoffnung«, wie ihn Bach 3 Wochen später in Kantate 60 vertont hat; Satz 2 schwankt ständig zwischen Zuversicht und Mutlosigkeit, so daß man ihn sich leicht als Zwiegespräch denken könnte, dem dann in Satz 3 eine Arie der »Furcht« folgt. In den Sätzen 4 und 5 wird dann die »Furcht« durch die »Hoffnung« wieder aufgerichtet. Freilich, ob der Dichter wirklich etwas ähnliches im Auge gehabt hat (und wenn ja, warum Bach dann Satz 2 nicht als Wechselrede vertont hat), bleibt ungewiß.

Wie in vielen Kantatentexten ist die Sprache des Dichters nicht nur im allgemeinen der biblischen stark angenähert; sie enthält auch einige offensichtliche Anspielungen. Dies gilt besonders für Satz 2, dessen Anfangszeilen »Des Herren Hand ist ja noch nicht verkürzt, mir kann geholfen werden« nicht allein auf 4. Mose 11, 23 abzielen (»Ist denn die Hand des Herrn verkürzt?«), sondern gleicherweise auf Jesaja 59, 1 (»des Herrn Hand ist nicht zu kurz, daß er nicht helfen könne«). Die Wendung »sein Vaterherze bricht« deutet auf Jeremia 31, 20, ferner »es bleibet mir um Trost sehr bange« auf Jesaja 38, 17 und endlich die Schlußfrage »Ach Herr, wie lange?« auf Psalm 6, 4. In den Zweifeln des folgenden Ariensatzes »Des Glaubens Docht glimmt kaum hervor, es bricht dies fast zustoßne [= zerstoßne] Rohr« klingt zugleich die hoffnungsvolle Zusage aus Jesaja 42, 3 mit: »Das zerstoßene Rohr wird er nicht zerbrechen, und den glimmenden Docht wird er nicht auslöschen«.

Den Umschwung bringt Satz 4: Jesus wird, wie er einst Wunder getan hat, auch heute noch die retten, die an ihn glauben, selbst wenn die Erfüllung noch fern zu sein scheint; denn »Der Heiland kennet ja die Seinen« (vgl. Joh. 10, 14 bzw. 27). Den Abschluß bildet die 7. Strophe des Liedes ›Durch Adams Fall ist ganz verderbt‹ von Lazarus Spengler (1524).

Bachs Komposition ist im Rahmen seines ersten Leipziger Kantatenjahrgangs zum 17. Oktober 1723 entstanden. Ähnlich wie am Sonntag zuvor für die Wiederaufführung der Weimarer Kantate 162 hat Bach auch zu dieser Komposition nachträglich eine Füllstimme für »Corne du Chasse« angefertigt, die in der Partitur nicht vorgesehen war (in Satz 1 verstärkt sie meist die 1. Violine, in Satz 6 die Choralmelodie des Soprans) und deren Umfang das erforderte Instrument als »Corno da tirarsi« ausweist; auf Naturhorn ist sie nicht ausführbar.

Der Eingangssatz ist auffallend locker gefügt und enthält im Orchester- wie im Chorsatz starke konzertierende Elemente. Bemerkenswert ist die thematische Selbständigkeit des instrumentalen Parts gegenüber dem vokalen: Das ausgedehnte Einleitungsritornell des Orchesters – 2 Oboen, Streicher, Continuo und Horn (siehe oben) – besteht aus einer wechselnden Folge von Tuttiabschnitten und Solopartien, in denen Oboe 1 und Soloviolíne 1 miteinander konzertieren. Das Ritornell ist aus einem Motiv entwickelt, das zwar auch zu den Vokalteilen immer wieder instrumental erklingt, sich jedoch trotz seiner »sprechenden« Gestik für die Aufnahme des hier vertonten

Gesangstextes als ungeeignet erweist und daher als Anfangsthema des Vokalteils stark umgeformt wird, wie die folgende Gegenüberstellung zeigt:

Die Akzentverlagerung der vokalen Umformung wird beim Vergleich deutlich. Die Weiterführung des Vokalteils vollzieht sich wie die des Ritornells im vielfältigen Wechsel von einstimmigen (solistischen?), duettierenden und vollstimmigen Chorpartien mit selbständiger Führung des Orchesters, das bald dominiert – bei eingefügtem Choreinbau (32 f.) –, bald hinter den Singstimmen begleitend zurücktritt. Auch der Stimmtausch in Wiederholungsabschnitten ist ein wichtiges Bauelement dieses Satzes. Allen diesen Elementen dürfte sowohl textexegetische (Wechsel zwischen Glauben und Unglauben) als auch konstruktive Bedeutung (Darbietung eines extrem kurzen Gesangstextes) zukommen.

Im folgenden Seccorezitativ sind zuversichtliche und zweifelnde Aussagen durch Forte- und Pianobezeichnungen zum Singstimmenpart voneinander abgehoben. Die Schlußfrage (nach Ps. 6, 4) ist als arioser Ausklang komponiert.

Satz 3, ein vollstimmiger Streichersatz mit starker Dominanz der 1. Violine, charakterisiert das Schwanken zwischen Angst und Hoffen, von dem im Text die Rede ist, durch markante Rhythmik und weite Intervalle. Auch der vielfache Wechsel zwischen Streicherbegleitung und Continuosatz in den Gesangsteilen mag programmatisch als Abbild des Stimmungswechsels gemeint sein.

Der Schlußchoral folgt nicht dem üblichen Modell des homophonen Chorsatzes mit colla parte geführten Instrumenten. Der zeilenweise vorgetragene, durch Zwischenspiele gegliederte Vokalsatz trägt die Liedweise in Halbenoten im Sopran (+ Horn) vor, während der akkordliche Unterbau der übrigen Singstimmen bewegter (in Viertel- und Achtelwerten) verläuft. Eingebettet ist dieser Choralsatz in einen ausgedehnten, figurativen Orchesterpart.

Durch diese Betonung des Schlußsatzes entsteht eine – zumindest angedeutete – Symmetrieform: Zwei Chöre als Außen- und zwei Arien als Binnenglieder werden durch eingefügte Rezitative untereinander verbunden.

Aus tiefer Not schrei ich zu dir · BWV 38

NBA I/25 – AD: ca. 21 Min.

1. Choral: Aus tiefer Not schrei ich zu dir	e	¢
2. Recitativo [A]: In Jesu Gnade wird allein	C–a	C
3. Aria [T]: Ich höre mitten in den Leiden	a	C
4. Recitativo [S]: Ach! daß mein Glaube noch so schwach	d–d	C
5. Terzetto [S, A, B]: Wenn meine Trübsal als mit Ketten	d	¢
6. Choral: Ob bei uns ist der Sünden viel	e	C

Das Werk ist eine Choralkantate (44ff.), von Bach zum 29. Oktober 1724 komponiert. Zugrunde liegt ihr Martin Luthers Lied (1524), eine Nachdichtung des 130. Psalms, das diesem Sonntag in Leipzig schon von alters her zugeordnet war, da es die Hauptgedanken der Sonntagslesung widerspiegelt: den Hilferuf (des Königischen) aus der Not und das Leben aus Glauben und Vergebung. Der unbekannte Librettist hat diese Beziehungen noch nachdrücklicher betont. Die Rahmenstrophen (1 und 5) sind wie üblich im Wortlaut beibehalten, die Binnenstrophen frei nachgedichtet, und zwar die Strophen 2 und 3 zu den Sätzen gleicher Zählung, Strophe 4 zu Satz 5. Satz 4 hat keine unmittelbaren Beziehungen zum Lutherlied, er spinnt Gedanken aus den Strophen 3 und 4 weiter und stellt am deutlichsten die Beziehung zur Evangelienlesung her. So läßt sich der Beginn des 4. Satzes allenfalls noch als Reflexion der Lutherverse »Darum auf Gott will hoffen ich, auf mein Verdienst nicht bauen ...« verstehen:

Ach!
Daß mein Glaube noch so schwach,
Und daß ich mein Vertrauen
Auf feuchtem Grunde muß erbauen!
Wie ofte müssen neue Zeichen
Mein Herz erweichen!

Viel deutlicher als die Beziehung zum Lutherlied ist jedoch die Anspielung auf die Jesusworte des Evangeliums »Wenn ihr nicht Zeichen und Wunder sehet, so glaubet ihr nicht«. Mehrfach werden die Lutherworte »... sein wertes Wort, das ist mein Trost und treuer Hort« im Kantatentext aufgegriffen: Das Wort »Trost« tritt insgesamt dreimal, »Trostwort« dazu noch zweimal auf. Denn dieses »einzig Trostwort«, das »mein Jesus spricht«, ist wiederum ein Wort des Evangeliums: »Gehe hin, dein Sohn lebt!«, und dieses Wort wird als Gewähr dafür empfunden, daß »Jesu Geist und Wort« auch heute noch »neue Wunder tun« und daß darum auch mir »die Rettungsstunde« erscheinen wird. So sind Lutherlied und Evangelium in der Kantatendichtung auf mannigfache Weise miteinander verwoben.

Ähnlich wie einige Monate zuvor in seiner Kantate 2 ›Ach Gott, vom Himmel sieh darein‹ hat Bach auch in dieser Komposition die altehrwürdige phrygische Choralmelodie des Lutherliedes im Eingangschor nicht nach Art der meisten übrigen Choralkantaten einem konzertanten Orchestersatz eingegliedert, sondern in der traditionsgebundenen Form der motettischen Choralbearbeitung vertont. Alle Instrumente – 4 Posaunen, Streicher, ferner 2 Oboen, die die Sopranmelodie verstärken – gehen mit den Singstimmen; nur der Continuo macht sich zeitweise vom Baß selbständig. Jede Liedzeile wird auf die gleiche Weise vorgetragen: Vorbereitet im imitierenden Satz der drei Unterstimmen nach Art einer Fugenexposition, erklingt sie schließlich in doppelten Notenwerten im Sopran. Als charakteristisch für diesen Kantatensatz darf gelten, daß außer der jeweiligen Liedzeile auch ein in den Unterstimmen zu ihr entwickelter Kontrapunkt an Bedeutung gewinnt, da er, nachdem im Abschnitt der Vorimitation seine eigentliche Aufgabe erfüllt ist, auch in der anschließenden Begleitung des Sopran-Cantus-firmus, losgelöst von seinem Liedzeilenthema ein Eigenleben entfaltet, also selbst Themencharakter annimmt.

Jeder Zeilenabschnitt beginnt wieder geringstimmig und wächst zur Vollstimmigkeit an, doch wird ein einstimmiger Beginn jedes Abschnitts durch selbständige Continuoführung und zuweilen auch durch das sofortige Auftreten des der Liedzeile zugeordneten Kontrapunkts (siehe oben) vermieden. In Zeile 6 (»was Sünd und Unrecht ist getan«) tritt der – diesmal chromatische – Kontrapunkt auch in der Umkehrung auf, wobei sowohl die Chromatik als auch die Satztechnik der Umkehrung die Textworte »Sünd und Unrecht« interpretieren.

Der ganze Satz wirkt streng und altertümlich. Trotzdem trägt er den Stempel des unverwechselbaren Bachschen Personalstils, der zumal in der erwähnten starken Chromatisierung der 6. Liedzeile zum Ausdruck kommt, daneben auch in den stark deklamatorischen Kontrapunkten »Herr Gott, erhör mein Rufen« (Zeile 2) und »wer kann, Herr, vor dir bleiben« (Zeile 7). Vierzehn Jahre später wird Bach dieselbe Melodie nochmals in verwandter Satzweise als Orgelchoral innerhalb des III. Teils seiner ›Klavierübung‹ bearbeiten. Ein Vergleich beider Sätze zeigt die Richtung, in der sich Bach weiterentwickelt hat: Hervorstechendes Merkmal des späteren Satzes ist die noch fließender, noch linearer durchgeformte Stimmigkeit; dagegen tritt in diesem Orgelsatz das Charakteristikum des (früheren) Vokalsatzes, nämlich die verschiedenartige Formung der Einzelabschnitte je nach ihrem Textgehalt, zurück[1].

Auf Satz 2, ein schlichtes, doch eindringlich deklamierendes Seccorezitativ, folgt die Tenor-Arie (Satz 3), instrumentiert mit 2 obligaten, weithin parallelgeführten Oboen. Auffällig ist der Beginn in scheinbarem 3/2-Takt; erst später wird dem Hörer die geradtaktige Ordnung des Satzes bewußt. Der gleich zu Beginn auftretende synkopische Rhythmus ♪♩ ♫ beherrscht den ganzen Satz und gibt ihm einen freudig-belebten Charakter, der auf das »Trostwort« weist, von dem der Text redet.

Satz 4 entfernt sich textlich, wie wir sahen, am weitesten von Luthers Dichtung und nimmt unmittelbar auf die Evangelienlesung Bezug. Vielleicht bildete dies für Bach den Anlaß, die Komposition ihrerseits enger mit dem Lutherlied zu verbinden, indem er die Choralmelodie in den Continuo legt und das Rezitativ »a battuta«, also in festem Rhythmus singen läßt. Nach dem 1. Stollen bricht die Liedmelodie aus a-Phrygisch nach d-Phrygisch um, im übrigen bleibt sie unverändert (wenn man von der zeitüblichen fakultativen Erhöhung der 3. Tonstufe absieht). Trotzdem kommt es dem Hörer schwerlich zum Bewußtsein, daß er es mit einem Cantus-firmus-Satz zu tun hat, so geschickt kombiniert Bach die textausdeutende Singstimme mit dem vorgegebenen Unterbau.

An Stelle einer zweiten Arie enthält die Kantate ein continuobegleitetes Terzett. Formal ist es zweiteilig; beide Teile (A B) stehen einander in einem relativen Kontrast gegenüber, der textlich durch die Worte »Trübsal« und »Trost« charakterisiert

[1] Vgl. dazu Christoph Wolff, Der Stile antico in der Musik Johann Sebastian Bachs. Studien zu Bachs Spätwerk, Wiesbaden 1968, S. 69f.

ist. Dennoch zielt Bachs Komposition zugleich auf Vereinheitlichung und wechselseitige Durchdringung beider Teile, da Partien aus dem ersten Teil des Satzes im zweiten wiederkehren. Auf ein Continuoritornell, dessen Sequenzfiguren eine klare Zweitaktgliederung (α α' α' α") erkennen und eine Art Passacaglia als Satzform erwarten lassen, setzt der Gesangsteil unvermutet in imitierendem Satz mit einem neuen, chromatischen Thema ein – diese Satzweise erinnert an den Eingangschor –, das den A-Teil beherrscht und erst ganz am Schluß auch wieder Ritornellmotivik aufkommen läßt. Als gliederndes Zwischenspiel folgt das dominantversetzte Continuoritornell; dann bringt Teil B wiederum ein neues Thema (»Wie bald erscheint des Trostes Morgen«), das jedoch im Nachsatz (»auf diese Nacht der Not und Sorgen«) in das Thema des A-Teils mündet, in dessen Ritornellanklänge weiterführt, aber – nicht genug damit – in erweitertem Schluß auch noch das vollständige Ritornell in Baß und Continuo bringt, ehe der Vokalteil endet und eine rein instrumentale Wiederholung des Continuoritornells den Satz beschließt.

Ein schlichter Choralsatz beendet das Werk.

Was Gott tut, das ist wohlgetan · BWV 98

NBA I/25 – AD: ca. 17 Min.

1. [Choral]: Was Gott tut, das ist wohlgetan	B	$\frac{3}{4}$
2. Recitativo [T]: Ach Gott! wenn wirst du mich einmal	g–Es	C
3. Aria [S]: Hört, ihr Augen, auf zu weinen	c	$\frac{3}{8}$
4. Recitativo [A]: Gott hat ein Herz, das des Erbarmens Überfluß	g–d	C
5. Aria [B]: Meinen Jesum laß ich nicht	B	₵

Entgegen den beiden Werken gleichen Textanfangs BWV 99 und 100 ist dieses keine Choralkantate, sondern auf einen Text von ungewöhnlicher Form komponiert: Wohl bildet ein Choral den Beginn, doch fehlt der übliche Schlußchoral. Inhaltlich knüpft die Dichtung des unbekannten Verfassers an das Sonntagsevangelium an, doch geht sie nicht auf Einzelheiten ein: Der Glaubende darf vertrauen, daß seine Bitte um Errettung Gehör finden wird, wie es das Wort der Bergpredigt »klopfet an, so wird euch aufgetan« (Matth. 7, 7) bekräftigt (Satz 4). Darum, so sagt Satz 5 mit einer Anspielung auf 1. Mose 32, 27 (»Ich lasse dich nicht, du segnest mich denn«):

Meinen Jesum laß ich nicht,
Bis mich erst sein Angesicht
Wird erhören oder segnen.

Bach hat die Kantate zum 10. November 1726 komponiert, sie ist also ihrer Entstehungszeit nach die mittlere der drei Kantaten gleichen Textanfangs (BWV 99: 1724, BWV 100: um 1732/1735), zugleich hat sie von allen drei Kantaten (sofern ein Vergleich von Werken mit zufällig gleichem Textanfang erlaubt ist) den intimsten Charakter; sie ist nicht nur die kürzeste, sondern auch am meisten auf einen kammermusikalischen Ton gestimmt.

Dieser Charakter offenbart sich besonders im Eingangschor. Formal steht er den Anfangssätzen der Choralkantaten nahe: Dem selbständigen Instrumentalpart ist der Chorsatz mit der Liedmelodie im Sopran zeilenweise eingefügt. Jedoch ist der »Instrumentalsatz« in seiner Bedeutung stark gemindert: Er wird nur von den Streichern gebildet, während die Oboen (Oboe I, II, Oboe da caccia) mit den Singstimmen gehen. Und selbst innerhalb der Streicher dominiert die I. Violine so sehr, daß wir praktisch einen ausinstrumentierten Generalbaßsatz mit obligater Violine vor uns haben, – ein beträchtlicher Unterschied zu den Choralkantaten, in denen das konzertante Wechselspiel der Instrumente so stark hervortritt! Auch der Chorsatz ist überwiegend akkordlich-homophon; nur die Schlußzeile ist freipolyphon und (unter dem langgehaltenen Schlußton der Liedmelodie) weiter ausgedehnt. Der Reiz des Satzes liegt jedoch besonders in der geradezu »sprechenden« Violinthematik, mit der Bach, so scheint es uns, das Schwanken zwischen Zweifel und Gottvertrauen musikalisch abgebildet hat. Dieser beinahe dramatische Charakter wird dadurch verstärkt, daß Streicher und Chor während der beiden Stollen des Liedes in alternierendem Nacheinander hervortreten, das erst im Abgesang zum simultanen Miteinander wird.

Nun folgen zwei Doppelglieder Rezitativ – Arie, deren Rezitative jeweils als schlichtes Secco komponiert sind. Auch die Arien gleichen einander in der Satzweise: Beide sind jeweils mit einem obligaten Instrumentalpart ausgestattet, deren erster (Satz 3) von Solooboe und deren zweiter (Satz 5) von chorisch besetzten Violinen (I und II) ausgeführt wird. Um jedoch den abschließenden Charakter der zweiten Arie zu bekräftigen, läßt Bach, gleichsam als Ersatz für den fehlenden Schlußchoral, ihre Anfangszeile »Meinen Jesum laß ich nicht« auf die leicht variierte Melodie des gleichnamigen Liedes von Christian Keymann (1658) singen:

Dies verleiht der Arie eine zwiefache Funktion: Sie ist zugleich persönlicher Ausdruck des Einzelchristen, der sich in der Arienform, im Sologesang, in der Ichform der Aussage und in der ausdrucksvoll verzierten Liedweise widerspiegelt, zugleich aber auch Ausdruck der versammelten Gemeinde: Dies bezeugt die Choralmelodie als Symbol der von Christus gegründeten Kirche.

Ich habe meine Zuversicht · BWV 188

NBA I/25 – AD: ca. 29 Min.

1. [Sinfonia]	d	[¢]
2. Aria [T]: Ich habe meine Zuversicht	F	$\frac{3}{4}$
2. Recitativo [B]: Gott meint es gut mit jedermann	C–C	C, $\frac{6}{8}$
4. Aria [A]: Unerforschlich ist die Weise	e	C
5. Recitativo [S]: Die Macht der Welt verlieret sich	C–a	C
6. Choral: Auf meinen lieben Gott	a	C

Die Kantate gehört jenem Jahrgang an, dessen Texte Bachs bevorzugter Leipziger Dichter Picander (56f.) im Jahre 1728 veröffentlicht hat. Die Komposition wird daher wohl 1728 oder bald darauf entstanden sein. Wie auch die übrigen der aus diesem Jahrgang erhaltenen Kantaten (57) ist sie nur mangelhaft überliefert; und gerade in *diesem* Falle offenbart sich besonders kraß der ganze beschämende Unverstand der Nachwelt: Bachs

Partiturautograph wurde nämlich in zahllose kleine Streifen zerschnitten, sei es aus Gewinnsucht (um beim Verkauf höhere Summen zu erzielen), sei es, daß der Besitzer möglichst vielen seiner Freunde eine Reliquie vom »großen Sebastian« verehren wollte. Reste der Partitur befinden sich heute in Bibliotheksbesitz in Berlin, Eisenach, Paris, Washington (USA) und Wien sowie in verschiedenem Privatbesitz; ein Großteil jedoch, und mit ihm fast die gesamte Sinfonia, ist wohl auf immer verloren. Während sich aber die Sätze 2 bis 6 aus späteren Abschriften vervollständigen lassen, wissen wir von der Sinfonia kaum mehr, als daß sie musikalisch mit Satz 3 des als Cembalokonzert d-Moll BWV 1052 bekannten Werkes übereinstimmte – seine Urform als Violinkonzert ist gleichfalls verloren[2] –, daß sie eine obligate Orgel verlangte und daß außerdem 3 Oboen (Oboe I, II, Oboe da caccia) hinzukomponiert waren, deren Part sich jedoch bis auf die Schlußtakte nicht erhalten hat. Die Kantate wird daher heute üblicherweise ohne die Einleitungssinfonie aufgeführt.

Mit seinem Text knüpft Picander recht unverbindlich an das Sonntagsevangelium an, dem er nur die allgemeine Lehre entnimmt, daß Gottvertrauen belohnt werde, selbst wenn es vorübergehend so scheine, als sei Gott grausam. Wie der unbekannte Dichter der Kantate 98 von 1726 flicht auch Picander am Schluß des ersten Rezitativs (Satz 3) einen Hinweis auf 1. Mose 32, 27 (»Ich lasse dich nicht, du segnest mich denn«) ein. Den Beschluß bildet die 1. Strophe des Liedes ›Auf meinen lieben Gott‹ (Lübeck, vor 1603).

Die Komposition selbst ist von einer gewissen Schlichtheit, die manche Forscher verleitet hat, die Echtheit des Werkes anzuzweifeln. Das scheint jedoch unberechtigt. Wir besitzen nicht nur die autographe Partitur (wenn auch nur bruchstückhaft); auch dem Einwand, Bach könne ein fremdes Werk abgeschrieben haben, läßt sich durch den Hinweis auf den Konzeptcharakter der Niederschrift sowie auf Bachs Personalstil begegnen: Typische Satzmerkmale wie die vielfache Wiederverwendung von Ritornellpartien in den Gesangsteilen der Arien sprechen für Bachs Autorschaft, und nicht zuletzt darf Picanders Ankündigung im Vorwort zum Textdruck des Jahrgangs als Beleg gelten, in dem ausdrücklich die Rede davon ist, daß etwaige Mängel des Textes »durch die Lieblichkeit des unver-

2 Eine Rekonstruktion dieses Violinkonzerts enthält NBA VII/7, 3 ff.

gleichlichen Herrn Capell-Meisters, Bachs« ersetzt werden dürften. Allenfalls könnte man die Frage offen lassen, ob vielleicht dieses oder jenes Stück im Unterricht, gleichsam als Gemeinschaftsarbeit von Schüler und Lehrer entstanden sein könnte; doch besitzen wir auch dafür keinerlei Anhaltspunkte.

Dem größtenteils verschollenen Konzertsatz mit obligater Orgel folgt als erste Arie ein vollstimmiger Streichersatz mit teils mitgehender, teils sich solistisch verselbständigender Oboe. Das einleitende Ritornell wirkt tänzerisch und steht der Polonaise aus der 6. Französischen Suite nahe. Sein Periodenbau schwankt zwischen 2- und 3-taktigen Gruppen (zweimal 2 + 2 + 3 Takte), eine Eigenheit, die dem Satz den Eindruck des Schwebenden, Gelösten verleiht. Der Tenor greift im A-Teil diese Thematik auf, ja, er geht zuweilen in Oktaven mit der instrumentalen Oberstimme, wodurch der Satz leichtgeschürzt und unproblematisch wirkt. Der relativ kurze Mittelteil bringt auf den Text »Wenn alles bricht, wenn alles fällt, wenn niemand Treu und Glauben hält« einen Stimmungsumschwung: Lebhafte Streicherfiguration und hinabstürzende Oboenmotive interpretieren den Text, und nur auf die Schlußzeile dieses Teils »so ist doch Gott der allerbeste« setzt bezeichnenderweise wieder die Thematik des Hauptteils ein.

Als 3. Satz folgt ein schlichtes Seccorezitativ, das auf den 1. Mose 32, 27 paraphrasierenden Schlußsatz in ein Arioso einmündet (Taktwechsel).

Die zweite Arie (Satz 4), wohl das bedeutendste Stück der Kantate, ist lediglich mit obligater Orgel instrumentiert, deren Unterstimme continuomäßig durch ein Violoncello mitgespielt wird. Auch diese Arie wird mit einem schwebenden Rhythmus ausgestattet, diesmal mit den musikalischen Mitteln des synkopischen Themenanfangs sowie des rhythmisch vielfältig gegliederten rankenden Figurenwerks der Orgeloberstimme.

Das kurze Rezitativ vor dem schlichten Schlußchoral ist mit Streichern instrumentiert, die in knappen, aber anschaulichen Figuren das Schwinden der weltlichen Macht (Tremoli) und die Ewigkeit Gottes (Haltetöne, gehende Begleitfiguren) abbilden.

Zweiundzwanzigster Sonntag nach Trinitatis

EPISTEL: Phil. 1,3–11 (Dank und Bitte des Paulus für die Gemeinde in Philippi)
EVANGELIUM: Matth. 18,23–35 (Gleichnis vom Schalksknecht)

Was soll ich aus dir machen, Ephraim · BWV 89

NBA I/26 – AD: ca. 14 Min.

1. ARIA [B]: Was soll ich aus dir machen, Ephraim	c	C
2. RECITATIVO [A]: Ja, freilich sollte Gott	g–d	C
3. ARIA [A]: Ein unbarmherziges Gerichte	d	C
4. RECITATIVO [S]: Wohlan! mein Herze legt	F–B	C
5. ARIA [S]: Gerechter Gott, ach, rechnest du	B	6/8
6. CHORAL: Mir mangelt zwar sehr viel	g	C

Der Text der Kantate knüpft an das Sonntagsevangelium und den in ihm zutage tretenden Gegensatz zwischen menschlicher Schuld und göttlicher Gnade an. Ein Bibelwort verwandten Inhalts, Hosea 11, 8, eröffnet das Werk; von den vier nachfolgenden Sätzen freier Dichtung behandelt je ein Doppelglied Rezitativ – Arie die unverzeihliche Sündhaftigkeit des Menschen, der selbst nicht zu vergeben bereit ist (Satz 2 und 3) und die in Jesu Opfertod offenbarte göttliche Liebe, die alle Schuld zudeckt (Satz 4 und 5). Der Schlußchoral faßt diesen Gegensatz des menschlichen Mangels und der göttlichen Gnade nochmals mit den Worten der 7. Strophe des Liedes ›Wo soll ich fliehen hin‹ von Johann Heermann (1630) zusammen.

Der unbekannte Dichter hat eine Reihe biblischer Anspielungen in seinen Text eingeflochten. So erweist sich Satz 3 weitgehend als Paraphrase nach Jakobus 2, 13 (»Es wird aber ein unbarmherziges Gericht über den ergehen, der nicht Barmherzigkeit getan hat«). In Satz 4 entstammt die Wendung von Jesus als »des Gesetzes Ende« der bekannten Stelle des Römerbriefes 10, 4; außerdem wird mehrfach auf die Evangelienlesung selbst angespielt, z. B. in Satz 2: ». . . und drückt den Nächsten um die Schuld«.

Bach hat diese Kantate in seinem ersten Leipziger Jahr, zum 24. Oktober 1723 komponiert. Das Instrumentarium verlangt außer 2 Oboen, Streichern und Continuo wie schon in BWV 162 und 109 wiederum ein Horn, für das Bach in Satz 1 – offenbar erst beim Ausschreiben der Stimmen – eine bedeutungslose Füllstimme hinzukomponiert hat, und das in Satz 6 die Choralmelodie verstärkt. Offenbar hatte Bach in jenen Wochen einen Bläser zur Verfügung, dem er Gelegenheit zur Betätigung geben wollte, obwohl er ihn nur mit leichten Aufgaben zu betrauen wagte.

Der Eingangssatz ist eines jener Baßsoli, die auf ein Bibelwort komponiert sind und die formal zwischen Arioso und Arie stehen (43 f.). Ob die für diesen Satz aus einigen Tacet-Vermerken der (von Bachs Kopisten geschriebenen) Stimmen belegte Überschrift ›Aria‹ von Bach autorisiert ist, läßt sich nicht sagen. Auf eine Verwandtschaft mit der Arie deutet das themengeprägte Ritornell, aus dem dann im Vokalteil einzelne Abschnitte als Vokaleinbau (32 f.) wiederkehren. Der formale Aufbau steht dagegen dem Arioso näher, da die einzelnen Textabschnitte nacheinander und ohne Dacapo vorgetragen werden. Eine Abrundung ist daher nur durch den Einbau des letzten Vokalabschnitts in ein vollständiges Ritornellzitat und ein rein instrumentales Dacapo des Ritornells gegeben. Innerhalb dieses Ritornells gewinnt ein Motiv an Bedeutung, das vielleicht die Unentschlossenheit, die offene Frage des Textes abbilden soll, da es ähnlich in der Johannes-Passion im Chor ›Lasset uns den nicht zerteilen‹ auf das Wort »losen« erklingt. Zu Satzbeginn tritt es im Continuo auf:

Die übrigen Sätze sind auffallend schwach instrumentiert: Zunächst folgen drei Continuosätze (Satz 2–4), danach eine Arie mit obligater Oboe, und erst der schlichte Schlußchoral verlangt wieder das Gesamtinstrumentarium.

In der Mitte der drei Continuosätze steht, von je einem Rezitativ umrahmt, die Alt-Arie ›Ein unbarmherziges Gerichte‹ (Satz 3), deren ausdrucksvolles Thema zunächst im Continuoritornell vorgetragen und dann vom Alt aufgenommen wird. Der Mittelteil bringt lebhafte, leidenschaftliche Koloraturen; ein stark abgewandeltes freies Dacapo bildet den Abschluß. Von den beiden flankierenden Rezitativen ist das erste (Satz 2) als schlichtes Secco gehalten; das zweite (Satz 4) mündet, gleichfalls als Secco beginnend, in einen ariosen Ausklang. Durch ihn wird die inhaltliche Wendung hervorgehoben; sie führt von der Gerichtsandrohung zum Trost, der nun den Inhalt des Satzes 5 bildet.

In dieser zweiten Arie wird, wie in der ersten, die Ritornellmelodie der Oboe von der Singstimme (in vokaler Vereinfachung) übernommen; doch bildet die liedhafte Schlichtheit dieses gelösten, fast tänzerisch anmutenden Satzes einen wirkungsvollen Gegensatz zu der kunstvollen Expressivität der ersten Arie.

Ein schlichter Choralsatz beendet das Werk.

Mache dich, mein Geist, bereit • BWV 115

NBA I/26 – AD: ca. 22 Min.

1. Choral: Mache dich, mein Geist, bereit	G	6/4
2. Aria [A]: Ach schläfrige Seele, wie? ruhest du noch	e	3/4
3. Recitativo [B]: Gott, so vor deine Seele wacht	G–h	C
4. Aria [S]: Bete aber auch dabei	h	C
5. Recitativo [T]: Er sehnet sich nach unserm Schreien	h–G	C
6. Choral: Drum so laßt uns immerdar	G	C

Bach hat diese Choralkantate (44ff.) zum 5. November 1724 komponiert. Dem Text liegt das 10-strophige Lied von Johann Burchard Freystein (1695) zugrunde, dessen Gedankengang, die Mahnung zu Wachsamkeit und Gebet, nur lockere Beziehungen zum Sonntagsevangelium aufweist. Nicht der Kern des Gleichnisses, der Gegensatz zwischen Gottes Gnade und menschlicher Unbarmherzigkeit, steht im Mittelpunkt unseres Kantatentextes, sondern ein Teilaspekt wird herausgegriffen: Die Forderung des Königs nach Abrechnung trifft den »Schalksknecht« unvorbereitet; darum gilt es, bereit zu sein, wenn der Herr kommt und Abrechnung von uns verlangt. Eine Stelle wie Lukas 21, 36 mag bei der Auswahl des Liedes für diesen Sonntag als Anregung gedient haben: »So seid nun wach allezeit und betet, daß ihr würdig werden möget, zu entfliehen diesem allem, das geschehen soll ...«

Der unbekannte Textverfasser hat Anfangs- und Schlußstrophe des Freysteinschen Liedes beibehalten, die übrigen

Strophen dagegen so umgedichtet, daß Satz 2 aus Strophe 2, Satz 3 aus den Strophen 3–6, Satz 4 aus Strophe 7 und Satz 5 aus den Strophen 8–9 gebildet werden. Die beiden Anfangszeilen der 7. Strophe werden als Hauptteil der zweiten Arie wörtlich beibehalten.

Der Eingangschor folgt der von Bach bevorzugten Form: Die Choralmelodie – das Lied wird auf die Weise ›Straf mich nicht in deinem Zorn‹ gesungen – liegt im Sopran, verstärkt durch ein Horn, und wird von den übrigen Singstimmen teils imitatorisch, teils homophon unterstützt. Der Vokalsatz ist zeilenweise in den selbständigen Orchestersatz eingefügt. Bemerkenswert am Eingangssatz dieser Kantate ist, daß Violine I, II und Viola zum Unisono zusammengefaßt und den Holzbläsern gegenübergestellt werden, so daß die Instrumente einen Quartettsatz aus Querflöte, Oboe d'amore, Violinen + Viola sowie Continuo bilden. Dieses Gefüge erfährt im Verlaufe des Satzes einige Abwandlungen: Das Eingangsritornell setzt zweistimmig ein; die Holzbläser treten erst in seiner zweiten Hälfte hinzu, so daß sich die Einleitung in einen 6-taktigen Duoteil a und einen 5-taktigen Quartetteil b aufgliedert. Gemeinsam ist beiden nur das Anfangsmotiv, das auch im folgenden stets eine wichtige Rolle spielt, obgleich es mit der Choralmelodie keine Verwandtschaft zeigt:

Violino I, II
Viola

Auf Achtel verkürzt, liefert es auch das motivische Material für das Imitationsgefüge des vokalen Unterstimmenbaus in den Liedzeilen 1, 3 und 7. Im Zwischenspiel nach der 7. Zeile ändert sich die Struktur des Instrumentalsatzes, vielleicht um das Überhandnehmen des Satans bildlich darzustellen: Nunmehr vereinigen sich beide Holzbläser zum Unisonovortrag der (dominantversetzten) 6 Eingangstakte a, und die Streicher erweitern den Satz durch ein neu eingeführtes Tumultmotiv von lebhafter Sechzehntelfiguration aus seiner ursprünglichen Zweistimmigkeit zur Dreistimmigkeit. Es folgt der Chorsatz der letzten Liedzeile und als Schlußritornell das umgestellte Dacapo der Einleitung: b a, wobei a, nicht nur um das Tumultmotiv (nun in der Flöte), sondern auch um eine Oboenfüllstimme bereichert und zur Vierstimmigkeit erweitert, einen vollstimmigen Abschluß bildet.

Satz 2, ein Streichersatz mit zeitweise mitgehender, zeitweise konzertierend hervortretender Oboe d'amore, ist stark textbezogen konzipiert. Den Hauptteil bildet ein melancholisches Siciliano (›Adagio‹), offensichtlich ein Schlummerlied der »schläfrigen Seele«. Der Mittelteil ist in sich kontrastierend geformt und besteht aus einem Allegroabschnitt, der vor der plötzlichen Strafe warnt, und einem zweiten Abschnitt im anfänglichen Adagio, das nun den »Schlaf des ewigen Todes« widerspiegelt.

Ein Seccorezitativ (Satz 3) führt zur zweiten Arie (Satz 4), die, wie die erste, in ruhigem Tempo gehalten ist (›Molto adagio‹); jedoch steht in ihr dem kompakten Satzgefüge der ersten nunmehr ein durchsichtiger Quartettsatz gegenüber, gebildet von den beiden konzertierenden Obligatinstrumenten Querflöte und Violoncello piccolo (50 f.), ferner vom Sopran sowie den einfachen Stützbässen des Continuo. Das ausdrucksvolle Instrumentalthema (a) und sein nicht minder ausdrucksvoller Kontrapunkt (b) sind den ganzen Satz über stets gegenwärtig:

Auch die Sopranstimme bemächtigt sich dieses Themas (a). Von der sonst vielfach genutzten Möglichkeit, zum Textzitat des Chorals ›Bete aber auch dabei mitten in dem Wachen‹ die dazugehörigen Melodiezeilen singen oder wenigstens anklingen zu lassen, macht Bach keinen Gebrauch. Mit ihrer ungewöhnlichen Instrumentation und der weiträumigen Ausnutzung der höchsten Lage (Flöte), der Sopran- (Singstimme), Tenor- (Violoncello piccolo) und Baßlage (Continuo) übt dieser Satz unter den Bachschen Arienkompositionen einen besonderen Reiz auf den Hörer aus.

Nur sehr kurz kommt in dieser Kantate der tröstliche Zuspruch an die Gemeinde zu seinem Recht; er nimmt den Schluß des als Secco komponierten Rezitativsatzes 5 ein und wird von Bach durch eine Arioso-Ausweitung auf die Worte »und will als Helfer zu uns treten« hervorgehoben. Der abschließende schlichte Choralsatz – mit stark aufgelockertem Baß – führt danach wieder zum Grundthema der Kantate, »Wachen, Flehen, Beten« zurück.

Ich armer Mensch, ich Sündenknecht · BWV 55

NBA I/26 – AD: ca. 15 Min.

1. Aria [T]: Ich armer Mensch, ich Sündenknecht	g	6/8
2. Recitativo [T]: Ich habe wider Gott gehandelt	c–d	C
3. Aria [T]: Erbarme dich! Laß die Tränen dich erweichen	d	C
4. Recitativo [T]: Erbarme dich! Jedoch nun tröst ich mich	B–B	C
5. Choral: Bin ich gleich von dir gewichen	B	C

Das Werk ist bis auf den chorischen Schlußsatz dem Tenor zugewiesen und wie eine Reihe weiterer Solokantaten Bachs im Jahre 1726 entstanden; am 17. November dieses Jahres erlebte es seine erste Aufführung. Der unbekannte Textdichter knüpft unmittelbar an das Sonntagsevangelium vom Schalksknecht an, dessen charakteristische Antithese (Barmherzigkeit Gottes, Hartherzigkeit des Menschen) in den Worten der Eingangsarie »Er ist gerecht, ich ungerecht« wiederkehrt. Auch die Gesamtgliederung der Kantatendichtung ist von diesem Gegensatz geprägt: Je zwei Sätze handeln von der Sündhaftigkeit des Menschen (Satz 1 und 2) und vom Erbarmen Gottes (Satz 3 und 4). In Satz 2 greift der Dichter zur Schilderung der Allgegenwart Gottes auf Bilder des 139. Psalms, Vers 7–10 zurück. Das zweite Satzpaar wird durch den gemeinsamen Textanfang »Erbarme dich!« miteinander verklammert; diese Worte sowie die folgende Choralstrophe »Bin ich gleich von dir gewichen« – Strophe 6 des Liedes ›Werde munter, mein Gemüte‹ von Johann Rist (1642) – weisen voraus auf die textverwandten Sätze der zweieinhalb Jahre danach entstandenen Matthäus-Passion.

Bachs Komposition bevorzugt in auffälliger Weise die Holzbläser. In der Eingangsarie konzertieren Querflöte und Oboe d'amore sowie die beiden Violinen paarweise in vielfachen Terzen- und Sextenparallelen. Mit dem Continuo entsteht ein fünfstimmiger Satz, der beim Einsatz des Tenors zur Sechsstimmigkeit erweitert wird. Das polyphone Stimmengeflecht im Verein mit der Bevorzugung der Diskantlage (eine Viola ist nicht beteiligt) und die exponierte Höhenlage großer Teile des Tenorparts bewirken nicht nur einen außerordentlich dichten

Satz, sie rufen zugleich auch die Vorstellung des sich windenden Sünders hervor, der sich vergeblich gegen seine Sündenlast aufbäumt, ohne von ihr loszukommen. Man verfolge z. B. die Vertonung der Worte »ich Sündenknecht«. Zwei Formen, in verschiedene Lagen versetzt, treten besonders hervor:

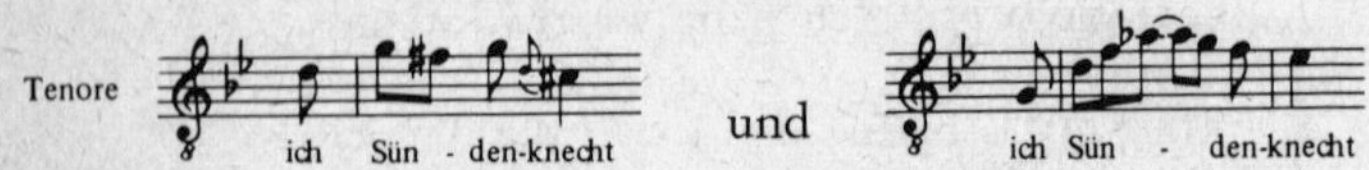

Auf ein Seccorezitativ (Satz 2) folgt die Arie ›Erbarme dich‹ mit obligater Flöte, ein Stück von ähnlicher Ausdrucksfülle wie die Eingangsarie; doch tritt nunmehr an die Stelle des Bildes vom sich windenden Sünder die Gebärde des Flehens, musikalisch dargestellt durch den Sextsprung aufwärts und fallende Sekundschritte, durch ausdrucksvolle, virtuose Flötenpassagen und die häufige Anwendung des Neapolitanischen Sextakkords. Die vielfältige, immer wechselnde melodische Einkleidung der Worte »Erbarme dich« reicht bis in das folgende Rezitativ (Satz 4) hinein, dessen gehaltene Streicherakkorde nun die Ruhe bringen, die der Sünder im Gedenken an Christi Leiden findet. Denselben Trost strahlt auch der vierstimmige Schlußchoral aus, dessen Satz im Ausdruck gemäßigter ist als die Vertonung derselben Strophe in der Matthäus-Passion.

Dreiundzwanzigster Sonntag nach Trinitatis

EPISTEL: Phil. 3,17–21 (Unser Wandel ist im Himmel)
EVANGELIUM: Matth. 22,15–22 (Fangfrage der Pharisäer an Jesus: Ists recht, daß man dem Kaiser Zins gebe?)

Nur jedem das Seine · BWV 163

NBA I/26 – AD: ca. 18 Min.

1. ARIA [T]: Nur jedem das Seine — h — C
2. RECITATIVO [B]: Du bist, mein Gott, der Geber aller Gaben — G–a — C
3. ARIA [B]: Laß mein Herz die Münze sein — e — C

4. Recitativo [S, A]: Ich wollte dir, o Gott, das Herze gerne geben h–D C
5. Aria [S, A]: Nimm mich mir und gib mich dir D 3/4
6. Choral: Führ auch mein Herz und Sinn D C

Der Text entstammt Salomon Francks Jahrgang ›Evangelisches Andachts-Opffer‹ von 1715 (26f.), und am 24. November desselben Jahres hat Bach seine Kantate zum ersten Male aufgeführt. Der Inhalt schließt sich eng an die Evangelienlesung an: Die Eingangsarie ist eine Paraphrase der Antwort Jesu an die Pharisäer, und an sie knüpft der Dichter in den folgenden Sätzen seine Betrachtungen. Das Herz ist die »Zinsemünze«, die wir Gott zu geben schuldig sind; doch ist leider oft nicht Gottes, sondern ein falsches Bild daraufgeprägt, das die Münze entwertet (Satz 2). Deshalb wird Gott gebeten, sein Bild dem Herzen neu aufzuprägen (Satz 3). In den folgenden beiden Sätzen wird dieser lehrhafte Vergleich aufgegeben. Der Christ bekennt – in Anlehnung an Paulusworte wie Römer 7, 15 –, daß er das Gute, das er wolle, nicht vollbringe (Satz 4), und darum bittet er, es möge ihm gegeben werden, Gottes Willen zu erfüllen (Satz 5). Auch der Schlußchoral, die letzte Strophe des Liedes ›Wo soll ich fliehen hin‹ von Johann Heermann (1630), greift diese Bitte auf.

Bachs Komposition setzt den kammermusikalischen Stil fort, der speziell die Weimarer Kantaten des Jahres 1715 kennzeichnet. Das Instrumentarium beschränkt sich auf Streicher und Continuo (mitgehende Holzbläser könnten in den – verlorenen – Originalstimmen vorgesehen gewesen sein; selbständig geführt sind sie nirgends); ein Chor tritt nur im Schlußchoral in Erscheinung – sofern nicht auch dieser von den vier Solisten allein gesungen wurde.

In der Eröffnungsarie wird die 1. Textzeile dem vokalen A-Teil als »Devise« vorausgeschickt:

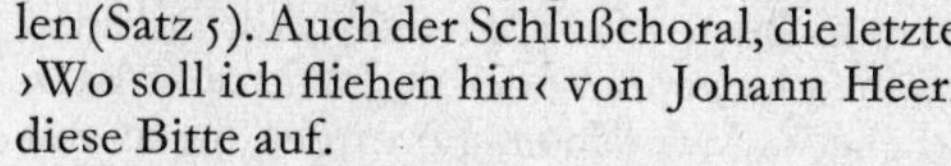

Doch erklingt dieses Motiv nicht allein im Vokalteil, sondern bereits gleich zu Anfang des Instrumentalritornells zuerst in den Bässen, danach in der Violine 1; es kehrt in der Ritornellmitte in gleicher Abfolge wieder und beherrscht auch im weiteren Verlauf den ganzen Satz: Auch die Instrumente zitieren also ständig die Losung der Kantate: »Nur jedem das Seine«.

Ein Seccorezitativ (Satz 2) leitet zur zweiten Arie des Werkes, die in ihrer Besetzung mit 2 Violoncelli und Continuo, dazu einem Baß als Singstimme wohl ein Unikum im Arienschaffen Bachs darstellt, einen Quartettsatz, der sich ausschließlich auf die Baßlage erstreckt. Die lebhafte Figuration der beiden Violoncelli verleiht dem Satz einen bewegten, beinahe ruhelosen Charakter, angeregt vielleicht durch die Textworte »Komm, arbeite, schmelz und präge«. Der – wie oft bei Franck – recht lange Text hat Bach zu einer dreiteiligen Anlage ohne vokales Dacapo angeregt.

Welche Freude Bach in jungen Jahren am Experimentieren gefunden hat, offenbart sich nicht weniger als in dieser Arie auch im folgenden Rezitativ: Es hat Duettform; der Satz ist durchweg imitatorisch, streckenweise von der Strenge eines Kanons, nur ganz selten finden sich kurze homophone Einsprengsel. Obwohl durch eine solche Satzstruktur die für das Rezitativ charakteristische Freiheit des Zeitmaßes im Vortrag ausgeschlossen wird, erreicht Bach dennoch einen merklichen Kontrast zwischen dem syllabisch deklamierenden Beginn und der immer weiter in den melismatischen Bereich vordringenden zweiten Satzhälfte – einen Gegensatz, der der sonst von Bach in Weimar mit Vorliebe angewendeten Form des Secco mit ariosem Ausklang entspricht.

Doch stellt dieser Rezitativsatz nur das »Präludium« zur folgenden Duett-Arie (Satz 5) dar, die textlich das aus der vorhergehenden Betrachtung resultierende Gebet enthält. Musikalisch hat Bach den Satz durch die Melodie ›Meinen Jesum laß ich nicht‹ bereichert, die als instrumentales Zitat zu dem continuobegleiteten Zwiegesang zeilenweise hinzutritt. Hierdurch erfährt der imitatorisch-polyphone Satz gegenüber dem ähnlich strukturierten vorhergehenden Rezitativ-Arioso noch eine Steigerung.

Zum Schlußsatz hat Bach in der (allein erhaltenen) Partitur nur den Generalbaß notiert mit der Beischrift »Chorale in semplice stylo«. Zweifellos enthielten die Aufführungsstimmen die Ausführung, wahrscheinlich in schlicht-vierstimmigem Satz. Doch läßt sich anhand der Bezifferung ein Satz in der Art der Bachschen Schlußchoräle leicht rekonstruieren. Die in Weimar übliche eigene Melodie des Liedes ›Wo soll ich fliehen hin‹ (sonst meist nach der Weise ›Auf meinen lieben Gott‹

gesungen) ist uns aus Satz 6 der Kantate 199 ›Mein Herze schwimmt im Blut‹ bekannt.

Wahrscheinlich hat Bach diese Kantate auch in Leipzig mehrfach wiederaufgeführt, obwohl wir das – zumal durch den Verlust des Stimmenmaterials – nicht beweisen können. Auffällig an der Partitur ist, daß sie von den Sängern eine höhere Stimmlage verlangt als die übrigen Weimarer Kantaten (Sopran bis zum *b*''!). Vielleicht hat die Aufführung diesmal nicht, wie sonst in Weimar, in Chortonstimmung, sondern in der auch in Leipzig üblichen Kammertonstimmung stattgefunden.

Wohl dem, der sich auf seinen Gott · BWV 139

NBA I/26 – AD: ca. 23 Min.

1. Chorus [Choral]: Wohl dem, der sich auf seinen Gott	E	C
2. Aria [T]: Gott ist mein Freund	A	3/4
3. Recitativo [A]: Der Heiland sendet ja die Seinen	fis–fis	C
4. Aria: [B]: Das Unglück schlägt auf allen Seiten	fis	C/6/8
5. Recitativo [S]: Ja, trag ich gleich den größten Feind in mir	cis–E	C
6. Choral: Dahero Trotz der Höllen Heer	E	C

Dieser Choralkantate (44ff.), die Bach zum 12. November 1724 komponiert hat, liegt als Text das 5-strophige Lied gleichen Anfangs von Johann Christoph Rube (1692) zugrunde. Der unbekannte Textverfasser hat wie üblich Anfangs- und Schlußstrophe wörtlich beibehalten und die drei Binnenstrophen so umgedichtet, daß je eine Liedstrophe in die Sätze 2, 4 und 5 eingegangen ist. Satz 3 ist freier Einschub und stellt die Verbindung zum Sonntagsevangelium her. Dies geschieht – gleichsam als Exkurs – an derjenigen Stelle, an der die Lieddichtung dem biblischen Bericht inhaltlich am nächsten kommt. Gottvertrauen, so sagt Rubes Lied, schützt in allen Fährnissen (Strophe 1), es schützt gegen die Bosheit der Welt (Strophe 2), gegen alles Unglück (Strophe 3), vor meiner Sündenlast (Strophe 4) und endlich auch vor Todesangst (Strophe 5). Nach Strophe 2 (Bosheit der Welt) führt der Kantatendichter nun den biblischen Bericht als Beispiel an: Auch in der Arglist der Pharisäer offenbart sich die Bosheit der Welt, in die der Heiland die Seinen wie unter Wölfe sendet (vgl. Matth. 10, 16); doch schützt mich Jesus auch hier, »da sein Mund so weisen Ausspruch tut« – gemeint ist die Antwort an die Pharisäer: »Gebet dem Kaiser, was des Kaisers ist, und Gott, was Gottes ist!«. Mit diesem Ausspruch ist der listige Angriff der Welt abgewehrt.

Bachs Komposition ist uns nur in Stimmen, und leider nicht ganz vollständig überliefert. Es fehlt die zweite Obligatpartie zu Satz 2 – wohl Solovioline II –, und zu Satz 4 besitzen wir (zu den übrigen Stimmen, vgl. unten) eine nachträglich von Bachs Schüler und späterem Schwiegersohn Johann Christoph Altnickol (in Leipzig: 1744–1748) gefertigte Violinstimme: Dieser Satz scheint also 1724 statt der Violine ein anderes zweites Obligatinstrument verlangt zu haben, etwa ein Violoncello piccolo (50f.).

Der Eingangssatz folgt der von Bach vorzugsweise verwendeten Anlage: Der Choral, vom Chor gesungen, ist zeilenweise in den konzertanten Orchestersatz eingefügt; die Liedweise liegt im Sopran. Bezeichnend für den Eröffnungssatz dieser Kantate ist die starke Choralbezogenheit sämtlicher Stimmen. Schon das Thema des instrumentalen Einleitungsritornells ist aus der Choralmelodie, der Weise ›Machs mit mir, Gott, nach deiner Güt‹, abgeleitet:

Diese Thematik wird auch in den instrumentalen Zwischenspielen und im Nachspiel, der Wiederholung des Eingangsritornells, beibehalten. In den Chorabschnitten beteiligen sich alle Stimmen (soweit sie nicht pausieren) an der jeweiligen Choralzeilenthematik: Der Sopran trägt die Liedzeile in Halbenoten vor, die übrigen Singstimmen, die beiden Oboi d'amore und der Continuo kontrapunktieren in imitatorischem Satz mit der auf Achtel verkürzten Liedzeile; die Streicher schweigen zunächst (wohl um der besseren Durchhörbarkeit des Cantus firmus willen) und setzen gegen Ende der Zeile gleichfalls thematisch ein, sofern ihnen zu thematischer Entwicklung noch Zeit bleibt (in den Zeilen 1 und 3 nur kurze Kadenz). Die thematische Imitation, die sich im »Normaltypus« des Choralkantaten-Eingangssatzes höchstens auf eine Vorimitation bis zum Einsatz der melodietragenden Stimme erstreckt, bleibt also im vorliegenden Satz die ganze Zeile hindurch beibehalten und verdrängt sogar das eigenthematische Konzertieren der Instrumente, dem nur noch in den Zwischenspielen Raum gegeben wird.

In der Arie ›Gott ist mein Freund‹ gewinnt Bach das thematische Material aus dem textlichen Kontrast zwischen dem »Toben« des Feindes und der getrosten Ruhe des Christen, der der Freundschaft Gottes sicher ist. Singstimme und Instrumente haben gleiche Thematik; im Eingangsritornell alternieren beide Soloviolinen[1] sowie der Continuo mit ruhigen und bewegten Partien, und im Gesangsteil wird das »Toben« durch lebhafte Violinfiguren untermalt. Auch der Mittelteil des in reiner Dacapoform gehaltenen Satzes bringt keinerlei Beruhigung.

Nur 8 Takte eines Seccorezitativs (Satz 3) trennen die beiden Arien, deren zweite (Satz 4) gleichfalls 2 Obligatinstrumente erfordert – in der uns überlieferten Form Oboe d'amore (I + II) und Violine (vgl. oben). Der fließenden Figuration der ersten Arie stehen hier vielfach wechselnde Rhythmen gegenüber, ihrer symmetrischen Form hier eine textbezogene Vielgliedrigkeit, die sich freilich auch als komplexe Variante der Dacapoform deuten läßt: a b c c a b' a' b". War der Gegensatz in der ersten Arie überwiegend als Simultankontrast von ruhiger und bewegter Stimme entwickelt worden, so erscheint er nunmehr als sukzessiver Kontrast:

a »Das Unglück schlägt ...«: Punktierte Rhythmen, ›poc' allegro‹
b »Doch plötzlich erscheinet ...«: Dreiklangsmelodik, Dreiertakt, ›vivace‹
c »Mir scheint des Trostes Licht ...«: Fließendes Cantabile, Continuosatz (Obligatinstrumente pausieren), ›andante‹

Die letzten Textzeilen sind Liedzitat aus Strophe 3:

Da lern ich erst, daß Gott allein
Der Menschen bester Freund muß sein.

1 Rekonstruktionsversuche des verschollenen, aber leicht zu ergänzenden Obligatparts haben William H. Scheide (Manuskript) und Winfried Radeke (Druck in Vorbereitung) unternommen.

Bach hat jedoch in die Komposition keinerlei Anklang an die Choralmelodie eingearbeitet.

Das zweite Rezitativ (Satz 5) ist mit Streichern instrumentiert und hebt so die Erwähnung des »größten« Feindes in mir selber auch durch die Komposition hervor. Die Worte »Ich gebe Gott, was Gottes ist« weisen nochmals auf die Evangelienlesung. Danach beschließt ein schlichter Choralsatz die Kantate.

Falsche Welt, dir trau ich nicht • BWV 52

NBA I/26 – AD: ca. 18 Min.

1. Sinfonia	F	C
2. Recitativo [S]: Falsche Welt, dir trau ich nicht	d–a	C
3. Aria [S]: Immerhin, immerhin	d	C
4. Recitativo [S]: Gott ist getreu	B–F	C
5. Aria [S]: Ich halt es mit dem lieben Gott	B	3/4
6. Choral: In dich hab ich gehoffet, Herr	F	C

Hatte Salomon Franck in seiner Dichtung zu Kantate 163 den biblischen Bericht vom Zinsgroschen zu einem recht handfesten Vergleich zwischen der Zinsmünze und dem Herz des Christen verwendet (509), so entzündet sich der Zorn des unbekannten Dichters unserer Kantate 52 ausschließlich an der Arglist der Pharisäer, die Jesus in eine Falle locken wollen. Als echtes Kind seiner Zeit folgert der Dichter, daß dem Christen keine andere Wahl bleibe, als sich von der Welt mit ihrer Falschheit abzukehren und den Sinn allein auf Gott zu richten. Als Beispiel für weltliche Arglist wird die Ermordung Abners durch Joab angeführt (2. Sam. 3, 27).

Die vier Sätze freier Dichtung sind in klarer Antithetik angeordnet: Je eine Gruppe Rezitativ – Arie handelt von der Falschheit der Welt (Satz 2–3) und von der Treue Gottes (Satz 4–5). Den Abschluß der Kantate bildet die 1. Strophe des oben genannten Liedes von Adam Reusner (1533).

Bachs Komposition ist zum 24. November 1726 entstanden; mit Ausnahme des vierstimmigen Schlußchorals ist der Gesangspart ausschließlich dem Solosopran zugewiesen. Um so reichhaltiger gestaltet sich das Instrumentarium mit 2 Hörnern, 3 Oboen, Streichern und Continuo; denn wie in mehreren andern Kantaten dieser Jahre hat Bach einen Instrumentalsatz seiner vorleipziger Zeit als Einleitungssinfonie verwendet – den Eingangssatz des 1. Brandenburgischen Konzerts in seiner Frühfassung ohne Violino piccolo.

Der vokale Part der Kantate wird durch ein Seccorezitativ eingeleitet (Satz 2). Ihm folgt die erste Arie (Satz 3), instrumentiert mit 2 Violinen und Continuo. Die Motivik der Instrumente und besonders das kurz hingeworfene »Immerhin« des Soprans illustrieren sinnfällig die »wegwerfende« Verachtung des Christen für die Welt, an der ihm nichts gelegen ist. Selbst im Mittelteil der Arie, in dem der Text erwähnt, daß doch »Gott mein Freund« sei, und in dem der Sopran eine zusammenhängende, an Koloraturen reichere Melodik entwickelt, behalten doch die Violinen ihre Eingangsmotivik ständig bei.

Die beiden folgenden Kantatensätze handeln von der Treue Gottes. Ein kurzes Seccorezitativ (Satz 4) entwickelt sich durch die mehrfache Wiederholung der Worte »Gott ist getreu« bis an die Grenze des Arioso. Die anschließende Arie (Satz 5) gibt sich durch ihr Instrumentarium von 3 Oboen und Continuo, ihren ausgesprochen akkordlichen Satz, ihren Dreiertakt und die deutliche Periodenbildung ihrer Melodik gelöst und tänzerisch, wobei der Tanzcharakter offenbar nicht, wie sonst häufig, die »Welt«, sondern die Freude dessen, der sich in Gott geborgen weiß, widerspiegelt.

Im schlichten Satz des Schlußchorals treten auch die Hörner wieder zum Instrumentarium hinzu, die außerdem nur in der Eingangssinfonie verwendet worden waren – Horn I mit der Choralmelodie (den Sopran verstärkend), Horn II mit einer selbständigen Stimme, die durch dessen Beschränkung auf die verfügbaren Naturtöne notwendig wurde.

Vierundzwanzigster Sonntag nach Trinitatis

Epistel: Kol. 1,9–14 (Paulus betet für die Kolosser)
Evangelium: Matth. 9,18–26 (Auferweckung des Töchterleins des Jairus)

O Ewigkeit, du Donnerwort · BWV 60

NBA I/27,3 – AD: ca. 20 Min.

1. Aria [T + Choral, A]: O Ewigkeit, du Donnerwort – Herr, ich warte auf dein Heil	D	C
2. Recitativo [A, T]: O schwerer Gang	h–G	C
3. Aria [A, T]: Mein letztes Lager will mich schrecken	h	3/4
4. Recitativo [A, B]: Der Tod bleibt doch der menschlichen Natur verhaßt – Selig sind die Toten	e–D	C
5. Chorale: Es ist genung	A	C

Die Kantate ist in Bachs erstem Leipziger Jahr entstanden und wurde am 7. November 1723 zum ersten Male aufgeführt. Der unbekannte Textdichter knüpft an das zuvor verlesene Evangelium an: Die Totenerweckung durch Jesus wird – ähnlich wie in den Kantaten zum 16. Sonntag nach Trinitatis – als Symbol der erhofften eigenen Auferstehung empfunden, der der Mensch im Angesicht des Todes mit Zweifel und Hoffnung entgegensieht. Dieses Schwanken zwischen Verzagtheit und Zuversicht bildet das Thema der Kantate, die in Form eines »Dialogus zwischen Furcht und Hoffnung« abgefaßt ist. In den beiden allegorischen Figuren »Furcht« und »Hoffnung« spiegelt sich die zwiespältige Menschenseele wider.

Der Text weist eine planvolle, symmetrische Gliederung auf. Den Rahmen bilden zwei Kirchenliedstrophen: die Anfangsstrophe von Johann Rists Lied ›O Ewigkeit, du Donnerwort‹ (1642) und Strophe 5 des Liedes ›Es ist genug, so nimm, Herr, meinen Geist‹ von Franz Joachim Burmeister (1662). Gleichfalls rahmenförmig sind zwei Bibelsprüche angeordnet, der erste, »Herr, ich warte auf dein Heil« (1. Mose 49, 18), wird als Antwort der »Hoffnung« im Eingangssatz mit dem Choralgesang der »Furcht« kombiniert; der zweite, »Selig sind die Toten ...« (Offenb. 14, 13) steht im vorletzten Satz gleichfalls als Antwort auf die Einwendungen der »Furcht«, die daraufhin ihre Besorgnisse endgültig verwirft. So folgt das erste Bibelwort aus dem Eingangschoral und der Schlußchoral aus dem zweiten Bibelwort. Die Mittelsätze sind freie Dichtung: Im Zentrum steht eine Duett-Arie; um sie gruppieren sich zwei Rezitative, das zweite, wie erwähnt, mit Bibelwort alternierend.

Bis auf den Schlußchoral ist das gesamte Werk als Dialog vertont; solistische Gesangssätze fehlen ganz. Freilich tritt mit Satz 4 ein Wechsel des Dialogpartners ein: Waren in den drei Anfangssätzen der Alt als »Furcht« und der Tenor als »Hoffnung« vertreten, so gesellt sich dem Alt der »Furcht« nunmehr eine Baßstimme zu, die »vox Christi«: Nicht die Hoffnung als Teil der zwiespältigen Menschenseele, sondern die Vollmacht Gottes verkündet die Seligkeit der Toten, »die in dem Herren sterben«; und nur so wird es verständlich, wenn die »Furcht« am Schluß dieses Satzes singt: »So stelle dich, o Hoffnung, wieder ein!« – Der Baß, der noch 3 Takte zuvor am Zwiegesang beteiligt war, kann damit nicht gemeint sein!

Der Eingangssatz ist formal eine Choralbearbeitung für Solo-Alt mit Ritornellumrahmung und Zwischenspielen des Orchesters (2 Oboi d'amore, Streicher, Continuo); vom 2. Stollen an tritt als Kontrapunkt zu Choral und Ritornellthematik der Bibelwortgesang des Tenors hinzu, ein frei ausschwingendes Arioso von weitgespannten Melodiebögen, gelegentlich Ritornellmotive aufnehmend. Das Orchesterritornell, dessen Thematik den vielschichtigen Satz zusammenhält, besteht aus einem klagenden Zwiegesang der beiden Oboi d'amore, untermalt von einem ostinatohaft bald in den Streichern, bald im Continuo auftretenden Tremolomotiv, das den ganzen Satz durchzieht. Läßt sich das Oboenduett als das sehnsüchtige Warten auf das Heil des Herrn deuten, so will das Tremolomotiv das Zittern der »Furcht« abbilden. Zudem ist es aber der Choralmelodie entnommen, und zwar der zweiten Hälfte der 1. Liedzeile:

Zugleich ist hiermit aber auch die Anfangszeile des Schlußchorals in Andeutung vorweggenommen (siehe dazu unten).

Das folgende Dialogrezitativ beginnt als Secco, geht jedoch an zwei Stellen ins Arioso über, nämlich auf das Textwort »martert« (chromatisches Melisma, kurze Stützakkorde) und am Schluß auf »ertragen« (weitgeschwungenes Melisma; komplementärrhythmische Figuren im Continuo); das erste ariose Teilstück ist der »Furcht«, das zweite der »Hoffnung« zugewiesen.

Der zentrale Satz, das Duett, nimmt durch den Dialogcharakter der Kantate dramatische Züge an. Den formalen Zusammenhalt gewährleisten nur die Instrumentalritornelle; der Gesangspart ist dreiteilig (A B C) ohne deutlich wahrnehmbare thematische Beziehungen der einzelnen Teile zueinander; doch zeigt jeder Teil denselben Ablauf: Die »Furcht« beginnt, ihre Bedenken vorzutragen; die »Hoffnung« antwortet; danach duettieren beide zugleich, bis die »Hoffnung« das letzte Wort behält. Dadurch entsteht die dreimalige Folge Solo – Duett – Solo. Die starke Textbezogenheit der Melodik läßt zwischen beiden Gesangspartien keine thematische Gemeinsamkeit aufkommen, wohl aber Verwandtschaft: Das von der »Furcht« eingeführte Thema wird in der Antwort der »Hoffnung« auf charakteristische Weise umgeformt, z. B. im A-Teil:

Alto „Furcht" (Takt 13f.)

Tenore „Hoffnung" (Takt 17f.)

oder im C-Teil:

Alto „Furcht" (Takt 65 ff.)

Tenore „Hoffnung" (Takt 68 ff.)

Bis in die Instrumentalthematik hinein reicht der dialogische Charakter dieses Satzes, jedoch nicht in alternierenden Einsätzen, sondern in simultanem Kontrast: Oboe d'amore und Continuo tragen vorzugsweise eine rhythmusbetonte, von punktierten Notenwerten bestimmte Motivik vor, während die Solovioline fließendes Skalenwerk einstreut. – So steht der Satz formal der offenen Form der Motette näher als der geschlossenen Form der Arie; sein Verlauf ist eher zielstrebig als symmetrisch, seine Melodieführung eher motivistisch als thematisch geprägt.

Der zielstrebige Verlauf kennzeichnet auch das folgende Rezitativ (Satz 4), in dem das Secco der »Furcht« dreimal durch ein Baß-Arioso unterbrochen wird. Ähnlich wie im zentralen Chor des ›Actus tragicus‹ (614f.) dient hier die Wiederholung der Intensivierung des Gehörten, der zunehmenden Bewußtmachung und endlich der Herbeiführung der Katharsis. Während nämlich das Secco der »Furcht« als Rezitativ thematisch ungebunden bleibt und in seinem Text ganz allmählich immer mehr auf den Arioso-Gesang des Basses eingeht, hat das Baß-Arioso Variationscharakter. Textlich ist jeder Abschnitt länger als der vorhergehende (Schema: a – ab – abc), musikalisch ist der zweite Abschnitt die um einen Ton hinauftransponierte Wiederholung des ersten, der dritte die wesentlich erweiterte Variation der beiden vorangehenden (Schema: A – A – A'). Das Faszinierende dieser Ariosi ist jedoch die ausdrucksvolle und einprägsame Melodik, die den Text in beseelter Sprache darbietet, ohne in ihrer Textbezogenheit dem musikalischen Fluß Fesseln anzulegen, – eine späte, reife Frucht der generalbaßbegleiteten Monodie, des Geistlichen Solokonzerts zu einer Zeit, in der textgezeugte Deklamation und musikalisch durchgebildete Form im allgemeinen längst in Rezitativ und Arie ihre getrennte Ausprägung erfahren hatten.

Den Schlußsatz bildet Burmeisters Choral in der Melodie von Johann Rudolf Ahle, dem Vater Johann Georg Ahles, die beide als Organisten an Divi Blasii zu Mühlhausen Bachs Amtsvorgänger waren. Der Beginn mit drei Ganztonfolgen, die einen »Tritonus« (den »Diabolus in musica«) bilden, mag zu Ahles Zeiten als unerhört empfunden worden sein und nur dadurch gerechtfertigt, daß er als musikalische Figur das Überschreiten des Lebensbereichs zum Tode abzubilden hatte:

Innerhalb der Bachschen Komposition wird das Bild noch deutlicher, wenn man das Anfangsmotiv vergleicht, das aus der

Melodie ›O Ewigkeit, du Donnerwort‹ entwickelt ist (siehe oben). Aus dem anfänglichen

a h cis' d'

wird nun im Schlußsatz

a' h' cis'' dis''.

Noch auf Alban Berg hat diese Ganztonfolge ihre Faszination ausgeübt, da er den Bachschen Choral in sein Violinkonzert einarbeitete. Freilich wird ihn auch der Bachsche Satz selbst nicht weniger fasziniert haben, dessen Harmonisierung und polyphone Auflockerung den Text in einer Weise transparent werden läßt, wie es auch einem Bach nicht immer gelingt. Man vergleiche z. B. die Liedzeile 6:

Ach wie flüchtig, ach wie nichtig · BWV 26

EKG 327

NBA I/27, 31 – AD: ca. 19 Min.

1. [Choral]: Ach wie flüchtig, ach wie nichtig	a	C
2. Aria [T]: So schnell ein rauschend Wasser schießt	C	6/8
3. Recitativo [A]: Die Freude wird zur Traurigkeit	C–e	C
4. Aria [B]: An irdische Schätze das Herze zu hängen	e	¢
5. Recitativo [S]: Die höchste Herrlichkeit und Pracht	G–a	C
6. Choral: Ach wie flüchtig, ach wie nichtig	a	C

Das Werk gehört zum Jahrgang der Choralkantaten (44 ff.) und wurde von Bach zum 19. November 1724 komponiert. Zugrunde liegt ihm das 13-strophige Lied von Michael Franck (1652), dessen Anfangs- und Schlußstrophe im Wortlaut übernommen wurden; die übrigen Strophen haben vom unbekannten Verfasser unseres Kantatentextes eine Umdichtung erfahren, bei der es darauf ankam, die zahlreichen Liedstrophen auf einige wenige Kantatensätze zu reduzieren. Da nun der Inhalt des Chorals durch eine Aufzählung nichtiger Dinge gebildet wird, ist es leicht, die Verwendung der einzelnen Strophen bei der Umdichtung zu verfolgen:

Strophe	*Stichwort* (»... ist/sind der Menschen«)	*Satz*
2	Tage	2
3–9	Freude, Schöne, Stärke, Glücke, Ehren, Wissen, Dichten	3
10	Schätze	4
11–12	Herrschen, Prangen	5

So offensichtlich die Beziehung des Chorals zu der im Sonntagsevangelium berichteten Totenauferweckung ist, so beschränkt sie sich doch auf die allgemeine Themenstellung und läßt Einzelheiten unerwähnt. Ja, selbst die Widersprüchlichkeit, die sich darin offenbart, daß Jesus die Tote in dieses ach so nichtige Leben zurückruft, bleibt unerörtert.

Der Eingangssatz folgt der von Bach in den Choralkantaten bevorzugten Anlage: Eingebettet in einen eigenthematischen Orchestersatz, wird der Choral zeilenweise vom Sopran (verstärkt durch ein Horn) vorgetragen, gestützt von den drei unteren Singstimmen, deren akkordlicher und doch schnell bewegter Satz (Achtel) die Flüchtigkeit des Lebens illustriert. Jede Zeile schließt mit einem Unisonozitat der beiden ersten Halbzeilen der Melodie (»Ach wie flüchtig, ach wie nichtig«) in den drei Unterstimmen mit wechselndem Text in Achtelbewegung. Noch sinnfälliger malt die Orchesterthematik die Flüchtigkeit des Erdenlebens: Querflöte, 3 Oboen und Streicher vereinigen sich zu akkordisch auf- und absteigenden Sechzehntelskalen, und auch der Continuo greift die Tonleiterfiguren auf, deren gespenstisches Huschen den ganzen Satz hindurch nicht zur Ruhe kommt.

Fließender – der Text spricht von der Schnelligkeit eines rauschenden Wassers –, aber darum nicht minder lebhaft setzen sich die Skalenfiguren auch in der Tenor-Arie (Satz 2) fort. Die beiden Obligatinstrumente, Querflöte und Solovioline, wechseln in ihrer Funktion: Bald laufen beide unisono, wobei ein vorübergehendes Pausieren der Violine Echoeffekte hervorruft, bald übernimmt die Violine (wie auch der Continuo) Begleitfunktion, bald laufen Flöte und Violine in Terzen oder konzertieren auf andere Weise miteinander. Auch die Tenorstimme greift die stark instrumental geprägte Skalenthematik der Instrumente auf und vereinigt sich mit ihnen zu einem homogenen Quartettsatz. Nur im Mittelteil verdrängen Dreiklangsmotive auf die Worte »wie sich die Tropfen plötzlich teilen« vorübergehend die Skalenläufe.

Erst mit Satz 3 beruhigt sich die Bewegung nach einer einleitenden Koloratur auf »Freude« zu schlichter Secco-Deklamation. Doch schon in der folgenden Arie erwacht die unheimliche Totentanzstimmung aufs neue, wenn 3 Oboen und Continuo den Satz mit einer regelrechten Bourrée eröffnen. Wiederum nimmt der Sänger die Instrumentalthematik auf, die hier die »irdischen Schätze« zu charakterisieren hat; doch bewirken Mollgeschlecht und Oboenklang, daß der Satz nicht befreiende Fröhlichkeit, sondern eher makabre Angst hervorruft: Der Tod spielt auf, nach dessen Schalmei die Menschen tanzen müssen.

Das folgende Rezitativ ist wie das erste als schlichtes Secco geformt, und erst der Schlußchoral bringt mit seiner letzten Zeile »Wer Gott fürcht', bleibt ewig stehen« die Andeutung eines Trostes.

Diese Kantate mag inhaltlich wenig mit dem gemein haben, was ein Prediger unserer Zeit zur Evangelienlesung zu sagen hätte. In ihrer eindrucksvollen Schau prägnanter Bilder wirkt sie jedoch aufrüttelnd, fügt sie sich gut in die allgemeinen Gedanken zum Ende des Kirchenjahres und ist sie vor allem in musikalischer Hinsicht ein unübertreffliches Meisterwerk.

Fünfundzwanzigster Sonntag nach Trinitatis

Epistel: 1. Thess. 4, 13–18 (Von der Wiederkunft Christi)
Evangelium: Matth. 24, 15–28 (Versuchungen am Ende der Welt)

Es reißet[1] euch ein schrecklich Ende • BWV 90

NBA I/27, 61 – AD: ca. 14 Min.

1. [Aria. T]: Es reißet euch ein schrecklich Ende	d	$\frac{3}{8}$
2. Recitativo [A]: Des Höchsten Güte wird von Tag zu Tage neu	B–d	C
3. Aria [B]: So löschet im Eifer der rächende Richter	B	C
4. Recitativo [T]: Doch Gottes Auge sieht auf uns als Auserwählte	g–d	C
5. Choral: Leit uns mit deiner rechten Hand	d	C

Der unbekannte Textdichter entnimmt dem Sonntagsevangelium die Androhung der »Greuel der Verwüstung«, die vor dem Jüngsten Tage das Menschengeschlecht in Versuchung führen werden, und greift am Ende (Satz 4) die tröstliche Prophezeihung auf: »Aber um der Auserwählten willen werden die Tage verkürzt« (Matth. 24, 22). Der Text enthält eine ungewöhnlich große Zahl biblischer Anspielungen:

Satz 2

Des Höchsten Güte wird von Tag zu Tage neu	Klagelieder 3, 22 f.
Der Undank aber sündigt stets auf Gnade	Römer 6, 1
Ach! wird dein Herze nicht gerührt? Daß Gottes Güte dich Zur wahren Buße leitet?	Römer 2, 4
Bald läßt er Tempel auferbauen	Sacharja 6, 12–15
Bald wird die Aue zubereitet	Psalm 23, 2

Satz 3

So löschet im Eifer der rächende Richter Den Leuchter des Wortes zur Strafe doch aus	Offenbarung 2, 5

1 Die Textversion »reifet« ist ein Lesefehler der älteren Ausgaben.

Ihr machet aus Tempeln ein mörderisch Haus — Matthäus 21, 13 u. ö.

Satz 4

Doch Gottes Auge sieht auf uns als Auserwählte — Matth. 24, 22 (vgl. oben)

Als Schlußchoral dient die 7. Strophe des Liedes ›Nimm von uns, Herr, du treuer Gott‹ von Martin Moller (1584).

Bach hat diesen Text zum 14. November 1723 komponiert. Leider gibt das Partiturautograph, die einzige erhaltene Quelle, keinerlei Auskunft über die von Bach gewünschte Besetzung. Zwar läßt sich die Mitwirkung der Singstimmen, auch der Streicher und des Continuo am Partiturbild unschwer ablesen, und für das konzertierende Instrument des Satzes 3 kommt nur Trompete, allenfalls auch Horn in Frage. Ob jedoch die Streicher, wie meist in Bachs Kantatenorchester, auch in einigen Sätzen (1 und 5, vielleicht auch 3) durch Oboen zu verstärken sind, bleibt unbekannt.

Der Eingangssatz ist eine leidenschaftliche und an Koloraturen reiche Tenor-Arie, in der lebhafte Figuration und rasche Tonleiterpassagen der Violine I die Strafandrohung an die Sünder untermalen (Violine II und Viola haben Begleitfunktion). Im Mittelteil dominiert dagegen der Continuosatz; die Streicher beschränken sich auf Zwischenspiele und gelegentliche Einwürfe.

Während die beiden Rezitative als einfaches Secco komponiert sind, verlangt auch die zweite Arie (Satz 3) volle Streicherbegleitung, dazu eine Trompete (? – vgl. oben), die nicht nur in signalhafter Dreiklangsmelodik, sondern auch in raschen Passagen mit den Streichern wetteifert. In seiner Leidenschaftlichkeit steht der Satz dem ersten nahe; doch tritt an die Stelle der Koloraturen auch in der Singstimme der Weckrufcharakter syllabischer Dreiklangsmotivik. Auch die Bevorzugung des Continuosatzes im Mittelteil ist der Anlage des Satzes 1 verwandt; überdies sieht diesmal das freier geformte Dacapo noch eine codaartige Continuosatzpartie vor, ehe das instrumentale Schlußritornell beginnt.

Der abschließende Choral ist als schlichter Chorsatz auf die Melodie ›Vater unser im Himmelreich‹ komponiert.

Du Friedefürst, Herr Jesu Christ · BWV 116

NBA I/27, 81 – AD: ca. 21 Min.

1. Choral: Du Friedefürst, Herr Jesu Christ	A	¢
2. Aria [A]: Ach, unaussprechlich ist die Not	fis	$\frac{3}{4}$
3. Recitativo [T]: Gedenke doch, o Jesu	A–E	C
4. Terzetto [S, T, B]: Ach, wir bekennen unsre Schuld	E	$\frac{3}{4}$
5. Recitativo [A]: Ach laß uns durch die scharfen Ruten	cis–A	C
6. Choral: Erleucht auch unser Sinn und Herz	A	C

Diese Choralkantate des Jahrgangs 1724/1725 (44ff.) ist zum 26. November 1924 entstanden. Zugrunde liegt ihr das 7-strophige Lied von Jakob Ebert (1601), dessen Anfangs- und Schlußstrophe wörtlich beibehalten und dessen Binnenstrophen so umgedichtet wurden, daß Strophe 2–4 zu den Kantatensätzen gleicher Zählung, Strophe 5–6 jedoch zu Satz 5 wurden[2]. Der Autor dieser Umdichtung ist unbekannt.

Der Text des gewählten Liedes beklagt das verdiente Unglück, das die Menschheit befallen habe, bittet um Vergebung und um Errettung aus allen Gefahren, unter denen die Kriegsnot als die größte bezeichnet wird. Die Umdichtung zur Kantate folgt dem Liedtext weitgehend. So offensichtlich die allgemeine Beziehung zum Sonntagsevangelium und seiner Ankündigung der Greuel der Verwüstung ist, so wenig hat sich der Kantatenlibrettist bemüht, spezielle Anspielungen auf den Lesungstext einzuflechten.

Der Eingangssatz folgt dem bevorzugten Formschema Bachs für großangelegte Choralchorsätze: Die Liedmelodie, vom Sopran (mit Verstärkung eines Horns) zeilenweise in langen Notenwerten (Grundwert: 𝅗𝅥) vorgetragen, ist eingefügt in einen eigenthematischen Orchestersatz mit Ritornellumrahmung und Zeilenzwischenspielen. Innerhalb des Instrumentalsatzes, der von 2 Oboi d'amore, Streichern und Continuo ausgeführt wird, dominiert die Violine I mit lebhaft konzertierender Figuration. Die Behandlung des vokalen Unterstimmenbaus zur Begleitung der Liedweise wechselt; in den Rahmenzeilen

2 Die ältere Annahme, die Kantate enthalte frei gedichtete Einschübe mit Hinweisen auf die Kriegsgefahr des Jahres 1744 (oder 1745?), konnte im Kritischen Bericht NBA I/27, S. 91ff. widerlegt werden.

ist sie schlichter, nach der Mitte zu selbständiger (Kursivdruck = Instrumentalpart):

1. Stollen:
   Zeilen 1 und 2: Homogener, akkordlicher Begleitsatz in denselben Grundwerten (𝅗𝅥) wie die Choralweise; *Instrumente selbständig.*
2. Stollen:
   Zeilen 3 und 4: Lebhafter, imitatorischer Satz mit Verwendung von Ritornellthematik; *Instrumente z. T. colla parte.*

Abgesang:
   Zeile 5–6 (zusammengefaßt): Akkordlicher Satz, durch kurze Notenwerte zum Cantus firmus kontrastierend; *Instrumente selbständig.*
   Zeile 7: Analog Zeilen 1 und 2.

In den Zeilen 1, 2 und 7 verschmelzen die vokalen Unterstimmen mit der Choralmelodie zu einer Einheit, in den Zeilen 3 und 4 dagegen mit dem Instrumentalsatz; in Zeile 5–6 erreichen sie ihre größte Selbständigkeit im Dienste der Textausdeutung. In keiner Zeile haben die Unterstimmen jedoch an der Choralmelodik thematischen Anteil.

Erscheint der Eingangschor durch die figurative Behandlung der Violine 1 als modifizierter Konzertsatz, so gibt sich Satz 2 als ausdrucksvoller Sologesang mit obligater Oboe d'amore. Der »sprechende« Charakter dieses Satzes mit seiner unmittelbaren Wirkung auf den Hörer wird erreicht durch gleichthematische Behandlung des gesanglichen Oboen- wie des Singstimmenparts, durch vorzugsweise alternierendes Hervortreten eines der beiden Thementräger (der Continuo begleitet unthematisch) und durch Verzicht auf figuratives Konzertieren. Es wäre leicht, den Satz durch Textierung (und gelegentliche Tieferlegung) der Oboenpartie zum continuobegleiteten Duett umzuformen.

Das folgende 10-taktige Rezitativ (Satz 3) ist zwar als Secco komponiert; doch werden die Worte »Gedenke doch, o Jesu, daß du noch ein Fürst des Friedens heißest« wohl wegen ihrer inhaltlichen Beziehung zum Choral durch je ein Zitat der 1. Liedzeile im Continuo umrahmt. Nun folgt – eine Seltenheit in Bachs Kantatenschaffen – ein Terzett mit Begleitung des Continuo, dessen motivgeprägtes Ritornell den thematischen Kern zum vokalen Hauptteil enthält. Auch dieser Satz steht der Alt-Arie (Satz 2) an Ausdrucksfülle nicht nach.

Als Gebet um ein Ende der Plagen und um beständigen Frieden ist Satz 5 mit Streicherbegleitung und einem ins Arioso übergehenden Schluß ausgestattet. Ihm folgt der Schlußchoral als schlichter Chorsatz.

Sechsundzwanzigster Sonntag nach Trinitatis

Epistel: 2. Petr. 3,3–13 (Wir warten eines neuen Himmels und einer neuen Erde)
Evangelium: Matth. 25,31–46 (Das Weltgericht)

Wachet! betet! betet! wachet! · BWV 70

NBA I/27,109 – AD: ca. 26 Min.

1. Coro: Wachet! betet! betet! wachet!	C	C
2. Recitativo [B]: Erschrecket, ihr verstockten Sünder	F–a	C
3. Aria [A]: Wenn kömmt der Tag, an dem wir ziehen	a	3/4
4. Recitativo [T]: Auch bei dem himmlischen Verlangen	d–h	C
5. Aria [S]: Laßt der Spötter Zungen schmähen	e	C
6. Recitativo [T]: Jedoch bei dem unartigen Geschlechte	D–G	C
7. Choral: Freu dich sehr, o meine Seele	G	3/4
Pars 2		
8. Aria [T]: Hebt euer Haupt empor	G	C
9. Recitativo [B]: Ach, soll nicht dieser große Tag	e–C	C
10. Aria [B]: Seligster Erquickungstag	C	3/4
11. Choral: Nicht nach Welt, nach Himmel nicht	C	C

Die Kantate ist in der uns überlieferten Form zum 21. November 1723 entstanden, und zwar durch Umarbeitung der Weimarer Kantate 70a (103), für die an ihrem Bestimmungstag, dem 2. Advent, in Leipzig keine Aufführungsmöglichkeit bestand (39). Die Umformung des Inhalts war nicht schwer, handeln doch die Lesungen beider Tage vom Ende der Zeiten und der Erwartung der Wiederkunft Christi. Der Text Salomon Francks konnte unverändert beibehalten werden; lediglich die Einführung von Rezitativen und einer Choralstrophe brachte die Erweiterung des ursprünglich rezitativlosen Werkes zur Zweiteiligkeit mit sich.

Der Verfasser der Rezitativtexte ist unbekannt; die naheliegende Vermutung, Bach selber könne sich hier als Dichter betätigt haben, läßt sich weder beweisen noch widerlegen. Diese Rezitative stellen, soweit das noch nötig ist, eine engere Beziehung zur Sonntagslesung her; diesem Zweck dienen Hinweise auf »des Richters ausgesprochne Worte« (Satz 9; vgl. Matth. 25, 34–36 und 41–43) oder auf die unterschiedliche Bedeutung jenes Tages für die »verstockten Sünder« und die »erwählten Gotteskinder« (Satz 2, ähnlich Satz 6 und 9). Freilich fehlt dem dergestalt erweiterten Text die konsequente Durchführung eines Gedankens; er schwankt beständig zwischen der Besorgnis, für das Ende der Welt nicht hinreichend gerüstet zu sein, und der Hoffnung, einst zu den Auserwählten gezählt zu werden, für die jener Tag »ein Anfang wahrer Freude« sein werde.

Bachs Komposition vereint den jugendfrischen, originellen Erfindungsreichtum seiner Weimarer Jahre mit dem Zug zur großen Form, der gerade in den Adventskantaten von 1716 erstmals wahrnehmbar und durch die Erweiterung von 1723 noch offensichtlicher wird. Im Eingangschor erprobt Bach, soweit das überlieferte Œuvre erkennen läßt, zum ersten Mal in großem Ausmaße die Kompositionstechnik des Choreinbaus in die Wiederholung ausgedehnter Partien des Orchesterritornells (32 f.). Dadurch entsteht ein spannungsreicher Wechsel im Hervortreten bald des Chores (mit begleitendem Orchester), bald des Orchesters (mit hineinkomponiertem Chor). Der Gesamtverlauf des Satzes in verkürzter Dacapoform läßt formale Beziehungen zur Arie erkennen – eine Folge der Komposition eines madrigalischen Textes für Chor, während Bibelwortchöre meist der Reihungsform der Motette näherstehen als der zyklischen Arienform. Schematisch stellt sich der Aufbau des Eingangschores wie folgt dar (Kursivdruck = Instrumentalpart):

Einleitungssinfonie, zweigliedrig: a b
A Hauptteil (»Wachet! betet! ...«):
Sinfonie a + Chor
Imitatorischer Chorabschnitt, *Instrumente begleitend*
Sinfonie a b + Chor
B Mittelteil (»Seid bereit ...«):
Zweigliedriger imitatorisch-akkordlicher Chorabschnitt, *Instrumente pausierend oder begleitend*
A' Hauptteil, verkürzt (»Wachet! betet! ...«):
Sinfonie a b + Chor

Das Instrumentarium erhält seine charakteristische Note durch die Mitwirkung einer Trompete (zu Oboe, Streichern und Continuo); ihre signalartigen Weckrufe geben den Anstoß zu lebhaft-figurierter Bewegung in den übrigen Instrumenten und im Chor. Daneben erklingen, nur dem Chor eigen, in den Choreinbaupartien kurze Rufe »wachet!« und lang gehaltene Akkorde »betet!«, die den Franckschen Text in plastisch-lebendiger, ja erregender Unmittelbarkeit erleben lassen.

Mit einem Accompagnato, ausgeführt vom Gesamtinstrumentarium, malt Bach in Satz 2 nacheinander das Erschrecken der Sünder, die Ruhe der Erwählten und ihre Freude (lebhafte Koloraturen), das Zerbrechen des Weltalls und endlich das Zagen der vor Christi Angesicht Gerufenen, denen der Rezitativtext Trost verkündet.

Satz 3 ist seiner Struktur nach ein Continuosatz; doch ist der Instrumentalbaß aufgespalten in eine ruhige, stützende Grundstimme und eine die Baßlinie figurativ auflockernde Zusatzstimme, die 1723 von der Orgel (mit Violoncello?), bei einer Wiederaufführung 1731 jedoch nur von einem obligaten Violoncello ausgeführt wurde, während Orgel, Fagott und Violone den Grundbaß übernahmen. Durch vielfältige Wiederholungen im Instrumentalpart entstehen Ostinatowirkungen; der Gesangspart greift das instrumentale Kopfmotiv auf und gleicht sich auch bewegungsmäßig dem obligaten Instrumentalpart an. Lediglich einzelne Wörter wie »fliehen« und »Feuer« werden vom Alt durch lebhaftere Bewegung hervorgehoben.

Ein Seccorezitativ (Satz 4) bildet die Brücke zur zweiten Arie, in der die Violinen und Bratschen zu gemeinsamer Obligatstimme zusammengefaßt sind, jedoch mit ständigem dynamischem Wechsel, der durch Pausieren und Wiedereinsetzen der Violinen II samt der Viola erreicht wird – ein Effekt, der uns in dieser Differenzierung kaum anderswo in Bachs Werk bezeugt ist. Wiederum sind Ritornell und Vokalpart themengleich; doch übertrifft der Instrumentalpart, zumal durch rasche Skalenfiguren der Violine 1, den Vokalpart an Beweglichkeit. Ein kurzes Secco führt zum schlicht-vierstimmigen Schlußchoral des 1. Teils (Satz 7), der Schlußstrophe des Liedes ›Freu dich sehr, o meine Seele‹ (Freiberg 1620).

Satz 8 eröffnet den II. Kantatenteil. Waren die Streicher in der vorigen Arie (Satz 5) zum Unisono zusammengefaßt, so bilden sie nunmehr einen vollstimmigen Instrumentalsatz, jedoch mit deutlicher Vorherrschaft der Violine 1 (verstärkt durch Oboe); die übrigen Streicher haben Begleitfunktion, so daß ein »ausinstrumentierter Triosatz« entsteht. Der Anfang des Ritornells, der im Vokalteil von der Singstimme aufgegriffen wird, erinnert an eine der Melodien zu ›O Gott, du frommer Gott‹ (Darmstadt 1698), veranschaulicht jedoch durch seinen aufsteigenden Beginn zugleich auch die Aufforderung »Hebt euer Haupt empor« (nach Luk. 21, 28). Daß Bach hier bewußt auf den genannten Choral anspielen wollte, ist wenig wahrscheinlich; wenn überhaupt, so könnte am ehesten das auf dieselbe Melodie gesungene Lied ›Was frag ich nach der Welt‹ gemeint sein.

Die letzte Arie und das ihr vorangehende Rezitativ bringen eine unerwartete Steigerung ins Dramatische: Die beiden Aspekte des Jüngsten Tages, von denen die Kantate handelt, Schrecken und Freude, werden unmittelbar einander gegenübergestellt. Dafür wird das Gesamtinstrumenarium im Wechsel mit continuobegleiteter Monodie aufgeboten, so daß die Besetzung der vier Arien des Werkes eine stetige Steigerung mit sich bringt.

Das Rezitativ (Satz 9) beginnt mit einem Furioso, das den »unerhörten letzten Schlag« malt, dazu intoniert die Trompete den Choral ›Es ist gewißlich an der Zeit‹. Ganz allmählich tritt Beruhigung ein bis hin zum ariosen Ausklang mit weitgespanntem Melisma auf die Worte »Wohlan, so ende ich mit Freuden meinen Lauf«.

Unvermittelt, ohne jedes Ritornell schließt sich, nur vom Continuo gestützt, ›molt' adagio‹ die Arie ›Seligster Erquikkungstag‹ an mit einem jenseitig verklärten Baßsolo, das dem Arioso näher steht als der strengen Form der Arie. Als ungeheurer Kontrast folgt ›presto‹ der Mittelteil »Schalle, knalle, letzter Schlag«, der noch einmal das Zusammenstürzen des Weltgebäudes malt und nach dem dann in ebenso unvermitteltem Wechsel wie zuvor der ariose Gesang des Anfangs als Quasi-Dacapo weitergeführt wird mit den Worten »Jesus führet mich zur Stille an den Ort, da Lust die Fülle«.

Auf dieses still verklingende Tongemälde setzt nun, siebenstimmig, in hymnischer Großartigkeit der Schlußchoral ein, die 5. Strophe des Liedes ›Meinen Jesum laß ich nicht‹ von Christian Keymann (1658). Die Freude dessen, der sich durch Jesu Fürsprache geborgen weiß, auf den Jüngsten Tag hat endgültig gesiegt!

Siebenundzwanzigster Sonntag nach Trinitatis

Epistel: 1. Thess. 5,1–11 (Bereitschaft für den Jüngsten Tag)
Evangelium: Matth. 25,1–13 (Gleichnis von den zehn Jungfrauen)

Wachet auf, ruft uns die Stimme · BWV 140

NBA I/27,151 – AD: ca. 31 Min.

1. Chorale: Wachet auf, ruft uns die Stimme	Es	3/4
2. Recitativo [T]: Er kommt, er kommt, der Bräutgam kommt	c–c	C
3. Aria Duetto [S, B]: Wenn kömmst du, mein Heil	c	6/8
4. Chorale [T]: Zion hört die Wächter singen	Es	C
5. Recitativo [B]: So geh herein zu mir	Es–B	C
6. Aria Duetto [S, B]: Mein Freund ist mein und ich bin sein	B	C
7. Choral: Gloria sei dir gesungen	Es	¢

Einen 27. Sonntag nach Trinitatis kennt der Kalender nur, wenn Ostern auf einen der Tage vor dem 27. März fällt, also zwischen dem 22. und 26. März liegt. Dies geschieht überaus selten; Bach erlebte diesen Sonntag daher in seiner Leipziger Amtszeit nur 1731 und 1742 und zuvor außer in seiner Kindheit (1690, 1693) nur ein einziges Mal als Arnstädter Organist 1704, also in einer Stellung, in der man ihm vorwarf, daß »bißher gar nichts musiciret worden« (vgl. Dok II, S. 20).

Die Datierung der einzigen für diesen Tag erhaltenen Bachschen Kantate bietet daher keine Schwierigkeiten; sie ist zum 25. November 1731 entstanden und mag 1742 wiederaufgeführt worden sein. Bach benutzte die Gelegenheit, seinen Jahrgang der Choralkantaten mit einem weiteren Werk zu vervollständigen, einem Werk freilich, das sich dem für 1724/1725 gewählten Typus nicht völlig anpaßt; denn das 3-strophige Lied von Philipp Nicolai (1599) bietet mit einer einzigen Binnenstrophe der madrigalischen Umdichtung allzuwenig Möglichkeiten und mußte daher mit freier Dichtung angereichert werden. Der unbekannte Textdichter hat deshalb alle drei Liedstrophen im Wortlaut beibehalten – sie markieren mit den Sätzen 1, 4 und 7 Beginn, Mitte und Schluß der Kantate – und als Zwischenstücke je ein Doppelglied Rezitativ (Solo) – Arie (Duett) eingefügt.

Der Text führt, ausgehend vom Sonntagsevangelium, den Gedanken des zu seiner Braut kommenden Bräutigams weiter aus: Jesus ist der Bräutigam, die Seele des gläubigen Christen seine Braut. Die Dichtung enthält eine reiche Zahl biblischer Anspielungen, vorzugsweise aus dem Hohenlied Salomonis:

Satz 2

Er kommt, er kommt,	
Der Bräutgam kommt!	Matthäus 25, 6
Ihr Töchter Zions, kommt heraus,	Hoheslied 3, 11
Sein Ausgang eilet aus der Höhe	Lukas 1, 78
In eurer Mutter Haus.	Hoheslied 3, 4; 8, 2
Der Bräutgam kommt, der einem Rehe	
Und jungen Hirsche gleich	Hoheslied 2, 9; 2, 17; 8, 14
Auf denen Hügeln springt . . .	Hoheslied 2, 8

Satz 3

Wenn kömmst du, mein Heil?	Jesaja 62, 11
Ich warte mit brennendem Öle	1. Mose 49, 18; Matthäus 25, 4

Satz 5

Ich habe dich mit mir	
Von Ewigkeit vertraut.	Hosea 2, 21
Dich will ich auf mein Herz,	
Auf meinen Arm gleich wie ein Siegel setzen	Hoheslied 8, 6

Auf meiner Linken sollst du
ruhn,
Und meine Rechte soll dich
küssen. Hoheslied 2, 6

Satz 6

Mein Freund ist mein, und ich
bin sein Hoheslied 2, 16; 6, 3
... in Himmels Rosen weiden Hoheslied 6, 3
Da Freude die Fülle, da Wonne
wird sein. Psalm 16, 11; Jesaja 35, 10

Die Verteilung der Anfangsworte des 6. Satzes »Mein Freund ist mein« – »und ich bin sein« auf beide Dialogpartner in Bachs Duett ist eigentlich nicht korrekt und wird es auch nicht, wenn man mit den älteren Ausgaben der Kantate ändert »... und ich bin dein« – richtig wäre allenfalls »und du bist mein«. Offensichtlich war es Bach nicht um einen realistischen Dialog zu tun, sondern um die Beibehaltung des Bibelzitats ohne dramatische Nebenabsichten.

Der großangelegte Eingangschor folgt dem bevorzugten Typus des Bachschen Choralchorsatzes: Die Liedmelodie, vorgetragen vom Sopran, verstärkt durch ein Horn, wird zeilenweise einem selbständigen Orchestersatz eingefügt, der wenngleich eigenthematisch, doch nicht ohne Anklänge an die Choralweise entworfen ist. Man vergleiche Takt 5 f. des Einleitungsritornells mit dem Liedbeginn des Soprans:

Der mit 3 Oboen (Oboe I, II und Oboe da caccia), Streichern (samt Violino piccolo) und Continuo instrumentierte Orchestersatz beginnt mit rhythmisch-punktierten Akkordblöcken im Wechsel zwischen Streichern und Oboen, aus ihnen löst sich im Dialog zwischen Violine I (+ Violino piccolo) und Oboe I die oben wiedergegebene Melodie heraus, bis sich beide in der

Schlußkadenz des Einleitungsritornells vereinigen. Vielleicht will Bach schon mit dieser Einleitung auf die Dialogstruktur des Gesamtwerks hinweisen. In den Gesangsabschnitten wird die selbständige Orchesterthematik beibehalten; die drei vokalen Unterstimmen begleiten die in langen Notenwerten vorgetragene Choralweise mit bewegterem, meist imitatorischem Satz, ohne dabei Choralthematik aufzunehmen. Bisweilen konzentriert sich der Unterstimmensatz auf kurze, akkordische Rufe (»wach auf«, »macht euch bereit«), während die Liedzeile 9 – »Alleluja« – als einzige einen ausgedehnteren, fugierten, thematisch aus dem Orchesterritornell abgeleiteten Unterbau erhält und dadurch, obgleich kürzeste Textzeile, auf die doppelte Ausdehnung der übrigen Zeilenabschnitte ausgeweitet wird.

Ein freudig-bewegtes Seccorezitativ (Satz 2) verkündet das Nahen des Bräutigams und leitet damit zum ersten Duett zwischen Jesus und der Seele (Satz 3) hin. Als Obligatinstrument sieht Bach einen Violino piccolo, also eine in *b – f' – c'' – g''* gestimmte »Terzgeige« vor, eine Violine kleinerer Mensur. Die lebhafte, geradezu virtuose Figuration dieses Soloparts klingt dadurch besonders hell, silbrig und mag vielleicht den strahlenden Glanz der Braut abbilden, die ihren Geliebten »mit brennendem Öle« erwartet. Der Zwiegesang, thematisch aus dem Ritornellbeginn entwickelt, erweckt in seinem sehnsuchtsvollsinnlichen Charakter mystische Eindrücke: Himmlische und irdische Liebe sind hier in eins verschmolzen. Musikalisch gehört dieser Satz zu den schönsten Liebesduetten der Weltliteratur.

Mit dem zentralen Choralsatz – Strophe 2 des Liedes – tritt den beiden chorischen Ecksätzen ein Triosatz gegenüber, in dem die geringfügig ausgezierte Choralmelodie, vorgetragen vom Tenor, zeilenweise in den Instrumentalsatz eingefügt ist. Dieser Instrumentalsatz ist thematisch selbständig: Die zum kraftvollen Unisono vereinigten Violinen und Bratschen konzertieren über einem unthematischen Continuo. Die eingängige Melodik hat diesem Choralsatz viele Freunde verschafft; und Bach selbst hat ihn später als Orgeltranskription seinen sechs sogenannten »Schüblerschen Chorälen« an erster Stelle eingereiht (BWV 645).

Nun nimmt der Bräutigam seine Braut, die Seele, zu sich: Die Streicherbegleitung des Rezitativs hebt die Bedeutung dieses Augenblicks für den Christen hervor und dient zugleich der Textausdeutung, die auf die Worte »und dein betrübtes Aug ergötzen« zu ungewöhnlichen Harmoniefolgen führt. Das folgende Duett (Satz 6) gibt der Freude des vereinten Paares Ausdruck; wie Satz 3 ist es ein reines Liebesduett, tänzerisch heiter, aber zugleich musikalisch so tief empfunden und kunstreich, daß die Gelöstheit kein Nachlassen der künstlerischen Intensität mit sich bringt. Auch in diesem Satz verschmelzen irdisches Liebesglück und himmlische Seligkeit in eins. Wo immer von Jesusmystik in der großen Kunst die Rede ist, wird man diese Kantate nicht unerwähnt lassen dürfen.

In altertümlichen Halbenoten schreibt Bach den schlichtvierstimmigen Schlußchoral, der durch die hohe Lage der Liedweise im Sopran und ihre Oktavierung durch die Terzgeige noch einmal die Seligkeit, die den Christen im himmlischen Jerusalem erwartet, mit irdischen Mitteln auf unnachahmliche Weise gleichnishaft Gestalt werden läßt.

3. Marienfeste

Mariae Reinigung (2. Februar)

EPISTEL: Mal. 3,1–4 (Der Herr wird zu seinem Tempel kommen)
EVANGELIUM: Luk. 2,22–32 (Darstellung Jesu im Tempel)

Erfreute Zeit im neuen Bunde · BWV 83

NBA I/28 – AD: ca. 20 Min.

1. ARIA [A]: Erfreute Zeit im neuen Bunde	F	C
2. ARIA [CHORAL + RECITATIVO. B]: Herr, nun lässest du deinen Diener in Friede fahren – Was uns als Menschen schrecklich scheint	B	6/8/C
3. ARIA [T]: Eile, Herz, voll Freudigkeit	F	C
4. RECITATIVO [A]: Ja, merkt dein Glaube noch viel Finsternis	d–a	C
5. [CHORAL]: Er ist das Heil und selig Licht	d	C

Die Evangelienlesung zu Mariae Reinigung berichtet nur kurz von der Zeremonie der Reinigung Marias, viel ausführlicher dagegen von Simeon, dem die Prophezeihung zuteil geworden war, er werde nicht sterben, bevor er den Messias gesehen habe. Die Barockzeit hat in Dichtung und Predigt, hieran anknüpfend, stets an diesem Tage die Gedanken auf den eigenen Tod gelenkt. So stellt auch der unbekannte Dichter dieser Kantate gleich in der Eingangsarie der »erfreuten Zeit« ganz unvermittelt die »letzte Stunde« an die Seite; und nur wer zuvor die Evangelienlesung vernommen hat, weiß, daß hier der Ausspruch Simeons auf die ganze Christenheit gedeutet wird: Nun, da der Heiland erschienen ist, kann der gläubige Christ getrost sterben; denn der Tod hat seinen Schrecken verloren. Der 2. Satz umrahmt die predigthafte Auslegung dieses Gedankens mit den eigenen Worten Simeons, Lukas 2, 29 und 30–31. – Der 3. Kantatensatz ist insofern ungewöhnlich, als sein ganzer Text eine Bibelwortparaphrase darstellt. Man vergleiche:

BWV 83, Satz 3:

Eile, Herz, voll Freudigkeit
Vor den Gnadenstuhl zu
treten!
Du sollst deinen Trost
empfangen,
Und Barmherzigkeit erlangen,
Ja, bei kummervoller Zeit,
Stark am Geiste, kräftig beten.

Hebräer 4, 16:

Darum lasset uns hinzutreten
mit Freudigkeit zu dem
Gnadenstuhl,
auf daß wir Barmherzigkeit
empfangen und Gnade
finden
auf die Zeit, wenn uns Hilfe
not sein wird.

Das Rezitativ (Satz 4), das die madrigalische Dichtung abschließt, bindet die vorangegangenen Betrachtungen an den letzten Evangeliumsvers: Auch wenn uns gegenwärtig noch viel Finsternis umfängt, wird der Heiland sich doch selbst in unserm Tode als »helles Licht« erweisen. Derselbe Bibelvers bildet in der Nachdichtung Martin Luthers (1524) als 4. Strophe des Liedes ›Mit Fried und Freud ich fahr dahin‹ den Schlußchoral.

Bachs Komposition ist zum 2. Februar 1724 entstanden und vermutlich im Jahre 1727 am gleichen Tage wiederaufgeführt worden. Zwar beschränkt sich die Besetzung der Singstimmen wesentlich auf Solisten, und ein Chor wirkt höchstens im Schlußchoral mit; doch ist der Eingangssatz festlich instrumentiert: Zu der Normalbesetzung von 2 Oboen, Streichern und Continuo treten 2 Hörner und eine konzertierende Violine. Der textliche Gegensatz »Erfreute Zeit« – »letzte Stunde« wirkt sich auch in der kompositorisch gegensätzlichen Gestaltung von Haupt- und Mittelteil des in Dacapoform angelegten Satzes aus: Der Hauptteil entwickelt sich aus der im Eingangsritornell exponierten Thematik mit ihrem dreifachen Kontrast von akkordischem Tutti (Kopfmotiv), wechselchörigem Motivspiel und solistisch-virtuosem Konzertieren der Solovioline. Das Kopfmotiv ist zugleich Beginn des Gesangsteils:

Alto
(Takt 17-18)

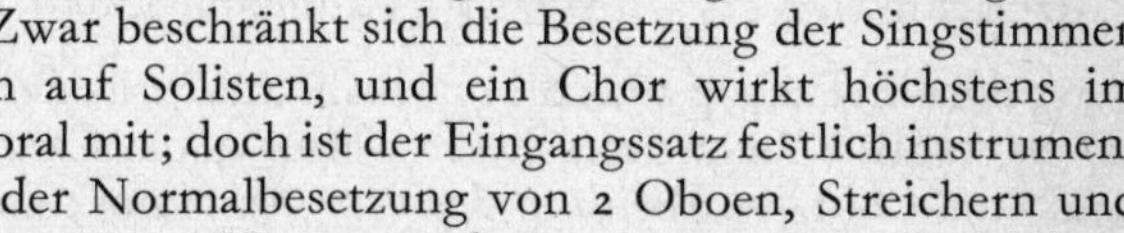

Vielfacher Vokaleinbau (32 f.) bewirkt eine ausgeprägte Dominanz des Instrumentalparts im zweigliedrigen Hauptteil. Anders ist der Mittelteil angelegt. Hier kommt die Ritornellthematik nur im kurzen, gliedernden Zwischenspiel und in einem anschließenden zweitaktigen Vokaleinbau zu Worte; überwiegend entwickelt dieser Teil neue, textgezeugte Thematik. Dazu erklingen violinistische Spielfiguren mit der leeren Saite (*a'*, dann *d'*, in der 2. Hälfte als Steigerung zweimal *e''*), die ohne Zweifel als Nachahmung des Sterbeglöckleins gedacht sind:

Violino solo  usw.

Beide Mittelabschnitte enden in ausdrucksvoller Chromatik.

Satz 2 hat im gesamten Kantatenwerk Bachs kaum Parallelen. Die im Wortlaut zitierte Bibelstelle ist der Beginn des ›Canticum Simeonis‹, einer der drei psalmenähnlichen Dichtungen des Neuen Testaments, die in der christlichen Kirche fester liturgischer Bestandteil der Stundengottesdienste sind und dort üblicherweise auf einen der 9 Psalmtöne gesungen werden. Der Textgestalt

Canticum, 1. Vers – Rezitativ – Canticum, 2. und 3. Vers

entspricht im Prinzip auch die musikalische Form. Das Rezitativ ist als continuobegleitetes Secco vertont; die Canticumverse sind eine Choralbearbeitung des VIII. Psalmtons: Die Psalmodie des Basses wird von einem zweistimmigen, frei kanonischen Satz der unisono geführten Violinen und Violen einerseits und des Continuo andererseits eingerahmt. Die eigene, choralunabhängige Thematik dieses Instrumentalsatzes wird in einem 6-taktigen Vorspiel exponiert und danach in immer wechselnden Tonlagen wiederholt. Bruchstücke dieser Kanonthematik dienen überdies zur Markierung der Zäsuren des Rezitativs an zwei Stellen, so daß folgende Gesamtform entsteht (Kursivdruck = Instrumentalpart):

A 1. Vers: *Kanonischer Satz*, dazu VIII. Psalmton (Baß)
B Rezitativ – *Kanon* – Rezitativ – *Kanon* – Rezitativ
A' 2. + 3. Vers: Wie oben, 1. Vers.

Die Tenor-Arie (Satz 3), ein Streichersatz mit konzertierender Solovioline, ist in ihren beständig laufenden Triolen von der textbedingten Vorstellung des »Eilens« geprägt; auch die Singstimme wird in weiten Koloraturgirlanden in die Triolenläufe miteinbezogen. Weithin dominiert der Vokaleinbau der Singstimme in die Wiederholung von Ritornellpartien durch den Instrumentalsatz.

Ein kurzes Seccorezitativ (Satz 4) leitet über zum schlichten, vierstimmigen Schlußchoral.

Mit Fried und Freud ich fahr dahin · BWV 125

NBA I/28 – AD: ca. 24 Min.

1. [Choral]: Mit Fried und Freud ich fahr dahin	e	12/8
2. Aria [A]: Ich will auch mit gebrochnen Augen	h	3/4
3. Recitativo [+ Choral. B]: O Wunder, daß ein Herz	a–h	C
4. Aria Duetto [T, B]: Ein unbegreiflich Licht	G	C
5. Recitativo [A]: O unerschöpfter Schatz der Güte	e–e	C
6. Choral: Er ist das Heil und selig Licht	e	C

Das Werk ist als Choralkantate des Jahrgangs 1724/1725 (44ff.) zum 2. Februar 1725 entstanden. Seine Textgrundlage bildet das ›Nunc dimittis‹ in Luthers Verdeutschung (1524), also das ›Canticum Simeonis‹ (Luk. 2, 29–32), das einen festen Bestandteil des Tagesschlußgottesdienstes, der Complet, bildet, zugleich aber auch Teil der Evangelienlesung des Festes Mariae Reinigung ist. Luthers Dichtung faßt je einen Vers der biblischen Vorlage in eine Liedstrophe. Der unbekannte Redaktor des Bachschen Kantatentextes mußte diese Dichtung so erweitern, daß sie der Komposition als ausreichende Grundlage dienen konnte. Die beiden Rahmenstrophen behält er, wie üblich, bei, dazu die zweite, mit tropierendem (14) Rezitativtext angereichert, als Satz 3. Satz 2 dagegen greift als freie Dichtung Gedanken der 2. Liedstrophe auf und bildet sie weiter: So wie Simeon will auch ich im Tode auf Jesus sehen; dann wird auch Jesus auf mich sehen und mir kein Leid geschehen lassen. Freie Nachdichtung der 3. Liedstrophe sind die Sätze 4 und 5 der Kantate. Der Tropustext in Satz 3 verknüpft die Erwähnung des Lichtes, das die Heiden erleuchtet, mit einer Anspielung auf Markus 16, 16 (»Wer da glaubet und getauft wird, der wird selig werden«), während Satz 4 eine Verbindung zu Römer 3, 25 (Christus, »welchen Gott hat vorgestellt zu einem Gnadenstuhl«) herstellt und auf Gottes Gnadentat hinweist. So enthält der Kantatentext noch deutlicher als Luthers Lied die Elemente des reformatorischen Bekenntnisses, die Rechtfertigung aus dem Glauben (Satz 4) allein durch Gnade (Satz 5).

Bachs Komposition läßt es bedauern, daß heute mit dem Wegfall der zu seiner Zeit noch gefeierten Marienfeste nicht häufiger Gelegenheit besteht, dieses großartige Werk aufzuführen, das den Thomaskantor auf der Höhe seiner Kunst zeigt. Der großartig-bewegte Eingangschor stellt in seiner Einleitungssinfonie Querflöte und Oboe den Streichern gegenüber. Triolische Akkordfolgen bewirken einen überaus dichten, ausdrucksgeladenen Satz von eigener Thematik, die jedoch aus dem Quintsprung des Liedanfangs abgeleitet ist:

Die Liedweise wird, wie meist in den Eingangssätzen der Choralkantaten, vom Sopran zeilenweise in langen Notenwerten zum eigenthematischen Orchestersatz (siehe oben) vorgetragen, gestützt von den drei unteren Vokalstimmen, die in den Liedzeilen 1, 2 und 5 das oben mitgeteilte instrumentale Kopfthema imitatorisch verarbeiten (durch Streicher verstärkt), in Zeile 3 mit einem verwandten Motiv ebenso verfahren, während die Zeilen 4 und 6 (»sanft und stille« bzw. »Der Tod ist mein Schlaf worden«) aus Gründen der Textinterpretation überwiegend akkordisch begleitet und überdies »piano« gesungen sowie durch Ausweichungen in entfernte Tonarten und durch Chromatik charakterisiert werden.

Von nicht geringerer Schönheit ist die Alt-Arie (Satz 2): Querflöte und Oboe d'amore konzertieren in punktierten Rhythmen und in Terzenparallelen über einem ruhigen, in repetierenden Achteln legato vorzutragenden Continuo. Reiche Vorhaltsbildungen, Vorschläge und andere Ornamente lassen erkennen, daß eine ausdrucksvolle Interpretation dieses Satzes dem Komponisten besonders am Herzen lag.

Satz 3 ist trotz ständigem Wechsel zwischen Rezitativ und Choral durchweg von einem Freudenmotiv der Streicher begleitet, das dartun soll: Der Tod wird nun, da Jesus in die Welt gekommen ist, nicht mehr als schreckenerregend, sondern als erwünscht und beglückend empfunden. Die Liedweise wird leicht verziert vorgetragen; nur die Schlußzeile, die zugleich der Satzschluß ist – »Im Tod und auch im Sterben« – wird um 2 Takte gedehnt, reichlich mit Chromatik versehen und stark ausgeziert; dazu beenden die Streicher ihr motivgeprägtes Accompagnato, um den Schluß in ruhigen Noten auszuharmonisieren.

Satz 4 ist ein thematisch einheitlicher Quintettsatz, gebildet aus den beiden Violinen, dem Continuo und – in den Gesangsabschnitten hinzutretend – den beiden tiefen Singstimmen. Sein gesamtes Themenmaterial wird im 6-taktigen Eingangsritornell exponiert; es besteht aus drei Motiven α, β, γ, die innerhalb des imitatorischen Satzes dieses Ritornells so angelegt sind, daß β sowohl im Vordersatz als Kontrapunkt des Kompfmotivs α wie auch als Kontrapunkt des Fortspinnungsmotivs γ dient:

Der Hauptteil hat 4 Gesangsabschnitte a ab a ab, wobei a die erweiterte Vokalisierung des Ritornellvordersatzes (vgl. oben, Takt 1) und b den Vokaleinbau (32 f.) in die Ritornellfortspinnung (vgl. oben, Takt 3) darstellen. Die ungewöhnliche Vierzahl der Gesangsabschnitte könnte möglicherweise durch den Text verursacht sein, der vom »ganzen Kreis der Erden« spricht; steht doch die Zahl 4 nach alter Tradition u. a. für die vier Himmelsrichtungen. Der Mittelteil der Arie bringt mehrere textbedingte Motivgruppen: »Es schallet ...«: Imitationen, Rufmotive, »Wer glaubt ...«: Haltetöne, danach Imitation und Schlußkadenz.

Ein Seccorezitativ (Satz 5) leitet über zum Schlußchoral in schlicht-vierstimmigem Chorsatz, begleitet vom Gesamtinstrumentarium.

Ich habe genung · BWV 82

NBA I/28 – AD: ca. 23 Min.

1. Aria [B]: Ich habe genung, ich habe den Heiland	c	3/8
2. Recitativo [B]: Ich habe genung. Mein Trost ist nur allein	As–B	C
3. Aria [B]: Schlummert ein, ihr matten Augen	Es	C
4. Recitativo [B]: Mein Gott! wenn kommt das schöne Nun	c–c	C
5. Aria [B]: Ich freue mich auf meinen Tod	c	3/8

Wie in allen Kantaten Bachs zu Mariae Reinigung wird aus dem Evangelienbericht von der Darstellung Jesu im Tempel nur die Erzählung von Simeon herausgegriffen und auf die gegenwärtige Gemeinde gedeutet: Nun, nachdem der Heiland erschienen ist, kann sich der Christ, so meint der unbekannte Textdichter, nichts sehnlicher wünschen, als »von hinnen zu scheiden«, von seines Leibes Ketten errettet zu werden, um mit Jesus in süßem Frieden und stiller Ruhe vereinigt zu sein. Aus allen Texten zu Mariae Reinigung ist dieser wohl am stärksten von sehnsüchtiger Jenseitsmystik durchdrungen; die Welt gilt nur als Ort des Elends, an dem der Christ keinen Anteil hat.

Bach hat die Kantate zum 2. Februar 1727 komponiert und später mehrmals wiederaufgeführt, dabei teilweise umgearbeitet und zwar:

1731, vielleicht auch 1730, als Solokantate für Sopran in e-Moll

1735, vermutlich als Solokantate für Mezzosopran in c-Moll, möglicherweise auch in e-Moll (2 Aufführungen in zeitlicher Nähe?)

um 1745/1748 in einer grundsätzlich mit der von 1727 übereinstimmenden Fassung als Solokantate für Baß

Die große Beliebtheit dieses Werkes wird auch durch die Abschrift von Teilen der Kantate in Anna Magdalena Bachs Klavierbüchlein (angefangen 1725) deutlich. Dabei handelt es sich, wie der Kritische Bericht NBA v/4 gezeigt hat, um Abschriften *aus* der Kantate *in* das Klavierbüchlein – nicht umgekehrt.

Die Besetzung ist anspruchslos: Eine einzige Singstimme wird von einem Streicherensemble mit Continuo sowie einer Oboe begleitet, die in der e-Moll-Fassung der hohen Lage wegen durch eine Querflöte ersetzt wurde. Auffällig ist, daß dieses Instrumentarium in den drei Arien fast ausnahmslos beansprucht wird; selbst das Schweigen der Oboe in Satz 3 (so unsere bisherigen Ausgaben) gilt, wenn überhaupt, dann höchstens für eine oder zwei der überlieferten Fassungen: In der späten Aufführung mit Baß wirkt hier eine Oboe da caccia mit, und in der e-Moll-Fassung ist die Querflöte in dieser Arie beteiligt.

Der Eingangssatz beginnt mit einer ausdrucksvollen Oboenmelodie über ruhig bewegter Streicherbegleitung: Der Oboeneinsatz mit einem Sextsprung aufwärts erinnert an verwandte Themen in der Arie ›Erbarme dich‹ der Matthäus-Passion und ›Wenn kömmst du, mein Heil‹ der Kantate ›Wachet auf, ruft uns die Stimme‹ (BWV 140). Er macht deutlich, daß mit dem dankbar-beglückten »Ich habe genung« zugleich der sehnliche Wunsch, »noch heute mit Freuden von hinnen zu scheiden«, verbunden ist. Dabei zeigt sich Bach als Meister der motivischen Umbildung. Das Oboenmotiv wird in seiner Originalgestalt vom Baß aufgenommen:

Eine Umbildung am Schluß aller drei Gesangsabschnitte (Gesamtform: A B B') lautet, in die Tonarten g-, f- und c-Moll versetzt, jeweils gleichartig, hier in g-Moll:

Teil B beginnt mit einer weiteren Umbildung des Motivs auf anderen Text:

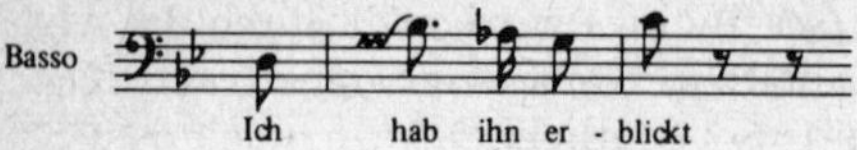

Wollte man auch die entfernteren hinzuzählen, so erhielte man noch eine beträchtliche Zahl weiterer Umbildungen.

Satz 2, ein Seccorezitativ, greift die Anfangsworte der Kantate nochmals auf, diesmal in neuer Vertonung:

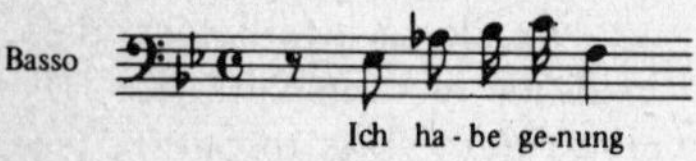

Die Aufforderung »Laßt uns mit diesem Manne ziehen!«, die die Verbindung zwischen dem biblischen Bericht und der versammelten Gemeinde herstellt, ist als 2-taktiges Arioso-Mittelstück hervorgehoben; die Imitation zwischen Continuo und Baß symbolisiert die Nachfolge. Der Satz schließt mit einer weiteren, wiederum neuen und durch ihren Kadenzfall als endgültig charakterisierten Vertonung der Eingangsworte:

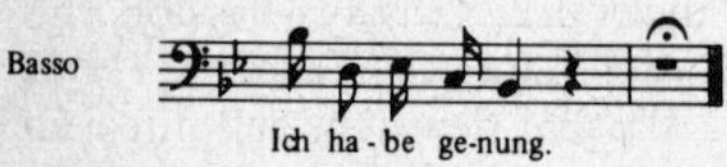

Nun folgt jene Schlummer-Arie (Satz 3), die mit Recht zu den beliebtesten Schöpfungen Bachs zählt, da sie, obgleich Ausprägung eines barocken Typus, doch durch ihren ungeheuren Erfindungsreichtum und ihre Ausdrucksfülle alles Typische weit hinter sich läßt. Charakteristisch sind häufige Orgelpunktbildungen im Continuo sowie die Tendenz der Melodie zur mixolydischen (kleinen) Septime (*des*" zu Beginn des Taktes 2 und öfter), deren subdominantischer Charakter den Eindruck der Entspannung hervorruft, ferner der durch Synkopen bewirkte Wiegerhythmus und die mehrfach durch Fermaten verzögerte Bewegung. Ungewöhnlich ist auch die erweiterte Dacapoform; denn mitten in den – überwiegend nur vom Continuo begleiteten – Mittelteil ist nochmals der Gesangsabschnitt A eingefügt, so daß eine Art Rondoform entsteht (*Rit.* = Instrumentalritornell):

Rit. – A – *Rit.* – B A C – *Rit.* – A – *Rit.*

Ein kurzes Secco mit ariosem Schluß (»Welt, gute Nacht«) leitet über zur freudig-bewegten Schlußarie, die weder textlich noch musikalisch die Höhe der beiden vorangegangenen Arien zu halten vermag. Sie ist einer jener dem Tanz nahestehenden, klar periodisch gegliederten, mit rhythmischen Impulsen belebten Sätze, die wohl Bachs große Kunst verraten, aber doch keinen ausgewogenen Abschluß des Vorhergegangenen darstellen, so daß man das Fehlen eines Schlußchorals doppelt bedauert.

Bekennen will ich seinen Namen · BWV 200

NBA I/28 – AD: ca. 5 Min.

Aria [A]: Bekennen will ich seinen Namen — E C

Diese Arie, die erst im Jahre 1924 aufgefunden und 1935 der Öffentlichkeit bekanntgemacht wurde, ist höchstwahrscheinlich Teil eines größeren und im übrigen verschollenen Werkes. Nach diplomatischen Merkmalen ist sie erst nach 1735, vielleicht gar in den 1740er Jahren entstanden. Der Text ist eine Paraphrase des ›Canticum Simeonis‹ (Luk. 2, 29–32), wobei freilich im Gegensatz zu den vollständig erhaltenen Kantaten zu Mariae Reinigung nicht die Todessehnsucht im Mittelpunkt steht, sondern das Bekenntnis zum Herrn aller Völker. Auch ist die Zuweisung dieser Arie zum Fest Mariae Reinigung nicht belegt; sie ergibt sich mit Wahrscheinlichkeit aus dem Text, bleibt jedoch hypothetisch, solange wir nicht wissen, in welchen Zusammenhang die Arie gehört.

Die Komposition, deren Echtheit durch Vorliegen des Konzeptautographs erwiesen ist, hat einen an Händel gemahnenden hymnischen Schwung. Der Instrumentalsatz – verlangt werden 2 Violinen und Continuo – ist teils homophon, teils imitatorisch; die Anlage ist der Barform angenähert, da ein Text vom Aufbau a b c c der musikalischen Form A A' B C unterlegt wurde. Auch dieses Vermeiden der üblichen Dacapoform stimmt (wenngleich es sich auch in früheren Werken findet) gut mit der Annahme einer Entstehung in Bachs Spätzeit zusammen.

Eine Anzahl weiterer Kantaten, die uns mit anderer Bestimmung überliefert sind, hat Bach ihrer inhaltlichen Eignung wegen zeitweise auch zu Mariae Reinigung aufgeführt:

›Komm, du süße Todesstunde‹ · BWV 161 (447–450)
›Ich lasse dich nicht, du segnest mich denn‹ · BWV 157 (618–620)
›Der Friede sei mit dir‹ · BWV 158 (249f.) – ältere Fassung?

Mariae Verkündigung (25. März)

Epistel: Jes. 7,10–16 (Weissagung von der Geburt des Messias)
Evangelium: Luk. 1,26–38 (Der Engel Gabriel verkündigt Maria die Geburt Jesu)

Wie schön leuchtet der Morgenstern · BWV 1

NBA I/28 – AD: ca. 25 Min.

1. [Choral]: Wie schön leuchtet der Morgenstern	F	$\frac{12}{8}$
2. Recitativo [T]: Du wahrer Gottes und Marien Sohn	d–g	C
3. Aria [S]: Erfüllet, ihr himmlischen, göttlichen Flammen	B	C
4. Recitativo [B]: Ein irdscher Glanz, ein leiblich Licht	g–B	C
5. Aria [T]: Unser Mund und Ton der Saiten	F	$\frac{3}{8}$
6. Choral: Wie bin ich doch so herzlich froh	F	C

Diese Choralkantate (44ff.), zum 25. März 1725 komponiert, ist das letzte Werk innerhalb des Choralkantaten-Jahrgangs 1724/1725; denn obwohl Bachs zweites Leipziger Amtsjahr erst am Trinitatisfest zu Ende geht, vertont Bach von Ostern 1725 an wieder »normale« Kantatentexte.

Von dem Lied Philipp Nicolais (1599), das nach alter Tradition dem Epiphaniasfest zugeordnet ist, aber auch zu Mariae Verkündigung gesungen wurde, hat der unbekannte Librettist Bachs die Rahmenstrophen 1 und 7 im Wortlaut beibehalten. Strophe 2 liegt dem ersten Rezitativ (Satz 2) zugrunde, Strophe 3 der ersten Arie (Satz 3); für das zweite Rezitativ wurden Strophe 4 und teilweise auch Strophe 5 verwendet, während sich Strophe 6 leicht in der zweiten Arie (Satz 5) wiedererkennen läßt.

Nicolais Lied läßt sich in mancher Hinsicht zu den Lesungen des Tages in Beziehung setzen, da es auf das Kommen des Heilands hinweist. Ganz besonders eignet sich hierfür die eigentlich auf die Wiederkunft Christi gemünzte Schlußstrophe (»... Komm, du schöne Freudenkrone, bleib nicht lange; deiner wart ich mit Verlangen«), die auch in BWV 61 und 36 (1. Fassung) eine adventliche Deutung erfahren hat. Weitere Beziehungen zwischen Lesung und Lied werden in der Umdichtung der Mittelstrophen hergestellt, vornehmlich durch Satz 2 mit seinem Hinweis auf die messianische Hoffnung der »ersten Väter« und die Verheißung Gabriels. Insgesamt aber darf dem Textdichter zugestanden werden, daß er die Innigkeit, die Nicolais Dichtung auszeichnet und seine Lieder zum bleibenden Besitz der evangelischen Kirche hat werden lassen, einfühlend nachempfunden und, wenn auch keine geniale, so doch eine gehaltvolle und ansprechende Poesie geliefert hat.

Diese Anmut und Empfindungstiefe des textlichen Vorwurfs hat Bach in seiner Komposition noch stärker hervorgehoben. Seinen festlichen Glanz erhält das Instrumentarium durch die Mitwirkung von 2 Hörnern, 2 Oboi da caccia und 2 konzertierende Soloviolinen; die Grundlage bilden Streicher und Continuo. Dadurch ergibt sich ein ungewöhnliches Klangbild: Bläser und Streichertutti schaffen eine dicht besetzte, vollklingende Mittellage, darüber konzertieren die beiden Soloviolinen, in deren lebhafter Figuration sich unschwer das Bild des funkelnden Morgensterns erkennen läßt – um so leichter, als die üblichen Blasinstrumente der Höhenlage (Flöten, Oboen, Trompeten) diesmal gänzlich fehlen.

Die Anlage des Eröffnungschores führt uns – am Ende der regelmäßigen Komposition von Choralkantaten – nochmals die charakteristische Form des großen Choralchorsatzes vor Augen: Die Liedweise liegt, in Zeilenabschnitte aufgeteilt, im Sopran, dem sich das 1. Horn zugesellt. Die unteren Singstimmen stützen den Cantus firmus, bereiten ihn auch zuweilen in imitierendem Satz vor, wobei sie sich bald der im Orchestersatz exponierten, bald choralverwandter, bald auch frei erfundener Thematik bedienen. Charakteristische Beispiele verschiedenartiger Unterstimmenbehandlung bieten die Zeilen 2 (»voll Gnad und Wahrheit von dem Herrn«) sowie 5 (»mein König und mein Bräutigamm«) einerseits – hier wird die Zeilenmelodie durch einen langen Vorbau der Unterstimmen (mit getreuem c. f.-Zitat in Tenor und Alt) ausgiebig vorbereitet – und Zeile 7 (»lieblich«) andererseits – sie besteht nur aus zwei homophonen Akkorden: Der Kontrast zwischen melodietragender Oberstimme und kontrapunktierendem Unterstimmenkomplex ist aufgehoben. – Der Orchestersatz entwickelt in einer 12-taktigen Einleitungssinfonie eigenständige Thematik, die mit der Liedweise allein durch den Quintsprung als Themenbeginn, ganz allgemein auch durch dreiklangsbetontes Figurenwerk verbunden ist. Die Sechzehntelfiguration der Soloviolinen, die, wie erwähnt, dem Satz sein Kolorit verleiht, bleibt auch in den Vokalabschnitten erhalten; die übrigen Instrumente werden hier nur zeitweise selbständig geführt und sind häufig den Singstimmen zugeordnet. Ein kompositorisches Problem bildet die der Melodie durch alle zehn Liedzeilen innewohnende Tendenz zur Beibehaltung der Grundtonart, die in einem derart ausgedehnten Chorsatz leicht monoton wirken könnte. Bach vermeidet diese Gefahr, indem er innerhalb der Vokalabschnitte die Möglichkeiten zu harmonischen Ausweichungen wahrnimmt oder die Zwischenspiele in andere Tonarten modulieren läßt (zu Beginn des Abgesangs und vor der Schlußzeile). So entsteht ein Satz von jubelnder Pracht, bunter Fülle und adventlicher Freude.

Während die beiden Rezitative der Kantate (Satz 2 und 4) als schlichtes, continuobegleitetes Secco komponiert sind und lediglich den Wörtern »Freudenschein« und »Erquickung« durch melismatische Auszierung Nachdruck verleihen, glaubt man zu erkennen, daß Bach auf die Komposition der beiden Arien besondere Sorgfalt verwendet hat. Die erste (Satz 3) bietet klanglich die seltene Verbindung eines Obligatinstruments in Altlage (Oboe da caccia) mit dem Sopran als Singstimme. Ihre Melodieführung ist feierlich-gesanglich: Der Beginn des Vokalteils wird durch die Textierung des Ritornellvordersatzes gewonnen, während die stärker instrumentalfigurative Ritornellfortspinnung in den Gesangsabschnitten eine auffallend geringe Rolle spielt. – Die zweite Arie (Satz 5) ist den Streichern zugewiesen und gibt dem Komponisten Gelegenheit zur Anbringung reizvoller Solo-Tuttikontraste mit Hilfe der beiden konzertierenden Violinen. Sogar innerhalb der Tuttipartien fügt Bach noch Echo-Effekte ein, während er auf polyphone Wirkungen weitgehend verzichtet. Dadurch entsteht der Eindruck eines tänzerisch-frohen Satzes, der auch ohne unmittelbare thematische Anklänge durch seine Instrumentation und sein Figurenspiel eine Brücke zum Eingangschor schlägt. Die Thematik – und das verstärkt den Eindruck freudiger Gelöstheit – ist von großer Einheitlichkeit; auch der Mittelteil erscheint musikalisch als Variante des Hauptteils.

Der Schlußchoral erhält durch die selbständige und betont bewegliche Führung des II. Horns – die übrigen Instrumente gehen mit den Singstimmen – nochmals einen hymnisch-festlichen Charakter. War es in der voraufgehenden Arie die Figuration der Soloviolinen, so ist es nunmehr der mit Bläsern angereicherte Vollklang des Gesamtinstrumentariums im Verein mit dem Choralgesang des Chores, der rückweisend auf den Eingangssatz das Werk formal abrundet.

Himmelskönig, sei willkommen · BWV 182

Die Kantate ist 1714 zum Sonntag Palmarum entstanden (226f.). Da jedoch in Leipzig während der Fastenzeit keine Kantaten musiziert wurden mit der einzigen Ausnahme des Festes Mariae Verkündigung, so hat Bach sie, wie die Quellen erkennen lassen, in Leipzig zu diesem Fest aufgeführt. Der inhaltliche Bezug stellt sich leicht her, da der Text, anknüpfend an die Lesung von Jesu Einzug in Jerusalem, gleichfalls vom Kommen Christi handelt. Auch will es der Zufall, daß bereits bei der ersten Aufführung 1714 Palmarum und Mariae Verkündigung auf einen Tag zusammengefallen waren.

Mariae Heimsuchung (2. Juli)

EPISTEL: Jes. 11,1–5 (Weissagung auf den Messias)
EVANGELIUM: Luk. 1,39–56 (Besuch der Maria bei Elisabeth, Marias Lobgesang)

Herz und Mund und Tat und Leben · BWV 147

NBA I/28 – AD: ca. 34 Min.

1. CHORUS: Herz und Mund und Tat und Leben	C	$\frac{6}{4}$
2. RECITATIVO [T]: Gebenedeiter Mund	F–a	C
3. ARIA [A]: Schäme dich, o Seele, nicht	a	$\frac{3}{4}$
4. RECITATIVO [B]: Verstockung kann Gewaltige verblenden	d–a	C
5. ARIA [S]: Bereite dir, Jesu, noch itzo die Bahn	d	C
6. CHORAL: Wohl mir, daß ich Jesum habe	G	$\frac{3}{4}$ $\frac{9}{8}$
Parte seconda. Nach der Predigt		
7. ARIA [T]: Hilf, Jesu, hilf, daß ich auch dich bekenne	F	$\frac{3}{4}$
8. RECITATIVO [A]: Der höchsten Allmacht Wunderhand	C–C	C
9. ARIA [B]: Ich will von Jesu Wundern singen	C	C
10. CHORAL: Jesus bleibet meine Freude	G	$\frac{3}{4}$ $\frac{9}{8}$

Die Kantate geht auf einen Weimarer Text von Salomon Franck (26f.) zurück, der jedoch nur die Sätze 1, 3, 5, 7, 9 und einen abweichenden Schlußchoral enthält (106 f.). Bach hat die Komposition dieser zum 4. Advent bestimmten Dichtung im Jahre 1716 begonnen (Kantate 147a), aber anscheinend nicht zu Ende geführt. Da nun in Leipzig zum 4. Advent keine Kantate musiziert wurde, erhielt der Text seine neue Bestimmung durch verschiedene Umdichtungen, Austausch des Schlußchorals, besonders aber durch Hinzudichtung der Rezitativsätze 2, 4 und 8 und durch Einfügung einer weiteren Choralstrophe, die den 1. Teil des nunmehr zur Zweiteiligkeit erweiterten Werkes abschließt. War der adventliche Text Francks ohnedies für ein Marienfest nicht ungeeignet, so werden die

Beziehungen in den neu eingefügten Textteilen noch klarer herausgearbeitet, indem das Hauptthema, das Bekennen – ursprünglich Johannes des Täufers – zu Jesus nun auf Maria umgedeutet wird: Ihr Lobgesang (das ›Magnificat‹, Luk. 1, 46–55) ist das dankbare Bekenntnis zu Gott, in das einzustimmen die Christenheit aufgerufen ist. Dabei ereifert sich der Textredaktor nach Art eines Predigers gegen die Verstockung der Verblendeten (Satz 2 und 4) und flicht zugleich zahlreiche Anspielungen auf den Lesungstext ein – so z. B. wenn Satz 4 berichtet, daß des Höchsten Arm Gewaltige vom Stuhle stoße und die Elenden erhebe (vgl. Luk. 1, 52), oder wenn Satz 8 das Hüpfen des Johannes im Mutterleibe erwähnt. Mit den Strophen 6 und 16 des Liedes ›Jesu, meiner Seelen Wonne‹ von Martin Jahn (1661) bekennt sich auch die versammelte Gemeinde, vertreten durch den Chor, zu Jesus als dem Schatz, den es zu bewahren gilt.

Übrigens verschafft uns das Bachsche Partiturautograph die seltene Gelegenheit, Zeugen einer spontanen Textänderung Bachs zu sein. In Satz 5 hatte Bach bereits den Franckschen Text so zu schreiben begonnen, wie wir ihn aus seinen gedruckten Dichtungen kennen:

Beziehe die Höhle
Des Herzens, der Seele,
Und blicke mit Augen der Gnade mich an.

Doch mochte er das Bild des mit Gnadenaugen aus der Höhle blickenden Jesus als nicht ganz glücklich empfunden haben; denn er änderte den Text noch während des Niederschreibens in die geschmackvollere Form: »Mein Heiland, erwähle die gläubende Seele ...«

Ihre heute bekannte Gestalt hat Bachs Komposition zum 2. Juli 1723 in Leipzig erhalten. Den festlichen Charakter unterstreicht eine Trompete, die zu der üblichen Instrumentalbesetzung von 2 Oboen, Streichern und Continuo (+ Fagott) hinzutritt.

Der Eingangschor ist ein Muster an ausgewogener Symmetrie. Durch die grammatische Einheit des Textes war dessen Aufgliederung nach Motettenart oder auch nur auf einen Haupt- und einen Mittelteil kaum zu verwirklichen; so wird in allen drei Teilen des in freier Dacapoform gebildeten Satzes der gesamte Text vorgetragen, und dies mag wohl der Grund dafür gewesen sein, daß Bach den Mittelteil auch in der Komposition auffallend stark den Rahmenteilen angenähert hat (eher A A' A als A B A' zu bezeichnen). In jedem Teil dominiert teils das Orchester – mit Choreinbau (32 f.) –, teils der Chor – in continuobegleiteten A-cappella-Abschnitten –; in den beiden Rahmenteilen tritt als dritte Möglichkeit noch die Chorfuge mit (überwiegend) colla parte geführten Instrumenten hinzu, so daß folgende Gesamtform entsteht (Kursivdruck = Instrumentalpart):

	Sinfonie a
Hauptteil:	Fuge b + *Instrumente*
	Sinfonie a' + Chor
	A-capella-Abschnitt x
Mittelteil:	*Sinfonie a'* + Chor
	A-capppella-Abschnitt y
Freies Dacapo:	Fuge b' + *Instrumente*
	Sinfonie a' + Chor
	A-cappella-Abschnitt z
	Sinfonie a

Die drei Rezitative des Werkes sind unterschiedlich instrumentiert: Satz 2 wird von schlichten Streicherakkorden begleitet, die einzelne Worte durch lebhaftere Bewegung hervorheben; Satz 4 ist Continuosatz mit ariosem Mittelteil, während Satz 8 als motivgeprägtes Accompagnato von 2 Oboi da caccia begleitet wird, deren ausdrucksvolle Motivik dem Text, der von den Wundern Gottes spricht, Nachdruck verleiht und nur an der Stelle, an der vom Hüpfen des Johannes im Mutterleib die Rede ist, das ständige Motiv zugunsten einer textausdeutenden Figur vorübergehend aufgibt.

Von den vier Arien, die in Francks Text unmittelbar, jedoch in anderer Ordnung aufeinanderfolgen (107), fällt Satz 3 durch seinen schwebenden Rhythmus auf, mit dem normale 3/4- und verschleierte 3/2-Takte einander ablösen, – und zwar in unregelmäßiger Folge und zuweilen in den verschiedenen Stimmen in unterschiedlicher Schichtung. Dieser gleich zu Beginn in der obligaten Oboe d'amore auftretende Rhythmus

wird im Gesangsteil auch von der Singstimme auf die Worte »Schäme dich, o Seele, nicht« und später auf andere Textzeilen wiederaufgenommen.

Die zweite Arie, Satz 5, wie die erste als Triosatz mit einem Obligatinstrument, Singstimme und Continuo komponiert, ist durch virtuose Triolenfiguration einer Solovioline gekennzeichnet; offenbar soll diese Brillanz des Instrumentalparts die erwartungsvolle Freude über das Kommen des Messias widerspiegeln. Wie in Satz 1 ist der Text kaum unterteilt, so daß Bach in ungewöhnlicher Formgebung 6 Gesangsabschnitte aufeinanderfolgen läßt, in denen der Text insgesamt fünfmal vollständig vorgetragen wird. Ein vokaler Dacapoteil fehlt; dafür wird eine Schlußabrundung dadurch erreicht, daß die beiden letzten Abschnitte als Vokaleinbau (32 f.) in das fast vollständig vorgetragene, ausgedehnte Ritornell angelegt sind, ehe dieses abschließend noch einmal rein instrumental wiederholt wird.

Satz 7 ist ein Continuosatz, dessen instrumentale Baßlinie durch Triolenfiguration des Violoncellos umspielt wird. Das Kopfmotiv des Ritornells, zugleich der Beginn des Gesangsparts

kehrt innerhalb des Satzes mehrmals wieder und bildet endlich auch die »Schlußdevise«.

Der Geringstimmigkeit der drei ersten Arien steht die Vollstimmigkeit der letzten gegenüber, für die das gesamte Instrumentarium aufgeboten wird einschließlich der Trompete, um die Wundertaten Jesu zu preisen (die Textversion älterer Ausgaben »von Jesu Wunden« statt »von Jesu Wundern« entspringt einem Lesefehler). Der Satz hat stark konzerthaften Charakter; dem markanten, signalartigen Kopfthema folgt eine sequenzierende Fortspinnung, durch Hinzutreten und Aussetzen der Oboen werden Echoeffekte erzielt. Im zweiten Arienteil (»er wird nach seiner Liebe Bund«) treten die Instrumente zunächst gegenüber der Singstimme stark zurück; doch erreicht Bach am Ende ähnlich wie in Satz 5 den Eindruck einer formalen Abrundung durch Vokaleinbau in das nahezu vollständig vorgetragene Ritornell vor dessen instrumentaler Schlußwiederholung.

Die beiden Choralsätze (6 und 10) zum Beschluß des 1. bzw. 11.

Kantatenteils sind musikalisch identisch. Der schlichte, vierstimmige Vokalsatz erklingt zeilenweise eingebettet in einen ausgedehnten Orchestersatz mit Ritornellumrahmung und Zwischenspielen von ausgesprochen lieblich-pastoralem Charakter, der dem Satz (besonders in den angelsächsischen Ländern) zu erstaunlicher Popularität verholfen hat. Daß das 8-taktige Ritornell aus der Liedmelodie – ›Werde munter, mein Gemüte‹ – entwickelt wurde, zeigt die folgende Gegenüberstellung:

Meine Seel erhebt den Herren · BWV 10

NBA I/28 – AD: ca. 23 Min.

1. [Choral]: Meine Seel erhebt den Herren — g C
2. Aria [S]: Herr, der du stark und mächtig bist — B C
3. Recitativo [T]: Des Höchsten Güt und Treu — g–d C
4. Aria [B]: Gewaltige stößt Gott vom Stuhl — F C
5. Duetto e Choral [A, T]: Er denket der Barmherzigkeit — d 6/8
6. Recitativo [T]: Was Gott den Vätern alter Zeiten — B–g C
7. Choral: Lob und Preis sei Gott dem Vater — g C

Unter Bachs Choralkantaten (44ff.) nimmt dieses Werk eine Sonderstellung ein: Ihr liegt kein evangelisches Kirchenlied zugrunde; und doch, wenn irgend eine Kantate den Namen der

Choralkantate zu Recht trägt, dann diese. Denn ihr liegt wirklich eine (gregorianische) Choralmelodie zugrunde, die des 9. Psalmtons (hier nach Schein, Cantional 1627):

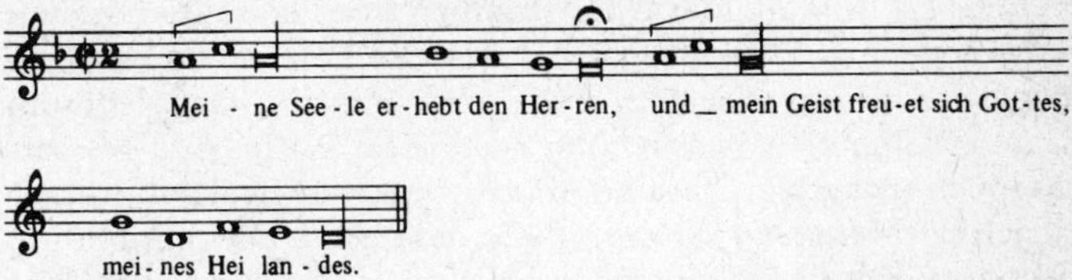

Der Lobgesang der Maria, Lukas 1, 46–55, ist von altersher Bestandteil der Vesperliturgie und wurde zu Bachs Zeit in den Leipziger Nachmittagsgottesdiensten in deutscher Sprache und auf die Melodie des 9. Psalmtons im vierstimmigen Satz Johann Hermann Scheins (1627) gesungen. Zu Mariae Heimsuchung ist dieser Text – das ›Magnificat‹ – zugleich Evangelienlesung. Es lag also nahe, diesen Gesang zur Grundlage der Choralkantate von 1724 zu machen. So hat der unbekannte Textredaktor die Verse 46–48 (Satz 1), 54 (Satz 5) und den als Schluß der Psalmodie üblichen Lobpreis der Dreieinigkeit (Satz 7) wörtlich beibehalten und die übrigen Verse paraphrasierend zu Arien und Rezitativen umgedichtet: Aus Vers 49 wurde Satz 2, aus Vers 50–51 Satz 3, aus Vers 52–53 Satz 4 und endlich aus Vers 55 Satz 6, dessen Text um einen Hinweis auf die Geburt des Heilands erweitert wurde. Auch Anspielungen auf andere Bibelstellen wurden, barockem Brauch entsprechend, mehrfach eingeflochten. So enthält Satz 3 einen Hinweis auf Klagelieder 3, 22–23 (»Die Güte des Herrn ists, daß wir nicht gar aus sind; seine Barmherzigkeit ... ist alle Morgen neu, und deine Treue ist groß«) und auf Offenbarung 3, 16 (»Weil du aber lau bist und weder kalt noch warm, werde ich dich ausspeien ...«); und Satz 5 führt die schon im Lukas-Text enthaltene Berufung auf Gottes Verheißungen an Abraham (besonders 1. Mose 18, 1 ff.) noch weiter aus. Andererseits fehlen der Umdichtung spezielle Beziehungen auf den Evangelienbericht, soweit sie über das ›Magnificat‹ selbst hinausgehen, also etwa eine Erwähnung des Besuches der Maria bei Elisabeth.

Bachs Komposition ist zum 2. Juli 1724 entstanden und das fünfte Werk innerhalb des Choralkantaten-Jahrgangs. Der Eingangssatz beginnt mit einer konzertanten Instrumentalsinfonie ohne thematische Zusammenhänge mit dem Psalmton, einem Triosatz der oboenverstärkten Violinen und des Continuo mit harmoniefüllender Viola. Nach 12 Takten setzt – mit Cantus-firmus-verstärkender Zugtrompete – der Chor ein und trägt die Halbverse abschnittsweise vor. Der 9. Psalmton liegt zum 1. Vers im Sopran; die Unterstimmen kontrapunktieren frei-polyphon, ihre Thematik ist der des Orchestersatzes entnommen. Im 2. Vers wandert der Cantus firmus in den Alt (wiederum durch Trompete verstärkt); doch ist dieser zweite Teil des Satzes im wesentlichen die subdominanttransponierte, mit Stimmtausch vorgetragene Wiederholung des ersten. Die Abrundung des Satzes mit der Rückkehr zur Haupttonart erreicht Bach auf geschickte Weise durch Einbau eines Cantus-firmus-freien Chorsatzes in die Schlußwiederholung der Einleitungssinfonie.

Konzertierend ist auch Satz 2 angelegt, eine Sopran-Arie mit Streichersatz und registermäßig hinzutretenden bzw. pausierenden Oboen. Auffallend ist die lebhafte Sechzehntelbewegung, die nicht nur die Oberstimmen, sondern gerade auch den Continuo einbegreift, ferner das dynamische Zurücktreten des Mittelteils »Du siehest mich Elenden an« (bei gleichbleibender Thematik der Instrumentalbegleitung), der schließlich in einem nur noch vom Continuo begleiteten Abschnitt endet, ehe das Dacapo des Hauptteils einsetzt.

Ein Seccorezitativ mit ariosem Ausgang (Satz 3) bildet die Brücke zur nächsten Arie (Satz 4), einem Continuosatz, dessen einleitende Instrumentaltakte als Basso quasi ostinato in den Gesangsteilen wiederkehren, und zwar im ersten der drei Teile nur der Vordersatz, in den beiden übrigen Teilen auch die Fortspinnung. Den Arienschluß bildet – ähnlich wie im Eingangschor – die vollständige Wiederholung des durch einen Orgelpunkt gedehnten Ritornells mit Vokaleinbau (32f.).

Im folgenden Duett (Satz 5) ist nicht allein der Bibeltext wörtlich beibehalten; auch die Melodie des 9. Psalmtons erklingt wieder, freilich so, daß Alt und Tenor über dem Continuo in eigenthematischem, imitierendem Satz geführt sind, während der Cantus firmus ähnlich wie im ›Suscepit Israel‹ des ›Magnificat‹ BWV 243(a) durch Oboen und Trompete vorgetragen wird – allerdings offenbar nur wahlweise entweder durch Holz- oder durch Blechbläser. Bach hat diesen Satz später als Orgeltranskription (BWV 648) in seine sechs bei Schübler gestochenen Choräle aufgenommen.

Satz 6 beginnt als continuobegleitetes Secco. Von den Textworten »Sein Same mußte sich so sehr wie Sand am Meer ... ausbreiten, der Heiland ward geboren« an jedoch treten motivgeprägte Streicherfiguren (›andante‹) hinzu, um die Worte hervorzuheben, die für dieses Fest von besonderer Bedeutung sind, und um die Erfüllung der Verheißung Gottes (an Abraham und an Maria) zu betonen.

In schlicht-vierstimmigem Satz erklingen abschließend die beiden Verse der Doxologie; den Cantus firmus in der Oberstimme bildet wiederum der 9. Psalmton.

4. Fest Johannes des Täufers (24. Juni)

EPISTEL: Jes. 40, 1–5 (Es ist die Stimme eines Predigers)
EVANGELIUM: Luk. 1, 57–80 (Die Geburt Johannes des Täufers und der Lobgesang des Zacharias)

Ihr Menschen, rühmet Gottes Liebe · BWV 167

NBA I/29 – AD: ca. 18 Min.

1. ARIA [T]: Ihr Menschen, rühmet Gottes Liebe	G	C 12/8
2. RECITATIVO [A]: Gelobet sei der Herr Gott Israel	e–e	C
3. ARIA DUETTO [S, A]: Gottes Wort, das trüget nicht	a	3/4, C, 3/4
4. RECITATIVO [B]: Des Weibes Samen kam	C–G	C
5. CHORAL: Sei Lob und Preis mit Ehren	G	3/4

Der Text des unbekannten Dichters preist Gottes Liebe in Anlehnung an den Lobgesang des Zacharias, das ›Benedictus‹, das einen Teil der Evangelienlesung bildet. Einzelne Wendungen wie »das Horn des Heils« (Satz 1) oder »Gelobet sei der Herr Gott Israel« (Satz 2) sind fast wörtlich übernommen (vgl. Luk. 1, 68–69). Satz 2 wendet den Blick von Jesus zurück auf Johannes den Täufer, der dem Heiland den Weg bereitet hat. Der Dichter sieht in diesem Geschehen die Erfüllung der schon »in dem Paradies« gegebenen Verheißung (Satz 3). Gemeint ist das Wort Gottes zur Schlange nach dem Sündenfall »Ich will Feindschaft setzen zwischen dir und dem Weibe und zwischen deinem Samen und ihrem Samen. Derselbe soll dir den Kopf zertreten«, ein Wort, das nach alter christlicher Lehrtradition die Verheißung enthält, Jesus, »des Weibes Samen« (vgl. Satz 4), werde der Schlange aus dem Paradies einst den Kopf zertreten und damit die Sünde Adams tilgen[1]. Der Text schließt mit der Auf-

1 Vgl. dazu Helene Werthemann, a. a. O., S. 71 ff.

forderung an die Christenheit, Gottes Wohltaten zu bedenken und ihm (gleich Zacharias) ein Loblied zu singen (Satz 4). Darauf folgt die 5. (= Zusatz-)Strophe zu Johann Gramanns Lied ›Nun lob, mein Seel, den Herren‹ (Königsberg/Pr. 1549).

Bachs Komposition ist zum 24. Juni 1723 entstanden, also schon bald nach seinem Antritt des Leipziger Thomaskantorats. Vielleicht ist es seiner Einarbeitung in die neuen Verhältnisse zuzuschreiben, daß er in dieser – zusätzlich zu den allsonntäglichen Musiken zu erstellenden – Kantate den Chor nur im Schlußchoral heranzieht und auch an Instrumenten außer Streichern und Continuo nur eine Oboe (bzw. Oboe da caccia) und eine Zugtrompete (lediglich zur Verstärkung der Choralmelodie) verlangt. Auch ist das Werk mit nur zwei Arien auffallend knapp bemessen.

Die Eingangsarie ist von ungewöhnlicher Lieblichkeit, ein Pastorale, das eher gelöste Freude als Aufmunterung, Gott zu rühmen widerspiegelt. Der vollklingende Streichersatz des Ritornells mit seinen dichten Sextakkordfolgen wird in den Vokalteilen differenziert: Bald ist eine Solovioline (mit Continuo) die alleinige Begleitung der Singstimme, bald wird der Gesang vom Streichertutti in zurückhaltendem Piano begleitet. Vielfach wird der kompakte Klang durch kurzzügige Imitationen aufgelockert; doch ist der Satz im Grunde homophon und nicht dazu angelegt, sich in strenger Stimmigkeit zu entwickeln.

Satz 2, ein Seccorezitativ, erhält einen ariosen Ausklang: Die beiden letzten Textzeilen – »mit Gnad und Liebe zu erfreun und sie zum Himmelreich in wahrer Buß zu leiten« – werden durch ein quasi-ostinates Sechzehntelmotiv des Continuo untermalt und so als Ziel des göttlichen Heilsplanes hervorgehoben.

Der Quartettsatz des folgenden Duetts mit obligater Oboe da caccia (Satz 3) ist – wie die Eingangsarie – nicht eigentlich polyphon angelegt und durch die enge Nachbarschaft der Tonlagen von Obligatinstrument und Singstimme wiederum von dichtem, vollem Klang. Stärker als in Satz 1 steht allerdings mit der obligaten Jagdoboe das konzertierende Element im Vordergrund. Nach einem 6-taktigen Einleitungsritornell setzen die Singstimmen homophon ein, später folgen kurze Imitationsmotive (»es geschicht, was er verspricht«), wechselnd mit homophonen Partien in geschickter Kombination mit Ritornellteilen der Oboe da caccia. Ungewöhnlich ist der Mittelteil dieses in reiner Dacapoform komponierten Duetts: Seine erste Hälfte geht in **C**-Takt über und zugleich in einen Kanon der Singstimmen, dessen Kopf

als ständiges Begleitmotiv durch Oboe da caccia und Continuo abwechselnd hinzugefügt wird. Die zweite Hälfte des Mittelteils nimmt den 3/4-Takt wieder auf, nicht jedoch die Thematik des Hauptteils. Statt dessen vereinigen sich die Singstimmen in jubelnden Terzen- und Sextenparallelen bei ständigen Motivwiederholungen, die den Eindruck nicht enden wollender Freude erwecken. Erst danach setzt das Dacapo des Hauptteils ein. Hier zeigt sich (was wir schon mehrfach hatten beobachten können), daß die Duette Bachs und seiner Zeit noch stärker der motettischen Vielgliedrigkeit verhaftet sind als die Arien für Solostimme.

Das zweite Rezitativ ist wiederum als Secco mit ariosem Ausgang komponiert; doch sind die ariosen Schlußtakte dieses Mal nicht von einem Ostinatomotiv geprägt, sondern nehmen die Melodie ›Nun lob, mein Seel, den Herren‹ des Schlußchorals vorweg (┌──┐):

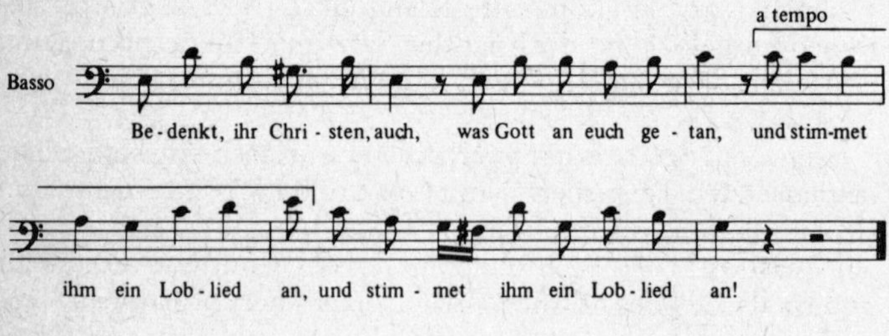

Dieses Loblied (Satz 5) ist der eigentliche Höhepunkt des Werkes, zu dem sich erstmals alle Instrumente vereinigen: Streicher, verstärkt durch Oboe, der Chor, verstärkt durch eine (die Liedweise des Soprans mitspielende) Zugtrompete, und Continuo. Die Instrumente umrahmen und begleiten den Chorsatz mit eigener Thematik, die Bach geschickt mit der im Choralsatz vorgegebenen Melodie zu kombinieren versteht, so daß das Werk eine unerwartet strahlende Krönung erfährt.

Christ unser Herr zum Jordan kam · BWV 7

NBA I/29 – AD: ca. 26 Min.

1. [Choral]: Christ unser Herr zum Jordan kam	e	C
2. Aria [B]: Merkt und hört, ihr Menschenkinder	G	C
3. Recitativo [T]: Dies hat Gott klar mit Worten	e–d	C
4. Aria [T]: Des Vaters Stimme ließ sich hören	a	$\frac{9}{8}$ $\frac{3}{4}$
5. Recitativo [B]: Als Jesus dort nach seinen Leiden	e–h	C
6. Aria [A]: Menschen, glaubt doch dieser Gnade	e	C
7. Choral: Das Aug allein das Wasser sieht	e–h	C

Das Werk ist eine Choralkantate (44ff.), die dritte des Jahrgangs, komponiert zum 24. Juni 1724. Zugrunde liegt ihr Martin Luthers Tauflied (1541), dessen Rahmenstrophen 1 und 7 wörtlich beibehalten werden, während die Strophen 2 bis 6 von einem unbekannten Verfasser jeweils zu dem Kantatensatz gleicher Zählung umgedichtet wurden. Die Kantatendichtung hält sich eng an Luthers Text, dem sie kaum etwas hinzufügt. Insbesondere fehlt diesmal jede spezielle Verbindung zur Evangelienlesung dieses Tages, die ja von der Geburt des Täufers, nicht aber von der Taufe Jesu berichtet.

Der bedeutsamste Satz des Werkes ist der Eingangschor. Daß in ihm der Cantus firmus dem Tenor zufällt, war durch die Stellung der Kantate als dritte im Jahrgang vorgegeben (47f.). Die übrigen Singstimmen umrahmen die in langen Notenwerten gesungene Choralmelodie in freipolyphonem Satz, in den zwar gelegentlich Imitationen eingefügt sind; doch haben sie an der Cantus-firmus-Thematik fast keinen Anteil. Noch selbständiger ist der Orchestersatz, dessen liedunabhängige Thematik in einer 12-taktigen Einleitungssinfonie exponiert wird. Das Instrumentarium bilden außer Streicherensemble und Continuo noch 2 Oboi d'amore und eine konzertierende Violine; und die Verwandtschaft des Satzes mit einem Violinkonzert wird deutlich, wenn man die Choralabschnitte, die stets vom Figurenspiel der Solovioline begleitet sind, mit den Soloepisoden und die Orchesterzwischenspiele mit den Tuttiritornellen eines Instrumentalkonzerts vergleicht. Allerdings sind auch die Instrumentalabschnitte selbst vom Figurenwerk der Solovioline durchzogen; und vielleicht sind diejenigen Erklärer im Recht, die darin das glitzernde Wellenspiel des Jordanflusses erkennen wollen. Denn daß Bach sich tatsächlich von der Vorstellung des dahinströmenden Jordan hat inspirieren lassen, beweist eine unverkennbar als »Wellenmotiv« anzusprechende Figur, die eingangs im Continuo, danach wechselweise auch in den Ripienviolinen samt der Viola auftritt und den ganzen Satz fast pausenlos durchzieht. Zu Beginn lautet sie:

Schwerer zu interpretieren ist das eigentliche Tuttithema, zu dem die eben erwähnte Wellenfigur nur den Untergrund gibt, ein schroffes, scharf rhythmisiertes, markantes Gebilde, in dem Arnold Schering die Felsen sehen will, »durch deren Enge der Strom sich hindurchwindet« (Vorwort zur Eulenburg-Partitur). Doch halten wir diese Erklärung keineswegs für zwingend und glauben, daß sich gewiß eine Reihe weiterer, ebenso unverbindlicher Erklärungsmöglichkeiten wird beibringen lassen. Wichtiger als derartige vage Hermeneutik scheint uns der musikalische Sachverhalt zu sein: Dem fließenden, rhythmisch indifferenten Wellenmotiv tritt ein profiliertes, rhythmisch differenziertes Thema gegenüber·

In den drei Arien erfährt die Besetzung eine allmähliche Steigerung. Satz 2 ist eine Continuo-Arie; die Wahl der Baßlage für die Singstimme sagt offenbar, daß Jesus selbst – oder auch Johannes der Täufer – uns aufruft, die Bedeutung der Taufe zu erkennen, während die herabstürzenden Zweiunddreißigstelläufe des Continuo wohl mit Recht als Gießen des Taufwassers gedeutet werden, das jedoch, so belehrt uns der Text, nur das äußerlich sichtbare Zeichen des Taufaktes bildet. – Die zweite Arie, zu der ein Seccorezitativ hinleitet, hat Gigue-Charakter (Satz 4). 2 Violinen, ursprünglich chorisch, zu späterer Aufführung solistisch besetzt, umspielen in imitierendem Satz die Singstimme, die ihrerseits den einzelnen Textwendungen ausdeutend nachgeht und auf »mit Blut erkauft« eine chromatisch absinkende Melodielinie vorträgt, auf »getauft« einen in die Tiefe stürzenden Dreiklang singt, während auf die Worte »damit wir ohne Zweifel glauben« in echt barocker Manier nun doch gerade die Zweifel durch kühne Harmoniefolgen, an einer Stelle auch durch rhythmische Komplikationen dargestellt werden. Bemerkenswert ist auch die formale Anlage der Arie: Die drei Gesangsabschnitte (Text: I II II) sind einander musikalisch auffallend ähnlich (A A' A''), nicht zuletzt durch häufige Ritornellzitate der Violinen mit Vokaleinbau (32f.). Vielleicht dient auch dieses Stilmittel im Verein mit der Dreiergliederung des Giguerhythmus wie der Abschnitte als Symbol der Dreieinigkeit, von der im Text die Rede ist.

Satz 5 beginnt als Rezitativ, von kurzen Streicherakkorden begleitet. Der Taufbefehl jedoch – »Geht hin in alle Welt ...« –, der die zweite Hälfte des Satzes bildet, ist als Arioso vertont und dadurch in seiner Bedeutung für die christliche Heilslehre hervorgehoben.

Ungewöhnlich geformt ist die letzte Arie, die von den oboenverstärkten Streichern begleitet wird. Sie gehört dem Typus der Cavata an, da sie die konzertante Virtuosität der neapolitanischen Dacapo-Arie durch liedhafte, dem Arioso nahestehende Struktur ersetzt. Ein einleitendes Instrumentalvorspiel fehlt, dafür folgt den ersten 4 Gesangstakten ein 4-taktiges Instrumentalritornell, das durch seine rondoartige Wiederkehr formbestimmende Funktion erhält. Die Singstimme wird meist nur vom Continuo begleitet, im zweiten Abschnitt jedoch durch dezente Streichermotive; außerdem bildet der Schluß des Satzes eine Ausnahme: Nach dem vorletzten Textabschnitt wird die Singstimme durch das einsetzende Ritornell nicht unterbrochen und abgelöst, sondern im Vokaleinbau (32 f.) weitergeführt; der letzte continuobegleitete Gesangsabschnitt schließt sich unmittelbar an. Ihm folgt als instrumentales Nachspiel gleichsam zum Ausgleich vor dem 4-taktigen Ritornell noch die instrumentale Version des ersten Gesangsabschnitts. Die Gesamtform des Satzes läßt sich etwa wie folgt skizzieren:

	Alt + Continuo	*Streicher + Continuo*
Textzeile 1–2:	a	–
		Ritornell (e-Moll)
Textzeile 1–3:	a'	Begleitfiguren
		Ritornell (a-Moll)
Textzeile 4–5:	b	–
		Ritornell (h-Moll)
Textzeile 6–7:	c	–
Textzeile 8–9:	d	Ritornell (e-Moll)
Textzeile 8–9:	e	–
		Nachspiel a, Ritornell } (e-Moll)

Als schlichter Chorsatz mit colla parte geführten Instrumenten beschließt die 7. Choralstrophe das Werk.

Freue dich, erlöste Schar · BWV 30

NBA I/29 – AD: ca. 40 Min.

1. Chor: Freue dich, erlöste Schar	D	2/4
2. Recitativo [B]: Wir haben Rast	h–G	C
3. Aria [B]: Gelobet sei Gott, gelobet sein Name	G	3/8
4. Recitativo [A]: Der Herold kommt und meldt den König an	D–cis	C
5. Aria [A]: Kommt, ihr angefochtnen Sünder	A	C
6. Choral: Eine Stimme läßt sich hören	A	C
Seconda parte		
7. Recitativo [B]: So bist du denn, mein Heil, bedacht	e–fis	C
8. Aria [B]: Ich will nun hassen	h	2/4
9. Recitativo [S]: Und obwohl sonst der Unbestand	fis–G	C
10. Aria [S]: Eilt, ihr Stunden, kommt herbei	e	9/8
11. Recitativo [T]: Geduld, der angenehme Tag	h–D	C
12. Chor: Freue dich, geheilgte Schar	D	2/4

Der Anlaß zur Entstehung dieser Johannes-Kantate scheint mehr äußerlicher Art gewesen zu sein. Am 28. September 1737 hatte Bach zu Ehren des Herrn auf Wiederau, Johann Christian von Hennicke, seine Kantate ›Angenehmes Wiederau‹ (BWV 30a) aufgeführt (693 f.), und anschließend wohl den Plan gefaßt, die hierfür komponierte (oder schon damals z. T. wiederverwendete) Musik nicht der Vergessenheit anheimfallen zu lassen, sondern durch Umtextierung für die kirchenmusikalische Praxis alljährlich wiederverwendbar zu machen. Den weltlichen Text hatte der versierte Picander (56f.) geliefert; und es ist nicht ausgeschlossen, daß auch er es war, der die geistliche Umdichtung verfaßt hat, hatte er doch seine Geschicklichkeit in dieser Praxis schon vielfach bewiesen.

Diese Umdichtung der Wiederau-Kantate kommt ihrer doppelten Aufgabe, im Affektbereich der komponierten Musik zu bleiben und dennoch inhaltlich eine Beziehung zu den Lesungen des Tages herzustellen, mit viel Geschick nach. Gewiß, auch Sätze allgemein lobpreisenden Inhalts wie Eingangs- und Schlußchor sind schon dadurch gerechtfertigt, daß im Mittelpunkt des Evangeliums gleichfalls ein Lobgesang, das ›Canticum Zachariae‹, steht. Doch schon Satz 3 stellt mit seiner Anfangszeile eine unmittelbare Beziehung zu Lukas 1, 68 (»Gelobet sei der Herr, der Gott Israel«) her, feiert anschließend die Geburt des Täufers und spielt mit seiner Schlußzeile »daß er den Weg dem Herrn bereit'« auf die Epistellesung an. Auch die beiden ersten Rezitative, die diese Arie umrahmen (Satz 2 und 4), feiern die Ankunft des Täufers als den Beginn des Heilsgeschehens. Mit einer Gnadenverkündigung an die Sünder (Satz 5) und der 3. Strophe des Liedes ›Tröstet, tröstet meine Lieben‹ von Johann Olearius (1671), die nochmals auf die Epistelworte anspielt, endet der 1. Kantatenteil. Was nun folgt, ist, wie häufig in den Texten der Zeit, die Anwendung des Berichteten auf den Einzelchristen der versammelten Gemeinde: Gottes Gnade erweckt als Antwort den Entschluß, von allem, was Gott zuwider ist, abzulassen (Satz 8 und 9), und die Hoffnung, von der irdischen Unvollkommenheit bald befreit zu sein[2] (Satz 10 und

2 Nicht ganz deutlich ist, was der Dichter mit dem »Dankaltar in den Hütten Kedar« meint; denn in der Psalmstelle, auf die hier offenbar angespielt wird (Ps. 120, 5), beklagt der Psalmist, daß er, bestrebt, Frieden zu halten, sich unter dem kriegerischen Stamme Kedar als Fremdling fühle. Offenbar will der Dichter mit dieser Wendung die Hoffnung auf eine Endzeit ausdrücken, in der auch unter den kriegerischen Stämmen Frieden herrscht.

11) und »in Sions Auen«, d. h. im himmlischen Jerusalem ewige Freude zu genießen (Satz 12).

Die Komposition, wohl zum 24. Juni 1738 oder in einem der darauffolgenden Jahre entstanden, ist in ihrer Gestalt als Johannis-Kantate eine der letzten Kirchenkantaten aus Bachs Feder (soweit sie erhalten sind). Der Eingangssatz, dessen Originalbesetzung übrigens entgegen bisherigen Annahmen keine Trompeten und Pauken verlangt, zeigt in seinem Aufbau Verwandtschaft mit Tanzformen: Der Chor setzt sofort ein, wird aber schon nach 8 Takten durch die rein instrumentale, nur leicht variierte Wiederholung dieses Abschnitts (a) abgelöst. Das gleiche geschieht mit dem nun folgenden, ebenfalls 8-taktigen Abschnitt (b), so daß der Hauptteil A, sieht man vom Hinzutreten und Pausieren des Chores ab, die bekannte Form des zweiteiligen Reprisensatzes zeigt:

Gliederung des A-Teils:	$\Vert$: a :	$\Vert$: b :$\Vert$
Harmonik (T = Tonika; D = Dominante):	T–D	D–T
Taktanzahl:	2×8	2×8

Diesem 32-taktigen A-Teil folgt ein ebenso langer, gleichfalls periodisch gegliederter, aber ganz vom Chor samt Instrumenten vorgetragener B-Teil, danach die getreue Wiederholung des A-Teils, eine variierte Wiederholung des B-Teils (B') und endlich das Dacapo des A-Teils. Die so entstehende Rondoform A B A B' A ist durch und durch periodisch in Viertaktgruppen und deren Vielfaches gegliedert; die Gesamtzahl der Takte beträgt $5 \times 32 = 160$.

Es gehört zu den Besonderheiten der Kantate, daß auch die Rezitativtexte mit Ausnahme des letzten, also die Sätze 2, 4, 7, 9 als Parodie gedichtet sind, ohne daß Bach bei der Komposition die Möglichkeit zur Wiederverwendung der Musik aus Kantate 30a für diese Sätze wahrgenommen hätte. Auch in andern Werken hat Bach die Rezitative in der Regel nicht parodiert oder nach Möglichkeit später durch neue ersetzt (z. B. in Kantate 134, wohl auch 66). Warum er in so späten Jahren doch noch einmal die Möglichkeit, Rezitative zu parodieren, ins Auge faßt, entzieht sich unserer Kenntnis; vielleicht war es Besorgnis wegen eventueller Zeitknappheit.

Tatsächlich sind also die Rezitative Neukomposition, wobei Bach für die Sätze 2, 4, 9 und 11 die Form des Secco wählte, während Satz 7, die Einleitung des II. Kantatenteils, als motivgeprägtes Accompagnato mit 2 Oboen instrumentiert ist.

Froh, gelöst und unproblematisch ist die Grundhaltung wie des Eingangschors so auch der vier Arien des Werkes. Mehrfach ist auch in ihnen der Tanzcharakter offenbar. Menuettartig gibt sich Satz 3, eine Baß-Arie mit Streicherensemble, in ihrer Gliederung ähnlich klar wie der Eingangschor. Satz 5 wird von modischem Synkopenrhythmus bestimmt; Querflöte und wiederum Streicher bilden das Instrumentarium. Doch dienen Mittel- und Unterstimmen nur als pizzicato ausgeführte Harmoniefüllung; melodietragend sind Flöte sowie Violine 1 (mit Dämpfer!), die teils unisono, teils duettierend geführt sind. Außergewöhnlich und wiederum dem Tanz verwandt ist nicht nur der Rhythmus, sondern auch die Umrahmung durch ein Instrumentalritornell in zweiteiliger Reprisenform (analog dem oben mitgeteilten Schema zum A-Teil des Satzes 1).

Homophon in seiner Struktur ist auch Satz 8, wobei zahlreiche Echoeffekte den Eindruck der überwiegend vertikalen Gliederung verstärken. Darüber hinaus dient eine Differenzierung zwischen Solovioline und Ripienviolinen 1 der weiteren klanglichen Schattierung des aus Oboe d'amore und Streichern samt Continuo bestehenden Instrumentalkörpers. Wie in Satz 5 die Synkope, so ist hier der lombardische Rhythmus

bestimmend für den Charakter des Satzes. All das läßt auch diese Arie ausgesprochen modisch wirken. Am meisten erfüllt Satz 10 die Erwartungen, die der Hörer in eine Bachsche Kirchenkantaten-Arie setzt. Die unisono geführten Violinen bilden hier mit Sopran und Continuo einen Triosatz, der zwar durch seinen 9/8-Rhythmus der Gigue nahesteht, aber doch – schon infolge seiner Geringstimmigkeit – stärker polyphon durchgebildet ist als alle übrigen Arien dieser Kantate. Auch ist die Textbezogenheit durch die gleich zu Beginn des Vokalteils einsetzenden Rufe »Eilt, eilt, eilt ...« sowie später durch aufwärtsstrebende Skalenmotive auf dasselbe Wort wesentlich sinnfälliger als in den vorangegangenen Arien.

Hatte Bach zum Beschluß des I. Kantatenteils einen schlicht-vierstimmigen Choralsatz auf die Melodie ›Freu dich sehr, o meine Seele‹ gesetzt, so beendet er den II. Teil und damit die gesamte Kantate analog dem weltlichen Vorbild durch die Wiederholung des Eingangschores mit verändertem Text, wodurch das Werk einen mehr allgemein feierlichen, hymnischen als situationsbezogenen Ausklang erhält.

5. Fest des Erzengels Michael (29. September)

EPISTEL: Offenb. 12,7–12 (Kampf Michaels mit dem Drachen)
EVANGELIUM: Matth. 18,1–11 (Den Kindern gehört das Himmelreich; ihre Engel sehen das Angesicht Gottes)

Herr Gott, dich loben alle wir · BWV 130

NBA I/30 – AD: ca. 14 Min.

1. [CHORAL]: Herr Gott, dich loben alle wir	C	C
2. RECITATIVO [A]: Ihr heller Glanz und hohe Weisheit zeigt	F–G	C
3. ARIA [B]: Der alte Drache brennt vor Neid	C	¢
4. RECITATIVO [S, T]: Wohl aber uns, daß Tag und Nacht	e–G	C
5. ARIA [T]: Laß, o Fürst der Cherubinen	G	¢
6. CHORAL: Darum wir billig loben dich	C	$\frac{3}{4}$

Das Werk ist eine Choralkantate (44ff.), komponiert zum 29. September 1724. Von dem Lied Paul Ebers (1554), einer Umdichtung des lateinischen ›Dicimus grates tibi‹ von Philipp Melanchthon (1539) sind die erste und die beiden letzten Strophen – 1, 11 und 12 – im Wortlaut beibehalten worden, während die Binnenstrophen durch den unbekannten Librettisten der Kantate wie folgt umgedichtet wurden:

2–3 zu Satz 2 (Rezitativ)
4–6 zu Satz 3 (Arie)
7–9 zu Satz 4 (Rezitativ)
10 zu Satz 5 (Arie)

Inhaltlich werden zu den Lesungen des Tages nur Beziehungen allgemeiner Art hergestellt. An das Lob Gottes und den Dank für die Erschaffung der Engel (Satz 1) schließt sich zunächst eine Beschreibung ihres Wesens (Satz 2), danach eine Erwähnung des alten Drachen, des Satans, vor dem die Engel uns beschützen (Satz 3), – hier zeigt sich eine Verbindung zur Epistellesung, die vom Kampf Michaels und seiner Engel gegen den Drachen erzählt; doch ist diese Beziehung schon im Lied gegeben, also keine Zutat des Kantatendichters. In Satz 4 wird nun der Schutz, den die Engel gewähren, an biblischen Beispielen belegt: Daniel wurde vor den Löwen gerettet (vgl. Dan. 6, 23) und die Männer im Feuerofen vor dem Verbrennungstode (vgl. Dan. 3, 1 ff.). Danach folgt die Bitte um eigenen Schutz durch die Engel, bis sie den Gläubigen wie einst den Elias zum Himmel entrücken (vgl. 2. Kön. 2, 11), ein Bild, das sich schon in älterer Dichtung findet (vgl. den Schlußchoral der Kantate 19, unten, S. 571). Mit Lob, Dank und der Bitte um künftigen Schutz schließt die Kantate.

Bachs Komposition verlangt ein Festorchester von 3 Trompeten, Pauken, 3 Oboen, Streichern und Continuo. Dementsprechend prächtig ist der Eingangschor angelegt. Es ist bezeichnend, daß die Theologie der Bachzeit die Engel noch nicht in jener femininen Weichheit zu sehen gewohnt war, die ihnen spätere Zeiten beigelegt haben, und so ist auch der Eingangssatz unserer Kantate von kämpferischer Aggressivität erfüllt: Hier erscheinen die Engel als Besieger des Satans und Beschützer der Auserwählten Gottes. Die Eingangssinfonie des Satzes ist durch Dreiklangsbildungen unterschiedlicher Art gekennzeichnet, die in chorischem Wechsel zwischen Trompeten, Oboen, Streichern und Continuo ausgetauscht werden, so daß ein lebhaft-bewegtes Konzertieren entsteht, ohne thematische Bindung an den Choral, der, wie meist in Bachs großangelegten Choralchorsätzen, zeilenweise in langen Notenwerten vom Sopran vorgetragen wird. Die übrigen Singstimmen stützen die Melodie durch teils imitatorische, teils freipolyphone Gegenstimmen; auch sie sind motivisch selbständig und weder aus der Instrumentalthematik noch aus der Liedweise abgeleitet, wohl aber untereinander verwandt (besonders in Liedzeile 1 und 3, ähnlich Zeile 4).

Auf ein knappes Seccorezitativ folgt die erste Arie (Satz 3) in der seltenen Besetzung mit 3 Trompeten und Pauken zu Baß und Continuo – ein anschauliches Abbild des Kampfes der Engel gegen den alten Drachen. Die hohen Anforderungen an die Trompeter scheinen der Anlaß gewesen zu sein, daß Bach bei späterer Wiederaufführung eine Uminstrumentierung der Arie für Streicher vorgenommen hat – sicherlich sehr zum Nachteil der Wirkung dieses großartigen Schlachtgemäldes.

Denkbar groß ist der Kontrast des nun folgenden, streicherbegleiteten Duettrezitativs (Satz 4) zur voraufgegangenen Arie. Seine Ruhe und Anmut spiegelt die Geborgenheit wider, die der Gläubige im Schutze der Engel »noch itzt« erfährt.

Freude und Gelöstheit strahlt die zweite Arie (Satz 5) aus, deren Gavottenrhythmus wohl eher als ein Dank für den Dienst der Engel Gottes an der Christenheit aufzufassen ist, denn als Gebet, das der Satz seinem Text nach darstellt. Anschaulich erwecken die Koloraturen des Mittelteils auf (»gen Himmel) tragen« die Vorstellung der von den Engeln immer höher hinaufgetragenen Seele.

Demgegenüber stellt der feierliche Trompetenklang des Schlußchorals wieder die Verbindung zum Eingangschor her: Singstimmen, Oboen, Streicher und Continuo tragen die beiden Schlußstrophen des Chorals in schlichter Vierstimmigkeit vor, während Trompeten und Pauken die vier Zeilenschlüsse jeder Strophe durch eine strahlende Kadenz krönen.

Es erhub sich ein Streit · BWV 19

NBA I/30 – AD: ca. 22 Min.

1. [CHOR]: Es erhub sich ein Streit	C	$\frac{6}{8}$
2. RECITATIVO [B]: Gottlob, der Drache liegt	e–e	C
3. ARIA [S]: Gott schickt uns Mahanaim zu	G	¢
4. RECITATIVO [T]: Was ist der schnöde Mensch	e–h	C
5. ARIA [T]: Bleibt, ihr Engel, bleibt bei mir	e	$\frac{6}{8}$
6. RECITATIVO [S]: Laßt uns das Angesicht der frommen Engel lieben	C–F	C
7. CHORAL: Laß dein' Engel mit mir fahren	C	$\frac{3}{4}$

Bach hat diese Kantate zum 29. September 1726 komponiert. Der Text geht auf eine strophische Michaelisdichtung Picanders (56f.) von 1724/1725 zurück, und es ist nicht ausgeschlossen, daß Bach selbst die Umformung zur Kantate vorgenommen hat; doch läßt sich weder diese Vermutung noch etwa die andere, Picander könne der Redaktor gewesen sein, beweisen oder widerlegen. Wörtlich übernommen wurde Satz 3; auch Satz 4 ist nur die etwas freiere madrigalische Nachdichtung der Strophe 1; Satz 6 ist stärker umgeformt. Neu hinzugedichtet wurden die Sätze 1 und 2, und auch der Schlußchoral, die 9. Strophe des Liedes ›Freu dich sehr, o meine Seele‹ (Freiberg 1620) ist Zutat der Kantatenfassung.

Der Text schließt sich, besonders in den beiden neu eingefügten Anfangssätzen, eng an die Epistellesung an und erzählt von der Besiegung des Satans durch Michael. Ungewöhnlich ist die Formulierung »Gott schickt uns Mahanaim zu« in Satz 3; denn wenngleich »Mahanaim« soviel wie »zwei Heere« bedeutet, so bezeichnet dieser Name doch den Ort, an dem einst Jakob Gottes Engelheere erblickte (vgl. 1. Mose 32, 3). Hier aber wird der Name auf die Engelscharen selbst angewendet. Der Gedanke, daß sich die Engel um uns lagern, findet sich auch in Psalm 34, 8, während »Feuer, Roß und Wagen« wohl auf die Errettung des Elisa durch himmlische Heerscharen aus der drohenden Gefangennahme anspielt (vgl. 2. Kön. 6, 17). Auch der Beginn des folgenden 4. Satzes greift ein Psalmwort auf (vgl. Ps. 8, 5: »Was ist der Mensch, daß du seiner gedenkst ...«, ähnlich Ps. 144, 3), um auf die Liebe Gottes hinzuweisen, die sich im Schutz des Menschen durch die Engel kundtut. Die Sätze 5 bis 7 bitten um ferneren Schutz und um das Geleit der Engel auch am Lebensende; dabei wird das Hinwegtragen der Seele durch die Engel mit der Entrückung des Elia (2. Kön. 2, 11) verglichen.

Der Eingangssatz ist einer der monumentalsten Eröffnungschöre Bachscher Kantaten, eine klassische Vertonung jenes »klassischen« Textes, den bereits Bachs hochbegabter Onkel, der Eisenacher Organist Johann Christoph Bach, zu einem eindrucksvollen Chorsatz gestaltet hatte (wir wissen, daß Bach dieses 22-stimmige Werk in Leipzig einmal aufgeführt und damit allgemeine Bewunderung erregt hat). Unserer Kantate liegt der biblische Text, ein Teil der Epistellesung, allerdings nicht im Wortlaut, sondern in madrigalischer Umdichtung zugrunde, und darum komponiert Bach den Satz auch nicht nach dem für Bibelwortchöre bevorzugten motettischen Reihungsprinzip, sondern er wählt die reine Dacapoform: Ein fugenähnlicher Chorsatz mit teilweise selbständig (und thematisch) geführten Instrumenten umschließt einen Mittelteil von mehr homophoner, zuweilen freipolyphoner Struktur, gleichfalls mit weitgehend selbständigem Instrumentalpart. Die festlische Besetzung mit Trompeten, Pauken und oboenverstärkten Streichern erhöht den Eindruck des Satzes; doch dominiert der Chor, der ohne jedes Instrumentalvorspiel sofort einsetzt und nur kurzzeitig pausiert; – ohnedies fällt mit einer Einleitungssinfonie auch die Möglichkeit des Choreinbaus weg, so daß dieser Satz dem Prinzip der Motette zwar, wie wir sahen, nicht im Formaufbau, wohl aber in der Satzstruktur nahesteht.

Satz 2 ist als schlicht-syllabisch deklamierendes Seccorezitativ vertont. Ihm folgt eine Sopran-Arie (Satz 3) mit 2 obligaten Oboi d'amore, die mit der Singstimme zu einem homogenen Satz verschmelzen. Schon im Eingangsthema, aber auch später sind textgezeugte Figuren wie Haltetöne auf »stehen« und »Ruh«, Sechzehntelbewegung auf »gehen« erkennbar; doch fällt an diesem zweiteiligen Ariensatz bei aller Textbezogenheit auch die Einheitlichkeit des thematischen Materials auf, das in der zweiten Hälfte keine tiefgreifende Veränderung erfährt.

Das zweite Rezitativ (Satz 4) ist entgegen dem ersten mit Streichern ausinstrumentiert, gleicht diesem allerdings in der syllabischen Deklamation ohne alle Melismen. Die Arie, die sich anschließt (Satz 5) gilt mit Recht als einer der Höhepunkte Bachscher Arienkomposition. Der punktierte Rhythmus des Siciliano, den schon Albert Schweitzer als »Engelsrhythmus« bezeichnet hat, beherrscht den Satz, dessen Lieblichkeit in denkbar größtem Kontrast zu dem turbulenten Eingangschor steht. Diese Arie ist jedoch auch eine Choralbearbeitung; denn in ihren Gesangsabschnitten erklingt, von der Trompete zeilenweise vorgetragen, die Choralmelodie ›Herzlich lieb hab ich dich, o Herr‹, bei deren Anhören für den textvertrauten Kirchenbesucher der Bachzeit kein Zweifel herrschen konnte, daß die 3. Strophe dieses Liedes gemeint ist: »Ach Herr, laß dein lieb Engelein am letzten End die Seele mein in Abrahams Schoß tragen ...«.

Die Verbindung zum Schlußchoral bildet wiederum ein schlichtes Seccorezitativ (Satz 6); der Choral selbst ist ein schlichter Chorsatz, verstärkt durch Holzbläser und Streicher, jedoch mit obligaten Trompeten, deren Glanz noch einmal an den eingangs besungenen Sieg Michaels über den Satan erinnert.

Man singet mit Freuden vom Sieg · BWV 149

NBA I/30 – AD: ca. 22 Min.

1. CORO: Man singet mit Freuden vom Sieg	D	3/8
2. ARIA [B]: Kraft und Stärke sei gesungen	h	C
3. RECITATIVO [A]: Ich fürchte mich vor tausend Feinden nicht	e–D	C
4. ARIA [S]: Gottes Engel weichen nie	A	3/8

5. RECITATIVO [T]: Ich danke dir, mein lieber Gott dafür C–G C
6. ARIA [A, T]: Seid wachsam, ihr heiligen Wächter G C
7. CHORALE: Ach Herr, laß dein lieb Engelein C C

Die Dichtung entstammt Picanders Jahrgang von 1728 (56ff.) und weist zahlreiche Ähnlichkeiten mit dem oben betrachteten Text zu BWV 19 auf, dessen Vorbild ja gleichfalls aus Picanders Feder stammt (570). Beide Texte knüpfen an die Michaelis-Epistel an – der hier betrachtete durch Zitat eines Bibelworts, Psalm 118, 15f. – und feiern die Besiegung des Satans (Satz 2). Beide erwähnen in Satz 3, daß sich Gottes Engel um uns lagern (vgl. Ps. 34, 8) und Gott »Roß und Wagen« zu Hilfe schicke (Die Wendung »Gott schickt ... zu« ist beiden Texten gemeinsam). Auch der Gedanke an die stete Gegenwart der Engel (in BWV 19/5 als Bitte formuliert), kehrt hier wieder (Satz 4), und endlich finden wir den Wunsch, die Engel mögen die Seele nach dem Tode zu Gott tragen, wie in BWV 19/6 und 7 so auch in unsern Sätzen 5 und 7. Neu ist in der vorliegenden Dichtung der an Jesaja 21, 11 anknüpfende Gedanke an die Wachsamkeit der Wächter – »die Nacht ist schier dahin« –, während der Choral ›Ach Herr, laß dein lieb Engelein‹, die 3. Strophe des Liedes ›Herzlich lieb hab ich dich, o Herr‹ von Martin Schalling (1569), wiederum beiden gemeinsam ist, sofern man das textlose Zitat der Melodie in BWV 19/5 als Teil der Dichtung gelten lassen will; in unserer Kantate bildet diese Strophe den Schlußchoral.

Der Eingangschor ist Parodie; seine Musik entstammt der Jagdkantate BWV 208, in der er den Schlußchor bildet. An die Stelle der beiden Jagdhörner sind nun 3 Trompeten und Pauken getreten; zugleich wurde der Satz von F- nach D-Dur transponiert. Die übrige Instrumentalbesetzung von 3 Oboen, Fagott, Streichern und Continuo ist gleich geblieben. Den Chor hat Bach sehr geschickt dem neuen Text angepaßt, begünstigt durch die freudige Grundhaltung beider Texte, die teilweise sogar gleiche Wortstämme enthalten (»freudige Stunden« – »mit Freuden«; »was Trauren besieget« – »behält den Sieg«); und wenn uns die Jagdkantate nicht erhalten wäre, so würde der Parodiecharakter wohl nicht an der Textierung offenbar werden (die Wahl eines Bibelworts als Parodietext bedingte ohnedies ein freieres Verfahren bei der Neufassung des Satzes), sondern eher noch daran, daß der Satz für einen Bibelwortchor auffallend homophon und zudem in reiner Dacapoform komponiert ist – Ausdruck einer jubelnden, ja beinahe tändelnden Unbekümmertheit, die nichts mehr von dem vorangegangenen »Streit im Himmel« weiß.

Ob noch weitere Sätze des Werkes Parodie sind, wissen wir nicht; wenn ja, so wären die Vorlagen dazu verschollen. Auch wäre die Umformung wiederum außergewöhnlich gut gelungen. So ist die erste Arie (Satz 2), ein Continuosatz, mit ihrem weitausgreifenden Kopfmotiv ein überzeugendes Abbild jener visionären »großen Stimme« aus Offenbarung 12, 10, die den Sieg des Lammes verkündigt.

Ein Seccorezitativ (Satz 3) leitet zur zweiten Arie (Satz 4), einem Streichersatz von bezaubernder Lieblichkeit. Ihre klare Gliederung in Viertaktgruppen (und deren Vielfaches) sowie ihre liedhafte Melodik offenbaren ihren Tanzcharakter; und selbst textgezeugte Melodieformung, die das Gehen, Stehen, das Getragenwerden auf den Händen der Engel abbildet, beeinträchtigt diese Grundhaltung des Satzes nicht.

Das zweite Rezitativ (Satz 5) ist wiederum ein Secco von knappen Ausmaßen. Ihm folgt als dritte Arie (Satz 6) ein Duett mit obligatem Fagott, dessen selten solistisch eingesetzter Klang hier möglicherweise das nächtliche Dunkel, eher aber wohl mit seiner belebten Figuration die Wachsamkeit der Wächter widerspiegeln soll. Auch dieser Satz zeichnet sich durch eingängige Melodik aus; und selbst die vielfachen Kanonbildungen in den beiden Singstimmen erwecken nirgends den Eindruck kunstvollen Kontrapunktsatzes, so unaufdringlich fügen sie sich der gelösten Bewegtheit des Satzes ein.

Ein schlichter Choralsatz beendet das Werk, bringt jedoch am Schluß noch eine Überraschung: Auf die letzte Kadenz setzen nochmals die Trompeten mit einem kurzen Schlußmotiv ein.

Nun ist das Heil und die Kraft · BWV 50

NBA I/30 – AD: ca. 5 Min.
[Chor]: Nun ist das Heil und die Kraft D $\frac{3}{4}$

Dieser Satz stellt hinsichtlich seiner Entstehung, Verwendung und Zugehörigkeit (zu einem größeren verschollenen Werk?) manche ungelöste Frage an die Forschung. Seine Bestimmung läßt sich mit einer gewissen Wahrscheinlichkeit aus dem zugrunde liegenden Text, Offenbarung Johannis 12, 10, erschließen, der der Epistel des Michaelisfestes zugehört. Aber eine regelrechte Kantate ist das Werk in seiner Einsätzigkeit nicht, eher wohl der Eingangschor – oder Schlußchor? – einer im übrigen verlorengegangenen Komposition. Der Satz ist uns nur in posthumen Abschriften erhalten; und tatsächlich haben, wie der Kritische Bericht NBA 1/30 belegt, die späteren Kopisten auch in andern, ähnlichen Fällen nur am Eingangschor einer Kantate Interesse bezeugt; auch von diesen Kompositionen würden wir, wäre uns das originale Quellenmaterial verlorengegangen, nur den Eröffnungssatz kennen. Nun hatte Bach in den gewöhnlichen Leipziger Gottesdiensten nicht genügend Sänger, um ein vokal doppelchöriges Werk wie dieses aufführen zu können; die ungewöhnliche Prachtentfaltung deutet daher eher auf einen besonderen Anlaß. Bezeichnend hierfür ist neben der großen Besetzung von 3 Trompeten, Pauken, 3 Oboen, Streichern, Continuo sowie zwei vierstimmigen Singchören auch die Kompositionstechnik, insbesondere die akkordliche Verstärkung, mit der ein Chor das Fugenthema oder dessen Pseudo-Umkehrung zu den polyphonen Kontrapunkten der übrigen (Sing- und Instrumental-)Chöre vorträgt.

Der gesamte Satz ist eine großangelegte Chorfuge, in der das Thema und seine feststehenden Kontrapunkte nach dem Permutationsprinzip (24) ständig miteinander vertauscht werden. Die Entwicklung vollzieht sich in zwei gleichartigen und jeweils genau 68 Takte umfassenden Hälften; jede Hälfte besteht aus einem ausgedehnten Fugenteil und einem kurzen, nichtfugischen Nachsatz. Doch setzt in der zweiten Fuge das Thema nicht einstimmig, sondern in vierstimmig-akkordlicher Verdickung ein. Schematisch läßt sich der Satz wie folgt skizzieren:

A Fuge (8 Permutationsphasen)
  Anhang (wechselchörig-imitatorisch)
A' Fuge (7 Permutationsphasen)
  Anhang (wechselchörig-imitatorisch)

Die eindrucksvolle Wirkung dieses Satzes auf den Hörer beruht auf einer kunstreichen Verwendung verschiedenartiger Techniken, unter denen besonders eine Art Pseudo-Umkehrung des Themas Erwähnung verdient. Durch ihre Kombination mit dem Thema in Originalgestalt innerhalb derselben Permutationsphase gewinnt der Hörer den Eindruck einer ungeheuren räumlichen Weite und Pracht. Der Satz »stellt die erschöpfende Verwirklichung aller im Permutationsprinzip beschlossenen Gestaltungsmöglichkeiten dar und wird so zum Gipfelpunkt der Formgattung. Mit Doppelchörigkeit, akkordischer Themenverdickung, Klanggruppenkontrasten wird hier ein Fugenbau von unerhörter Farbenpracht bei größtmöglicher Konzentration errichtet« (Werner Neumann).

6. Reformationsfest (31. Oktober)

EPISTEL: 2. Thess. 2,3–8 (Mahnung zur Standhaftigkeit gegen die Widersacher)

EVANGELIUM: Offenb. 14,6–8 (Das ewige Evangelium: Fürchtet Gott und gebet ihm die Ehre)

Ein feste Burg ist unser Gott · BWV 80

NBA I/31 – AD: ca. 30 Min.

1. CHORO [CHORAL]: Ein feste Burg ist unser Gott	D	C
2. ARIA [B + CHORAL. S]: Alles, was von Gott geboren – Mit unser Macht ist nichts getan	D	C
3. RECITATIVO [B]: Erwäge doch, Kind Gottes, die so große Liebe	h–fis	C
4. ARIA [S]: Komm in mein Herzenshaus	h	12/8
5. CHORAL: Und wenn die Welt voll Teufel wär	D	6/8
6. RECITATIVO [T]: So stehe denn bei Christi blutgefärbten Fahne	h–D	C
7. DUETTO [A, T]: Wie selig sind doch die, die Gott im Munde tragen	G	3/4
8. CHORAL: Das Wort sie sollen lassen stahn	D	C

Die Kantate ist aus der 1715 in Weimar komponierten Oculi-Kantate BWV 80a ›Alles, was von Gott geboren‹ (225) hervorgegangen, die Bach in Leipzig nicht mehr verwenden konnte, weil hier in dieser Zeit des Kirchenjahres keine Kantaten aufgeführt wurden. Da uns die Originalquellen aber nahezu restlos verlorengegangen sind, lassen sich die einzelnen Stadien der Entstehungsgeschichte dieses Werkes nur mangelhaft rekonstruieren.

Anscheinend hat Bach nämlich in Leipzig zunächst nur eine einfachere Neufassung der Kantate zum Reformationsfest entworfen mit einem schlichten Eingangschoral, von dem uns nur ein kleines Bruchstück erhalten ist; ihm folgte Satz 2, vermutlich in der uns bekannten Gestalt. Mehr läßt sich über diese Fassung nicht mehr aussagen. Wann das Werk seinen heute bekannten großartigen Eingangssatz erhalten hat, wissen wir nicht. War es vielleicht in zeitlicher Nähe zu der 1735 entstandenen Kantate 14, deren Eingangschor nach einem ähnlichen Prinzip komponiert ist?

Aber nicht genug damit – auch die Besetzung des Werkes ist unsicher überliefert und offenbar in unseren Ausgaben verfälscht worden; denn die Trompeten – in Satz 1 und 5 – sind allem Anschein nach von Wilhelm Friedemann Bach hinzukomponiert, und zwar offenbar erst nach dem Tode seines Vaters.

Inhaltlich war die Umarbeitung der ursprünglichen Oculi-Kantate zur Choralkantate leicht zu bewerkstelligen, weil 2 Strophen des 4-strophigen Lutherliedes (1528/1529) bereits in der Weimarer Frühfassung enthalten waren: Strophe 2 als Schlußchoral und eine weitere Strophe als (vermutlich) instrumentales Zitat in der Eingangsarie ›Alles, was von Gott geboren‹. Bach brauchte also nur die Sätze 1 und 5 als Neukomposition einzufügen, das instrumentale Zitat in der nunmehr zu Satz 2 gewordenen Baß-Arie vom Sopran auf den Text der 2. Liedstrophe singen zu lassen, endlich den Text des Schlußchorals aus Strophe 2 in Strophe 4 zu ändern, so enthielt die Kantate alle 4 Strophen des Lutherliedes. Zugleich mußte noch eine allzu spezielle Textbeziehung auf die Evangelienlesung zu Oculi (225) geändert werden, um nicht unverstanden zu bleiben; so wurde aus »Wie selig ist der Leib, der, Jesu, dich getragen« (vgl. Luk. 11, 27) nunmehr »Wie selig sind doch die, die Gott im Munde tragen«. Im übrigen konnte der madrigalische Text, der auf die Teufelsaustreibung im Oculi-Evangelium Bezug nimmt, ohne Schwierigkeiten beibehalten werden, zumal im Hinblick auf Luthers Strophe ›Und wenn die Welt voll Teufel wär‹ sowie auf Strophe 2, die Christus als den Sieger feiert, der das Feld behalten muß. Die Anfangszeile des Franckschen Textes, jetzt des 2. Satzes, ist eine Anspielung auf 1. Joh. 5, 4 (»Alles, was von Gott geboren ist, überwindet die Welt«).

Der Eingangschor ist wohl der Höhepunkt des Bachschen vokalen Choralschaffens. Der Chor, verstärkt durch Streicher, singt eine Choralmotette, d. h. jede einzelne Liedzeile wird »fugweis« vorgetragen, wobei sich die Melodielinien gelegentlich um ihrer besseren Eignung zum Fugenthema willen leichte Eingriffe gefallen lassen mußten (besonders die Zeilen 1=3 zur

Vermeidung der Tonrepetitionen zu Beginn). Als zusätzlicher Kunstgriff wird die Durchführung der 2. (= 4.) Liedzeile noch mit der Wiederholung der 1. (= 3.) Zeile kombiniert. Gegen Ende jeder Zeilendurchführung tragen die Oboen (bei W. F. Bach: Trompeten) und der Continuobaß die unveränderte Choralmelodie im Kanon vor. Ähnlich wie in Kantate 77 (424) dient hier das Zitat des Cantus firmus in höchster und in tiefster Lage als Symbol der weltumspannenden Geltung dessen, was gesagt wird: Gottes Machtbereich umfaßt den gesamten Kosmos. Bewundernswert ist es, daß Bach bei aller kontrapunktischer Kunst noch Gelegenheit findet, Einzelzüge des Textes musikalisch nachzuzeichnen, zumal in der Zeile »sein grausam Rüstung ist« (chromatische Melodielinie, zunächst auf-, später absteigend).

Satz 2 ist eine Choral-Arie. Violinen und Viola werden zu einer Obligatstimme zusammengefaßt, deren Tumultmotivik in durchlaufender Sechzehntelbewegung schon im Einleitungsritornell ein eindrucksvolles Schlachtengemälde entwirft. Auf den Einsatz der koloraturenreichen Arienpartie des Basses folgt der Sopran, dessen Vortrag der leicht verzierten 2. Liedstrophe von der Oboe verstärkt, zugleich aber mit weiteren Auszierungen versehen wird. Auf diese Weise wird der Arienhauptteil mit den beiden Stollen des Liedes, der Mittelteil mit den ersten 4 Zeilen des Abgesangs und das Pseudo-Dacapo der Textzeilen 1–2 (musikalisch jedoch bis auf einzelne Anklänge frei) mit der Schlußzeile des Chorals kombiniert.

Das continuobegleitete Baß-Rezitativ (Satz 3) hat die in Weimar viel verwendete Form Secco – Arioso; und die ariose Ausformung der Schlußzeile »daß Christi Geist mit dir sich fest verbinde« wird fast noch einmal auf dieselbe Länge geweitet wie der gesamte vorhergehende rezitativische Teil.

Auch die Sopran-Arie (Satz 4) ist nur vom Continuo begleitet. Ihre Lieblichkeit steht in starkem Gegensatz zu den beiden kraftvollen Eingangssätzen; musikalisch ist sie wie die meisten Continuosätze gekennzeichnet durch die ausdrucksvoll-freie Entfaltung der Singstimme über vielfältig und in mannigfacher Abwandlung wiederholter Ritornellthematik des Continuo.

Satz 5 ist als großangelegte Choralbearbeitung das Gegenstück zu Satz 1, jedoch von wesentlich anderem Charakter. Dem motettisch-kontrapunktischen Chorsatz dort steht hier ein lapidares Chor-Unisono der Choralweise gegenüber (oder verlangte Bachs Originalfassung etwa nur chorisch besetzten

Tenor?), zeilenweise eingefügt in einen konzertanten Orchestersatz. Das Thema hat Giguecharakter; sein Vordersatz ist aus dem Liedanfang entwickelt, der Nachsatz ist choralfreie Fortspinnung. Der Part der Trompeten, die teils signalartige Figuren einstreuen, teils vorhandene Stimmen verdoppeln, ist offenbar wieder Zutat Friedemann Bachs.

Satz 6 zeigt die gleiche Anlage wie Satz 3: Secco mit ariosem Ausklang auf die letzte Textzeile (»dein Heiland bleibt dein Hort«).

In Satz 7 bilden Alt und Tenor mit dem ungewöhnlichen Instrumentarium von Oboe da caccia, Violine und Continuo einen Quintettsatz, dessen Tiefe der Empfindung einen neuen Höhepunkt des Werkes bildet. Der teils homophone, teils imitatorische Satz steht mit seiner verschiedenartigen, textgezeugten Motivik der 4 Abschnitte – Schema: A A' B C – der motettischen Reihungsform nahe; besonders die kämpferisch-lebhafte Vertonung der 3. Zeile (B) »Es bleibet unbesiegt und kann die Feinde schlagen« wirkt als fühlbarer Kontrast zu der anmutigen Gestik der übrigen Abschnitte dieses Duetts.

Die abschließende Strophe 4 des Lutherliedes erklingt, wie üblich, in schlichtem vierstimmigem Choralsatz.

Gott der Herr ist Sonn und Schild · BWV 79

NBA I/31 – AD: ca. 17 Min.

1. [Chor]: Gott der Herr ist Sonn und Schild	G	¢
2. Aria [A]: Gott ist unsre Sonn und Schild	D	6/8
3. Choral: Nun danket alle Gott	G	C
4. Recitativo [B]: Gottlob, wir wissen den rechten Weg	e–h	C
5. Aria [S, B]: Gott, ach Gott, verlaß die Deinen nimmermehr	h	C
6. Choral: Erhalt uns in der Wahrheit	G	3/4

Der Inhalt der Textdichtung läßt keine engere Beziehung zu einem bestimmten Lesungstext erkennen, sondern lobt Gott, anknüpfend an Psalm 84, 12, für den Schutz, den er den Seinen gewährt (Satz 2), dankt ihm mit den Worten der 1. Strophe des bekannten Liedes von Martin Rinckart (1636) für seine Wohltaten (Satz 3), er preist Jesus, daß er uns »den rechten Weg zur

Seligkeit« gewiesen habe und bittet ihn zugleich, sich auch derer zu erbarmen, die diesen Weg noch nicht erkannt haben, sondern »an fremdem Joch aus Blindheit ziehen müssen« (Satz 4). Mit der Bitte um künftigen Schutz, zunächst in madrigalische Dichtung gekleidet (Satz 5), dann mit den Worten der Schlußstrophe aus Ludwig Helmbolds Lied ›Nun laßt uns Gott dem Herren‹ (1575) vorgetragen, schließt die Kantate.

Bach hat die Komposition wahrscheinlich zum 31. Oktober 1725 fertiggestellt. Das Instrumentarium dieser Aufführung bestand aus 2 Hörnern und Pauken, 2 Oboen, Streichern und Continuo. Erst anläßlich einer späteren Aufführung – zwischen 1728 und 1731 – hat Bach noch 2 Querflöten hinzugenommen, die in den Tuttisätzen 1, 3 und 6 mit den Oboen geführt wurden, während in Satz 2 die 1. Flöte an Stelle der 1. Oboe den Obligatpart übernahm. Die Verwendung von Flöten für dieses Werk ist daher auch für heutige Aufführungen nicht obligatorisch.

Der eindrucksvollste Satz des Werkes ist der gewaltige Eingangschor, in dem schon die einleitende Instrumentalsinfonie mit 45 Takten ungewohnte Ausmaße zeigt. Der Ausdehnung entspricht auch ihre Bedeutung für die Gesamtstruktur des Satzes: Hier werden die beiden Themen exponiert, die für die spätere Entwicklung entscheidende Bedeutung erlangen, nämlich das feierliche Hornthema zu Beginn, dem wir auch in Satz 3 wiederbegegnen werden

und, daran anschließend (Takt 13ff.), ein auf Tonrepetitionen aufgebautes Fugenthema

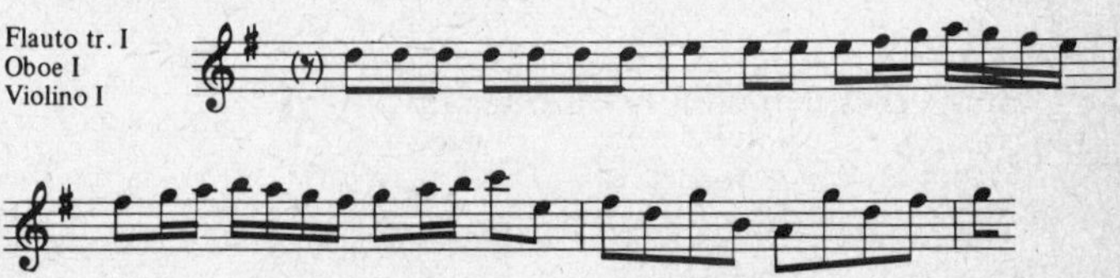

Der eigentliche Chorsatz ist in sich dreigeteilt. Er beginnt mit vier weitausladenden akkordlich-freipolyphonen Chorabschnitten a b a b (zum Fugenthema der Instrumente), denen jeweils das Hörnerthema der Einleitung als gliederndes Zwischenspiel folgt. Im zweiten Teil (»Er wird kein Gutes mangeln lassen den

Frommen«) wird aus dem vokal vereinfachten, zugleich aber instrumental in Originalgestalt mitgespielten Fugenthema (siehe oben) eine Chorfuge entwickelt, der als dritter Teil ein wieder mehr homophoner Komplex folgt, dessen Außenglieder als Choreinbau (32f.) in Anfang und Schluß der Einleitungssinfonie gestaltet sind, das Mittelglied dagegen als Wiederholung des Chorabschnitts b aus dem ersten Chorteil.

Reizvoll ist Bachs Einfall, nach der bereits erwähnten Alt-Arie mit obligater Oboe (Erstfassung) bzw. Flöte (Wiederaufführung) im Choral ›Nun danket alle Gott‹ das Hörnerthema des Eingangssatzes wiederaufzugreifen und so einen – durch selbständigen Hörnersatz mit Zwischenspielen – erweiterten Choralsatz zu schaffen, der die ersten drei Sätze als gemeinsamen Komplex erscheinen läßt. Obwohl eine Zweiteilung der Kantate nicht belegt ist, wäre es durchaus denkbar, daß nun die Predigt folgte, so daß die Eingangsworte des 4. Satzes »Gottlob, wir wissen den rechten Weg zur Seligkeit« nicht so sehr an den voraufgegangenen Text (zu dem sie wenig Beziehung haben) als an die Auslegung des Predigers anknüpfend zu denken wären. Diesem schlichten Seccorezitativ folgt ein homophones Duett von beinahe liedhafter, eingängiger Melodik. Ungewöhnlich ist, daß die zusammengefaßten Violinen mit dem Ritornell erst nach einer einleitenden »Devise« der Singstimmen einsetzen und daß dieses knappe, 8-taktige Instrumentalthema mit seiner häufigen Wiederholung beinahe als Ostinato wirkt: Eher Reihung als zyklische Formung kennzeichnet diesen Satz.

Den Abschluß bildet ein schlichter Choralsatz, dessen Stimmigkeit durch obligate Führung des Hörnerchores auf 6 Stimmen erweitert wurde.

Die Himmel erzählen die Ehre Gottes · BWV 76

Siehe Seite 338.

7. Kirch- und Orgelweihe

Epistel: Offenb. 21, 2–8 (Das neue Jerusalem)
Evangelium: Luk. 19, 1–10 (Bekehrung des Zachäus)

Höchsterwünschtes Freudenfest · BWV 194

NBA I/31 – AD: ca. 39 Min.

1. [Chor]: Höchsterwünschtes Freudenfest	B	₵, $\frac{3}{4}$, ₵
2. Recitativo [B]: Unendlich großer Gott	B–B	C
3. Aria [B]: Was des Höchsten Glanz erfüllt	B	$\frac{12}{8}$
4. Recitativo [S]: Wie könnte dir, du höchstes Angesicht	g–Es	C
5. Aria [S]: Hilf, Gott, daß es uns gelingt	Es	₵
6. Chorale: Heilger Geist ins Himmels Throne	B	C

Post concionem

7. Recitativo [T]: Ihr Heiligen, erfreuet euch	F–c	C
8. Aria [T]: Des Höchsten Gegenwart allein	g	C
9. Recitativo Duetto [S, B]: Kann wohl ein Mensch zu Gott	B–F	C
10. Aria [S, B]: O wie wohl ist uns geschehn	F	$\frac{3}{4}$
11. Recitativo [B]: Wohlan demnach, du heilige Gemeine	B–B	C
12. Choral: Sprich Ja zu meinen Taten	B	$\frac{3}{4}$

In dieser Form, in der das Werk uns überliefert ist, diente es zunächst nach Erbauung und Prüfung der Orgel in Störmthal bei Leipzig als Orgelweihkantate im Rahmen eines öffentlichen Gottesdienstes am 2. November 1723. Der allgemein gehaltene Inhalt des Textes ermöglichte jedoch die spätere

Wiederaufführung des Werkes im Rahmen des Kirchenjahres als Trinitatis-Kantate. Dies geschah gleich im folgenden Jahre zum 4. Juni 1724, ferner in verkürzter Fassung (die Sätze teilweise umgestellt) mit obligater Orgel vermutlich zum 16. Juni 1726 und endlich noch ein drittes Mal zum 20. Mai 1731. Von dieser letzten Aufführung ist ein Textdruck erhalten, der nur den I. Teil (Satz 1 bis 6) umfaßt; doch bezeugen die Quellen auch eine Aufführung des II. Teils (sub communione? oder in zeitlicher Nähe zu anderem Anlaß?). Natürlich ist es sehr wohl möglich, ja geradezu anzunehmen, daß Bach seine Kantaten weit häufiger wiederaufgeführt hat als wir heute belegen können.

Nun war aber die Aufführung von 1723 auch noch nicht die allererste; denn die Kantate geht auf eine weltliche Glückwunschmusik zurück, die sich von der erhaltenen Fassung durch Fehlen der Choralsätze 6 und 12 unterscheidet, ferner durch abweichende Rezitative und durch einen tänzerischen Schlußsatz, der bei der Umarbeitung zur Orgelweihkantate ausgeschieden wurde. Leider ist uns diese weltliche Fassung nur in wenigen Stimmen überliefert; und mit den Singstimmen ist uns auch ihr Text verloren. Doch darf als sicher gelten, daß es sich um ein Werk aus Bachs Köthener Zeit handelt.

In der erhaltenen Fassung ist der Text mehr auf Kirch- als auf Orgelweihe gerichtet, da mit dem Einbau der Orgel in Störmthal zugleich auch eine Erneuerung des Kircheninnenraumes vorgenommen worden war. So erwähnt der Text die Orgel nirgends ausdrücklich, wohl aber feiert er das »erbaute Heiligtum« (Satz 1), dankt Gott und bittet: »Laß dir dies Haus gefällig sein« (Satz 2). Er verkündet ferner, daß die Wohnung des Höchsten von Glanz erfüllt sei und von keiner Nacht verhüllt werde (Satz 3). Satz 4 warnt vor menschlicher Eitelkeit und bittet, da Menschenkraft nichts bewirke, mit den Worten Salomos aus 1. Könige 8, 29 (»daß deine Augen offen stehen über dies Haus«) und in Anlehnung an Hosea 14, 3 (»so wollen wir opfern die Farren unsrer Lippen«) für die Kirche. Auch Satz 5 bittet – unter Anspielung auf Jesaja 6, 6f. –, daß es gelinge, dem Herren zu lobsingen. Den Abschluß des I. Teils bilden die Strophen 6 und 7 des Liedes ›Treuer Gott, ich muß dir klagen‹ von Johann Heermann (1630). – Der II. Teil bringt keine wesentlich neuen Gedanken, sondern lobt die göttliche Dreieinigkeit (Satz 7), deren Gegenwart allein Segen bringe (Satz 8). Am auffälligsten ist der Dialog des Satzes 9, der vielleicht aus einem ähnlichen Zwiegespräch des weltlichen Urbildes hervorgegangen ist, da er in seinem Wechsel von Zweifel (Baß) und Bestätigung (Sopran) mit Dialogen wie jenem zwischen »Furcht« und »Hoffnung« aus Kantate 66 (239 ff.) vergleichbar ist, die ebenfalls auf weltliche Urbilder zurückgehen. Die übrigen Sätze gelten dem Lobe Gottes – zu Satz 10 vergleiche man Psalm 34, 9 –; und den Abschluß bilden die Strophen 9 und 10 des Paul-Gerhardt-Liedes ›Wach auf, mein Herz, und singe‹ (1647/1653).

Bachs Komposition ist darum ungewöhnlich, weil sie innerhalb seines Schaffens den konsequentesten Versuch darstellt, die Form der Orchestersuite auf die Kantate zu übertragen. Freilich verzichtete Bach darauf, auch in der Kantate die für die Suite konstitutive Einheit der Tonart sämtlicher Sätze beizubehalten (das hätte zu unüberwindlicher Einförmigkeit geführt); und so ist auch die Vermutung einiger Forscher, unsere Kantate sei aus der Vokalisierung einer realen Instrumentalsuite hervorgegangen, höchst unglaubhaft.

Satz 1 hat die Form einer Französischen Ouvertüre, wobei die langsamen Rahmenteile dem Orchester (mit Ausnahme eines kurzen Chorschlusses) allein zufallen, während der schnelle, fugierte Mittelteil einen Chorsatz mit teilweise selbständigen Instrumenten darstellt, der vielleicht – das wäre immerhin denkbar – durch Choreinbau in einen bereits vorhandenen Instrumentalsatz entstanden ist. Von den Arien hat Satz 3 den Charakter eines Pastorale, Satz 5 ist eine Gavotte, Satz 8 eine Gigue und Satz 10 ein Menuett. Die Ursache dieser suitenhaften Konzeption ist natürlich im weltlichen Urbild der Kantate zu suchen, das zudem mit einem Satz von Passepiedcharakter beschlossen wurde. Gleichfalls durch das weltliche Vorbild könnte die extrem hohe Lage der Singstimmen verursacht sein, die Bach dazu veranlaßte, das Werk zu Trinitatis 1724 im tiefen Kammerton und mit tiefergelegten Baß-Rezitativen wiederaufzuführen.

Die Rezitative – inwieweit sie neukomponiert oder aus der weltlichen Vorlage übernommen wurden, wissen wir nicht – sind durchweg als continuobegleitetes Secco gestaltet; allein das Duettrezitativ Satz 9 klingt arios aus (›andante‹).

Die beiden Choräle sind schlicht-vierstimmig gesetzt; lediglich hat die Oboe III aus Umfangsgründen (für eine Verdoppelung des Tenorparts liegt das Instrument zu hoch) eine weitgehend selbständige Stimme erhalten.

8. Ratswechsel

Gott ist mein König · BWV 71

NBA I/32 – AD: ca. 20 Min.

1. TUTTI: Gott ist mein König	C/D[1]	C
2. [TENORE E SOPRANO SOLO]: Ich bin nun achtzig Jahr – Soll ich auf dieser Welt	e/fis	C
3. QUATUOR VOCI: Dein Alter sei wie deine Jugend	a/h	C
4. [BASSO SOLO]: Tag und Nacht ist dein	F/G	$\frac{3}{2}$, C, $\frac{3}{2}$
5. [ALTO SOLO]: Durch mächtige Kraft	C/D	$\frac{3}{8}$/C
6. [CHOR]: Du wollest dem Feinde nicht geben	c/d	
7. TUTTI: Das neue Regiment	C/D	C/$\frac{3}{2}$

Als dem Organisten zu Divi Blasii in der Freien Reichsstadt Mühlhausen fiel Bach auch die Aufgabe zu, den Gottesdienst, der alljährlich einen Tag nach der Ratswahl, am 4. Februar, zur Feier des Ratswechsels gehalten wurde, mit einer »Musik« auszustatten. Vielfach wurde diese Komposition sogar später gedruckt – freilich nur aus Repräsentationsgründen und in kleiner Auflage. Bach hat zwei solcher Ratswechselkantaten für Mühlhausen komponiert, 1708 als Organist zu Divi Blasii und 1709 von Weimar aus, und beide wurden auch gedruckt. Doch ist nur das erste der beiden Werke nachweisbar; vom zweiten ist weder das Autograph noch der Druck auf uns gekommen, und darum läßt sich auch nicht feststellen, ob die Musik vielleicht in ein Werk mit anderer Bestimmung übergeführt wurde – man könnte z. B. an die Neujahrskantate BWV 143 denken – oder gänzlich verloren ist.

Der Text der erhaltenen Kantate von 1708 ist im Stil der älteren Kirchenkantate weitgehend aus Bibelwort zusammengestellt; hinzu kommt in Satz 2 eine Choralstrophe. Auch die Verwendung mehrstrophiger Dichtung in Satz 7 entspricht dem älteren Kantatentypus, während die einstrophige freie Dich-

1 Die zuerst angegebenen Tonarten beziehen sich auf Chorton, die folgenden auf Kammerton.

tung, wie wir sie in Satz 5 finden, im älteren wie im modernen Typus Verwendung findet.

Wer den Text gedichtet und zusammengestellt hat, ist unbekannt; es liegt aber nahe, an den Mühlhausener Pfarrer Georg Christian Eilmar zu denken, auf dessen Wunsch ja – wohl einige Monate zuvor – die Kantate 131 entstanden war (626). Vielleicht hat sich Bach den Text auch selbst zusammengeschrieben; doch läßt sich dieser besonders von Rudolf Wustmann vertretenen These entgegenhalten, daß Bach keinen Anlaß gehabt hätte, Satz 7 zweistrophig zu dichten, ohne die Komposition der strophischen Form anzugleichen.

Der Textdichter gewinnt sein Thema aus dem Anlaß des Gottesdienstes, der Amtsübergabe des alten an den neuen Rat, und stellt daher den ersten Teil des Textes unter das Motto Alter – Jugend. Schon der Eingangssatz weist implicite darauf hin: »Von altersher« hat Gott sich als König erwiesen und geholfen. Nun aber ist sein Knecht (der alte Rat) zu alt und will umkehren, um in seiner Stadt zu sterben (Satz 2). Der Gedanke gipfelt in dem Satz »Dein Alter sei wie deine Jugend«, mit dem der gleiche Beistand auch für den neuen Rat erfleht wird (Satz 3). In den übrigen Sätzen folgen Lobpreis (Satz 4, 5), Bitte (Satz 6) und Glückwunsch an das »neue Regiment« (Satz 7).

Bach gibt seiner Komposition den Titel ›Motetto‹; doch läßt sich dies nur als Beweis für die Vermischung der Stilbegriffe in seiner Zeit werten; der Terminus ›Concerto‹, mit dem Bach seine späteren Kantaten meist betitelt, wäre auch hier treffender gewesen. Denn aus der mehrchörigen Konzertpraxis stammt die Aufgliederung des Orchesters in 4 Chöre:

Chor I: 3 Trompeten, Pauken
Chor II: 2 Blockflöten, Violoncello
Chor III: 2 Oboen, Fagott
Chor IV: 2 Violinen, Viola, Violone

Hierzu tritt als fünfter der Vokalchor, in sich wiederum klanglich gestuft durch Pausieren oder Hinzutreten der Ripienisten zum Solochor der Concertisten. So entsteht ein höchst wechselvolles, dynamisch differenziertes Klangbild, dem formal die für Bachs Jugendwerke charakteristische Reihung kleingliedriger Abschnitte entspricht. Auch die geringstimmigen Sätze sind noch stark dem Geistlichen Konzert des 17. Jahrhunderts angenähert und mit den Begriffen Arie und Arioso nicht zu fassen (vom Rezitativ ganz zu schweigen).

In Satz 1 (Text: Ps. 74, 12) ist diese Kleingliedrigkeit verklammert durch die kehrreimartig wiederkehrende Figur (a)

Sie ist ein Bestandteil des Tutti-Rahmenabschnitts A und unterbricht überdies die beiden nur von Streichern begleiteten Soloabschnitte B (»von altersher«) und C (»der alle Hilfe tut, so auf Erden geschicht«), so daß eine Bogenform A B a C A' entsteht. Der teils akkordliche, teils freipolyphone Chorsatz wird in den Tuttiabschnitten von wechselchörig konzertierendem Orchestersatz begleitet. Der Schluß des Satzes verklingt – quasi pianissimo – in den unbegleiteten Blockflöten.

Satz 2 ist ein Geistliches Konzert über 2. Samuelis 19, 35 und 37 für Tenor, kombiniert mit der 6. Strophe des Liedes ›O Gott, du frommer Gott‹ von Johann Heermann (1630), die in verzierter Gestalt vom Sopran vorgetragen wird (nach der im EKG, Nr. 383 als Melodie II bezeichneten Liedweise). Dazu begleitet die Orgel teils generalbaßmäßig, teils obligat mit Echofiguren.

Der Satz ›Dein Alter sei wie deine Jugend‹ (Text: 5. Mose 33, 25 und 1. Mose 21, 22) ist einer der wenigen rein vokalen, nur vom Continuo begleiteten Kantatenchöre Bachs; freilich ist auch der Gesangspart nur den Concertisten anvertraut. Mit ihm tritt uns zum ersten Male in Bachs Schaffen die Satztechnik der Permutationsfuge (24) entgegen – hier noch in bescheidenem Umfang, da auf die Steigerungsmöglichkeiten der allmählichen Hinzuziehung von Instrumenten und Ripiensängern verzichtet wird, aber desto konsequenter im Verzicht auf Modulationen (außer der üblichen Dominantversetzung der Comes-Phase) und auf selbständigen Continuopart.

Das Baß-Solo ›Tag und Nacht ist dein‹ (Ps. 74, 16–17) weist bereits die Dacapoform der modernen Arie auf, dessenungeachtet aber noch die Faktur des Geistlichen Konzerts. Der Hauptteil wird durch Flöten- und Oboenchor begleitet; das mehrfache Durchmessen der Oktave durch die Baßstimme symbolisiert die Totalität der göttlichen Macht, von der der Text erzählt. Der Mittelteil kontrastiert in Besetzung (Continuosatz), Takt und Bewegungsintensität.

Auf das Alt-Solo ›Durch mächtige Kraft‹, einen Continuosatz mit kurzen Einwürfen des Trompetenchores und einem etwas längeren Trompetenritornell am Schluß, folgt der originellste und fesselndste Satz der Kantate. Als homophoner Chor – man könnte von einer vierstimmig ausgesetzten Sopran-Monodie sprechen – erklingt in engräumiger Melodik und darum um so eindringlicherer Deklamation die flehende Bitte »Du wollest dem Feinde nicht geben die Seele deiner Turteltauben« (Ps. 74, 19). Die Streicher gehen mit den Singstimmen, Oboen- und Flötenchor bestreiten die kurzen Vor- und Zwischenspiele und markieren die Kadenzen des Chores. Ein genialer Einfall, der die Wirkung des Satzes wesentlich verstärkt, ist die verschiedenartige Continuo-Figuration. Violone und Orgel tragen die Stütztöne vor (»staccato«) das Fagott umspielt diese figurativ, und das Violoncello fügt eine Oktave höher eine in Bewegung und Intervallen noch gesteigerte Figuration hinzu:

Eindrucksvoll ist der Schluß des Satzes: Der Chor singt das letzte Textzitat unisono, gleichsam psalmodierend; die Bläser begleiten zunächst abwechselnd in Komplementärfiguren; dann nehmen auch die Streicher 2 Takte lang die Sechzehntelfiguration des Violoncellos auf, und nachdem Chor und Streicher zur Ruhe gekommen sind, läuft die Bewegung noch einen Takt lang in den Holzbläsern aus.

Zum Schlußchor (Satz 7) ist wieder das Gesamtinstrumentarium aufgeboten. In formaler Hinsicht dominiert die motettische Reihung; Bach fügt kurze, homophone Abschnitte verschiedener Taktarten, unterschiedlichen Tempos und wechselnder Solo- und Tuttibesetzung des Vokalchores aneinander. Die einzige, freilich recht fühlbare Ausnahme bildet die große Chorfuge kurz nach Beginn der 2. Textstrophe auf die Worte »muß täglich von neuen dich, Joseph, erfreuen« (angeredet ist Kaiser Joseph I., dem Mühlhausen als Freie Reichsstadt unmittelbar unterstand). Und hier kündigt sich zugleich Neues an, nämlich Bachs erster Versuch, zur großen Form zu gelangen, der kurzzügigen Formenvielfalt des 17. Jahrhunderts den »Einheitsablauf« (Besseler) entgegenzusetzen. Mittel dazu ist das Permutationsprinzip, das auch in Satz 3 schon angewendet worden war, dort jedoch statisch, während es hier nun durch Wechsel der Klangträger eine stetig wachsende Steigerung bewirkt: Die Fugenexposition singen die Chorsolisten, nur vom Continuo begleitet; dann schweigt jede Stimme wieder, nachdem sie alle vier Kontrapunkte durchschritten hat, und an ihrer Stelle setzen jeweils Instrumente ein; der Ripienchor tritt hinzu, und endlich, nachdem die Vollstimmigkeit der übrigen Mitwirkenden erreicht ist, führt der Themeneinsatz der Trompete 1 die Fuge zum krönenden Abschluß. Diesem imponierenden Geniestreich gegenüber wirkt der Rest der 2. Textstrophe nur noch als Coda. Auch diesen Satz – wie den ersten – beenden quasi pianissimo die beiden Blockflöten (im Einklang).

Preise, Jerusalem, den Herrn · BWV 119

NBA I/32 – AD: ca. 27 Min.

1. [Chor]: Preise, Jerusalem, den Herrn	C	C, $\frac{12}{8}$, ¢
2. Recitativo [T]: Gesegnet Land, glückselge Stadt	G–G	C
3. Aria [T]: Wohl dir, du Volk der Linden	G	C
4. Recitativo [B]: So herrlich stehst du, liebe Stadt	C–C	C
5. Aria [A]: Die Obrigkeit ist Gottes Gabe	g	$\frac{6}{8}$
6. Recitativo [S]: Nun! wir erkennen es und bringen dir	F–C	C
7. [Chor]: Der Herr hat Guts an uns getan	C	C
8. Recitativo [A]: Zuletzt! da du uns, Herr, zu deinem Volk gesetzt	F–e	C
9. Choral: Hilf deinem Volk, Herr Jesu Christ	C	C

Wie in Mühlhausen, so gehörte es auch in Leipzig zu Bachs Amtspflichten, den Ratswechselgottesdienst mit Figuralmusik auszustatten. Dieser Gottesdienst fand alljährlich am Montag, manchmal auch am Freitag nach dem Bartholomäustage (24. August), dem Tage der Ratswahl, in der Nikolaikirche statt.

Die Kantate ›Preise, Jerusalem, den Herrn‹ ist, wie das autographe Datum auf der Partitur bezeugt, im ersten Leipziger Amtsjahr Bachs entstanden und am 30. August 1723 zum ersten Male aufgeführt worden.

Der unbekannte Textdichter nimmt, wie es bei derartigen Gelegenheiten üblich war, auf den gegebenen Anlaß mit Lob- und Danktexten Bezug und fleht endlich Gott um künftigen Schutz an. Den Ausgangspunkt bilden die Verse 12–14 des 147. Psalms (Satz 1); und die folgenden Sätze erzählen vom Wohlergehen der Stadt, da Gott »Ehre läßt in einem Lande wohnen«, »Güt und Treu einander läßt begegnen« und wo Gerechtigkeit und Friede sich küssen (vgl. Ps. 85, 10–11). In Anlehnung an Römer 13 preist der Dichter – für unsere der absolutistischen Staatslehre entfremdete Auffassung ein wenig zu überschwenglich – die Obrigkeit als »Gottes Ebenbild« (Satz 4 und 5). Die restlichen Sätze sind dem Dank und dem Gebet gewidmet, dem Dank an die Stadtväter, an den Herrn, der »Guts an uns getan« hat (vgl. Ps. 126, 3) und dem Gebet mit Worten aus dem von Martin Luther verdeutschten ›Tedeum‹ (1529).

Bachs Komposition bietet mit 4(!) Trompeten, Pauken, 2 Blockflöten, 3 Oboen, Streichern und Continuo ein prächtiges Festorchester auf. Prächtig ist auch die Form der Französischen Ouvertüre, die er für den Eingangschor wählt. Gravitätisch-feierliche, punktierte Rhythmen umrahmen im instrumentalen Vor- und Nachspiel den raschen Mittelteil, der nach verbreiteter Tradition als Fuge zu bilden wäre, hier aber überwiegend homophon, lediglich mit imitierenden Außenstimmen (Baß/Sopran) gesetzt ist.

In dem nun folgenden schlichten Seccorezitativ werden die Anfangsworte »Gesegnet Land, glückselge Stadt« am Schluß wiederholt. Bach legt in diese Rahmenform noch einen besonderen Reiz, indem er die Schlußwiederholung gleichsam rückläufig erklingen läßt. Dem Beginn

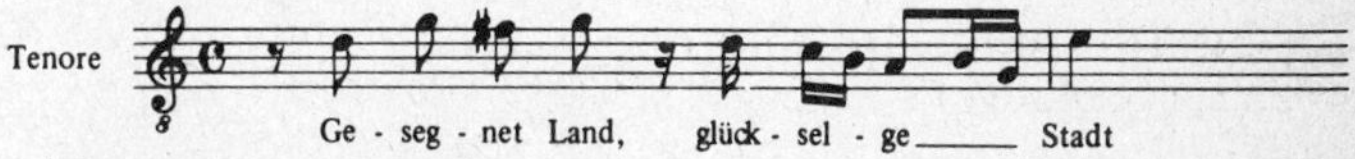

entspricht der Schluß

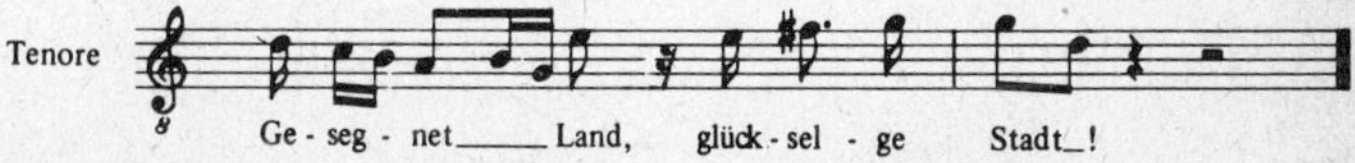

Die Arie ›Wohl dir, du Volk der Linden‹ (Satz 3) erhält durch ihre Besetzung mit 2 Oboi da caccia zu Tenor und Continuo, also durch ihre ausgesprochene Betonung des mittleren Klangbereichs einen milden, ja warmen Ton, der durch die liedhafteingängige Melodik noch unterstrichen wird.

Noch deutlicher als das erste ist das zweite Rezitativ (Satz 4) in Rahmenform gestaltet: Beginn und Schluß werden durch je ein Trompetenritornell markiert; der Mittelteil (d. h. der eigentliche Gesangsteil, wenn man davon absieht, daß die beiden Anfangszeilen noch von Trompeten begleitet werden) ist mit Holzbläserakkorden ausinstrumentiert.

Die zweite Arie (Satz 5) läßt den tiefen Holzbläsern der ersten nun mit den unisono geführten Blockflöten die hohen Instrumente dieser Gruppe folgen; doch hat sie mit jenem Satz die liedhafte, nun beinahe tänzerische Melodik gemein. Wenn freilich die spitzen, repetierenden Achtel der Flöten von manchen Erklärern als hohnvolle Karikatur auf den Text »Die Obrigkeit ist Gottes Gabe, ja selber Gottes Ebenbild« interpretiert werden, so scheint uns diese Deutung doch fraglich. Werden hier nicht moderne Vorstellungen vom politisch mündigen Staatsbürger mit dem hierarchischen Denken des Barockzeitalters vermengt?

Das folgende Seccorezitativ (Satz 6) mündet unmittelbar in den Chor ›Der Herr hat Guts an uns getan‹ (Satz 7), der in reiner Dacapoform einen überwiegend akkordlichen, bisweilen imitatorisch aufgelockerten Mittelteil durch eine Chorfuge umrahmt. Das Fugenthema ist – bewußt oder unabsichtlich – dem Beginn des Liedes ›Nun danket alle Gott‹ angeglichen. Die ritornellumrahmte Fuge steigert sich allmählich vom A-cappella-Satz (+ Continuo), vielleicht vom Solochor zu beginnen, mit allmählich hinzutretenden Instrumenten (Holzbläser z. T. selbständig und thementragend) bis zur dreifachen Themenengführung unter Mitwirkung der Trompeten.

Dem feierlich-prächtigen Chor folgt nur noch ein kurzes Secco und die gemeindechoralhaft-schlichte Vertonung von 4 Zeilen des deutschen ›Tedeum‹ mit leicht aufgelockertem »Amen«-Schluß.

Ihr Tore zu Zion · BWV 193

NBA I/32 – Unvollständig erhalten

1. Chorus: Ihr Tore [Pforten] zu Zion	D	C
2. Recitativo [S]: Der Hüter Israel entschläft noch schlummert nicht	h–e	C
3. Aria [S]: Gott, wir danken deiner Güte	e	3/8
4. Recitativo [A]: O Leipziger Jerusalem	h–G	C
5. Aria [A]: Sende, Herr, den Segen ein	G	C
6. Recitativo: [nicht erhalten]		
7. Chorus ab initio repetatur	D	C

Die Entstehungszeit dieser Kantate ist nicht ganz sicher zu ermitteln; wahrscheinlich wurde sie am 25. August 1727 erstmals aufgeführt (vgl. aber unten, S. 599 zu BWV Anh. 4), vielleicht auch in einem der darauffolgenden Jahre. Der Text, dessen Verfasser nicht bekannt ist, knüpft in Satz 1 an Psalm 87, 2, in Satz 2 an Psalm 121, 4 an und preist Gott als Beschützer des »Leipziger Jerusalem«.

Die Musik ist zumindest teilweise Parodie der Kantate 193a (659); vielleicht gehen auch beide Werke gemeinsam auf eine noch ältere (Köthener?) Kantate zurück, doch läßt die unvollständige Überlieferung keine verbindlichen Schlüsse zu.

Gott, man lobet dich in der Stille · BWV 120

NBA I/32 – AD: ca. 26 Min.

1. [Alto solo]: Gott, man lobet dich in der Stille	A	6/8
2. Chor: Jauchzet, ihr erfreuten Stimmen	D	C
3. Recitativo [B]: Auf, du geliebte Lindenstadt	h–h	C
4. Aria [S]: Heil und Segen	G	6/8
5. Recitativo [T]: Nun, Herr, so weihe selbst das Regiment	D–fis	C
6. Choral: Nun hilf uns, Herr, den Dienern dein	h–D	C

Wie in den zuvor betrachteten Ratswechselkantaten gibt der spezielle Bezug Anlaß zu Lob und Dank für den Schutz, den

Gott der »geliebten Lindenstadt« hat angedeihen lassen, und bittet um den Segen für künftige Zeiten. Das einleitende Bibelwort, Psalm 65, 2, stellt zugleich den beiden folgenden Sätzen das Thema, nämlich »Lob« (Satz 2) und »Bezahlung der Gelübde« aus Dankbarkeit (Satz 3); Satz 4 und 5 erflehen künftigen Segen, und Satz 6 wiederholt diese Bitte mit Worten aus dem ›Tedeum‹ in der deutschen Fassung Martin Luthers (1529).

Bach hat mehrere Sätze dieses Werkes auch anderweitig verwendet; teils stammen sie schon aus früherer Zeit (wohl Köthen), teils kehren sie in der Trauungskantate 120a (603 ff.) und in der Umformung der Kantate 120 zur Zweihundertjahrfeier der Augsburgischen Konfession (BWV 120b) wieder. Eine verbindliche Klärung aller dieser Beziehungen kann jedoch nur dann versucht werden, wenn die autographe Partitur noch einmal aus ihrer kriegsbedingten Verlagerung zurückkehren sollte. Festzustehen scheint jedoch, daß die hier betrachtete Fassung vor 1730 (dem Zeitpunkt ihrer Umarbeitung zu BWV 120b) entstanden sein muß, also vielleicht zum Ratswechsel 1728 oder 1729 aufgeführt wurde.

Der Text des Eingangssatzes (»Stille«) wird Bach bewogen haben, wider die Gewohnheit mit einem Solosatz zu beginnen; das Instrumentarium bilden 2 Oboi d'amore, Streicher und Continuo. Friedrich Smend hat die einleuchtende These aufgestellt, diese Arie sei aus dem langsamen Mittelsatz eines Köthener Instrumentalkonzerts hervorgegangen; und tatsächlich ist die motivische Verwandtschaft mit Satz 2 der Kantate 35, für die die gleiche Vermutung gilt (420f.), auffällig. In den fließenden, hohes Können fordernden Koloraturen der Altstimme, die sich dem (vielfach thematischen) Instrumentalsatz einfügen, hätten wir dann den Rest des Soloparts (für Violine?) zu sehen.

Erst mit Satz 2 bricht der volle Jubel los: Das Orchester, durch Trompeten und Pauken verstärkt, beginnt eine sinfonische Einleitung, in der die beiden Themen des folgenden Chorsatzes, eine Dreiklangsfanfare (»Jauchzet ...«) und eine stufenweise aufsteigende Sechzehntelsequenz (»steiget ...«) bereits enthalten sind. Diese werden teils vom Chor in figurativem und imitatorischem Satz übernommen, teils auch als orchestraler Rahmen für Choreinbaupartien (32f.) verwendet. Der zweigliedrige Mittelteil des in Dacapoform angelegten Satzes wird – ein gliederndes Instrumentalzwischenspiel ausgenommen –

von meist homophonem Chorsatz mit begleitenden Instrumenten getragen. Bekanntgeworden ist der Satz besonders durch die Wiederverwendung seines Hauptteils als ›Et expecto resurrectionem mortuorum‹ aus dem Credo der h-Moll-Messe, freilich in stark veränderter Form.

Ein Seccorezitativ führt zur Sopran-Arie (Satz 4), die auf eine vermutlich weltliche Komposition der Köthener Zeit zurückgeht. Das Vorbild selbst ist nicht erhalten, wohl aber dessen frühe Umarbeitung zu einem Satz der G-Dur-Violinsonate mit konzertierendem Cembalo (BWV 1019a). Mit seiner innigen Melodik und filigranartigen Figuration der (von Streichern begleiteten) Solovioline ist dieser Satz wieder auf den »stillen« Ton der Eingangsarie gestimmt – ein besonders liebenswertes Kleinod unter den Arien Bachs.

Ein kurzes, aber durch Streicherbegleitung in seinem Gebetscharakter hervorgehobenes Rezitativ (Satz 5) schließt sich an; ihm folgt der dem ›Tedeum‹ entnommene »Schlußchoral« in schlichtem Chorsatz.

Wir danken dir, Gott, wir danken dir · BWV 29

NBA I/32 – AD: ca. 28 Min.

1. Sinfonia	D	3/4
2. Chorus: Wir danken dir, Gott, wir danken dir	D	𝄵 (2)
3. Aria [T]: Halleluja, Stärk und Macht	A	𝄵
4. Recitativo [B]: Gottlob! es geht uns wohl	fis-e	C
5. Aria [S]: Gedenk an uns mit deiner Liebe	h	6/8
6. Recitativo [A + Chor]: Vergiß es ferner nicht	D–D	C
7. Aria [A]: Halleluja, Stärk und Macht	D	2
8. Chorale: Sei Lob und Preis mit Ehren	D	3/4

Die Entstehungszeit dieser Kantate bezeugt Bachs eigenhändiger Vermerk: 1731. Demnach erlebte sie am 27. August dieses Jahres ihre erste Aufführung. Wiederaufführungen sind uns durch Textdrucke für 1739 und 1749 belegt.

Wiederum hat der (unbekannte) Textdichter sich an das übliche Modell gehalten und den Dank für erwiesene Wohltaten mit der Bitte um künftigen Segen verbunden. Den Eingang bildet Psalm 75, 2; doch enthält auch die madrigalische Dichtung mehrmals Anspielungen auf biblische Texte. So ist Zion für die christliche Gemeinde nicht mehr das ortsgebundene Jerusalem, sondern der Platz der Anbetung des Herrn; und wenn in Satz 3 gesungen wird:

Zion ist noch seine Stadt,
Da er seine Wohnung hat,

so mochte der bibelkundige Gottesdienstbesucher wohl an 1. Chronik 23,25 denken – »Der Herr ... wird zu Jerusalem wohnen ewiglich« –, zugleich aber »Jerusalem« in »Leipzig« umdeuten. Besonders zahlreich sind die biblischen Anspielungen in Satz 4. Neben allgemeinen Formulierungen wie »Gott ist noch unsre Zuversicht« (vgl. Ps. 46, 2; 62, 8 u. öfter) oder »sein Schutz ... beschirmt die Stadt und die Paläste, sein Flügel hält die Mauern feste« (vgl. Ps. 122, 7; 36, 8) findet sich auch wieder ein Hinweis auf die schon in den Ratswechselkantaten BWV 119 (Satz 2), Anh. 4 (Satz 3) und 120 (Satz 4) apostrophierten Worte aus Psalm 85, 11 »... daß Güte und Treue einander begegnen, Gerechtigkeit und Friede sich küssen«. Endlich entstammt die Wendung des 6. Satzes »und alles Volk soll sagen: Amen« dem 5. Buch Mose, 27, 15–26. Den Beschluß bildet die 5. Strophe (Zusatz, Königsberg 1549) des Liedes ›Nun lob, mein Seel, den Herren‹ von Johann Gramann (1530).

Wie in mehreren andern Ratswechselkantaten hat Bach wiederum auf frühere Kompositionen zurückgegriffen, diese aber zugleich mit höchster Meisterschaft umgeformt. So ist die prächtige, mit 3 Trompeten, Pauken, 2 Oboen, Streichern, obligater Orgel und Continuo instrumentierte Sinfonia eine Umarbeitung des ›Preludio‹ aus der Partita E-Dur für Violine solo BWV 1006. Den Violinpart übernimmt dabei die Orgel; der Orchesterpart wurde hinzukomponiert. Mit schlichterer Instrumentation war der Satz bereits in Kantate 120a (604) verwendet worden. Freilich bleibt das Urbild an der rastlosen Figuration des Orgelparts erkennbar; denn ein Tutti-Ritornellthema des Orchesters als Gegengewicht zum Solopart kommt nicht zustande. So bleibt die Form dieser Sinfonia in Bachs Schaffen singulär.

Von großartiger Einfachheit ist das Thema des folgenden fugenartigen, dabei stark durch Kanonbildungen bestimmten Chorsatzes. Dem zweigliedrigen Text entsprechend (»Wir danken dir ... und verkündigen ...«) wird auch der musikalische

Satz von zwei Themen beherrscht, deren erstes allerdings die spätere Entwicklung stärker bestimmt als das zweite:

Streicher und Holzbläser gehen mit den Singstimmen, deren Satz ein dichtes Themengewebe bildet. Allmählich steigert sich die Intensität durch Hinzutreten zunächst der I. Trompete, die das vom Sopran vorgetragene Thema verdoppelt; danach setzen die Trompeten I und II zweimal mit dem Thema in Engführung ein, die Vierstimmigkeit des Chores zur Sechsstimmigkeit erweiternd, endlich durch (unthematischen) Einsatz der Trompete III (und Pauken) zur Sieben- (bzw. Acht-)Stimmigkeit.

Dem archaischen Satz dieses Chores tritt mit der folgenden Tenor-Arie wieder ein moderner, konzertanter Satz entgegen: Solovioline und Singstimme bilden als gleichrangige Partner mit dem Continuo einen Triosatz von schwungvoller Lebendigkeit und weitgehend einheitlichem Charakter, da das Vokalthema aus dem Thema des Eingangsritornells entwickelt ist und auch der Mittelteil der in Dacapoform komponierten Arie im Violinpart die Ritornellthematik beibehält.

Einem schlichten Seccorezitativ (Satz 4) folgt die Sopran-Arie ›Gedenk an uns mit deiner Liebe‹, ein reizender, von Oboe und Streichern begleiteter Siciliano-Satz, dessen Melodik wie in allen Bachschen Sätzen dieses Typus eine bezwingende Wärme und Innerlichkeit ausstrahlt, die noch durch die Instrumentierung verstärkt wird: In den Gesangsteilen schweigt der Continuo, die Orgel schließt sich »tasto solo«, also ohne harmonische Füllgriffe, der Viola an, die zur Grundstimme wird. Nur die allerletzten Takte des Mittelteils – auch diese Arie hat Dacapoform – bilden hiervon eine Ausnahme.

Die beiden folgenden Sätze sind ungewöhnlich in ihrer Anlage: Das Seccorezitativ (Satz 6) mündet nach den Worten »und alles Volk soll sagen:« in ein chorisch unisono (bzw. in Oktaven) gesungenes »Amen«, und unvermittelt, ohne Ritornell, setzt daraufhin noch einmal der Hauptteil des Satzes 3 ein, diesmal aus A- nach D-Dur transponiert, vom Alt gesungen und von der obligaten Orgel statt Violine begleitet, wodurch das Werk thematisch (Satz 3 = 6) wie besetzungsmäßig (obligate Orgel in Satz 1 und 6) eine ungewöhnlich feste Verklammerung erhält.

Der Schlußchoral läßt noch einmal die volle Besetzung hören, da der schlichte Chorsatz, von Oboen und Streichern verstärkt, an einigen Zeilenenden durch den obligaten Trompetenchor eine strahlende Krönung erfährt.

Lobe den Herrn, meine Seele · BWV 69

NBA I/32 – AD: ca. 27 Min.

1. [Chor]: Lobe den Herrn, meine Seele	D	$\frac{3}{4}$
2. Recitativo [S]: Wie groß ist Gottes Güte doch	h–G	C
3. Aria [A]: Meine Seele, auf, erzähle	G	$\frac{9}{8}$
4. Recitativo [T]: Der Herr hat große Ding an uns getan	e–fis	C
5. Aria [B]: Mein Erlöser und Erhalter	h	$\frac{3}{4}$
6. Choral: Es danke, Gott, und lobe dich	h–D	C

Diese Kantate ist eine Umarbeitung der ursprünglich zum 12. Sonntag nach Trinitatis 1723 entstandenen Komposition gleichen Anfangs (415 ff.). Der freudige Inhalt der Evangelienlesung zu jenem Sonntag, die mit den Worten »Er hat alles wohl gemacht . . .« ausklingt (vgl. dazu Satz 5), ermöglichte die Wiederverwendung der Komposition als Ratswechselkantate mit verhältnismäßig geringfügigen Änderungen, die Bach in seinen allerletzten Lebensjahren vorgenommen hat: Die Rezitative wurden neu gedichtet und komponiert, an Stelle des bisherigen Schlußchorals wurde die 3. Strophe des Lutherliedes ›Es woll uns Gott genädig sein‹ (1524) eingefügt; dagegen blieben die Sätze 1 und 5 unverändert, und ähnliches gilt für Satz 3, der bereits bei einer früheren Wiederaufführung umgeformt worden war und nun offenbar nur noch in textlicher Hinsicht einige Korrekturen erfuhr.

Die Beziehung auf den Ratswechsel findet sich daher nur in den Rezitativen, deren erstes, ein continuobegleitetes Secco, Gott als den Schöpfer und Erhalter preist, dem Dank und Ruhm gebühren. Das zweite Rezitativ geht spezieller auf den gegebenen Anlaß ein; es beginnt gleichfalls als Secco, doch treten nach den Worten »Jedoch, nur eines zu gedenken:« Streicher hinzu, die den Dank für eine weise Obrigkeit auch musikalisch hervorheben. Endlich erfährt der Satz beim Übergang zu direkter Anrede Gottes eine nochmalige Steigerung zum (motivisch begleiteten) Arioso, er durchläuft demnach insgesamt drei Stufen: Secco (allgemeine Betrachtung) – Accompagnato (Gedanken zum Stadtregiment) – Arioso (Gebet um künftige Hilfe).

Der schlichte Chorsatz des Schlußchorals ist in seiner Stimmenzahl erweitert durch selbständige Führung des Trompetenchors, der die Zeilenenden markiert, bei den Segensbitten des Abgesangs aber auch die gesamte Zeile begleitet.

Eine Anzahl Ratswechselkantaten Bachs ist in ihrer Musik verloren und teils textlich, teils nur aus andern Dokumenten nachweisbar:

Ratswechselkantate Mühlhausen 1709 (ohne BWV-Nr.)

Obwohl die Kantate – wie die des Vorjahres, BWV 71 – offenbar sogar gedruckt worden ist, hat sie sich bisher nicht auffinden lassen. Möglicherweise ist uns ihre Musik in einem der erhaltenen Werke überliefert, vielleicht aber auch gänzlich verschollen. Vgl. auch oben zu BWV 71 (586).

Nachgewiesen durch Ernst Brinkmann, Neues über J. S. Bach in Mühlhausen, in: Mühlhäuser Geschichtsblätter, Jg. 31, Mühlhausen 1932, S. 294ff.

Wünschet Jerusalem Glück · BWV Anh. 4

Erhalten ist der Textdruck Picanders (56f.) im II. Band seiner Gedichte (Leipzig 1729). Für Spittas exakte Angabe, Bachs Kantate sei im Jahre 1727 entstanden, habe ich bisher keinen Beleg finden können. Eine Wiederaufführung ist für den 18. August 1741 belegt.

Gott, gib dein Gericht dem Könige · BWV Anh. 3

Wiederum ist der Textdruck in Picanders Gedichten erhalten, und zwar im III. Band (Leipzig 1732), diesmal mit dem Datum 1730 versehen.
Nachgewiesen durch Arnold Schering, Kleine Bachstudien, in: BJ 1933, S. 50ff.

Herrscher des Himmels, König der Ehren (ohne BWV-Nr.)

Außer dem Textdruck von 1740 (Nützliche Nachrichten Von Denen Bemühungen derer Gelehrten und andern Begebenheiten in Leipzig, Leipzig 1740) ist noch nachweisbar, daß der Schlußsatz (Satz 7) eine Parodie des Schlußchores (Satz 15) der Jagdkantate BWV 208 (650) war; im übrigen ist die Musik verschollen.
Nachgewiesen durch Werner Neumann, Eine verschollene Ratswechselkantate J. S. Bachs, in: BJ 1961, S. 52ff.

Nicht nachweisbar ist demgegenüber die von Spitta (II, 286f.) ausgesprochene und seither von der gesamten Forschung übernommene Vermutung, die Kantate 137 ›Lobe den Herren, den mächtigen König der Ehren‹ sei ihres passenden Inhalts wegen nicht nur zum 12. Sonntag nach Trinitatis, dem Tag ihrer eigentlichen Bestimmung, sondern auch zum Ratswechsel (am 25. August 1732) aufgeführt worden. Selbstversändlich ist eine derartige Aufführung ebensowohl denkbar wie die Verwendung anderer Kantaten ähnlich geeigneten Inhalts, z. B. BWV 97, 100, 117, 192; doch fehlt jeglicher Beleg, der uns berechtigte, aus den in Frage kommenden Werken ein bestimmtes herauszugreifen und vorzugsweise zur Ratswechselkantate zu deklarieren.

9. Trauung

Der Herr denket an uns · BWV 196

NBA I/33,3 – AD: ca. 14 Min.

1. Sinfonia	C	C
2. [Chor]: Der Herr denket an uns	C	C
3. [Aria. S]: Er segnet, die den Herrn fürchten	a	C
4. [Duetto. T, B]: Der Herr segne euch	C	3/2
5. Chorus: Ihr seid die Gesegneten des Herrn	F–C	C

Die Kantate ist ein frühes Werk Bachs. Dies bezeugen – da uns die Originalquellen nicht erhalten sind – sowohl der Text, in dem freie Dichtung fehlt und der lediglich aus den Versen 12–15 des 115. Psalms und einem abschließenden »Amen« besteht, als auch die musikalischen Formen: Rezitative fehlen völlig, und die vorhandenen Formen Arie, Duett und Chor sind von äußerster Knappheit. Auch in allen übrigen Stilmerkmalen ordnet sich die Kantate ohne weiteres zwischen die Mühlhausener Kantaten 131, 106, 71, die ihr vorausgegangen sein dürften, und die ersten Weimarer Kantaten 18, 182 usw., die ihr zweifellos nachfolgen, ein.

Philipp Spitta hat die These aufgestellt, die Kantate sei zum 5. Juni 1708 für die Hochzeit des Pfarrers Johann Lorenz Stauber mit Regina Wedemann, einer Tante der ersten Frau Bachs, komponiert worden. Wenige Monate zuvor nämlich hatte Pfarrer Stauber erst den Mühlhausener Organisten Bach selbst getraut. Nun läßt sich zwar gegen Spittas Argumentation, »das Haus Aaron« lasse auf einen Pfarrer schließen und »euch und eure Kinder« deute auf einen schon mit Kindern gesegneten Witwer, einiges einwenden: Wenn, wie hier, der Text fortlaufend einem einzigen Psalm entstammt, so werden sich selten sämtliche Einzelheiten mit der Situation der Aufführung genau zur Deckung bringen lassen (auch wäre die Formulierung »eure Kinder« nicht korrekt; außerdem war man in jener Zeit gewiß nicht so prüde, dabei nicht auch an mögliche künftige Kinder zu denken). Dessenungeachtet bleibt Spittas schwach fundierte These dennoch einleuchtend, weil sie als bisher einzige einen glaubwürdigen Anlaß zu glaubwürdiger Zeit zu nennen weiß. Man wird sie also, solange ihr nicht neue Argumente widersprechen, anerkennen dürfen.

Die knappe und leicht faßliche Komposition Bachs bedarf kaum einer Erläuterung; doch sei auf einige typische Stilmerkmale hingewiesen:

In jener frühen Zeit wendet Bach die Technik des Choreinbaus noch nicht an, sondern stellt dem Eingangschor eine selbständige, dem folgenden Chor thematisch verwandte Instrumentalsinfonie voran. Der Chor selbst (Satz 2) enthält als Kern eine Permutationsfuge (24); ihr gehen kurze, imitatorische Chorabschnitte vorher, deren verkürztes Dacapo den Satz beschließt.

Der »modernste« Satz der Kantate ist die Sopran-Arie (Satz 3) mit obligatem Violinpart (Violino I+II unisono) in reiner Dacapoform. Hier kommt es zum ersten Mal (innerhalb der erhaltenen Werke Bachs) zu einem Vokaleinbau (32f.), wenn die Violinen im Gesangsteil mit einem fast vollständigen Zitat des einleitenden Ritornells einsetzen. Die Ausmaße dieser Arie sind freilich noch sehr bescheiden.

Altertümlich wirkt hinwiederum die Kleingliedrigkeit des folgenden Duetts (Satz 4), in dem kurze Streicherritornelle mit ebenso kurzen Gesangsabschnitten wechseln.

Der Schlußchor (Satz 5) ist zweiteilig: Einer Reihe homophoner Chorblöcke mit Orchesterfiguration folgt eine formal sehr locker gefügte »Amen«-Fuge, die sich zum Schluß hin steigert, um dann – typisch für den frühen Bach – im Piano zu enden. Ein weiteres Charakteristikum des jungen Bach sind (hier und bisweilen auch schon in früheren Sätzen) die Komplementärfiguren, mit denen der Eindruck einer durchlaufenden Bewegung erzielt wird, z. B. 

Sein Segen fließt daher wie ein Strom · BWV Anh. 14

Zu dieser Kantate ist nur der Text erhalten. Aus dem Druck geht hervor, daß Bach das Werk am 12. Februar 1725 anläßlich der Verehelichung des »Proviant- und Floß-Verwalters« Christoph Friedrich Lösner mit Johanna Elisabetha Scherling in Leipzig aufgeführt hat. Wie schon der Textbeginn, so weist auch die folgende Dichtung vielfach auf den Beruf des Bräutigams hin – eine Gewohnheit, die in den Trauungskantatendichtungen der Zeit weit verbreitet war und zuweilen recht seltsame Früchte trug. – Die Musik ist verschollen.

O ewiges Feuer, o Ursprung der Liebe · BWV 34a

NBA I/33, 29 – Unvollständig erhalten

1. [Chor]: O ewiges Feuer, o Ursprung der Liebe	D	$\frac{3}{4}$
2. Recitativo [B]: Wie daß der Liebe hohe Kraft	G–h	C
3. Aria [T] e Recitativo [A]: Siehe, also wird gesegnet der Mann	h–D	C
4. Chorus: Friede über Israel	D	C, ¢
Post copulationem		
5. Aria [A]: Wohl euch, ihr auserwählten Schafe	A	C
6. Recitativo [S]: Das ist vor dich, o ehrenwürdger Mann	fis–D	C
7. Chorus: Gib, höchster Gott, auch hier dem Worte Kraft	D	C

Von der Kantate, die dem Überlieferungsbefund nach in der 1. Jahreshälfte 1726 aufgeführt worden sein muß, sind nur einige Stimmen erhalten. Der Text läßt vermuten, daß der Bräutigam ein Theologe war. Später hat Bach die Sätze 1, 4 und 5 in seiner Pfingstkantate BWV 34 gleichen Anfangs als Sätze 1, 5 und 3 wiederverwendet (303–305).

Herr Gott, Beherrscher aller Dinge · BWV 120a

NBA I/33, 77 – Unvollständig erhalten

1. [Chor]: Herr Gott, Beherrscher aller Dinge	D	C
2. Recitativo [T, B + Chor]: Wie wunderbar, o Gott, sind deine Werke	h–h	C, $\frac{3}{4}$, C
3. Aria [S]: Leit, o Gott, durch deine Liebe	G	$\frac{6}{8}$

Secunda parte post copulationem

4. Sinfonia	D	3/4
5. Recitativo [T + Chor]: Herr Zebaoth, Herr, unsrer Väter Gott	h–cis	C
6. Aria [A, T]: Herr, fange an und sprich den Segen	A	6/8
7. Recitativo [B]: Der Herr, Herr unser Gott sei mit euch	fis–A	C
8. Choral: Lobe den Herren, der deinen Stand sichtbar gesegnet	D	3/4

Offenbar ist die Kantate in den meisten Sätzen Parodie. Sie dürfte mit größter Wahrscheinlichkeit zu einer nicht näher zu ermittelnden Trauung im Jahre 1729 entstanden sein. Original sind lediglich die Rezitativsätze 2, 5 und 7. Satz 1, 3 und 6 stehen in Parodiebeziehung zu den Sätzen 2, 4 und 1 der Ratswechselkantate 120 (593ff.), die, soweit heute erkennbar, wohl als unmittelbare Vorlage gedient hat. Satz 4 ist eine Umarbeitung des ›Preludio‹ aus der Violino-solo-Partita E-Dur BWV 1006; der Solopart wurde der obligaten Orgel zugewiesen und die Begleitung durch ein (wohl mit Oboen verstärktes) Streichorchester hinzukomponiert. In dieser Fassung hat der Satz seinerseits das Vorbild für die Einleitungssinfonie der Kantate 29 (595) abgegeben, in der die Instrumentierung durch Trompeten und Pauken bereichert erscheint. Endlich ist auch der Schlußchoral (Satz 8) nicht neu komponiert, sondern aus Kantate 137 (417) übernommen.

Zu dieser Kantate sind die Stimmen nur fragmentarisch erhalten, dazu ein Partiturbruchstück, das gegen Ende des Satzes 4 einsetzt und bis zum Schluß der Kantate reicht. Da sich aber die Sätze 1, 3 und 4, wie gezeigt wurde, aus andern Kantaten vervollständigen lassen und Satz 2 in seinen wesentlichen Teilen erhalten sein dürfte, stehen einem Rekonstruktionsversuch[1] keine unüberwindlichen Hindernisse entgegen.

Der Inhalt des Textes ist verhältnismäßig allgemein und läßt keine näheren Erkenntnisse über die Persönlichkeit der Brautleute zu. Der Eingangschor entstammt, wie erwähnt, der Kantate 120 (Satz 2), deren textbezogene Motivik (»steiget bis zum Himmel nauf«) auch im Parodiesatz noch erkennbar bleibt.

1 Frederick Hudson hat 1955 im Verlag J. Curven & Sons, London, eine Rekonstruktion vorgelegt.

Den Kern des folgenden Seccorezitativs bildet ein knapper Chorsatz, in dem wir entgegen Frederick Hudson (Kritischer Bericht NBA I/33, S. 61) *keine* Choralvariation über das Lied ›Nun danket alle Gott‹ sehen können, sondern eine Motette über Jesus Sirach 50, 24. Wenn auch der Beginn gewisse Anklänge an die Liedmelodie erkennen läßt, so liegt doch weder textlich der Wortlaut des Liedes (sondern der genannten Bibelstelle) noch musikalisch-formal eine Variation vor. Satz 3 ist wiederum aus Kantate 120 (Satz 4) bekannt und Satz 4 bei der Erörterung der Kantate 29 (596) betrachtet worden. Satz 5, ein neukomponiertes Seccorezitativ, mündet in die Worte »Erhör uns, lieber Herre Gott« aus der Litanei, die Bach in schlicht-vierstimmigem Satz auf die liturgische Weise vertont hat. Satz 6 ist aus Kantate 120 (Satz 1) entlehnt, jedoch durch Hinzunahme einer Tenorstimme zum Duett erweitert worden; auch ein 28 Takte langer Mittelteil in fis-Moll findet sich in Kantate 120 noch nicht. Im folgenden Seccorezitativ wird der Segen für das Brautpaar erbeten, wobei auf drei hierfür charakteristische Bibelstellen angespielt wird, die jedoch nicht wörtlich zitiert werden: 1. Könige 8, 57f., ferner 1. Mose 48, 20 und 1. Chronik 28, 20. Den Beschluß bilden die 4. und 5. Strophe des Liedes ›Lobe den Herren, den mächtigen König der Ehren‹ von Joachim Neander (1680) im Satz der Kantate 137; doch tritt der Trompetenchor erst zur zweiten Strophe hinzu.

Gott ist unsre Zuversicht · BWV 197

NBA I/33, 119 – AD: ca. 20 Min.

1. [CHOR]: Gott ist unsre Zuversicht	D	₵
2. RECITATIVO [B]: Gott ist und bleibt der beste Sorger	A–A	C
3. ARIA [A]: Schläfert allen Sorgenkummer	A	3/4, C, 3/4
4. RECITATIVO [B]: Drum folget Gott und seinem Triebe	fis–A	C
5. CHORAL: Du süße Lieb, schenk uns deine Gunst	A	C
Post copulationem		
6. ARIA [B]: O du angenehmes Paar	G	C
7. RECITATIVO [S]: So wie es Gott mit dir	C–C	C

8. ARIA [S]: Vergnügen und Lust G $\frac{6}{8}$
9. RECITATIVO [B]: Und dieser frohe Lebenslauf D–fis C
10. CHORAL: So wandelt froh auf Gottes Wegen h C

Bach hat die Kantate in seiner späten Leipziger Zeit – nach 1735 – für eine nicht näher bekannte Trauung komponiert und dabei einige früher geschaffene Musikstücke wiederverwendet bzw. wiederverwenden wollen. Im Gegensatz zu Kantate 120, deren Versbau keine Rücksichtnahme auf die von Bach zur Parodierung ausersehenen Sätze erkennen läßt, hat der unbekannte Dichter hier die Arien so angelegt, daß Satz 3 mit der Arie ›Wieget euch, ihr satten Schafe‹ (Satz 7) der Schäferkantate BWV 249a (650ff.) bzw. deren Parodien BWV 249b und 249 (691, 237ff.) korrespondiert, ferner Satz 6 und 8 mit den Sätzen 4 und 6 der Kantate 197a (114f.). Verwirklicht hat Bach die Parodierung freilich nur in den letztgenannten beiden Fällen, sei es, daß er schließlich doch noch mehr Zeit zur Komposition fand, als er hatte fürchten müssen, sei es, daß er aus anderen Gründen eine Neukomposition des 3. Satzes für geboten hielt.

Inhaltlich zeigt der Text ähnlich wie in BWV 120a keine erkennbaren speziellen Beziehungen auf das Brautpaar, sondern ermahnt, anknüpfend an die Anfangszeile aus Psalm 46, 2, zu Gottvertrauen (Teil I), dessen Lohn Gottes beständige Güte und sein Segen sein werden (Teil II). Auffallend oft – sollte hierin vielleicht doch eine Anspielung auf den Beruf des Bräutigams zu sehen sein? – ist von dem Wege die Rede, auf dem Gott das Brautpaar führen werde (Satz 1: »Wie er unsre Wege führt«; Satz 2: »Er führet unser Tun«; Satz 3: »Leitstern«; Satz 4: »Das ist die rechte Bahn«; Satz 6: ». . . dich leiten immerdar«; Satz 9: »Lebenslauf«; Satz 10: ». . . auf Gottes Wegen«). Die Bemerkung in Satz 2, Gott habe das Glück seiner Kinder »in seine Hand geschrieben« weist auf Jesaja 49, 16, und die Verse des Satzes 6 »Gott wird dich aus Zion segnen und dich leiten immerdar« lehnen sich an Psalm 128, 5 an, einen der Psalmen, die während der Brautmesse verlesen wurden. Endlich läßt sich das Wort »er wird dir nie . . . kein Gutes fehlen lassen« in Satz 7 als Hinweis auf Psalm 84, 12 verstehen. Satz 5 ist die 3. Strophe des Liedes ›Nun bitten wir den heiligen Geist‹ von Martin Luther (1524); der Schlußchoral (Satz 10) ist in

Bachs Originalpartitur, der einzigen authentischen Quelle, die uns erhalten ist, untextiert; doch kann ohne Zweifel nur die letzte (7.) Strophe des Liedes ›Wer nur den lieben Gott läßt walten‹ von Georg Neumarck (1641) gemeint sein. Ob freilich die Umdichtung, die uns in Sekundärquellen aus Zelters Umkreis überliefert ist und die auch in die gängigen Neuausgaben aufgenommen wurde – »So wandelt froh ...« – auf Bach zurückgeht, scheint uns sehr zweifelhaft; wahrscheinlich haben wir in ihr ein Produkt Zelters zu sehen und sollten daher in Aufführungen lieber den Originaltext einsetzen, wie Bach ihn z. B. in Kantate 93 (Satz 7) verwendet.

Der Eingangschor in Dacapoform besteht in seinem Hauptteil – eingeleitet durch eine Instrumentalsinfonie – aus einer Chorfugenexposition und deren akkordlicher und freipolyphoner Fortführung bei weitgehender Dominanz des Orchesters mit Choreinbau (32f.); der Mittelteil mit schlichtem Chorsatz greift in seinem selbständigen Instrumentalpart gleichfalls Motive der Einleitungssinfonie und im instrumentalen Zwischenspiel Fugenthematik auf. Die Instrumentation ist mit Trompetenchor, 2 Oboen, Streichern und Continuo ausgesprochen festlich.

Die vier Rezitative der Kantate sind abwechselnd als Secco mit ariosem Ausklang und als ausinstrumentierter Satz komponiert. Ist der ariose Schluß jedoch in Satz 2 nur kurz angedeutet, so nimmt er in Satz 7 die Hälfte des ganzen Satzes ein, und innerhalb der ausinstrumentierten Rezitative liegt eine Steigerung der Intensität darin, daß Satz 4 mit kurzen Akkordschlägen der Streicher und des Continuo beginnt und mit lang gehaltenen Begleitakkorden ausklingt, während das Instrumentarium des Satzes 9 durch Hinzunahme zweier Oboen bereichert wird, in deren gehaltene, vom Continuo gestützte Harmonie kurze Akkordschläge der Streicher hineinklingen.

Auch die drei Arien sind auffallend vollstimmig instrumentiert. Satz 3, seiner Faktur nach eine Alt-Arie mit obligater Oboe, erhielt noch einen begleitenden, gleichsam den Generalbaß ausinstrumentierenden Streichersatz, dessen Violine 1 teils die Oboe, teils den Alt unterstützt. Sinnfällig hebt Bach in diesem Satz den im Text vorgegebenen Kontrast Schlummer – Wachen durch Taktwechsel sowie lebhaftere Bewegung und freiere Behandlung des Streichersatzes im Mittelteil hervor. In ihrer Instrumentation verstärkt wurden auch die beiden aus Kantate 197a entlehnten Arien. Satz 6, im Urbild vermutlich mit 2 Querflöten und obligatem Violoncello oder Fagott instrumentiert, erhielt noch einen zusätzlichen Oboenpart, die Flöten wurden durch Violinen ersetzt; Satz 8, ursprünglich eine Baß-Arie mit obligater Oboe d'amore, wurde für Sopran und obligate Violine umgeschrieben und um zwei harmoniefüllende Oboi d'amore bereichert. Während die letztgenannte Arie in ihrem freudigen Affekt so allgemein gehalten war, daß die Umtextierung keine Probleme mit sich brachte, ist in Satz 6 der Charakter des Wiegenliedes an der Krippe auch durch die Parodiefassung noch deutlich spürbar.

Die Schlußchoräle der beiden Kantatenteile (Satz 5 und 9) sind schlicht-vierstimmig gehalten.

Dem Gerechten muß das Licht · BWV 195

NBA I/33,173 – AD: ca. 16 Min.

1. [Chor]: Dem Gerechten muß das Licht immer wieder aufgehen	D	C, $\frac{6}{8}$
2. Recitativo [B]: Dem Freudenlicht gerechter Frommen	h–G	C
3. Aria [B]: Rühmet Gottes Güt und Treu	G	$\frac{2}{4}$
4. Recitativo [S]: Wohlan, so knüpfet denn ein Band	e–D	C
5. Chorus: Wir kommen, deine Heiligkeit	D	$\frac{3}{4}$

Post copulationem

6. Choral: Nun danket all und bringet Ehr	G	C

Die Kantate entstammt in der Fassung, in der sie auf uns gekommen ist, den allerletzten Lebensjahren Bachs. Der Quellenbefund, besonders ein der Originalpartitur beiliegendes Textblatt, bezeugen jedoch noch mindestens *eine* frühere Fassung, die nicht nur in ihrem I. Teil erheblich von der erhaltenen abgewichen haben muß, sondern überdies an Stelle des Satzes 6 einen vollständig ausgeführten II. Teil enthielt. Dieser steht in Arien und Chor zu der 1737 entstandenen Kantate 30a ›Angenehmes Wiederau‹ in Parodiebeziehung; seine mutmaßliche Gestalt läßt sich wie folgt rekonstruieren:

Pars II (post copulationem)

6. Aria [A]: Auf und rühmt des Höchsten Güte	A	₵ (?)
7. Recitativo [?]: Hochedles Paar, du bist nunmehr verbunden	?	?
8. Chor: Höchster, schenke diesem Paar	D	$\frac{2}{4}$

Freilich läßt sich nicht ausschließen, daß auch dieser Fassung noch eine weitere vorausgegangen ist (das Papier des Umschlags wurde von Bach meist um 1727/1731 verwendet); die Kantate wäre dann ein beredtes Zeugnis für die Praxis, mit der Bach den Erfordernissen seines Amtes, stets Kompositionen für spezielle Ereignisse verfügbar zu haben, Genüge leistete.

Wenn man die Neigung barocker Dichter kennt, in ihre Hochzeits-»Carmina« Anspielungen auf persönliche Attribute des Brautpaares aufzunehmen – eine Angewohnheit, die wir schon am Text ›Sein Segen fließt daher wie ein Strom‹ (602f.) hatten beobachten können –, so bedarf es keines besonderen Scharfsinns, um herauszufinden, daß diese Kantate für die Trauung eines Juristen bestimmt war. Nicht nur der Eingangschor, Psalm 97, 11–12, auch die Wendung des nachfolgenden Rezitativs, daß man an diesem Paare »so Gerechtigkeit als Tugend ehrt«, ist eine unverkennbare Anspielung in dieser Richtung. Der übrige Text gibt sich allgemeiner; er rühmt Gott für den vollzogenen Ehebund und fleht um künftigen Segen. Ob die Anrede »Hochedles Paar« aus der früheren Fassung, die in der letzten ausdrücklich beseitigt worden ist, auf eine Adelshochzeit schließen läßt, bleibe dahingestellt. Nach unserer (leider sehr unvollständigen) Kenntnis der Anlässe, zu denen Bach eine Trauungskantate aufzuführen hatte, wäre es nämlich auch denkbar, daß die frühere Fassung der am 11. September 1741 vollzogenen Trauung des Rechtskonsulenten und Bürgermeisters von Naumburg Gottlob Heinrich Pipping mit Johanna Eleonora Schütz, Tochter des verstorbenen Pastors an der Thomaskirche, ihre Entstehung verdankt. Mit der Anspielung auf »Gerechtigkeit« und »Tugend« wären dann Beruf des Bräutigams und Herkunft der Braut – übrigens einer Urgroßnichte Heinrich Schütz' – gekennzeichnet.

Die Instrumentierung der Kantate ist mit 3 Trompeten, Pauken, 2 Querflöten, 2 Oboen, Streichern und Continuo für eine Trauungskantate bemerkenswert reichhaltig, und auch die Aufteilung des vierstimmigen Chores in Solo- und Ripienchor läßt auf eine stattliche Anzahl Sänger schließen. Der prächtige Eingangschor ist zweiteilig: Kern jedes der beiden Teile ist eine Chorfuge über einen der beiden Psalmverse (»Dem Gerechten muß das Licht ...«, »Ihr Gerechten, freuet euch ...«); doch sind beide Fugen stark mit nichtfugischen, konzertanten Elementen durchsetzt – die erste mit Themenzitaten aus der Instrumentaleinleitung und mit Choreinbau (32f.), die zweite mit Sequenz- und Kanonabschnitten –, so daß der Eindruck strenger Linearität nur selten aufkommt.

Das folgende Rezitativ (Satz 2) steht dem Arioso nahe: Gleich zu Beginn erklingt im Continuo, wohl inspiriert durch das Wort »Freudenlicht«, eine Triolenfigur, die einen großen Teil des Satzes beherrscht und so einen im Tempo gebundenen Rezitativgesang erfordert.

Satz 3, die einzige Arie der Spätfassung, zeigt eine Neigung zu volkstümlich-tänzerischer, sinnfälliger Melodik. Auffällig und bei Bach nicht allzu häufig ist das Vorherrschen des »lombardischen« Rhythmus . Sollte sich darin ein modernistischer Zug des späten Bach ausdrücken?

Das zweite Rezitativ ›Wohlan, so knüpfet denn ein Band‹ ist als Accompagnato gestaltet: Die raschen Tonleiterfiguren der beiden Flöten untermalen den auffordernden Text zu den harmoniefüllenden Haltetönen zweier Oboi d'amore. Ein überwiegend akkordlich-homophoner Chor in Dacapoform beschließt den vor der Trauung zu musizierenden Teil. Auch dieser Satz hat tänzerische Züge und läßt sich als stilisierte Polonaise deuten.

In der erhaltenen Spätfassung folgt nun nur noch ein schlichter Chorsatz, der schon dadurch seine sekundäre Entstehung verrät, daß an die Stelle der 3 Trompeten nun 2 Hörner treten, Horn I melodieverstärkend, Horn II selbständig geführt. Die beiden Anfangsstrophen des Paul-Gerhardt-Liedes ›Nun danket all und bringet Ehr‹ (1647) werden auf die Melodie ›Lobt Gott, ihr Christen alle gleich‹ gesungen.

10. Trauerfeier

Gottes Zeit ist die allerbeste Zeit (Actus tragicus) · BWV 106

NBA I/34 – AD: ca. 23 Min.

1. Sonatina	Es/F[1]	C
2. a [Chor]: Gottes Zeit ist die allerbeste Zeit	Es–c/F–d	C, $\frac{3}{4}$, C
b [Tenore solo]: Ach Herr, lehre uns bedenken	c/d	C
c [Basso solo]: Bestelle dein Haus	c–f/d–g	$\frac{3}{8}$
d [Chor]: Es ist der alte Bund – Ja, komm, Herr Jesu	f/g	C
3. a [Alto solo]: In deine Hände befehl ich meinen Geist	b/c	C
b [Basso solo + Choral. A]: Heute wirst du mit mir im Paradies sein – Mit Fried und Freud ich fahr dahin	As–c/B–d	C
4. [Choral]: Glorie, Lob, Ehr und Herrlichkeit	Es/F	C

Die unter der Bezeichnung ›Actus tragicus‹ bekannte Kantate dürfte kurze Zeit nach BWV 131 (625) entstanden sein, also während Bachs Mühlhausener Zeit, wahrscheinlich noch im Jahre 1707. Welche Trauerfeier den Anlaß zu ihrer Komposition gegeben hat, wissen wir nicht; vielleicht galt sie dem Andenken des Erfurter Onkels Tobias Lämmerhirt, der am 10. August 1707 verstorben war und dem jungen Mühlhausener Organisten 50 Gulden vermacht hatte.[2] Trotz der Nähe zu Kantate 131, die in Form und Stilmerkmalen allenthalben spürbar wird, ist der ›Actus tragicus‹ ein Geniewerk, wie es auch großen Mei-

1 Die zuerst angegebenen Tonarten beziehen sich auf Chorton, die folgenden auf Kammerton.

2 Der von Hermann Schmalfuß im BJ 1970, S. 41 vorgeschlagene Aufführungstermin des 3. Juni 1708 zur Beerdigung der Dorothea Susanna Tilesius geb. Eilmar liegt meiner Ansicht nach für den stilistischen Befund der Kantate zu spät.

stern nur selten gelingt und mit dem der Zweiundzwanzigjährige alle seine Zeitgenossen mit einem Schlage weit hinter sich läßt. Ja, man möchte sagen, daß Bachs Kunst in den folgenden Lebensjahren zwar noch sehr viel reifer, aber kaum mehr tiefer geworden ist: Der ›Actus tragicus‹ ist ein Stück Weltliteratur.

Seiner Form nach gehört das Werk dem Typus der älteren Kirchenkantate an (23 ff.). Den Text bilden vorzugsweise Bibelwort und Kirchenlied; nur in Satz 2a sind einige freie Worte als Bindeglieder eingefügt. Im Gegensatz zu Bachs Erstlingswerk BWV 131 stammt der Text zu den einzelnen Sätzen aus sehr verschiedenen Bibelstellen und Liedern:

Satz 2
a: Apostelgeschichte 17, 28
b: Psalm 90, 12
c: Jesaja 38, 1
d: Jesus Sirach 14, 18, Offenbarung 22, 20
Dazu instrumentales Zitat des Liedes ›Ich hab mein Sach Gott heimgestellt‹ von Johann Leon (1582/1589)

Satz 3
a: Psalm 31, 6
b: Lukas 23, 43 und Strophe 1 des Liedes von Martin Luther (1524)

Satz 4
a: Strophe 7 des Liedes ›In dich hab ich gehoffet, Herr‹ von Adam Reusner (1533)

Der Inhalt läßt deutlich zwei Teile erkennen: Das Sterben unter dem *Gesetz* und unter dem *Evangelium*. Der erste Teil weist, von allgemeinen Gedanken über Gott und die Zeitlichkeit ausgehend und dabei das Thema Sterben gleichsam mitberührend, mit wachsender Eindringlichkeit auf die Unausweichlichkeit des Todes hin bis zu dem lapidaren Satz »Es ist der alte Bund: Mensch, du mußt sterben«. Hier jedoch setzt die Krisis ein: Unter dem Evangelium hat der Tod seinen Stachel verloren; er bringt die erwünschte Vereinigung mit Jesus, der der Mensch getrost entgegensehen kann. Mit einem Lob der göttlichen Dreieinigkeit endet das Werk.

Das Instrumentarium der Kantate ist in Bachs Werk ein malig, – eine »stille Music«, speziell für Trauerfeiern geeignet: 2 Blockflöten, 2 Gamben und Continuo. Man darf daraus folgern, daß auch der Vokalchor nur von ganz wenigen Sängern gebildet wurde.

In seinem musikalischen Aufbau ist das Werk der Motette verwandt: kurze, in Besetzung und Thematik wechselnde Einzelglieder reihen sich aneinander im Dienste einer möglichst intensiven, musikalisch sinnfälligen Ausdeutung des gesungenen Wortes. Zugleich – und darin liegt das Zukunftweisende in der Konzeption dieses Werkes – fügen sich die Einzelteile zu einer symmetrischen Großform zusammen:

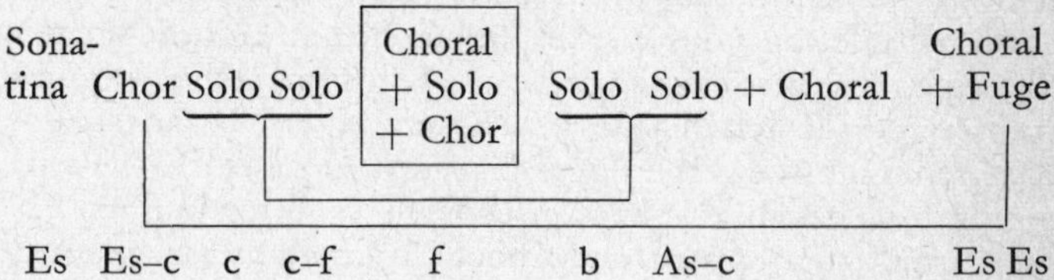

Der Satz, der den inhaltlichen Umschwung bringt, indem er Gesetz und Evangelium unmittelbar miteinander konfrontiert, wird zugleich zum musikalischen Höhepunkt und zum Zentrum des Werkes. Um diesen Mittelpunkt gruppieren sich je zwei Soli und um diese als Rahmen wiederum je ein Chor, der erste eingeleitet durch einen Instrumentalsatz (die Sonatina), der letzte ausklingend in einer Fuge über die letzte Choralzeile. Der *Choral* ist innerhalb der Kantate nur dem zweiten Teil, dem Teil des *Evangeliums*, zugeordnet.

Auch die Tonartenfolge ist axialsymmetrisch angeordnet; doch wird hier das Zentrum b-Moll erst einen Satz später mit dem Alt-Solo ›In deine Hände‹ erreicht.

Die Sonatina gibt eine präludienhafte Einstimmung: Die beiden Blockflöten, meist unisono, jedoch mit kleinen echodynamischen und heterophonen Abschattierungen, konzertieren über einer Klangfläche der Gamben und des Continuo. Der ganze Satz ist nur motivisch geprägt, zu einer thematischen Verfestigung der Form kommt es nicht.

Der Chor ›Gottes Zeit‹ ist eine dreiteilige Motette:

1. homophoner Chorsatz, z. T. instrumental verstärkt
2. Fugato (›allegro‹) mit teils mitgehenden, teils selbständig geführten Instrumenten
3. homophoner Chorsatz (›adagio assai‹), Instrumente meist colla parte.

Die Folge der Abschnitte wird von den Hauptgedanken des Textes (Gottes Zeit – Leben – Sterben) bestimmt. In sinnfälliger

Weise werden dabei einzelne Textworte musikalisch ausgedeutet, z. B. »solange [er will]« durch einen Halteton.

Als freie Chaconne folgt das Tenor-Solo, während das anschließende Baß-Solo, nur von den beiden Flöten unisono und vom Continuo begleitet, mit seiner lebhaften, konzertanten Figuration und einer ausgedehnten Koloratur der Singstimme (»lebendig«) der modernen Arie am nächsten kommt; doch fehlt das thematisch konstitutive Ritornell.

Im zentralen Satz des Werkes türmen sich mehrere Schichten übereinander. Hier empfängt die alte Kunst mehrchöriger und mehrtextiger Motetten neues Leben – eine Kunst, die längst zum biederen Kunstgewerbe abgesunken war, zu einem Patentrezept, nach dem brave thüringische Dorfkantoren in ihren Begräbnismotetten Spruch und Choral zu kombinieren pflegten (21). Hier aber, im ›Actus tragicus‹, will es scheinen, als offenbare diese Kompositionsform erst ihren Sinn und ihre Berechtigung, weil sie mit Notwendigkeit aus dem Gedankengang des Textes erwächst. Zunächst beginnen die drei tiefen Singstimmen eine Chorfuge »Es ist der alte Bund: Mensch, du mußt sterben«. Nach zwei Themendurchführungen bricht die Entwicklung ab, und der Sopran, nur vom Continuo begleitet, antwortet: »Ja, komm, Herr Jesu!«. Fünf Takte danach treten die Instrumente hinzu mit einem dreistimmigen Satz der Choralweise ›Ich hab mein Sach Gott heimgestellt‹, von der zunächst die ersten beiden Zeilen vorgetragen werden. Danach wiederholt sich die Folge Chorfuge – Sopran – Choral noch dreimal, so daß der gesamte Satz aus einer viermaligen Abfolge seiner drei Elemente besteht. Freilich vollzieht sich in diesem Verlaufe eine Reihe wichtiger Änderungen.

Die einzelnen Phasen werden immer kürzer (25, 12, 6, 12 Takte, die letzte Phase einschließlich der Coda), so daß der Eindruck einer allmählichen Verdichtung und Intensivierung entsteht; auch setzt in der 2. Phase der Sopran schon während der Chorfuge ein, und in der 4. Phase wird die Einsatzfolge zwischen Sopran und Choral umgekehrt, so daß der Choral hier in Kombination mit der Chorfuge erklingt und der Sopran allein den Satz beendet.

Auch die Themen des Satzes erfahren eine allmähliche, aber charakteristische Wandlung. Unverändert bleibt zwar das Fugenthema, das einen zu Bachs Zeit verbreiteten Typus ausprägt, auf den auch die Themen des ›Musikalischen Opfers‹ und annähernd auch der ›Kunst der Fuge‹ zurückgehen (Quintraum, erweitert durch oberen und unteren Halbton):

Aber die Bedeutung dieses Themas nimmt ab: Während die 1. Phase 6, die 2. Phase 3 Einsätze zählt, tritt es in der 3. Phase gar nicht und in der 4. Phase noch 2 mal auf. In demselben Maße gewinnt der Gegensatz an Einfluß, der sich jedoch allmählich wandelt. In den ersten beiden Phasen lautet er:

In der 3. Phase nimmt er folgende Gestalt an:

Und in der 4. Phase wird er zu

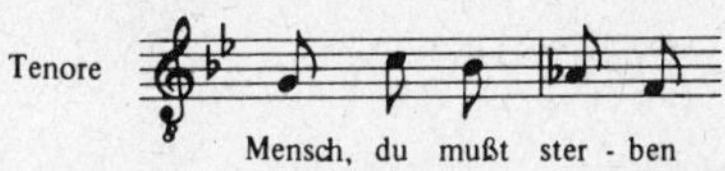

In der Coda endlich finden wir die Gestalt

Der Gegensatz gleicht sich also in seiner Gestalt zunehmend der Eröffnungsmelodie des Soprans an:

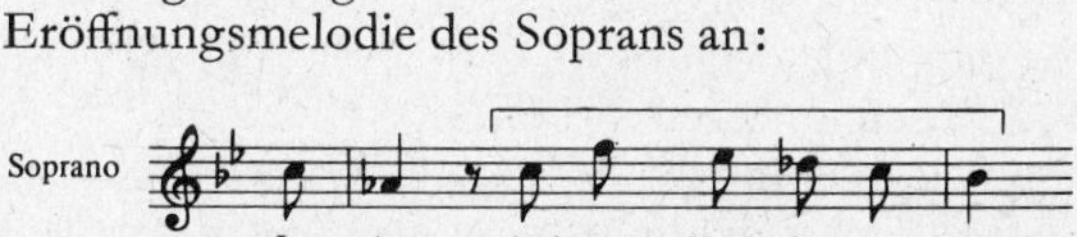

Von dieser Melodie (┌──┐) dürfen wir annehmen, daß sie als Zitat der 1. Zeile des seinerzeit weitverbreiteten Liedes ›Herzlich tut mich verlangen nach einem selgen End‹ aufgefaßt wurde, dessen Eingangsstrophe mit den Worten schließt: »O Jesu, komm nur bald«.

Noch auf eine weitere Erscheinung ist hinzuweisen: Die 18 Strophen des instrumental zitierten Liedes ›Ich hab mein Sach Gott heimgestellt‹ entsprechen in auffallender Weise dem Gedankengang unseres Kantatentextes, wie eine Zusammenstellung der wichtigsten Beispiele dartun möge:

Choralstrophe:	*Kantatentext:*
2. Mein Zeit und Stund ist, wann Gott will	In ihm sterben wir zur rechten Zeit, wenn er will
8. Ach Herr, lehr uns bedenken wohl, Daß wir sind sterblich allzumal	Ach Herr, lehre uns bedenken, daß wir sterben müssen
10. Wenn mein Gott will, so will ich mit Hinfahrn in Fried	Mit Fried und Freud ich fahr dahin In Gottes Willen
16. Mein' lieben Gott von Angesicht Werd ich anschaun, dran zweifl ich nicht,	Heute wirst du mit mir im Paradies sein
In ewger Freud und Seligkeit, Die mir bereit'; Ihm sei Lob, Preis in Ewigkeit.	Glorie, Lob, Ehr und Herrlichkeit Sei dir, Gott Vater und Sohn bereit'.

Das Alt-Solo ›In deine Hände‹, dessen deklamatorische Melodik dem Geistlichen Konzert des 17. Jahrhunderts verpflichtet ist, wird nur vom Continuo begleitet; mit seinem quasi ostinaten Baß ist es der Chaconne verwandt. Ihm schließt sich das Baß-Solo ›Heute wirst du mit mir im Paradies sein‹ unmittelbar an, gleichfalls als Continuosatz beginnend; doch gibt der Continuo seine Ostinatofiguration auf und tritt in imitatorische Abhängigkeit zur Singstimme, deren Stimmlage (Baß) als »vox Christi« zu verstehen ist, während die Imitationen zwischen Baß und Continuo die Nachfolge (»du mit mir«) symbolisieren. Noch ehe der Satz abgeschlossen ist, tritt der Alt wieder hinzu, der, von den Gamben begleitet, den Choral ›Mit Fried und Freud ich fahr dahin‹ als Antwort des Menschen an die Zusage Jesu singt. Sorgsam hat Bach dabei charakteristische Textwendungen wie »sanft und stille« oder »der Tod ist mein Schlaf worden« durch Piano-Partien auskomponiert.

Der Schlußchoral beginnt mit dem Vortrag der einzelnen Liedzeilen in schlichtem Chorsatz, eingeleitet durch ein kurzes Instrumentalvorspiel und unterbrochen durch Zeilenzwischenspiele, die meist echoartig die jeweiligen Zeilenschlüsse ausgeziert wiederholen (Blockflöten). Die Schlußzeile jedoch ist zur Fuge geweitet (›allegro‹), und nach einer jubelnden Schlußsteigerung mit Themenvergrößerung im Sopran klingt die Kantate – wie BWV 71 (590) – mit einem Echo-Effekt der Flöten aus.

Versuchen wir noch einmal, uns des Besonderen des Werkes bewußt zu werden, so fällt die hervorragende Bedeutung des Mittelsatzes auf, vergleichbar etwa dem barocken Schloß- oder Kirchenbau (Dresden, Frauenkirche), die den späteren Werken Bachs meist fehlt und selbst da, wo sie vorhanden ist – etwa in den frühen Kantaten 131 und 4, später im ›Magnificat‹, in der Motette ›Jesu, meine Freude‹ – nirgends auch nur im Entferntesten eine solche Konzentration der aufgewendeten Mittel vorzuweisen hat wie im ›Actus tragicus‹. Hier wird der im Text vorgegebene Gegensatz Gesetz – Evangelium zum Simultankontrast gesteigert und mit folgenden musikalischen Mitteln hervorgehoben:

	»*Gesetz*«	»*Evangelium*«
Satz:	mehrstimmig (chorisch)	monodisch (solistisch?)
Stil:	gebunden (Fuge)	frei (Arioso)
Stimmlage:	tief (Symbol der relativen Gottferne)	hoch (Symbol der relativen Gottnähe)
Dynamik:	unbezeichnet (= forte)	differenziert (Echowirkungen, Ausklang pianissimo)
Rhythmik:	gleichförmig, ruhig	differenziert, bewegt

Hinzu tritt der Choral als Symbol der von Christus gegründeten Kirche. Er steht auf der Seite des Evangeliums (siehe oben), setzt aber dem Verhältnis des Einzelchristen zu Gott den überindividuellen Begriff der christlichen Gemeinde entgegen, was musikalisch durch die Kontrastpaare: Monodie – mehrstimmiger Satz, vokal – instrumental, differenzierte – gleichförmige Bewegung deutlich gemacht wird.

Der ›Actus tragicus‹ ist einzig in seiner Art. Wenige Jahre nach seiner Komposition hat Bach die Satztypen seiner Kantaten grundlegend geändert; die Werke jedoch, die mit den kompositorischen Mitteln der Frühzeit geschaffen sind, bleiben hinter dieser Kantate an Tiefe der Empfindung wie an geistiger Durchdringung weit zurück.

Ich lasse dich nicht, du segnest mich denn · BWV 157

NBA I/34 – AD: ca. 21 Min.

1. [Duetto. T, B]: Ich lasse dich nicht, du segnest mich denn	h	C
2. Aria [T]: Ich halte meinen Jesum feste	fis	3/8
3. Recitativo [T]: Mein lieber Jesu du	A–D	C
4. Aria [+ Recitativo. B]: Ja, ja, ich halte Jesum feste	D	C
5. Corale: Meinen Jesum laß ich nicht	D	C

Am 31. Oktober 1726 war der Kammerherr, Hof- und Appellationsrat Johann Christoph von Ponickau im 75. Lebensjahr gestorben und wenige Tage danach im Erbbegräbnis der Kirche von Pomßen bestattet worden. Er war eine hochangesehene Persönlichkeit gewesen und hatte sich um Sachsen vielerlei Verdienste erworben. Ob er unmittelbare Beziehungen zu Bach gehabt hat, wissen wir nicht; jedoch finden wir in Picanders (56f.) Gedichtsammlung ein ausgedehntes Trauergedicht auf seinen Tod und unmittelbar anschließend den Text der Kantate ›Ich lasse dich nicht, du segnest mich denn‹. Sie wurde am 6. Februar 1727 in einem feierlichen Gedächtnisgottesdienst in der Pomßener Kirche aufgeführt.

Freilich bleibt es unsicher, ob es wirklich Bachs Kantate war, die damals erklang; denn der Druck der Gedächtnispredigt, der unsern Kantatentext gleichfalls enthält, läßt der Dichtung Picanders noch einen II. Teil folgen, der mit dem Namen des Bachschülers Christoph Gottlob Wecker unterschrieben ist. Sollte Wecker der Komponist der damals aufgeführten Kantate gewesen sein oder vielleicht nur des II. Teils? Oder war er etwa der Dichter dieses Teils, der ja in Picanders Druck fehlt?

Fest steht jedenfalls, daß auch Bach den Text Picanders (d. h. des I. Teils aus dem Druck der Gedächtnispredigt) vertont hat, ob zu diesem oder einem späteren Anlaß, wissen wir nicht. Überliefert ist auch, daß Bach seine Kantate zum Fest Mariae Reinigung aufgeführt hat (546). Das war leicht möglich;

denn die Evangelienlesung dieses Tages erzählt die Geschichte des greisen Simeon, dessen Worte »Herr, nun lässest du deinen Diener in Frieden fahren ... denn meine Augen haben deinen Heiland gesehen« seither geradezu als Sinnbild christlichen Sterbens aufgefaßt worden sind. Eine Trauermusik, die das Sterben eines Mannes mit dem Blick auf Jesus zum Gegenstand hatte, konnte daher jederzeit als Auslegung des Evangeliums zu Mariae Reinigung verstanden und aufgeführt werden.

Der freien Textdichtung geht ein Spruch aus 1. Mose 32, 27 voraus, das Wort Jakobs zu dem Engel, der ihm entgegentritt (Satz 1). Dieses Wort wird jedoch im folgenden Kantatentext als an Jesus gerichtet verstanden und ausgelegt. Die erste Arie und das anschließende Rezitativ preisen das Festhalten an Jesus als Trost in Kummer und Anfechtung; die nachfolgende Arie wendet dann den Blick auf den Tod (»... so geh ich auch zum Himmel ein«): Auch hier ist der Segen bei dem, der nicht von Jesus läßt. Das anschließende Rezitativ ist in die Arie miteinbezogen; ihre Worte werden abschnittsweise zwischen den Rezitativzeilen wiederholt. Den Abschluß bildet die letzte Strophe des Liedes ›Meinen Jesum laß ich nicht‹ von Christian Keymann (1658). Ob die Umstellung der Anfangszeile der Strophe – sie müßte eigentlich lauten »Jesum laß ich nicht von mir« – wirklich einer Absicht Bachs entspringt oder nicht vielmehr einem Kopierversehen, läßt sich heute nicht mehr ermitteln, da Bachs Autograph verloren ist.

Die Vertonung Bachs mag auf die lokalen Möglichkeiten bei der Aufführung Rücksicht genommen haben: Der Chor tritt nur im schlichten Schlußchoral in Erscheinung, dem Streichorchester fällt ausschließlich Begleitfunktion zu, während sich die Hauptlast auf drei Soloinstrumente und zwei Singstimmen konzentriert. Uns scheint es jedoch kein Nachteil, daß Bach diesmal nicht auf den Vollklang des sonntäglichen Kantatenorchesters zurückgegriffen hat, sondern statt dessen die erlesene Zusammenstellung von Querflöte, Oboe und Solovioline wählte, wie er sie ähnlich fast nur in seinen frühen Kantaten (z. B. in BWV 152) verwendet hatte. So vereinigt unsere Kantate klanglichen Reiz und kompositorische Meisterschaft aufs Glücklichste.

Das einleitende Duett verlangt als Instrumentalbesetzung die eben erwähnten drei Soloinstrumente und Continuo. Die Vertonung der Worte »Ich lasse dich nicht, du segnest mich denn« ist schon durch die Doppelung der Singstimmen nicht realistisch aufgefaßt; auch das Bild des mit dem Engel ringenden Jakob scheint Bach bei der Komposition kaum als Vorbild gedient zu haben, schildert doch die Musik keinen Kampf, sondern die flehende Gebärde des Bittenden.

Die nachfolgende Arie (Satz 2) malt mit barocker Anschaulichkeit das Festhalten an Jesus mit langgehaltenen Tönen, daneben aber auch das beherzte Zufassen des Glaubens in kraftvoll aufwärtsstrebenden Zweiunddreißigstelfiguren. Die tiefere Lage der hier als Obligatinstrument verwendeten Oboe d'amore erweitert die klanglichen Möglichkeiten gegenüber den drei hohen Instrumenten des Eingangsduetts.

Auf ein Rezitativ (Satz 3) mit Streicherbegleitung folgt wiederum eine Arie (Satz 4). War in der voraufgehenden die Oboe d'amore als Obligatinstrument verwendet worden, so gehört die nun folgende der Querflöte und der Violine. Durch die schon erwähnte Einbeziehung rezitativischer Partien ist eine besonders kunstvolle Form entstanden: Die erste Hälfte trägt den gesamten Arientext in einzelnen Abschnitten vor; die zweite bringt eine stark verkürzte Wiederholung des Anfangsteils, jedoch dreimal unterbrochen durch Rezitativeinschübe, deren erster und dritter nur vom Continuo begleitet wird, der zweite dagegen auch von Flöte und Violine. Die kräftigen Intervallsprünge des Themenkopfes und die gewählte Singstimmenlage (Baß) erwecken den Eindruck freudig-sicherer Zuversicht. Die lebhafte Bewegung der Arienthematik steht in wirkungsvollem Gegensatz zu den ruhigen Rezitativteilen. Bemerkenswert ist, wie Bach die vielteilige Arie durch Einheitlichkeit der Motivik zusammenhält: Jeder einzelne Arienabschnitt wird von der Baßstimme mit einer nahezu unverändert beibehaltenen, dem Instrumentalritornell entnommenen Figur eröffnet, die dem ersten Abschnitt zudem als »Devise« vorangestellt und auch noch innerhalb der Abschnitte wiederholt wird, somit insgesamt zwölfmal in der Baßstimme erklingt – ein Sinnbild des »Festhaltens« im vielschichtigen Gefüge dieses Satzes:

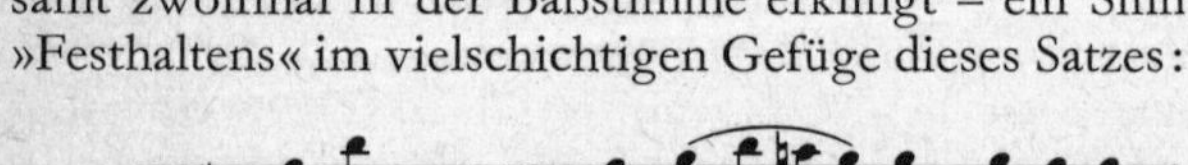

Ein Schlußchoral (Satz 5) in schlichtem, doch stärker als gewöhnlich polyphon aufgelockertem Chorsatz beendet die Kantate.

Klagt, Kinder, klagt es aller Welt · BWV 244a
Trauermusik für Fürst Leopold von Anhalt-Köthen

NBA I/34, Kritischer Bericht – Musik verloren

Erste Abteilung

1. Aria: Klagt, Kinder, klagt es aller Welt
2. [Recitativo]: O Land! bestürztes Land
3. Aria: Weh und Ach kränkt die Seelen tausendfach
4. [Recitativo]: Wie, wenn der Blitze Grausamkeit
5. Aria: Zage nur, du treues Land
6. [Recitativo]: Ach ja! dein Scheiden geht uns nah
7. Aria: Komm wieder, teurer Fürstengeist

Zweite Abteilung

8. [Chor]: Wir haben einen Gott, der da hilft
9. [Recitativo]: Betrübter Anblick voll Erschrecken
10. Aria: Erhalte mich, Gott, in der Hälfte meiner Tage
11. [Recitativo]: Jedoch der schwache Mensche zittert nur
12. Aria: Mit Freuden sei die Welt verlassen
13. [Recitativo]: Wohl also dir, du aller Fürsten Zier
14. [Chor] = Wiederholung des Satzes 8

Dritte Abteilung

15. Aria: Laß, Leopold, dich nicht begraben
16. [Recitativo]: Wie konnt es möglich sein
17. Aria: Wird auch gleich nach tausend Zähren
18. [Recitativo]: Und, Herr, das ist die Spezerei
19. Aria à 2 Chören: Geh, Leopold, zu deiner Ruh

Vierte Abteilung

20. Aria: Bleibet nun in eurer Ruh
21. [Recitativo]: Und du, betrübtes Fürstenhaus
22. Aria: Hemme dein gequältes Kränken
23. [Recitativo]: Nun scheiden wir
24. Aria tutti: Die Augen sehn nach deiner Leiche

Am 19. November 1728 war Fürst Leopold von Anhalt-Köthen gestorben. Die endgültige Beisetzung sowie die Gedächtnispredigt fanden jedoch erst im März des folgenden Jahres statt, und Bach, der in Köthen als Hofkapellmeister Leopolds von 1717 bis 1723 wohl die schönste Zeit seines Lebens verbracht hatte und auch nach seinem Weggang Köthenischer Hofkapellmeister »von Haus aus« geblieben war, wurde mit der Komposition und Aufführung der Trauermusik beauftragt.

»Musiziert« wurde zu zwei verschiedenen Anlässen: bei der eigentlichen Beisetzung in der Nacht vom 23. zum 24. März und bei der Gedächtnispredigt am Tage des 24. März. Die Musik ist jedoch verschollen. Erhalten ist lediglich ein vierteiliger Text, den Bachs Leipziger Dichter Picander (56f.) verfertigt hatte. Auch besaß der Göttinger Musikgelehrte Johann Nikolaus Forkel (1749–1818) noch die Partitur einer dreiteiligen Trauermusik, der er »Doppelchöre von ungemeiner Pracht und von rührendstem Ausdruck« nachrühmte. Doch da sie heute verloren ist, bleibt unklar, ob es sich um die Komposition des Picanderschen Textes handelte oder um ein weiteres Werk[3]. Darum wissen wir auch nicht, ob das textlich überlieferte Werk teilweise bereits in der Nacht und teils am Tage, ob es vollständig am Tage musiziert wurde und wenn ja, was dann zur nächtlichen Beisetzung erklungen war.

Obgleich die Musik verloren ist, läßt sich doch am erhaltenen Text erkennen, daß Bach bei der Komposition der Chöre und Arien Musik verwendet hat, die uns aus andern seiner Werke vertraut ist: Die Übereinstimmung im Versbau ist ein allzu deutlicher Beweis. Zwar wissen wir aus ähnlichen Fällen, daß Bach seine Absicht bei der Komposition gelegentlich noch geändert hat; doch kann davon erfahrungsgemäß höchstens ein kleiner Teil der textlichen Entsprechungen betroffen sein.

Ein Vergleich zeigt, daß die Mehrzahl der Chöre und Arien auf Musik der Matthäus-Passion komponiert wurde[4], zwei weitere Chöre sind Parodie der Trauer-Ode BWV 198. Hier folge eine Aufstellung der Parodiesätze:

3 Friedrich Smend, Bach in Köthen, Berlin (1951), vertritt die Ansicht, das von Forkel erwähnte Werk sei nachts, die Musik nach Picanders Text dagegen am folgenden Tage aufgeführt worden; doch erscheint es fraglich, ob Bach in Köthen wirklich über die Möglichkeiten verfügte, sieben verschiedene Teile einer derart anspruchsvollen Musik (für 2 Chöre und 2 Orchester!) in derart kurzer Aufeinanderfolge aufzuführen.

4 So Smend (a.a.O.) und andere. Die These, daß die Trauermusik das Urbild, die Matthäus-Passion dagegen die Parodie darstelle (so u. a. Detlev Gojowy in: BJ 1965) überzeugt mich nicht.

Aus der Matthäus-Passion BWV 244 stammen folgende Sätze:

Satz	*Matthäus-Passion*
3	Buß und Reu knirscht das Sündenherz entzwei
5	Blute nur, du liebes Herz
10	Erbarme dich, mein Gott, um meiner Zähren willen
12	Aus Liebe will mein Heiland sterben
15	Komm, süßes Kreuz, so will ich sagen
17	Gerne will ich mich bequemen
19	Ich will bei meinem Jesu wachen
20	Mache dich, mein Herze, rein
22	Ich will dir mein Herze schenken
24	Wir setzen uns mit Tränen nieder

Aus der Trauer-Ode BWV 198 (683) stammen folgende Sätze:

Satz	*Trauer-Ode*
1	Laß, Fürstin, laß noch einen Strahl
7	Doch Königin, du stirbest nicht

Nicht erhalten ist auch die Musik zu zwei weiteren Trauerkantaten, zu deren erstgenannter Bachs Autorschaft überdies nur vermutet wird:

Schließt die Gruft! ihr Trauerglocken · BWV Anh. 16
Mein Gott, nimm die gerechte Seele · BWV Anh. 17

11. Kirchenkantaten verschiedener Bestimmung

Unter dieser Sammelüberschrift fassen wir verschiedenartige Werke zusammen, die es zunächst aufzugliedern gilt:

Einige Kantaten verdanken ihre Entstehung einem speziellen Anlaß, der sich unter den bisher erwähnten nicht einordnen läßt:

Kirchenkantate zum Geburtstag des Fürsten Leopold von Anhalt-Köthen:

Lobet den Herrn, alle seine Heerscharen · BWV Anh. 5

Promotionskantate:

Siehe, der Hüter Israel · BWV Anh. 15

Drei Kantaten zur Zweihundertjahrfeier der Augsburgischen Konfession:

Singet dem Herrn ein neues Lied · BWV 190a
Gott, man lobet dich in der Stille · BWV 120b
Wünschet Jerusalem Glück · BWV Anh. 4

Zu allen diesen Kantaten ist die Musik verschollen und lediglich zu BWV 190a und 120b teilweise aus den erhaltenen, als Parodievorlage verwendeten Werken BWV 190 und 120 (149, 593) rekonstruierbar.

Hieran schließt sich eine Gruppe weiterer Kantaten, deren Bestimmung aus dem erhaltenen Quellenmaterial nicht ersichtlich ist, so daß wir nicht mit Sicherheit sagen können, ob Bach diese Werke zu beliebiger Verwendung freigestellt hat oder ob uns die Bestimmung nur durch die Ungunst der Überlieferung verborgen geblieben ist. Wir betrachten diese Kantaten anschließend näher. Es sind:

Aus der Tiefen rufe ich, Herr, zu dir · BWV 131
Nach dir, Herr, verlanget mich · BWV 150
Nun danket alle Gott · BWV 192
Sei Lob und Ehr dem höchsten Gut · BWV 117
In allen meinen Taten · BWV 97
Was Gott tut, das ist wohlgetan · BWV 100
(Text unbekannt. Nur Fragment der Einleitungssinfonie erhalten) · BWV 1045

Verschollen und daher gleichfalls ohne erkennbare Bestimmung ist die noch von Spitta (I, 339) erwähnte Kantate

Meine Seele soll Gott loben · BWV 223

Endlich hat Bach zu zwei Kantaten mit fester Bestimmung vermerkt, daß sie auch »in ogni tempo«, also zu jeder Zeit des Kirchenjahres verwendbar seien. Diese Kantaten wurden bereits zum Tage ihrer Bestimmung betrachtet:

Ich hatte viel Bekümmernis · BWV 21 zum 3. Sonntag nach Trinitatis
Jauchzet Gott in allen Landen · BWV 51 zum 15. Sonntag nach Trinitatis.

Aus der Tiefen rufe ich, Herr, zu dir · BWV 131

NBA I/34 – AD: ca. 24 Min.

1. SINFONIA [+ CHOR]: Aus der Tiefen rufe ich, Herr, zu dir	g/a[1]	$\frac{3}{4}$, C
2. [BASSO SOLO + CHORAL. S]: So du willst, Herr, Sünde zurechnen – Erbarm dich mein in solcher Last	g/a	[C]
3. [CHOR]: Ich harre des Herrn	Es–g/F–a	C
4. [TENORE SOLO + CHORAL. A]: Meine Seele wartet auf den Herrn – Und weil ich denn in meinem Sinn	c/d	$\frac{12}{8}$
5. [CHOR]: Israel hoffe auf den Herrn	g/a	C

Die hier wiedergegebene Satzfolge der Kantate bietet nur ein annäherndes Bild des wahren Sachverhalts; denn dieses Werk Bachs – vermutlich seine früheste (erhaltene) Kantate überhaupt – besteht nicht aus selbständigen, in sich abgeschlossenen Sätzen, sondern aus verschiedenartigen, unmittelbar ineinander übergehenden Abschnitten, zeigt also diejenige Form, die für die Kantate des 17. Jahrhunderts aus dem Reihenprinzip der Motette heraus entwickelt worden war. Motette, Geistliches

1 Die zuerst genannten Tonarten beziehen sich auf Chorton, die folgenden auf Kammerton.

Konzert und Choralbearbeitung sind darum auch die Satztypen, die bei der Komposition Pate gestanden haben.

Das Autograph schließt mit den Worten: »Auff Begehren Tit: Herrn D: Georg Christ: Eilmars in die Music gebracht von Joh. Seb. Bach Org. Molhusino«. Die Komposition fällt also in Bachs Mühlhausener Organistenzeit, 1707–1708, und die Ausführlichkeit, mit der der Auftrag zur Komposition notiert ist, weist ebenso wie der Stil des Werkes auf den Anfang jener Zeit. Verwunderlich ist, daß nicht Bachs Vorgesetzter an Divi Blasii, Superintendent Frohne, den Auftrag zur Komposition erteilte, sondern der Pastor der Marienkirche, zu dem Bach auch später noch engere persönliche Beziehungen unterhalten hat. Wenn wir daraus schließen dürfen, daß Frohne an Kantatenaufführungen Bachs weniger interessiert war als Eilmar, so würde das bedeuten, daß auch in die Entstehung dieses Werkes jene Spannung zwischen Orthodoxie und Pietismus hineinspielte, die Bachs Mühlhausener Tätigkeit überschattete und über die Philipp Spitta in seiner Bach-Biographie ausführlich berichtet (I, 354ff.).

Der zugrunde liegende Text besteht ausschließlich aus Bibelwort und Choral. Das Gerüst bildet der vollständige Wortlaut des 130. Psalms; hinzugefügt sind die Strophen 2 und 5 des Liedes ›Herr Jesu Christ, du höchstes Gut‹ von Bartholomäus Ringwaldt (1588). Die Kantate scheint also für einen Bußgottesdienst geschrieben worden zu sein, vielleicht in Zusammenhang mit einer Feuersbrunst, die kurz vor Bachs Amtsantritt große Teile der Innenstadt vernichtet und zahlreiche Familien obdachlos gemacht hatte.

Die Anlage der Komposition ist symmetrisch und der des ›Actus tragicus‹ auffallend ähnlich (613): Je ein Chor markiert Beginn, Mitte und Schluß des Werkes; als Zwischenglieder dienen jeweils ein Solo mit einer Choralstrophe. Für eine besonders frühe Einordnung innerhalb des Bachschen Schaffens spricht die Beobachtung, daß weder die Permutationsfuge (24) vertreten ist noch irgend eine strenge oder freie Dacapoform. Statt dessen folgt die Anlage der Chöre weitgehend der Analogieform »Präludium und Fuge«, die dem jungen Organisten Bach besonders nahegelegen haben wird. So besteht der Eingangssatz aus einem motivisch dem Chorbeginn verbundenen Orchestervorspiel, ausgeführt von Oboe, Streichern (Violine, Viola I, II) und Continuo (+ Fagott), gefolgt vom Einsatz des Chores mit locker gefügten Rufen, die im Wechsel mit dem

Orchester erklingen (Psalmvers 1, ›adagio‹) und in eine rasche (›vivace‹), gleichfalls locker gefügte Chorfuge (Vers 2) einmünden. Dabei wird das Fugenthema (»laß deine Ohren merken ...«) während der Exposition jeweils von homophonen Chorblöcken (»Herr, höre meine Stimme«) eingeleitet. Am Ausgang dieses Satzes steht eine sinnfällige Darstellung des »Flehens« in vielfachen Seufzerfiguren, von Chor und Instrumenten im Wechsel vorgetragen.

Der Mittelchor (Vers 5) hat nur eine knappe, 5taktige, präludienhafte ›Adagio‹-Einleitung (»Ich harre des Herrn«), bevor, gleichfalls in breitem Tempo (›largo‹), die Chorfuge »meine Seele harret« beginnt, begleitet von lebhafter Figuration der Instrumente, zunächst Oboe und Violine, später zeitweise auch der Violen, die sonst nur der harmonischen Füllung dienen.

Im Schlußchor offenbart das »Präludium« (Vers 7) am deutlichsten seine Herkunft von der Reihungsform der Motette, da die einzelnen Textabschnitte stets wechselnd in Tempo, Satztechnik und Motivik (von einem »Thema« läßt sich hier nicht reden) vorgetragen werden:

»Israel«: ›adagio‹, Akkordblöcke
»hoffe auf den Herrn«: ›un poc' allegro‹, akkordisch und freipolyphon; Zwischenspiele mit lebhafter Figuration in Oboe und Violine
»denn bei dem Herrn ist Gnade«: ›adagio‹, homophon; obligater Oboenpart
»und viel Erlösung bei ihm«: ›allegro‹, freipolyphon; lebhafte Figuration in Oboe, Violine und Fagott

Danach folgt die Schlußfuge »Und er wird Israel erlösen« (Vers 8), die auch als Orgelfuge überliefert ist; doch ist die Autorschaft Bachs an der Transkription höchst zweifelhaft. Die Fuge beginnt vokal (+ Continuo), allmählich treten die Instrumente hinzu, teilweise selbständig und gelegentlich thementragend.

Die beiden Solosätze repräsentieren den Typus des geringstimmigen Geistlichen Konzerts, kombiniert mit einem vokal vorgetragenen Cantus firmus. In Satz 2 tritt noch eine motivischfigurativ begleitende Oboe hinzu, während in Satz 4 Ostinatobildungen im Continuo den motivischen Zusammenhalt gewährleisten.

Die Kantate besitzt alle Vorzüge und Schwächen eines Jugendwerks. Später wird Bach die Formen, die hier noch frisch und unbekümmert aneinandergereiht werden, bewußter und folgerichtiger zusammenfügen. Trotzdem fühlt man schon hier, besonders in den Fugensätzen, die Kraft des Genies und findet bestätigt, was Carl Philipp Emanuel Bach über seinen Vater schreibt: »Blos eigenes Nachsinnen hat ihn schon in seiner Jugend zum reinen und starcken Fugisten gemacht«.

Nach dir, Herr, verlanget mich · BWV 150

NBA I/41 – AD: ca. 17 Min.

1. SINFONIA	h/d[2]	C
2. CORO: Nach dir, Herr, verlanget mich	h/d	C
3. ARIA [S]: Doch bin und bleibe ich vergnügt	h/d	C
4. TUTTI: Leite mich in deiner Wahrheit	h/d	C
5. ARIA [A, T, B]: Zedern müssen von den Winden	D/F	3/4
6. CORO: Meine Augen sehen stets zu dem Herrn	D–h/F–d	6/8
7. TUTTI. CIACONA: Meine Tage in dem Leide	h/d	3/2

Dieses nur in Sekundärquellen überlieferte Werk hat sich viel Kritik und Echtheitszweifel gefallen lassen müssen, obgleich hierfür außer einer gewissen Schwäche in der Erfindung sowie etlichen Satzfehlern keine überzeugenden Beweise vorliegen. Der Stil ist weitgehend der, der bei einem um 1708/1709 komponierten Werk Bachs zu erwarten wäre[3], und auch die Terztransposition des Fagotts (als des einzigen Holzblasinstruments der Kantate) ist uns von Bachs Weimarer Werken her vertraut. Das mahnt zur Vorsicht. Warum könnte Bach für eine Aufführung unter Bedingungen, die uns unbekannt sind, nicht eine Komposition geschrieben haben, deren Einschränkungen uns heute als unbachische Primitivität anmuten?

Die Instrumentalbesetzung besteht lediglich aus 2 Violinen, Continuo sowie Fagott, das teils den Continuo verstärkt, teils selbständig geführt ist. Aus den vier Singstimmen tritt nur der Sopran solistisch hervor; die drei übrigen werden in Satz 5

2 Die zuerst genannten Tonarten beziehen sich auf Chorton, die folgenden auf Kammerton.

3 Einzelnachweise bei Dürr St, S. 185–190.

zum Terzett zusammengefaßt. Wahrscheinlich war ihre künstlerische Leistungsfähigkeit beschränkt.

Der Text besteht aus Bibelwort und freier Dichtung; Choräle fehlen. Das Bibelwort entstammt durchweg dem 25. Psalm, dessen Verse 1–2 dem 2. Satz, Vers 5 dem 4. und Vers 15 dem 6. Satz zugrunde liegen. Die übrigen Sätze enthalten Reimdichtung von unterschiedlichem Versbau. Der Inhalt des Textes zeigt den Menschen in Gefahr, aber im Vertrauen auf Gott, der die Rettung bringen werde. Im Schlußsatz wird, wenn auch nur in Andeutungen, auf Christus als den Grund zur Hoffnung auf Errettung hingewiesen.

Das einleitende Instrumentalvorspiel ist – wie in den meisten Chorkantaten Bachs bis 1714 – ein selbständiger, wenn auch kurzer Satz. Gleichwohl dient es zur Exposition der Thematik des Satzes 2. Dieser Chorsatz zeigt die charakteristische motettenhafte Kleingliedrigkeit der frühen Bachschen Kantatenchöre; Imitationsabschnitte wechseln mit homophonen Akkordblöcken. Eine gewisse Abrundung erfährt der Satz dadurch, daß der chromatische Abstieg des Anfangsthemas (»Nach dir, Herr ...«) im fugenartig durchgeführten Schlußthema (»daß sich meine Feinde nicht freuen ...«) wieder aufgegriffen wird.

Satz 3 ist eine locker gefügte, kurze Arie mit obligater Violine (mehrfach besetzt). Die zaghaften Ansätze zu konzertierender Behandlung des Eingangsthemas treten zurück hinter der einfachen Reihung textgezeugter Melodiefloskeln; nur am Schluß wird auf den Beginn zurückgegriffen.

Satz 4 bringt wiederum eine Folge kleingliedriger, in Tempo und Metrik wechselnder Chorabschnitte, ähnlich Satz 2, jedoch ohne formale Abrundung. Die Anfangsworte »Leite mich ...« haben den Komponisten zu bildlicher Darstellung angeregt: Eine Tonleiter steigt, beim Baß beginnend, Takt für Takt durch die vier Singstimmen und anschließend durch die beiden Violinen auf und wird dabei vom *H* bis zum *d'''* geführt.

Satz 5 ist ein schlicht-liedhaftes Terzett mit Sechzehntelfiguration im Continuo, die am Schluß für kurze Zeit vom Fagott übernommen wird (wohl als Effekt des Verklingens).

Wiederum schließt sich ein Chorsatz an (Satz 6), dessen Beginn in kurzen Chorblöcken an die Kleingliedrigkeit der vorangegangenen Chorsätze 2 und 4 erinnert. Lebhafte Figuration der Instrumente bildet offenbar den ins Netz geratenen Fuß ab. Die zweite Satzhälfte besteht aus einer Permutationsfuge (24) mit thematischer Einbeziehung der Instrumente, so daß sich der Gesamtaufbau des Satzes als Analogieform zum instrumentalen Typus »Präludium und Fuge« darstellt, eine Erscheinung, die wir bei der Betrachtung der Kantate 131 mehrfach hatten beobachten können (626f.). Ein weiterer Chor (Satz 7) beschließt die Kantate, eine »Ciacona«, also gleichfalls die Analogieform für einen ursprünglich auf dem Gebiet der Instrumentalkomposition erwachsenen Satztypus. Das Thema

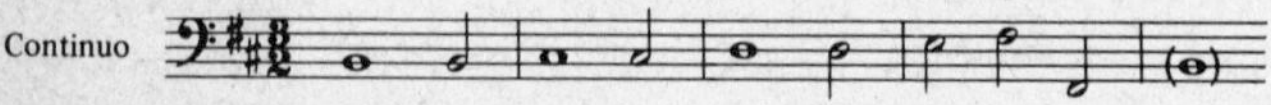

wird im Verlaufe des Satzes in verschiedene Tonarten versetzt (h – D – fis – A – E – modulierend – h) und einmal auch umgekehrt. Obwohl seine nicht gerade besonders charakteristische Form zufällige Anklänge nicht ausschließt, fällt doch auf, daß das Erscheinen der Kantate in Band 30 der BG (Vorwort datiert: August 1884) zeitlich unmittelbar zusammenfällt mit der Komposition der 4. Symphonie von Johannes Brahms (1885), deren Finale ein ähnliches Chaconnethema zugrunde liegt.

Die Kantate wirkt in vielen Teilen unreif und verhält sich zu den frühen Weimarer Kantaten Bachs wie eine Skizze zur Ausführung. Dennoch ist nicht zu verkennen, daß sie die charakteristischen Züge der Bachschen Satztechnik aufweist, insbesondere Stimmtausch sowohl in akkordlichen Blöcken als auch in imitatorischen Abschnitten bis hin zur Permutationsfuge; und auch die Chaconne als Chorsatz kehrt 1714 in Kantate 12 wieder, freilich in wesentlich vollendeterer Form. Sollte die Kantate 150 wirklich – ganz oder teilweise – unecht sein, so wäre man versucht, sie als das Werk eines frühen Bachschülers, entstanden unter den Augen und mit tätiger Mithilfe des Lehrers, anzusprechen.

Nun danket alle Gott · BWV 192

NBA I/34 – AD: ca. 15 Min.

1. CHORUS [VERSUS 1]: Nun danket alle Gott	G	3/4
2. VERSUS 2 [S, B]: Der ewig reiche Gott	D	4/2
3. VERSUS 3 [CHOR]: Lob, Ehr und Preis sei Gott	G	12/8

Obwohl wir den speziellen Anlaß für die Entstehung dieser Kantate nicht kennen, so ist sie doch ziemlich sicher datierbar: An der Herstellung des Stimmenmaterials sind fast durchweg dieselben Schreiber beteiligt wie bei der Kantate 51 ›Jauchzet Gott in allen Landen‹, die ihrerseits mit größter Wahrscheinlichkeit zum 17. September 1730 entstanden ist. Wir dürfen daher annehmen, daß auch ›Nun danket alle Gott‹ zu ähnlicher Zeit aufgeführt und wahrscheinlich auch komponiert wurde, etwa zum Reformationsfest dieses Jahres oder als Trauungskantate.

Leider ist zu dieser Kantate nicht nur die originale Partitur, sondern auch die Tenorstimme verschollen; das Werk ist daher nur unvollständig erhalten. Es läßt sich jedoch soweit rekonstruieren, daß keine fühlbare Lücke entsteht und der mutmaßliche originale Eindruck der Komposition (ungeachtet etlicher fraglicher Noten) erhalten bleibt.

Da Bach die drei Strophen des Liedes von Martin Rinckart (1636) unverändert und ohne jede Zutat beibehalten hat, gehört diese Kantate zu den kürzesten Bachs. Dennoch ist der Aufwand an Ausführenden beträchtlich: Das Orchester ist mit je 2 Querflöten und Oboen, ferner mit Streichern und Continuo besetzt, der Vokalpart mit Sopran- und Baß-Solisten sowie Chor. Auch sind alle drei Sätze recht großräumig angelegt; an die Stelle des sonst üblichen schlichten Schlußchorals tritt nochmals ein ausgedehnter Choralchorsatz.

Der Eingangschor folgt grundsätzlich der von Bach vorzugsweise verwendeten Form: Der Choral, vom Chor gesungen, ist zeilenweise einem selbständigen Orchestersatz eingefügt; die Liedmelodie liegt im Sopran. Der Orchestersatz ist thematisch vom Choral unabhängig (soweit man nicht entfernte Anklänge als bewußte Anspielungen gelten lassen will); sein Anfangsthema, das den ganzen Satz durchdringt und dabei mannigfache Weiterbildungen erfährt, ist im doppelten Kontrapunkt erfunden:

Daraus entwickelt sich ein lebhaftes Konzertieren mit wechselndem Hervortreten der einzelnen Instrumentengruppen. –

Der Chorsatz wird über das übliche Ausmaß hinaus erweitert und bereichert, da die beiden Stollen und der Abgesang, also die Liedzeilen 1, 3 und 5 einen großangelegten imitatorischen Vorbau der drei Unterstimmen erhalten, denen sich in Zeile 1 und 3 zeitweise auch der Sopran zugesellt. Das in imitierendem Satz eingeführte »Thema« ist aus der Liedzeile entwickelt (Zeile 5 ist die Dominanttransposition der Zeilen 1 = 3); für Zeile 1 und 3 lautet es (im Tenor einsetzend, der hier verläßlich rekonstruierbar ist):

Tenore (Takt 25, 56)

vgl. Soprano (Takt 41, 82)

Jedoch wird die Erkennbarkeit dieses Themas erschwert, weil es sich, wie häufig bei Bach, aus einem homophonen Akkordblock erst allmählich herauslöst. Nur in Zeile 5 setzen Baß, Tenor und Alt nacheinander mit dem (diesmal leicht abgewandelten) Imitationsthema ein. Der Begleitsatz der übrigen Liedzeilen ist nur wenig schlichter und thematisch oft aus dem instrumentalen Ritornellthema (siehe oben, Violino II + Viola) entwickelt. Endlich hat Bach auch in die Schlußwiederholung des Orchesterritornells noch einen akkordlichen, die Finalkadenz markierenden Ruf »Nun danket alle Gott!« eingefügt.

Satz 2 beginnt wieder mit einem eigenständigen Orchesterritornell (Streicher, verstärkt durch Flöte I und Oboe I), dessen klare periodische Gliederung dem Satz den Charakter eines feierlich-stilisierten Tanzes verleiht. Das Gesangsthema, nicht weniger eingängig und liedhaft, ist nicht aus dem Ritornell, sondern wiederum aus dem Choralbeginn entwickelt (der aus Gründen der Textausdeutung auf das Wort »ewig« um 1 Takt gedehnt wurde):

Basso

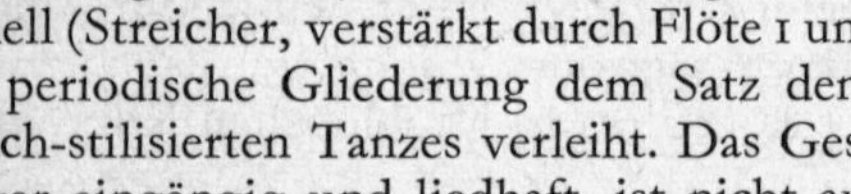

Tanzverwandt ist auch die zweiteilig-hälftige Form, die Bach für diesen Satz entgegen der Barform des Textes wählt, desgleichen das Modulationsschema: Der erste Teil schließt auf der Dominante A-Dur, die Rückmodulation wird durch einfache Umkehrung der Einsatzfolge (Sopran/Baß statt Baß/Sopran) erreicht; beide Teile sind einander musikalisch nahezu gleich:

Text:	I (1. + 2. Stollen)	II (Abgesang)
Musik	A	A
Tonart:	D – A	A – D

Auch der Schlußsatz hat Tanzcharakter; er ist (wie der Schlußsatz der Suite) eine Gigue. Entgegen den ersten beiden Sätzen ist auch das Orchesterritornell (Streicher, durch sämtliche Bläser verstärkt) aus der Choralmelodie (Zeile 1–2) entwickelt:

Wieder liegt die Liedweise in langen Notenwerten im Sopran, unterbrochen durch instrumentale Zeilenzwischenspiele; die unteren Singstimmen begleiteten freipolyphon in lebhaftem Dreierryhthmus.

Sei Lob und Ehr dem höchsten Gut · BWV 117

NBA I/34 – AD: ca. 26 Min.

1. [Choral]: Sei Lob und Ehr dem höchsten Gut	G	6/8
2. Versus 2. Recitativo [B]: Es danken dir die Himmelsheer	C–G	C, 3/8
3. Versus 3 [T]: Was unser Gott geschaffen hat	e	6/8
4. Versus 4. Choraliter: Ich rief dem Herrn in meiner Not	G	C
5. Versus 5. Recitativo [A]: Der Herr ist noch und nimmer nicht	D–D	C
6. Versus 6 [B]: Wenn Trost und Hülf ermangeln muß	h	C
7. Versus 7 [A]: Ich will dich all mein Leben lang	D	3/4

8. Versus 8. Recitativo [T]: Ihr, die ihr Christi Namen nennt — h–G — C
9. Versus 9 [Choral]: So kommet vor sein Angesicht — G — 6/8

Die Entstehung dieser Kantate läßt sich nur annähernd in die Jahre um 1728/1731 datieren. Ein spezieller Anlaß zu ihrer Komposition ist nicht zu erkennen. Allenfalls kann aus dem Inhalt des Liedes von Johann Jakob Schütz (1673), gefolgert werden, daß es sich um irgend einen Dank-, vielleicht auch Trauungsgottesdienst gehandelt haben könnte, für den das Werk geschrieben wurde. Wie in den meisten dieser relativ späten Choralkantaten hat Bach bei der Vertonung den Text des Liedes unverändert beibehalten, die Bindung an die Choralmelodie jedoch nur in den Sätzen 1, 4 und 9 gewahrt und die übrigen Strophen als Rezitative und Arien komponiert.

Legt aber schon die Vertonung eines Liedtextes als Arie oder Rezitativ dem Komponisten gewisse Beschränkungen auf, so bedeutet in diesem Liede die ständige Wiederkehr der Schlußzeile »Gebt unserm Gott die Ehre!« eine zusätzliche Bindung. Bach hat sie bei der Komposition berücksichtigt, indem er diese Zeile durch verschiedenartige Mittel besonders hervorhob.

Die Großform der Kantate ist bestimmt durch die notengetreue Wiederholung des Eingangssatzes auf den Text der abschließenden 9. Strophe. Mit ihr hat Bach einen prunkvoll konzertanten Rahmen geschaffen, der die übrigen Sätze umschließt. Außerdem ist noch die 4. Strophe dem Chor zugewiesen; sie erklingt als schlicht-vierstimmiger Choral, wie er üblicherweise den Beschluß einer Kantate oder eines Kantatenteils bildet.

Wir dürfen daher annehmen, daß die Kantate, auch ohne daß dies ausdrücklich vermerkt ist, in zwei Teilen vor (Versus 1–4) bzw. nach der Predigt (Versus 5–9) musiziert wurde. Zwischen diesen Chorsätzen erklingen die Strophen 3, 6 und 7 als Arien, die Strophen 2, 5 und 8 als Rezitative. Bemerkenswert ist dabei, daß unter den verhältnismäßig zahlreichen Solosätzen keiner dem Sopran zugewiesen ist, was sicherlich mehr auf eine situationsbedingte Notlage als auf künstlerische Absicht zurückzuführen ist.

Als Liedmelodie liegt der Bachschen Komposition nicht die heute oft gesungene Crügersche Melodie von 1653 (EKG 233) zugrunde, sondern die des Chorals ›Es ist das Heil uns kommen her‹; auf sie wurde ›Sei Lob und Ehr‹ in Leipzig zur Zeit Bachs üblicherweise gesungen.

Der Eingangssatz ist von Bach wesentlich auf den Kontrast eines lebhaft konzertierenden Orchesters und eines in feierlicher Ruhe und gemäßigter Polyphonie singenden Chores abgestellt. Die Mitwirkung von Flöten, Oboen, Streichern und die lebhafte Sechzehntelbewegung des Continuo verleihen dem Instrumentalsatz seine klangliche Farbigkeit; ein aus der 1. Liedzeile entwickeltes Ritornellthema wird sogleich tonal beantwortet und erklingt ein drittes Mal in der zweiten Ritornellhälfte. Der Sopran trägt die Liedmelodie zeilenweise unverändert vor; die drei Unterstimmen setzen gelegentlich mit kleinen Imitationen ein, haben jedoch im wesentlichen Begleitfunktion und entwickeln nur am Ende der letzten Zeile größere Selbständigkeit. Damit wird nicht allein die Schlußzeile betont, auf deren in allen Strophen gleichbleibenden Wortlaut schon hingewiesen wurde, sondern diese Erweiterung gibt auch Bach die Gelegenheit, die Schlußwiederholung des Eingangsritornells schon ganz unmerklich einsetzen zu lassen, während die Singstimmen die letzte Zeile noch nicht beendet haben, so daß sich eine geistvolle Verschränkung von Schlußzeile und Ritornell ergibt.

Versus 2 beginnt als schlichtes Seccorezitativ, doch ist die Schlußzeile derart zu einem Arioso im 3/8-Takt ausgeweitet, daß wir musikalisch einen zweiteilig-kontrastierenden Satz Rezitativ – Arioso vor uns haben.

Versus 3 erhält sein eigentümliches Kolorit durch die Molltonart und zwei konzertierende Oboi d'amore; seine für eine Arie auffallend knappe Fassung ist vornehmlich durch den Text bedingt, der eine Dacapo-Wiederholung, wie sie die Arie in ihrer Normalform aufweist, ausschließt.

Auf den als schlichter Chorsatz gestalteten Versus 4 folgt das zweite Rezitativ, Versus 5, das in seiner zweiteiligen Anlage ein Gegenstück zu Versus 2 bildet. Hier wird der Gegensatz zwischen den Rezitativzeilen und der ariosen Schlußzeile noch verstärkt durch die Besetzung: Der rezitativische Teil ist mit Streichern ausinstrumentiert, der ariose Teil ist Continuosatz.

Versus 6 mit obligater Solovioline ist mit dem vorhergehenden verklammert durch die gleichartige Melodik der Schlußzeile »Gebt unserm Gott die Ehre!«, die dort als Arioso vertont war, hier als Arienteil mit obligater Violine erklingt. Bemerkenswert in diesem Satz sind ferner die geradezu sprechenden Figuren der Violine, die einzelne Wendungen des Textes wie »nirgend« oder »Ruh« (tiefe Lage!) und endlich die ausgedehnte Schlußzeile plastisch unterstreichen.

In hymnischem Largo, im Streichersatz, umspielt von den Koloraturen der Flöte, erklingt Versus 7, in seiner Melodik ein genialer Einfall Bachs. Durch Wiederholung der 3 letzten Textzeilen ist hier gegenüber den vorangehenden Arien eine größere Form gewonnen; auch hier klingt die Melodik der Schlußzeile entfernt an die der beiden voraufgehenden Sätze an.

Einzig Versus 8 ist ein schlichtes Rezitativ von wenigen Takten, das auf jede Hervorhebung der letzten Zeile verzichtet und in knapper, straffer Form überleitet zur Wiederholung des Eingangssatzes auf den Text der 9. Strophe.

In allen meinen Taten · BWV 97

NBA I/34 – AD: ca. 32 Min.

1. Coro: In allen meinen Taten	B	C
2. Versus 2. Aria [B]: Nichts ist es spat und frühe	g	6/8
3. Versus 3. Recitativo [T]: Es kann mir nichts geschehen	Es–d	C
4. Versus 4. Aria [T]: Ich traue seiner Gnaden	B	C
5. Versus 5. Recitativo [A]: Er wolle meiner Sünden	g–c	C
6. Versus 6. Aria [A]: Leg ich mich späte nieder	c	C
7. Versus 7. Duetto [S, B]: Hat er es denn beschlossen	Es	3/4
8. Versus 8. Aria [S]: Ihm hab ich mich ergeben	F	2/4
9. Versus ultimus. Choral: So sei nun, Seele, deine	B	C

Über das Entstehungsjahr dieser Kantate, 1734, sind wir durch Bachs autographe Datumseintragung unterrichtet, nicht dagegen über die Bestimmung des Werkes. Der allgemeine Inhalt des Textes gibt keinerlei Hinweis: Bach hat das Lied von Paul Fleming unverändert gelassen, obgleich die zugehörige Choralmelodie ›O Welt, ich muß dich lassen‹ nur in den Rahmensätzen Verwendung findet; alle übrigen Sätze sind ohne Choralanklänge vertont.

Flemings Lied, ursprünglich (mit weiteren, speziell auf diesen Anlaß weisenden Strophen) zu Beginn einer langen, gefahrvollen Reise gedichtet, hat bereits textlich den Charakter eines »Anfangs in Gottes Namen«. Bach unterstreicht dies in seiner Komposition, indem er dem Eingangssatz die Form einer Französischen Ouvertüre gibt (allerdings ohne den sonst üblichen langsamen Schlußteil): Der erste, feierliche, in straffen, punktierten Rhythmen einherschreitende langsame Teil dient als Instrumentaleinleitung; in den ›vivace‹ überschriebenen, fugierten Teil ist der Choral zeilenweise eingebettet. Die Liedmelodie wird in langen Notenwerten vom Sopran gesungen und von den drei unteren Singstimmen in imitatorischem Satz getragen. Nur nach Schluß der letzten Choralzeile, vor dem Orchesternachspiel, vereinigen sich alle vier Singstimmen zu einem akkordlich-homophonen Anhang. Der Instrumentalsatz ist eigenthematisch; nennenswerte Choralanklänge finden sich weder im langsamen Einleitungsteil noch im raschen Hauptteil, und auch das Thema des vokalen imitatorischen Unterstimmensatzes ist in allen 6 Liedzeilen stets aus dem instrumentalen Fugato-Thema abgeleitet. Dieses lautet:

Oboe I
Violino I

Abwandlungen ergeben sich nur aus den Erfordernissen der Textunterlegung. Dem Charakter der Französischen Ouvertüre ist auch die Instrumentation angepaßt: Aus dem Tuttisatz des Hauptteils lösen sich bisweilen die 2 Oboen und das Fagott zum »Trio« nach französischem Vorbild heraus; Streicher und Continuo vervollständigen das Instrumentarium.

Unter den sieben Binnensätzen finden sich nur zwei Rezitative, dagegen vier Arien und ein Duett. Auch in der Komposition treten die Rezitative zurück: Beide sind kurze, schlicht deklamierende Sätze, der erste (Versus 3) nur vom Continuo begleitet, der zweite (Versus 5) mit Streichern ausinstrumentiert. Bietet der kurze Liedtext schon ohnehin keinen Stoff für längere Rezitative, so verzichtet Bach zudem auf die Möglichkeit, den Satz durch ariose Einschübe zu erweitern oder – was bei der Länge des Liedes durchaus nahegelegen hätte – mehrere Strophen zu einem einzigen Rezitativsatz zusammenzufassen.

Um so größeren Wert hat Bach auf die Arienkomposition gelegt. Zwar ist Versus 2 noch ein relativ anspruchsloser Continuosatz mit einem gesanglichen Ritornellthema, das auch vom Vokalbaß aufgenommen wird. Versus 4 jedoch besitzt einen so offensichtlich auf virtuose Effekte hin angelegten Violinosolo-Part, daß wir eine bestimmte Absicht Bachs dahinter vermuten möchten, sei es, daß er einem Spieler die Möglichkeit zu virtuoser Betätigung bieten wollte, sei es, daß der Anlaß der Kantatenaufführung diese Satzweise aus irgend einem Grunde nahelegte. Der Text der Arie, der von der Überfülle der göttlichen Gnade handelt, mag dieses Verfahren rechtfertigen; daß er die alleinige Ursache dafür war, möchte man bezweifeln. Ausführlicher geht Bachs Komposition in Satz 6 auf die Einzelheiten des Textes ein. Schon das Ritornell (Streicher) enthält, wie sich beim Einsatz der Altstimme erweist, die charakteristischen textgezeugten Motive des Sichniederlegens, des Erwachens, des Liegens und des Fortziehens.

Versus 7, das Duett, ist wiederum nur vom Continuo begleitet. Das kurze einleitende Ritornell enthält als Vordersatz das nachfolgende Gesangsthema, als Nachsatz eine typische Instrumentalfigur, deren energische Intervallsprünge offensichtlich durch die Textzeile »so will ich unverdrossen an mein Verhängnis gehn« inspiriert sind. Nur vorübergehend wird im Mittelteil die Continuobegleitung fließender; doch schon der Text ». . . wird mir zu harte fallen, ich will ihn überstehn« ruft wieder die energiegeladenen Continuofiguren auf den Plan, ehe ein freies Dacapo des Anfangsteils einsetzt – der Satz übernimmt als einziger nicht die zweiteilige Struktur des Textes in die Kompositionsform.

Versus 8 ist mit 2 obligaten Oboen wieder technisch anspruchsvoller, ohne freilich die Virtuosität des 4. Satzes zu erreichen; ja, dem Sopranpart haftet sogar bei aller dem Sänger abverlangten Meisterschaft eine gewisse liedhafte Schlichtheit an; kurze, pausendurchsetzte Melodiebruchstücke wechseln mit ausgedehnten Melismen.

Der schlichte Chorsatz des Schlußchorals wird durch obligaten Streichersatz zur Siebenstimmigkeit erweitert (die beiden Oboen verstärken die Choralmelodie des Soprans). Man kann in dieser hymnischen Krönung der Kantate sowohl ein formales Gegengewicht zu dem betont feierlichen Eingangssatz sehen als auch eine Hervorhebung des alles Vorhergegangene zusammenfassenden Textes. Wahrscheinlich ist beides beabsichtigt.

Was Gott tut, das ist wohlgetan · BWV 100

NBA I/34 – AD: ca. 25 Min.

1. VERSUS 1 [CHOR]: Was Gott tut, das ist wohlgetan, es bleibt gerecht sein Wille	G	₵
2. VERSUS 2. DUETTO [A, T]: Was Gott tut, das ist wohlgetan, er wird mich nicht betrügen	D	C
3. VERSUS 3 [S]: Was Gott tut, das ist wohlgetan, er wird mich wohl bedenken	h	6/8
4. VERSUS 4 [B]: Was Gott tut, das ist wohlgetan, er ist mein Licht, mein Leben	G	2/4
5. VERSUS 5 [A]: Was Gott tut, das ist wohlgetan, muß ich den Kelch gleich schmecken	e	12/8
6. VERSUS ULTIMUS: Was Gott tut, das ist wohlgetan, dabei will ich verbleiben	G	C

Zugrunde liegt dieser Choralkantate Samuel Rodigasts Lied (1675) im unveränderten Wortlaut – eine Kantate über dasselbe Lied, jedoch mit madrigalischer Umdichtung der Binnenstrophen, BWV 99, hatte Bach bereits 1724 komponiert (442). Die reichlich überlieferten Originalquellen des hier zu betrachtenden Werkes sagen nichts über seine Bestimmung aus. Im Blick auf BWV 99 hat man vermutet, die Kantate könne für den 15. Sonntag nach Trinitatis geschrieben worden sein; eine weitere Kantate, BWV 98, die nur die Anfangsstrophe Rodigasts enthält, ist für den 21. Sonntag nach Trinitatis bestimmt, der daher gleichfalls als Bestimmungstag vorgeschlagen wurde. Allein, die Tatsache, daß wir mehrere Kantaten aus Bachs späteren Jahren besitzen, denen das Fehlen einer Bestimmung wie auch die Komposition des unveränderten Choraltextes gemeinsam ist (59f.), mahnt zur Vorsicht: Bei dem allgemeinen Charakter ihres Textes lassen sich für unsere Kantate weit mehr Anlässe finden als nur die beiden genannten Sonntage, so daß man in ihr auch ein »per ogni tempo« bestimmtes Kirchenstück sehen könnte.

Bei der Komposition hat Bach den schon im Choralkantaten-Jahrgang eingeschlagenen Weg beschritten, indem er nur die Anfangs- und Schlußstrophe als Choralsatz vertonte, sich bei den vier Mittelstrophen dagegen nicht an die Liedmelodie gebunden fühlte (daß diese gelegentlich doch noch durchscheint, z. B. in dem aufwärtsgerichteten Quartsprung der Sätze 2, 3 und 4, ändert daran grundsätzlich nichts). Für die Vertonung dieser Binnenstrophen wählt Bach dieses Mal ausschließlich die Form der Arie (die erste als Duett komponiert); Rezitative fehlen in dieser Kantate gänzlich. Daraus erwächst dem Komponisten die Aufgabe, durch eine wechselvolle Vertonung der aufeinanderfolgenden Ariensätze einem Nachlassen der Spannung seitens des Hörers entgegenzuwirken.

Im Eingangs- und im Schlußsatz hat Bach auf bereits komponierte Musik zurückgegriffen (auch dies deutet eher auf eine Entstehung zu besonderem Anlaß als auf ein Bestreben Bachs, sich neuerlich mit diesem Choral auseinanderzusetzen). Der Eingangschor entstammt der Choralkantate BWV 99 gleichen Namens (443); doch wurde seine Instrumentation um 2 Hörner und Pauken bereichert. Der ohnedies froh-beschwingte Charakter dieses Satzes erhält dadurch ein besonders festliches Gepräge. Der Schlußchoral hatte seinen ursprünglichen Platz in der Kantate 75 ›Die Elenden sollen essen‹, Bachs Leipziger Antrittsmusik (329). Offenbar genügte der schlichte Schlußsatz aus Kantate 99 für den festlichen Anlaß der neuen Kantate nicht, so daß Bach auf einen Satz mit selbständig geführtem Orchester zurückgriff und zudem seine Instrumentation bereicherte. Dadurch entsteht ein ausgewogeneres Verhältnis zum Eingangssatz, und nur dem gewissenhaft aufmerkenden Hörer bleibt nicht verborgen, daß die leichte Veränderung in der Choralmelodie mit ihrem Aufschwung zur 6. Tonleiterstufe (5. Note) auf ein anderes Ursprungswerk deutet als das des Eingangssatzes.

Zu diesen reichbesetzten Rahmensätzen bildet die wesentlich schwächere Besetzung in der Vertonung der Binnenstrophen einen erheblichen Kontrast. So ist das Duett (Satz 2) nur vom Continuo begleitet. Mit seinen häufigen, bis an die Grenze des Kanons reichenden Imitationen vertritt es das traditionsgebundene, lineare Prinzip gegenüber dem vorangehenden modernen des mehr auf vertikale Gliederung abgestellten Konzertsatzes.

Versus 3 dagegen, die nun folgende Sopran-Arie, stellt mit weitausladenden Flötenpassagen das solistisch-virtuose Prinzip in den Vordergrund. Die Melodie des Chorals ist, nach Moll gewendet, gleichwohl in den Anfangstakten des Flötenritornells wie des Sopranparts immer noch durchhörbar. Der aus den Stollen unmittelbar in den Abgesang durchlaufende Text dieser Strophe (»wird mir nicht Gift einschenken vor Arzenei«) hat wohl die großflächige zweiteilige Anlage der Arie –

mit einem einzigen Zwischenspiel zwischen den Vokalteilen – wesentlich mitverursacht.

Lied und Tanz mögen den Komponisten zur Formung des Versus 4 angeregt haben. Klare Periodenbildungen (Ritornell: 4 + 4 + 8 = 16 Takte), fröhliches Dur, tänzerische Synkopen und dabei wiederum Choralanklänge in den Anfangstakten charakterisieren diese besonders eingängige Arie. Auch formal steht der Satz mit seiner klaren Gliederung A A B C (bei freilich etwas verschränktem Text) der Barform des Chorals und damit der des Volksliedes besonders nahe.

Auf den vollstimmigen Streichersatz dieser Arie setzt in Versus 5 wieder ein obligates Holzblasinstrument ein, die Oboe d'amore. Für den Mollcharakter dieser Arie ist gewiß ihr Text (»... muß ich den Kelch gleich schmecken, der bitter ist ...«) bestimmend gewesen; und dasselbe gilt wohl auch für die Zweiteiligkeit der Form, durch die der Chromatik des vermeintlich bitteren Kelches (im ersten Teil) der »süße Trost« (im zweiten Teil) entgegengestellt wird.

Kirchenkantate, Text unbekannt · BWV 1045

Dieses Werk, von dem nur 149 1/2 Takte der Einleitungssinfonie überliefert sind, wird in der Bach-Literatur zuweilen als Violinkonzert D-Dur bezeichnet, obwohl der Kopftitel des autographen Partiturfragments deutlich erkennen läßt, daß das Gesamtwerk auch 4 Singstimmen in die Besetzung einbezogen hatte:

> J J Concerto. a 4 Voci. 3 Trombe, Tamburi, 2 Hautb: Violino Conc: 2 Violini, Viola e Cont.

Die Bezeichnung »Concerto« schließt eine weltliche Bestimmung des Werkes weitgehend aus; sie deutet auf eine Kirchenkantate (14f.). Der erhaltene Teil hinterläßt einen zwiespältigen Eindruck und hat zu Echtheitszweifeln Anlaß gegeben[4]; möglicherweise haben wir die Bachsche Bearbeitung eines fremden Konzertsatzes vor uns.

4 Rudolf Stephan, Die Wandlung der Konzertform bei Bach, in: Die Musikforschung, Jg. 6, 1953, S. 143. Das Fehlen einer Komponistenangabe im Kopftitel – sie könnte auf dem verlorenen Umschlag vermerkt gewesen sein – wäre kein hinreichender Grund zu Zweifeln, wenn diese nicht durch den stilistischen Befund verstärkt würden.

Weltliche Kantaten

1. Festmusiken für die Fürstenhäuser von Weimar, Weißenfels und Köthen

Die Vorliebe des 17. und 18. Jahrhunderts für die Gattung der Kantate brachte es mit sich, daß zahlreiche festliche Begebenheiten des damaligen Lebens mit der Aufführung eines Werkes von Kantatencharakter begangen wurden. Bis zu Bachs Übersiedlung nach Leipzig waren es überwiegend Veranstaltungen bei Hofe, die eine Kantatenaufführung erforderten. Hier gab es neben speziellen Anlässen wie Besuchen auswärtiger Fürsten, Hochzeiten u. a. m. zwei alljährlich wiederkehrende Gelegenheiten, zu denen die Aufführung einer Kantate an den mitteldeutschen Fürstenhöfen üblich war: den Neujahrstag und den Geburtstag des regierenden Fürsten. Während aber Bach bis 1717 – soweit das überlieferte Œuvre erkennen läßt – nur gelegentlich mit Aufführungen von Festkantaten beauftragt wurde, gehörte es in seinen Köthener Jahren zu seinen Kapellmeisterpflichten, die jeweils fälligen Festmusiken bereitzustellen und aufzuführen.

Ein beträchtlicher Teil dieser Festmusiken ist nicht erhalten: Die meist nur einmalige Gelegenheit zur Aufführung legte die Konservierung des Aufführungsmaterials weniger nahe als bei den alljährlich wiederverwendbaren Kirchenkantaten. Eine Übersicht über die einzelnen Anlässe und die mutmaßlichen Aufführungen Bachs enthält der Kritische Bericht NBA I/35, S. 7–10. Erhalten oder nachweisbar sind heute noch folgende Werke der genannten Bestimmung:

a) Für Weimar:

›Was mir behagt, ist nur die muntre Jagd‹, BWV 208. Wiederaufführung der für Weißenfels komponierten Kantate (siehe unten) mit Ersetzung des Namens Christian durch Ernst August (Mitregent Wilhelm Ernsts von Sachsen-Weimar) zu unbekannter Zeit.

b) Für Weißenfels:

›Was mir behagt, ist nur die muntre Jagd‹ (Jagdkantate), BWV 208, erste Aufführung vermutlich im Februar 1713, vielleicht spätere Wiederaufführung zu unbekannter Zeit. Die Kantate wird unten zu besprechen sein.

›Entfliehet, verschwindet, entweichet, ihr Sorgen‹ (Schäferkantate), BWV 249a zum 23. 2. 1725. Die Kantate ist verschollen, aber rekonstruierbar und wird daher unten besprochen werden.

c) Für Köthen:

›Der Himmel dacht auf Anhalts Ruhm und Glück‹, BWV 66a, zum 10. 12. 1718. Erhalten sind nur der Text von Johann Christian Friedrich Hunold (34f.) und die geistliche Parodie BWV 66. Einzelheiten über die mutmaßliche Urgestalt enthält der Kritische Bericht NBA I/35, S. 59–61.

›Die Zeit, die Tag und Jahre macht‹, BWV 134a, zum 1. 1. 1719. Die Kantate wird unten zu besprechen sein.

›Dich loben die lieblichen Strahlen der Sonne, BWV Anh. 6, zum 1. 1. 1720. Erhalten ist nur die Textdichtung Hunolds (34f.), abgedruckt u. a. im Kritischen Bericht NBA I/35, S. 169–171.

›Heut ist gewiß ein guter Tag‹, BWV Anh. 7, zum 10. 12. 1720 (?). Erhalten ist nur die Textdichtung Hunolds (34f.), abgedruckt u. a. im Kritischen Bericht I/35, S. 171–174. Zur Datierung siehe ebenda, S. 118f.

(Text unbekannt), BWV Anh. 8, zum 1. 1. 1723. Erhalten ist nur das Titelblatt der Textdichtung, abgebildet u. a. im Kritischen Bericht NBA I/35, S. 175f.

›Durchlauchtster Leopold‹, BWV 173a, zum 10. 12., Jahr unbekannt. Die Kantate wird unten zu besprechen sein.

(Text unbekannt), BWV 184a, Datum unbekannt. Zu erschließen aus der Wiederverwendung einiger Köthener Stimmen bei Aufführung der Kantate 184 (312ff.). Einzelheiten über die mutmaßliche Urgestalt enthält der Kritische Bericht NBA I/35, S. 138–142.

(Text unbekannt), BWV 194a, Datum unbekannt. Zu erschließen aus der Wiederverwendung einiger Köthener Stimmen bei Aufführung der Kantate 194 (583ff.). Einzelheiten über die mutmaßliche Urgestalt enthält der Kritische Bericht NBA I/35, S. 143–151.

›Steigt freudig in die Luft‹, BWV 36a, zum 30. 11. 1726 (?), dem Geburtstag der zweiten Gemahlin des Fürsten Leopold. Erhalten sind der Textdruck Picanders (56f.), die Kantate 36c als Vorlage der im Parodieverhältnis stehenden Chöre und Arien der Kantate 36a sowie mehrere Parallelfassungen, die gleichfalls im Parodieverhältnis zu Kantate 36c stehen:

BWV 36b und 36 (1. und 2. Fassung). Einzelheiten enthält der Kritische Bericht NBA I/35, S. 152f. (dort auch weitere Literaturhinweise).

Was mir behagt, ist nur die muntre Jagd · BWV 208

NBA I/35,3 – AD: ca. 39 Min.

1. Recitativo [S I]: Was mir behagt, ist nur die muntre Jagd	F–B	C
2. Aria [S I]: Jagen ist die Lust der Götter	F	6/8
3. Recitativo [T]: Wie? schönste Göttin? wie	d–d	C
4. Aria [T]: Willst du dich nicht mehr ergötzen	d	C
5. Recitativo [S I, T]: Ich liebe dich zwar noch	B–C	C
6. Recitativo [B]: Ich, der ich sonst ein Gott	a–G	C
7. Aria [B]: Ein Fürst ist seines Landes Pan	C	C
8. Recitativo [S II]: Soll denn der Pales Opfer hier das letzte sein	F–g	C
9. Aria [S II]: Schafe können sicher weiden	B	C
10. Recitativo [S I]: So stimmt mit ein	F–F	C
11. Chorus: Lebe, Sonne dieser Erden	F	C
12. Aria Duetto [S I, T]: Entzücket uns beide	F	3/4
13. Aria [S II]: Weil die wollenreichen Herden	F	C
14. Aria [B]: Ihr Felder und Auen	F	3/8
15. Chorus: Ihr lieblichste Blicke, ihr freudige Stunden	F	3/8

Zu den deutschen Barockfürsten, die in ihrer Hofhaltung die Pracht des Sonnenkönigs nachzuahmen suchten, gehörte Fürst Christian von Sachsen-Weißenfels. Die Feier seines Geburtstags, der auf den 23. Februar fiel, zog sich oft über mehrere Wochen hin; und da er ein leidenschaftlicher Jäger war, gehörten eine Jagd oder gar deren mehrere zum alljährlichen Festprogramm. Zu den betrüblicheren Aspekten einer solchen Hofhaltung zählte es, daß der Fürst sein Land derartig herunterwirtschaftete, daß der Kaiser in späteren Jahren eine Kommission zur Verwaltung seiner Finanzen einsetzen mußte, zu den erfreulicheren dagegen, daß Bach – höchstwahrscheinlich im Jahre 1713 – die Festlichkeiten »nach gehaltenen Kampff-Jagen im Fürstl. Jäger-Hofe« durch eine Tafelmusik verschönen half.

Bachs Jagdkantate ist somit sein frühestes weltliches Werk

dieser Gattung, das uns erhalten ist – ob Verluste an noch früher zu datierenden Glückwunschkantaten zu beklagen sind, wissen wir nicht. Die Textdichtung lieferte der Weimarer Oberkonsistorialsekretär Salomon Franck (26f.).

Der Dichtung liegt eine bescheidene Handlung zugrunde: Diana widmet sich am heutigen Tage ausschließlich der Jagd, und ihr Liebhaber Endymion fragt sie enttäuscht, ob sie denn gar keine Liebe mehr für ihn empfinde. Diana erklärt ihm, daß sie ihn zwar noch liebe, daß es heute aber zu allererst den Fürsten Christian an seinem Geburtstag zu verehren gelte. Nun will auch Endymion nicht mehr zurückstehen und entzündet mit Diana zusammen »ein Freudenopfer« zu Ehren des Fürsten. Hierauf naht sich Pan und preist in einer Arie das Glück, das ein Fürst für sein Land darstelle. Endlich eilt auch Pales, die Göttin der Hirten und Felder herbei, um ihrerseits die Regierungskunst Christians mit der Wachsamkeit eines guten Hirten zu vergleichen, und alle vier vereinigen sich in einem Chor zum Glückwunsch an den Fürsten. Damit ist die Handlung zu Ende, und in dem nun folgenden Teil der Kantate bringen die vier Götter nochmals – Diana und Endymion im Duett, Pales und Pan in je einer Arie – ihre Glückwünsche dar, ehe ein vollstimmiger Schlußchor in gemeinsamem Jubel aller Gratulanten das Werk ausklingen läßt.

Bachs Komposition atmet die ganze Jugendfrische eines Erstlingswerks. Die einzelnen Sätze sind noch verhältnismäßig knapp gehalten und nicht so weit ausgeführt wie später; aber gerade dies verschafft dem Werk einen zügigen Fortgang und fesselt den Hörer. Die Komposition der Rezitative ist weit entfernt von jenem Schematismus, mit dem Bachs Zeitgenossen, ja selbst der so berühmte Telemann sie zu behandeln pflegten.

So geht im Eingangssatz der freie, rezitativische Rhythmus bereits nach 4 Takten in ein Arioso über, das seinerseits mit wechselnden Tempi und unterschiedlicher Figuration das Fliegen des Pfeils der Diana, ihre behagliche Freude über die Beute (›adagio‹) und sofort wieder die Schnelligkeit malt, mit der die Jagdgöttin ihrer Beute nacheilt (›presto‹). Die Arien bedienen sich nur zum Teil der landläufigen Dacapoform; gleich die auf das Eingangsrezitativ folgende Arie der Diana enthält nur ein freies, verkürztes Dacapo. Das jägerische Kolorit wird durch 2 Hörner unterstrichen; die Partie der Diana mit ihren Trillern und Sprüngen ist recht virtuos gehalten; vermutlich war eine Sängerin der Weißenfelser Oper ihre erste Interpretin.

Auch das Rezitativ des Endymion (Satz 3) geht am Schluß wieder in ein Arioso über, einen Quintkanon, zu dem vielleicht der Text »und folgest nur der Jägerei« den Anstoß gegeben hat. Die Arie des Endymion (Satz 4) ist ein kunstvoller Satz über einen Ostinatobaß, der – in verschiedene Tonarten versetzt und gelegentlich etwas freier behandelt – ständig wiederkehrt. Nun vereinen sich Diana und Endymion zu einem dialogischen Rezitativ (Satz 5), das sich sehr bald zu einem polyphonen Zwiegesang nach dem Muster der damals allgemein bewunderten Duette Agostino Steffanis entwickelt. Seine Lebendigkeit verdankt es dem ständigen Austausch des thematischen Materials zwischen beiden Sängern.

Mit dem folgenden Rezitativ (Satz 6), diesmal einem echten Secco, tritt Pan auf. In seiner Arie (Satz 7) begleiten ihn 3 Oboen (Oboe I, II, Oboe da caccia) als die charakteristischen Hirteninstrumente. In kompositionstechnischer Hinsicht ergab sich in diesem Satz für Bach die Aufgabe, einen Arientext fast ohne jegliche Zäsur, also auch ohne längere Pausen für den Sänger durchzukomponieren. Das übliche Dacapo verbietet sich hier von selbst. Gerade diese Arie aber ist durch häufige Ausweichungen in weit entfernte Tonarten harmonisch außerordentlich reizvoll.

Noch ein viertes Mal vollzieht sich der Auftritt eines neuen Gratulanten – hier der Pales – in den musikalischen Formen von Rezitativ und Arie (Satz 8 und 9). Aus ihnen ist die Arie ›Schafe können sicher weiden‹, mit der Pales die angeblich so segensreiche Regierungskunst Fürst Christians preist, durch ihre Blockflötenbesetzung weithin bekanntgeworden. Sie beweist uns den hohen Stand der Spieltechnik jener Zeit und zugleich Bachs Fähigkeit, zwei kurz aufeinanderfolgende Arien mit Holzbläserbesetzung so verschieden zu gestalten, daß sich der Eindruck der Monotonie nirgends einstellt.

Nun fordert Diana alle vier Gratulanten zu gemeinsamem Glückwunsch auf, der in Form einer Permutationsfuge (24) ›Lebe, Sonne dieser Erden‹ in reizvollem Wechsel zwischen Gesang und Instrumenten dargebracht wird. Der Mittelteil des Satzes ist nichtfugisch, akkordlich-homophon und liedhaft.

Ohne Zwischenschaltung von Rezitativen (die Handlung ist beendet!) folgen die übrigen Sätze. Nach Hörnern und Holzbläsern kommt nun auch die Solovioline als Obligatinstrument zu ihrem Recht. Das Duett ›Entzücket uns beide‹ (Satz 12) ist nach französischem Vorbild homophon gestaltet (im Gegensatz zu der italienischen Polyphonie Steffanis). Der Ästhetik des

Barock entsprechend trübt sich der fröhliche Charakter des Satzes beim Text »befreiet vom Leide«: Die Vorstellung des Leides, auch in seiner Negation, wird musikalisch durch Mollklänge und Dissonanzen interpretiert.

Die Arie der Pales ›Weil die wollenreichen Herden‹ (Satz 13) ist weniger bekannt als ihre geistliche Umarbeitung ›Mein gläubiges Herze‹ aus der Pfingstmontagskantate BWV 68 (309). Das ist kein Wunder; denn der schlichten Melodie des weltlichen Vorbildes ist die Bewegtheit des pfingstlichen Kantatensatzes noch kaum anzumerken. Auch ist die Arie in der Jagdkantate bei nahezu gleicher Instrumentalthematik in ihrer Form wesentlich knapper gehalten: Der kurze Text wird gleich im 1. Abschnitt ganz durchkomponiert, so daß ihr ein kontrastierender Mittelteil fehlt. In der Pfingstkantate schließt sich unmittelbar an den Gesangsteil noch ein Instrumentalritornell an; und auch zu diesem Satze findet sich das Urbild am Schluß der Partitur der Jagdkantate. Welche Funktion der Instrumentalsatz bei jener Weißenfelser Tafelmusik gehabt hat, wissen wir nicht sicher; es liegt jedoch nahe, ihn auch in diesem Werk nach Analogie der Pfingstkantate auf die Arie der Pales folgen zu lassen.

Eine nur vom Continuo begleitete Arie des Pan in liedhafter Melodik und reiner Dacapoform beschließt die Einzelgesänge der Gratulanten (Satz 14). Ihnen folgt der Schlußchor (Satz 15), der überwiegend homophon gehalten ist, aber aus der Beteiligung des Gesamtinstrumentariums wechselchörige Wirkungen zwischen Holzbläsern, Streichern, Hörnern und Chor gewinnt. Ein signalartiges Motiv, zuerst in den Hörnern, später häufig auch in Fagott und Violoncello, endlich in den zusammengefaßten Holzbläsern oder Streichern unisono erklingend, erinnert noch ein letztes Mal an den Anlaß der Kantatenaufführung, die herzogliche Jagd.

Entfliehet, verschwindet, entweichet, ihr Sorgen · BWV 249a

NBA I/35, Kritischer Bericht – AD: ca. 47 Min.
Rekonstruktion von Friedrich Smend, Rezitative von Hermann Keller (Bärenreiter-Ausgabe 1785)

1. Sinfonia		
a) [Allegro]	D	$\frac{3}{8}$
b) Adagio	h	$\frac{3}{4}$

2. ARIA à DUETTO [T, B; Dacapo: S, A]: Entfliehet, verschwindet, entweichet, ihr Sorgen	D	3/8
3. RECITATIVO [S, A, T, B]: Was hör ich da? Wer unterbricht uns hier	h–h[1]	C
4. ARIA [S]: Hunderttausend Schmeicheleien	h	3/4
5. RECITATIVO [S, A, T, B]: Wie aber, schönste Schäferin	e–e	C
6. ARIA [T]: Wieget euch, ihr satten Schafe	G	C
7. RECITATIVO [A, B]: Wohlan! Geliebte Schäferinnen	C–fis	C
8. ARIA [A]: Komm doch Flora, komm gegeschwinde	A	C
9. RECITATIVO [B]: Was sorgt ihr viel, die Flora zu beschweren	cis–D	C
10. ARIA à QUARTETTO [S, A, T, B]: Glück und Heil bleibe dein beständig Teil	D	C, 3/8

Bachs Schäferkantate wiedererweckt zu haben, ist eines der großen Verdienste Friedrich Smends; denn die Quellen – Originale wie Abschriften jeglicher Art – der Kantate sind verschollen. Erhalten ist lediglich der Textdruck im 1. Bande der Gedichte Picanders (56f.), erhalten ist ferner Bachs Oster-Oratorium in drei verschiedenen Fassungen, und da nun, wie Smend nachgewiesen hat, die Musik zu sämtlichen Arien (einschließlich der Duette und Quartette) des Oster-Oratoriums aus der Schäferkantate übernommen wurde, so lassen sich die entsprechenden Sätze der Schäferkantate ohne besondere Schwierigkeiten wiederherstellen. Verloren sind lediglich die Rezitative; sie hat Hermann Keller mit großem Geschick ergänzt, so daß uns eine aufführbare Gestalt der verschollenen Kantate wiedergewonnen ist. Das ist um so mehr zu begrüßen, als das Oster-Oratorium sich – eben wegen seiner deutlich erkennbaren Herkunft aus einer weltlichen Glückwunschkantate – in unserem Musikleben keinen ähnlich festen Platz hat erringen können wie z. B. das Weihnachts-Oratorium, dessen Chöre und Arien zwar gleichfalls überwiegend weltlichen Ursprungs sind, das sich aber durch Hereinnahme von Bibelwort und Choral dem kirchlichen Verwendungszweck besser angleicht.

1 Da die originalen Rezitative verschollen sind, beziehen sich die Tonartenangaben auf die Neukompositionen Hermann Kellers.

Den Anlaß zur Komposition der Schäferkantate bildete der Geburtstag des Herzogs Christian von Sachsen-Weißenfels am 23. Februar 1725. Bach war dem Weißenfelser Fürstenhaus schon seit längerer Zeit verbunden; 12 Jahre zuvor hatte er zum gleichen Anlaß die Jagdkantate BWV 208 aufgeführt, und spätestens von 1729 an trug er den Titel eines »Hochfürstlich Sächsisch-Weisenfelsischen würcklichen Capellmeisters«.

Der Text Picanders hält sich an das bewährte Schema, das bei derartigen Anlässen stets nur geringfügig abgewandelt wurde: Die Hirten Damoetas und Menalcas verjagen ihre Sorgen angesichts des frohen Tages, den es zu feiern gilt; ihr Gesang wird von den Schäferinnen Doris und Sylvia unterbrochen; denn alle vier haben das gleiche Ziel, dem Fürsten ihre Glückwünsche darzubringen. Die Schafe werden, so hoffen sie, sich in den Tälern, in denen schon frisches Grün wächst, selbst in den Schlaf wiegen. Zwar fehlt es an jenem Februartage noch an Blumen, und die Bitte, die Blumengöttin Flora möge mit westlichen Winden für rasches Wachstum sorgen, hat wenig Aussicht auf rechtzeitige Erfüllung; doch wird der Fürst einen Glückwunschgesang »mit untermischtem Paukenschlag« gewiß auch ohne Blumen wohlgefällig entgegennehmen.

So primitiv die Handlung des Textes ist, so gibt sie dem Komponisten doch mancherlei Möglichkeiten zu charakteristischer Gestaltung der Sätze, unter denen zumal das pastorale Wiegenlied (Satz 6), aber auch der vielstimmige Schlußgesang auf den Fürsten zum ständigen Repertoire barocker Opern- und Serenadenmusik gehören. Daß sich Bachs Komposition hoch über das allgemeine Niveau derartiger Gratulationsmusiken erhebt, macht ihren unvergänglichen Wert aus.

Den Eingang des Werkes bildet eine Sinfonia mit einem Allegro-Satz und einem nachfolgenden Adagio; beide werden durch das anschließende Duett zu einem ausgewachsenen Instrumentalkonzert vervollständigt. Allgemein wird angenommen, daß Bach hier ein Konzert aus seiner Köthener Zeit wiederverwendet habe. Doch bleibt ungewiß, ob die umfangreiche Instrumentaleinleitung wirklich schon in der Schäferkantate vorhanden war oder nicht vielleicht erst bei der Umarbeitung zur Osterkantate hinzugenommen wurde; die Schäferkantate hätte dann erst mit dem Duettsatz begonnen. Da uns das Konzert jedoch anderweitig nicht überliefert ist, begrüßen wir dankbar die Gelegenheit, es an dieser Stelle erklingen zu hören. Sein rascher Eingangssatz läßt die einzelnen Instrumentengruppen –

Trompeten, Holzbläser (Oboen, Fagott) und Streicher – wechselchörig miteinander konzertieren. Innerhalb dieser Gruppen treten dann wiederum die Violine 1 und das Fagott zuweilen solistisch hervor. Im Adagio konzertiert die Oboe 1 als Soloinstrument über einem rhythmisch geprägten Klanghintergrund des Streicherensembles; der Trompetenchor schweigt.

Mit der Duett-Arie ›Entfliehet, verschwindet‹ setzen nach einem vollständigen Ritornell die Singstimmen ein, und zwar zunächst Tenor und Baß. Tonleiterfiguren der Streicher, von den Oboen im Pianissimo wiederholt, malen das Entfliehen der Sorgen. Nach einem koloraturreichen Mittelteil (»Lachen und Scherzen ...«) wird der Hauptteil wiederholt, diesmal aber von Sopran und Alt gesungen: Doris und Sylvia unterbrechen den Gesang des Damoetas und Menalcas, wie wir im anschließenden Rezitativ erfahren.

Die Arie ›Hunderttausend Schmeicheleien‹ (Satz 4) zählt zu denjenigen Sätzen, die durch ihre Rückübertragung am meisten gewonnen haben; denn das Figurenwerk der obligaten Flöte ist nicht nur sehr instrumentengerecht erfunden, sondern zugleich bildhafter Ausdruck des »Wallens« der Schmeicheleien, von dem im Text die Rede ist.

Der klangliche Reiz der Arie ›Wieget euch, ihr satten Schafe‹ (Satz 6) beruht auf ihrer Instrumentation mit gedämpften Violinen und deren Verdopplung in der Oberoktave durch Blockflöten über einem ruhig klopfenden, orgelpunktartigen Continuobaß. Dadurch entsteht zugleich der Eindruck des Wiegenliedes wie der Hirtenmusik; der Satz gehört daher zu den originellsten Eingebungen unter den weltlichen Kantatenarien Bachs.

Die Aufforderung des 8. Satzes ›Komm doch, Flora, komm geschwinde‹ gibt Anlaß zu energischeren Akzenten: Oboe und Streicher setzen mit einem ausgesprochen konzertanten Ritornell ein, dessen Thematik dann zu konzertierender Oboe von der Altstimme aufgenommen wird.

Der Schlußchor endlich stellt in seiner kontrastierenden Zweiteiligkeit ein auffälliges Gegenstück zum nahezu gleichzeitig entstandenen, später in die h-Moll-Messe übernommenen ›Sanctus‹ BWV 232^{III} dar. Hier wie dort wird die erste Satzhälfte durch einen von triolischem Rhythmus geprägten Teil im C-Takt gebildet; die Singstimmen sind in überwiegend akkordischem, leicht polyphon aufgelockertem Satz gehalten.

Als zweiter Teil schließt sich ein Fugato in schnellem 3/8-Takt an, das die Schäferkantate in auffallender Kürze zum Abschluß bringt.

Die Zeit, die Tag und Jahre macht · BWV 134a

NBA I/35, 51 – AD: ca. 41 Min.

1.	Recitativo [A, T]: Die Zeit, die Tag und Jahre macht	B–B	C
2.	Aria [T]: Auf, Sterbliche, lasset ein Jauchzen ertönen	B	3/8
3.	Recitativo [A, T]: So bald, als dir die Sternen hold	g–Es	C
4.	Aria [A, T]: Es streiten, es {siegen / prangen} die {künftigen / vorigen} Zeiten	Es	¢
5.	Recitativo [A, T]: Bedenke nur, beglücktes Land	C–g	C
6.	Aria [A]: Der Zeiten Herr hat viel vergnügte Stunden	g	C
7.	Recitativo [A, T]: Hilf, Höchster, hilf	Es–F	C
8.	Chorus: Ergetzet auf Erden, erfreuet von oben	B	3/8

Diese Kantate ist das Urbild zur Osterkantate ›Ein Herz, das seinen Jesum lebend weiß‹, BWV 134 (244ff.). Bach hat bei der Herstellung der Parodiefassung auf das Aufführungsmaterial der weltlichen Gestalt zurückgegriffen, das dadurch unvollständig wurde, so daß diese Kantate in der BG nur als Fragment ›Mit Gnaden bekröne der Himmel die Zeiten‹ abgedruckt ist. Erst die Auffindung des von Christian Friedrich Hunold (34f.) gedichteten Textes durch Philipp Spitta hat die vollständige Wiedergewinnung der Kantate ermöglicht.

Der Text gehört nach Hunolds Poetik (17, 21f.) dem Typus der »Serenata« an und hat Dialogform: »Zeit« (im Sinne von Vergangenheit) und »Göttliche Vorsehung« (Zukunft), zwei allegorische Gestalten, deren Auftreten gerade am Neujahrstage sinnvoll erscheint, unterhalten sich über das Schicksal Anhalts und besonders natürlich seines Fürsten Leopold, dem im Stil der Fürstenverehrung jener Zeit versichert wird, daß er für seine Untertanen und sein Land schon jetzt ein ungewöhnliches Glück bedeute und daß die Zukunft ihm und dem Lande noch größere Gnadengaben bringen werde. Die Satzfolge des Werkes wendet den Blick allmählich von der Vergangenheit in die Zukunft: Die erste Arie (Satz 2) gehört der »Zeit«, die zweite (Satz 4) vereinigt »Zeit« und »Göttliche Vorsehung« im Wettstreit um den »Segen für dieses durchlauchtigste Haus«, und die dritte Arie (Satz 6) ist der »Göttlichen Vorsehung« zugewiesen, die künftigen Segen verspricht. Im letzten Rezitativ (Satz 7) finden wir mit den Worten »Des Höchsten Huld wird alle Morgen neu« eine Anspielung auf Klagelieder 3, 23; und zum Abschluß (Satz 8) gesellt sich dem Dialog der beiden allegorischen Gestalten noch das »Tutti« des Chores, also der glückwünschenden Untertanen zu.

Entgegen dem Normaltypus der *Kirchen*kantate, in dem der Eingangssatz, oft ein Bibelspruch oder Choral, plakathaft das Thema stellt und alles Nachfolgende nur noch interpretierenden Charakter hat, steigert sich also der vorliegende Text wie der mancher anderer weltlicher Kantaten gegen Ende bis zum allgemeinen Jubel. Den Beginn komponiert Bach als einfaches Seccorezitativ, ihm folgt eine lebhafte Arie mit Beteiligung des Gesamtinstrumentariums von 2 Oboen, Streichern und Continuo. Dabei dominiert zeitweise die Oboe I mit konzertierender Figuration; im Mittelteil treten wechselweise auch Oboe II und Violine I konzertierend hinzu.

Wieder verbindet ein schlicht deklamierendes Seccorezitativ diese Arie mit der folgenden (Satz 4), einem Duett mit Streicherbegleitung. Lebhafte Tumultmotive der Violine I (Violine II und Viola begleiten nur) malen den Wettstreit der Zeiten.

Satz 5 lenkt den Blick auf die Zukunft, von der nicht nur Leopold, sondern das ganze Land wie auch die fürstliche Familie Heil erwarten dürfen. Die Aufforderung »Komm, Anhalt, fleh um mehre Jahr und Zeiten!« in der Mitte des Satzes wird dabei durch ihre Vertonung als Arioso aus dem sie umgebenden Seccorezitativ herausgehoben.

Die Arie der Vorsehung (Satz 6) ist als Continuosatz vertont, eine Satzweise, der Bach oft besonders persönliche Aussagen anvertraut. In ihr findet die Singstimme Gelegenheit, sich über den (aus dem Ritornell entwickelten) Ostinatomotiven des Continuo frei und ausdrucksvoll zu entfalten.

In einem fast durchweg syllabisch deklamierenden Seccorezitativ (Satz 7) wird der Segen des Höchsten für Anhalt und seinen Fürsten erfleht. Darauf vereinigen sich alle Beteiligten zum Schlußgesang. Der Vokalpart wird zur Vierstimmigkeit erweitert, und das legt die Vermutung nahe, daß in den vollstimmigen Chorpartien alle vier Singstimmen chorisch, in den Duettpartien jedoch Alt und Tenor solistisch zu besetzen sind, so daß ein steter Wechselgesang zwischen den beiden allegorischen Figuren als Solisten und dem Tutti des Chores entsteht. Der frohbelebte 3/8-Rhythmus ist dem der ersten Arie (Satz 2) verwandt, so daß die Andeutung einer formalen Abrundung entsteht.

Durchlauchtster Leopold · BWV 173a

NBA I/35,97 – AD: ca. 23 Min.

1. [Recitativo. S]: Durchlauchtster Leopold	D–D	C
2. Aria [S]: Güldner Sonnen frohe Stunden	D	C
3. [Basso solo]: Leopolds Vortrefflichkeiten	h	C
4. Aria [S, B]: Unter seinem Purpursaum	G–D–A	3/4
5. Recitativo [S, B]: Durchlauchtigster, den Anhalt Vater nennt	fis–h	C
6. Aria [S]: So schau dies holden Tages Licht	D	¢
7. Aria [B]: Dein Name gleich der Sonnen geh	A	¢
8. Chorus [S, B]: Nimm auch, großer Fürst, uns auf	D	3

Diese Kantate zum Geburtstag des Fürsten Leopold von Anhalt-Köthen ist ein verhältnismäßig anspruchsloses Werk, und man hat deshalb vermutet, daß es gleich 1717 in großer Eile hergestellt worden sei, als dem neu ernannten Köthenischen Kapellmeister nach der Entlassung aus vierwöchigem Arrest (sein Weimarer Herzog hatte ihn nicht ziehen lassen wollen) nur noch wenige Tage der Vorbereitung bis zum fürstlichen Geburtstag verblieben, der am 10. Dezember gefeiert wurde. Die autographe Partitur ist allerdings offenbar erst einige Jahre später hergestellt worden, vielleicht als nachträgliche Reinschrift; vielleicht müssen wir allerdings auch die Entstehung des Werkes selbst erst in die Zeit um 1722 ansetzen.

Der Textdichter ist unbekannt. Auffällig am Libretto ist das völlige Zurücktreten, um nicht zu sagen, das Fehlen rezitativischer Formen; denn die zwei Rezitative des achtsätzigen Werkes haben einen viel zu regelmäßigen Versbau (ja, in Satz 1 sogar ein »Dacapo« der Anfangszeile), als daß man glauben könnte, der Dichter habe sie zur Vertonung als Rezitativ erfunden. Altertümlich mußte um 1717/1722 auch die dreistrophige Form des Satzes 4 wirken. Jedenfalls haben wir den Dichter offenbar unter der älteren Poetengeneration zu suchen.

Das Instrumentarium der Kantate verlangt zu Streichern und Continuo noch 2 Querflöten und Fagott; als Sänger sind Sopran und Baß gefordert; wir dürfen daher annehmen, daß auch der als ›Chorus‹ bezeichnete Schlußsatz nur von diesen beiden Solisten gesungen wurde. Vielleicht waren die beiden Sänger als allegorische Gestalten gedacht (Bach trug derartige Bezeichnungen oft nicht in die Partitur ein, und Textdrucke sind uns nicht erhalten). Worte wie »Leopolds Vortrefflichkeiten machen uns itzt viel zu tun« könnte man sich irgend einer Schutzgottheit, vielleicht auch einer Personifizierung des Ruhms oder der Poesie in den Mund gelegt denken; doch läßt der Text keine näheren Einzelheiten erkennen.

Trotz den Beschränkungen, die ihm die schlichte Besetzung und die leicht antiquierte Form des Librettos auferlegten, gestaltet Bach die Abfolge der 8 Kantatensätze aufgelockert und reichhaltig. Das einleitende Rezitativ ist mit Streichern ausinstrumentiert und mündet auf die Schlußwiederholung der Anfangsworte in eine virtuose Koloratur.

Die folgende Arie (Satz 2) erinnert mit ihrem periodisch klar gegliederten Einleitungsritornell an einen Tanzsatz. Die eindrucksvolle, pausendurchsetzte und von triolischem Rhythmus beherrschte Melodik sowie die zarte Instrumentation mit Flöten und Streichern verleihen ihr einen überaus lieblichen Charakter. Im Mittelteil steigert sich die Ausdruckskraft zu wahrhaft »sprechender« Gestik auf die Worte »rühmet, singet« – ein Motiv, das von den Streichern emphatisch wiederholt wird.

Auffallend kurz ist Satz 3, für den Bach wohl absichtlich die anspruchsvolle Überschrift ›Aria‹ vermieden hat. Das lebhafte Tempo (›vivace‹) und die Bewegtheit der begleitenden Streicher charakterisieren den Eifer, mit dem Leopolds Ruhm verbreitet wird. Trotz seiner freien Dacapowiederholung wirkt der

Satz formal offen, da sich die motivgeprägte Melodik der fast stets unisono geführten Violinen nirgends thematisch festigt.

Das Duett ›Unter seinem Purpursaum‹ mit der Bezeichnung ›Al tempo di minuetto‹ (Satz 4) gehört zu den originellsten Ariensätzen Bachs. Der dreistrophigen Textdichtung folgend, ist auch die Komposition dreigeteilt; zweiter und dritter Teil sind jeweils eine Variation des ersten, wobei innerhalb des Satzes mit verschiedenen Mitteln eine Steigerung erreicht wird: Die Tonartenfolge wandert im Quintenzirkel aufwärts von G- (Teil 1) über D- (Teil 2) nach A-Dur (Teil 3); die Besetzung, die im 1. Teil nur eine Singstimme, Streicher und Continuo verlangt, wird vom 2. Teil an um 2 Flöten und im 3. Teil um eine zweite Singstimme vermehrt; in der Bewegung herrschen anfangs Viertel vor, im 2. Teil Achtel und im 3. Teil Sechzehntel.

Das Duettrezitativ (Satz 5) festigt sich schon nach wenigen Takten zum Arioso; dabei wird das Aufsteigen der andächtigen Seufzer zum Himmel durch Tonleiter- und Seufzerfiguren bildlich dargestellt.

Auch Satz 6 trägt, wie schon die beiden vorangehenden Arien, Tanzcharakter; er ist eine Bourrée. Im Mittelteil bringt das wechselnde Pausieren und Hinzutreten der Querflöten (die in diesem Satz die Violine 1 verstärken) dynamische Schattierungen.

Satz 7, gleichfalls eine Arie, schafft den nötigen Kontrast zu seinen Nachbarsätzen durch ausschließliche Verwendung der tiefen Lage in Singstimme und Instrumenten. Zum Vokalpart des Basses konzertieren Fagott und Violoncello (unisono) über dem von Violone und Cembalo gebildeten Continuountergrund.

Der Schlußchor hat wiederum Tanzcharakter; er ist wohl als Polonaise aufzufassen. Formal ist er zweiteilig; in jedem der beiden Teile erklingt zunächst der Instrumentalsatz allein; in seine Wiederholung ist dann der Vokalpart hineinkomponiert, so daß sich die gesamte Anlage als zweiteilige Reprisenform darstellt.

2. Festmusiken für das kurfürstlich sächsische Haus

Komposition und Aufführung von Glückwunschkantaten für die Angehörigen des kurfürstlich sächsischen Herrscherhauses gehörten nicht zu Bachs ständigen Pflichten. Dennoch hat Bach seit seiner Übersiedlung nach Leipzig eine Reihe derartiger Werke geschaffen, zumal seit seiner Übernahme des von Telemann gegründeten studentischen Collegium musicum im Jahre 1729. Eine Zusammenstellung der quellenmäßig belegten Aufführungen enthält der Kritische Bericht NBA I/36, S. 8f. Die nachweisbaren Werke sind:

›Entfernet euch, ihr heitern Sterne‹, BWV Anh. 9, zum Geburtstag Augusts II.[1] am 12. 5. 1727. Erhalten ist die Textdichtung von Christian Friedrich Haupt. Einzelheiten enthält der Kritische Bericht NBA I/36, S. 11–15.

›Ihr Häuser des Himmels, ihr scheinenden Lichter‹, BWV 193a, zum Namenstage Augusts II. am 3. 8. 1727. Erhalten sind nur der Text Picanders (56f.) und die mutmaßlich in Parodiebeziehung zu Satz 1, 7, 9 des Werkes stehenden Sätze BWV 193/1, 3, 5 (593). Einzelheiten enthält der Kritische Bericht NBA I/36, S. 16–19.

›Es lebe der König, der Vater im Lande‹, BWV Anh. 11, zum Namenstage Augusts II. am 3. 8. 1732. Erhalten sind nur der Text Picanders (56f.) und die mutmaßlich in Parodiebeziehung zu Satz 1, 7 (?) und 9 stehenden Sätze BWV 215/1 (bzw. 232/IV, ›Osanna‹), 248/39, 212/14. Einzelheiten enthält der Kritische Bericht NBA I/36, S. 20–23; zu BWV 212/14 vgl. den Kritischen Bericht I/39 (in Vorbereitung).

›Frohes Volk, vergnügte Sachsen‹, BWV Anh. 12, zum Namenstage Augusts III.[2] am 3. 8. 1733. Erhalten ist nur der Text Picanders (56f.), der sich in allen nichtrezitativischen Sätzen als Parodie der Kantate BWV Anh. 18 (689) erweist. Demnach wäre Satz 1 als indirekte Parodie in Gestalt des Eingangssatzes zum Himmelfahrts-Oratorium, BWV 11

1 So die Bezeichnung als König von Polen; als Kurfürst von Sachsen: Friedrich August I. (August der Starke).

2 So die Bezeichnung als König von Polen; als Kurfürst von Sachsen: Friedrich August II.

erhalten. Einzelheiten enthält der Kritische Bericht NBA I/36, S. 24–27.

›Laßt uns sorgen, laßt uns wachen‹, BWV 213, zum Geburtstage des Kurprinzen Friedrich Christian am 5. 9. 1733. Die Kantate wird unten zu besprechen sein (661–664).

›Tönet, ihr Pauken! Erschallet, Trompeten‹, BWV 214, zum Geburtstage der Königin (von Polen und Kurfürstin von Sachsen) am 8. 12. 1733. Die Kantate wird unten zu besprechen sein (665–667).

›Blast Lärmen, ihr Feinde! verstärket die Macht‹, BWV 205a, zur Krönungsfeier Augusts III., aufgeführt am 19. 2. 1734. Erhalten sind nur der Text und die als Parodievorlage für die meisten Sätze verwendete Kantate 205. Einzelheiten enthält der Kritische Bericht NBA I/37, S. 7–14.

›Preise dein Glücke, gesegnetes Sachsen‹, BWV 215, zum Jahrestage der Königswahl Augusts III. am 5. 10. 1734. Die Kantate wird unten zu besprechen sein (668–671).

›Willkommen, ihr herrschenden Götter der Erden‹, BWV Anh. 13, zur Huldigung anläßlich des Königsbesuchs und der Vermählung der Prinzessin Maria Amalia am 28. 4. 1738. Erhalten ist nur der Text Gottscheds (64f.). Einzelheiten enthält der Kritische Bericht NBA I/37, S. 97–102.

›Was mir behagt, ist nur die muntre Jagd‹, BWV 208a, zum Namenstage Augusts III. am 3. 8., Jahr unbekannt. Erhalten sind nur der Text und die als Parodievorlage für die meisten Sätze verwendete Kantate 208 (647ff.). Einzelheiten enthält der Kritische Bericht NBA I/37, S. 91–96.

›Auf, schmetternde Töne der muntern Trompeten‹, BWV 207a, zum Namenstage Augusts III. am 3. 8., Jahr unbekannt. Die Kantate wird unten zu besprechen sein (672f.).

›Schleicht, spielende Wellen, und murmelt gelinde‹, BWV 206, zum Geburtstage (7. 10.), später Namenstage (3. 8.) Augusts III. Die Kantate wird unten zu besprechen sein (673 bis 676).

Laßt uns sorgen, laßt uns wachen · BWV 213

NBA I/36, 3 – AD: ca. 45 Min.

1.	CHORUS: Laßt uns sorgen, laßt uns wachen	F	3/8
2.	RECITATIVO [A]: Und wo? Wo ist die rechte Bahn	C–g	C
3.	ARIA [S]: Schlafe, mein Liebster, und pflege der Ruh	B	2/4
4.	RECITATIVO [S, T]: Auf! folge meiner Bahn	F–fis	C
5.	ARIA [A, Echo]: Treues Echo dieser Orten	A	6/8
6.	RECITATIVO [T]: Mein hoffnungsvoller Held	D–a	C
7.	ARIA [T]: Auf meinen Flügeln sollst du schweben	e	C
8.	RECITATIVO [T]: Die weiche Wollust locket zwar	h–d	C
9.	ARIA [A]: Ich will dich nicht hören	a	3/8
10.	RECITATIVO [A, T]: Geliebte Tugend, du allein	C–F	C
11.	ARIA DUETTO [A, T]: Ich bin deine, du bist meine	F	3/8
12.	RECITATIVO [B]: Schaut, Götter, dieses ist ein Bild	B–F	C
13.	CHORUS: Lust der Völker, Lust der Deinen	F	2

Als August der Starke 1733 gestorben war und sein Sohn als Friedrich August II. den kursächsischen Thron bestiegen hatte, entfaltete Bach mit seinem studentischen Collegium musicum eine erhöhte Aktivität durch Aufführung von Glückwunschkantaten für das kursächsische Herrscherhaus. Vielleicht wollte er damit seine Bitte um den Titel eines Hofkapellmeisters, die er in der Widmung der h-Moll-Messe ausgesprochen hatte, unterstützen. Wenn auch der Kurfürst meist nicht persönlich in Leipzig anwesend war, so mag Bach doch damit gerechnet haben, daß dieser von den Aufführungen Kunde erhielt und somit überzeugt sein durfte, Gunst und Titel keinem Unwürdigen zuteil werden zu lassen.

›Herkules auf dem Scheidewege‹ – so nennt der Textdruck Picanders (56f.) das Libretto – wurde von Bach mit seinem studentischen Musikkollegium im Zimmermannschen Kaffeegarten am Nachmittag des 5. September 1733 zum Geburtstage des Kurprinzen Friedrich von Sachsen aufgeführt. Während sich viele andere Glückwunschkantaten ohne Handlung mit einem lyrischen Preisgedicht auf den Gefeierten begnügten, schafft Picander hier ein wirkliches »Dramma per musica«. Herkules, ein beliebtes Symbol barocker Herrschergestalten, war wie kaum ein anderer Sagenheld geeignet, den eben 11jährigen Enkel Augusts des Starken zu verherrlichen, hatte sich der Sohn des Zeus und der Alkmene doch schon in seiner frühesten Jugend als Held hervorgetan, so als er bereits in seiner Wiege die von seiner Feindin, der Göttermutter Hera gesandten Schlangen kurzerhand zerdrückt hatte. Als Handlung wählte Picander jene von Prodikos überlieferte Sage, nach der dem Herkules an einer Wegegabelung zwei Frauen begegnen. Die eine verspricht ihm ein angenehmes, üppiges Leben, wenn er ihrem Wege folge, die andere dagegen Mühsal, aber Tugend und Ruhm, wenn er sich für ihren Weg entscheide. Herkules beschließt, den Weg der Tugend zu gehen; und nun läßt der Dichter durch den Gott Merkur – als Gott der Kaufleute verkörpert er Leipzig und seine Bürger – die aktuelle Deutung des Geschehens offenbaren: Herkules ist ein Abbild des Kurprinzen Friedrich; auch er hat sich schon in seiner frühesten Jugend für den Weg der Tugend entschieden.

Der heutige Hörer, dem Bachs Weihnachts-Oratorium vertraut ist, wird in der Musik dieser Kantate viel Bekanntes wiederfinden; ein Überblick über die wiederverwendeten Sätze mag dies veranschaulichen:

Herkules-Kantate (Vorlage)	*Weihnachts-Oratorium (Parodie)*
Satz	Satz (Teil)
1. Laßt uns sorgen, laßt uns wachen	36 (IV). Fallt mit Danken, fallt mit Loben
3. Schlafe, mein Liebster, und pflege der Ruh	19 (II). Schlafe, mein Liebster, genieße der Ruh
5. Treues Echo dieser Orten	39 (IV). Flößt, mein Heiland, flößt dein Namen
7. Auf meinen Flügeln sollst du schweben	41 (IV). Ich will nur dir zu Ehren leben
9. Ich will dich nicht hören	4 (I). Bereite, dich, Zion
11. Ich bin deine, du bist meine	29 (III). Herr, dein Mitleid, dein Erbarmen
13. Lust der Völker, Lust der Deinen	[43 (V). Ehre sei dir, Gott, gesungen]

Zum letztgenannten Chor war eine Parodierung geplant (am Strophenbau der Dichtung erkennbar); sie ist jedoch nicht ausgeführt worden.

Der Eingangschor, ›Ratschluß der Götter‹ überschrieben, gestaltet in der Motivik des Beginns den Textanfang nach: In der Abwärtsneigung der Melodie auf »Laßt uns sorgen« glaubt man die Geste liebevollen Beschützens wahrzunehmen; im aufwärtsstrebenden »laßt uns wachen« dagegen das abwehrbereite Ausspähen nach Gefahr. Den beiden Motiven gesellt sich noch ein Staccato-Kontrapunkt hinzu, und alle drei verleihen dem Satz, wenn sie von Hörnern, Oboen und Streichern einander zugespielt werden, eine farbige Lebendigkeit. Auch erhält die Kantate durch ihre Besetzung mit Hörnern statt der sonst meist üblichen Trompeten und Pauken etwas Heiter-Strahlendes, fast Beschauliches: Herkules ist noch nicht der streitbare Held, sondern ein Knabe, über dessen Wohl die Götter wachen müssen – schließlich wird Kurprinz Friedrich eben 11 Jahre alt!

Dem entspricht es auch, wenn die Partie des Herkules, der nun im folgenden Seccorezitativ die schlanken Zweige nach dem rechten Wege fragt, von einem Alt gesungen wird, und zwar zu Bachs Zeit selbstverständlich von einem Knaben oder Falsettisten, nicht von einer Frauenstimme.

Antwort gibt ihm die »Wollust« mit jenem berühmten, vom Weihnachts-Oratorium her bekannten Wiegenlied (Satz 3), das den jungen Helden einschläfern und vom rechten Wege abbringen soll. Die nur aus Streichern bestehende Instrumentation – ihr fehlt noch das Oboenkolorit der weihnachtlichen Umarbeitung – unterstützt den sinnenbetörenden Charakter der Arie, während ihr andererseits durch die höhere Lage der Tonart (B-Dur, im Oratorium G–Dur) noch etwas von jener Innigkeit abgeht, die wir an der Oratorienfassung bewundern.

Nun erscheint auch die »Tugend« (Tenor), und beide allegorischen Figuren entfesseln ein rezitativisches Streitgespräch (Satz 4). Herkules, scheinbar noch unschlüssig, befragt das Echo nach dem rechten Wege (Satz 5) – eine echt barocke Spielerei, der hier zugleich die Aufgabe zukommt, die Spannung zu steigern, indem die endgültige Entscheidung des Herkules hinausgeschoben wird – zum Schein freilich nur; denn besieht man sich die Worte des jugendlichen Helden genauer, so liegt sein Entschluß bereits von Anfang an fest, das verlangt die Höflichkeit dem kurfürstlichen Hause gegenüber!

Jetzt tritt die Tugend hervor und verkündet dem jungen Herkules nach einem einleitenden Rezitativ: »Auf meinen Flügeln sollst du schweben«. Bach hat für diese Arie die in Sologesängen sonst ungewohnte Form der Fuge gewählt: Oboe, Solovioline, Continuo und Tenor setzen nacheinander mit dem Thema ein (von anfänglichen Stütztönen des Continuo abgesehen) und sind als gleichberechtigte Stimmen in kontrapunktischem Satz vereint. Alsbald treten auch Umkehrungen des Themenkopfes (Oboe), Engführungen (Violine, Oboe, Tenor) und am Ende des Haupt- sowie des Mittelteils je eine vollständige Umkehrung des Themas im Continuo auf.

Nochmals mahnt die Tugend in kurzem Seccorezitativ (Satz 8); doch nun hat sich Herkules entschieden und tut seinen Entschluß in der Arie ›Ich will dich nicht hören, ich will dich nicht wissen, verworfene Wollust, ich kenne dich nicht‹ kund. Auf den grundverschiedenen »Affekt« dieser Arie gegenüber der Umarbeitung im Weihnachts-Oratorium (›Bereite dich, Zion, mit zärtlichen Trieben‹) hat schon Albert Schweitzer hingewiesen. Die Vorschrift »unisoni e staccato« zum obligaten Violinpart (auch diesmal tritt die Oboe erst in der Oratorienfassung hinzu) unterstreicht den energischen Charakter der Arie mit ihren entschiedenen Rufen »ich will nicht, ich mag nicht!«.

Nunmehr vereinigen sich Herkules und die Tugend zu einem Duett (Satz 11), zu dem ein kurzes Rezitativ hinführt; dem schwärmerischen Liebestext verleiht die Instrumentation mit 2 Violen (ohne hohe Streicher) Innigkeit und Wärme.

Waren bisher alle Rezitative nur als continuobegleitetes Secco komponiert, so erhalten die Deuteworte des Merkur in Satz 12 durch Streicherbegleitung um so größeren Nachdruck. Der Chor, der zu Beginn den Göttern seine Stimme geliehen hatte, stimmt nun als ›Chor der Musen‹ den Schlußgesang zu Ehren des Prinzen an. Die Komposition hat den Charakter einer Gavotte; sie entstammt bereits der Köthener Glückwunschkantate BWV 184a (314) und war ursprünglich nicht mit vierstimmigem Chor, sondern mit zwei Solostimmen besetzt; daran erinnern noch die ausgedehnten Baßpartien, die zwischen die rondoartig wiederkehrenden Tuttiritornelle eingefügt sind. So vortrefflich sich dieser Chor als fröhlicher Ausklang der Herkules-Kantate eignet, so wenig hätte er eine erfüllte Einleitungsmusik zum v. Teil des Weihnachts-Oratoriums abgegeben; und wir dürfen es begrüßen, daß Bach den Plan seiner Wiederverwendung auf den dafür eingerichteten Text »Ehre sei dir, Gott, gesungen« rechtzeitig wieder verworfen hat.

Tönet, ihr Pauken! Erschallet, Trompeten · BWV 214

NBA I/36,91 – AD: ca. 27 Min.

1. CHORUS: Tönet, ihr Pauken! Erschallet, Trompeten	D	3/8
2. RECITATIVO [T]: Heut ist der Tag	h–fis	C
3. ARIA [S]: Blast die wohlgegriffnen Flöten	A	3/4
4. RECITATIVO [S]: Mein knallendes Metall	fis–D	C
5. ARIA [A]: Fromme Musen! meine Glieder	h	3/8
6. RECITATIVO [A]: Unsre Königin im Lande	fis–D	C
7. ARIA [B]: Kron und Preis gekrönter Damen	D	2/4
8. RECITATIVO [B]: So dringe in das weite Erdenrund	G–D	C
9. CHORUS: Blühet, ihr Linden in Sachsen, wie Zedern	D	3/8

Zu der erheblichen Zahl an Glückwunschkantaten der Jahre 1733 und 1734 gehört auch ein Werk zum Geburtstag der Kurfürstin zu Sachsen und polnischen Königin Maria Josepha, das am 8. Dezember 1733 von dem unter Bachs Leitung stehenden studentischen Collegium musicum aufgeführt wurde. Da die Musik einer derartigen Kantate jedoch mit dem einmaligen Erklingen ihre Aufgabe erfüllt hatte, so hat Bach – wie bei Kantate 213 – eine große Zahl von Sätzen später in das Weihnachts-Oratorium übergeführt, und von dorther sind sie weithin bekanntgeworden. Hier eine Übersicht:

Königin-Kantate	*Weihnachts-Oratorium*	
Satz	Satz (Teil)	
1. Tönet, ihr Pauken! Erschallet, Trompeten	1 (I).	Jauchzet, frohlocket, auf, preiset die Tage
5. Fromme Musen, meine Glieder	15 (II).	Frohe Hirten, eilt, ach eilet
7. Kron und Preis gekrönter Damen	8 (I).	Großer Herr, o starker König
9. Blühet, ihr Linden in Sachsen, wie Zedern	24 (III).	Herrscher des Himmels, erhöre das Lallen

Obwohl Bach alle übrigen Chöre und Arien der Kantaten 213 und 214 im Weihnachts-Oratorium wiederverwendet oder doch zur Wiederverwendung vorgesehen hatte, ist Satz 3 unserer

Kantate hiervon ausgeschlossen geblieben. Daß dies aus ästhetischen Gründen geschehen sein sollte, ist unwahrscheinlich, und die nächstliegende Erklärung dafür ist, daß diese Arie in einem andern, heute verschollenen Werk ihre Wiederverwendung gefunden habe, wenngleich hierfür Beweise fehlen.

Der Textdichter der Königin-Kantate ist unbekannt. Der gelegentlich geäußerten Vermutung, Bach selbst könne die Dichtung abgefaßt haben, widerspricht die Beobachtung, daß alle drei Arien der Kantate nach demselben Versschema gebaut sind: Es ist wenig wahrscheinlich, daß sich Bach diesen Zwang auferlegte, ohne in der Komposition die geringsten Konsequenzen daraus zu ziehen.

Das Werk hat den anspruchsvollen Untertitel ›Dramma per musica‹, doch kommt eine dramatische Handlung nicht zustande. Die vier Stimmlagen repräsentieren vier Göttinnen der antiken Mythologie: Bellona, die Göttin des Kriegs (Sopran), Pallas, die Beschützerin der Musen und der Wissenschaft (Alt), Irene, die Friedensgöttin (Tenor) und Fama, der Ruhm (Baß), preisen die Königin, jede auf dem ihr zugeordneten Gebiet. Mehr geschieht nicht.

Um so großartiger ist Bachs Musik, und weil sie der Anspruchslosigkeit der weltlichen Dichtung so völlig unangemessen ist, wird man aus ihr leicht ein »Weihnachts-Oratorium mit verändertem Text« heraushören; denn für unsere Begriffe befindet sich Bach hier in der Rolle dessen, der zu einem Höflichkeitsbesuch statt mit einem Blumenstrauß mit echten Juwelen kommt. Um das zu verstehen, muß man berücksichtigen, daß die schon oft betonte Ungebrochenheit des barocken Weltbildes, die keinen generellen Unterschied zwischen geistlichem und weltlichem Stil kannte, auch in der fürstlichen Macht keine menschliche Willkür, sondern die Verwirklichung des göttlichen Willens auf Erden sah. Es ist daher wohl ein gradmäßiger, aber kein grundsätzlicher Unterschied, ob in der Trompetenarie die »Königin« von Polen oder im Oratorium der starke »König« Jesus verherrlicht wird.

Obgleich uns die meisten Sätze dieser Kantate vom Weihnachts-Oratorium her vertraut sind, so zeigt sich doch, daß die musikalische Erfindung in ihrer Sinnfälligkeit zuweilen erst aus dem originalen Text verständlich wird. So verdankt die Einsatzfolge Pauken–Trompeten–Streicher im Eingangschor ihre Entstehung dem Text der Königin-Kantate, der nacheinander »Pauken«, »Trompeten« und »klingende Saiten« aufruft, die

Königin zu preisen. Dieser Chorsatz, in seiner Dacapoform der Arie verwandt, mit mehrfachem Wechsel in der Dominanz des Orchesters (Choreinbau) und des Chores (Instrumente mitgehend oder begleitend) und mit seinen grandiosen Ausmaßen, zeigt die reiche Vielfalt der Gestaltungsmöglichkeiten, über die Bach auf der Höhe seiner Meisterschaft verfügt.

In den vier Rezitativen des Werkes bringt jede der vier mythologischen Gestalten ihren Glückwunsch vor, Irene und Bellona in continuobegleitetem Secco (Satz 2 und 4), stellenweise vom Continuo mit dramatischer Figuration untermalt, Pallas dagegen mit Streicher- und Fama mit Holzbläserbegleitung (Satz 6 und 8). Während sich aber Irene mit ihrem Rezitativ zu begnügen hat, ist den Rezitativen der übrigen Sänger noch je eine Arie vorangestellt. Dabei versteht sich von selbst, daß der Text »Blast die wohlgegriffnen Flöten« (Satz 3) mit Flöten zu instrumentieren war: Zum Fest, nicht zum Kampf ruft die Kriegsgöttin heute auf. Ebenso selbstverständlich ist, daß der Text »Kron und Preis gekrönter Damen«, das Versprechen der Fama, den Ruhm der Königin in alle Welt zu tragen, mit Trompetenbesetzung zu illustrieren war (Satz 7). Satz 5 dagegen, die Aufforderung der Pallas (Athene) an die Musen, sich an dem Festtag der Königin nicht an »längst bekannten Liedern«, sondern mit spontaner Begeisterung zu erfreuen, ist mit Oboe d'amore begleitet; erst das Weihnachts-Oratorium weist dieser Arie das Hirteninstrument der Flöte zu.

Der Schlußchor endlich ist ein Tanzsatz von klarer periodischer Gliederung. Seine 6 × 16 = 96 Takte zeigen einen hälftigen Aufbau von je 48 Takten, die beidesmal in gleicher Weise ablaufen: Einem Instrumentalsatz (a bzw. b) folgt ein freipolyphoner Chorabschnitt mit nacheinander einsetzenden (Solo-?) Stimmen (x bzw. y), danach der Choreinbau in die Wiederholung des Instrumentalsatzes, so daß folgendes Formschema entsteht:

Großform:	A			B		
Abschnitte:	a	x	a + Chor	b	y	b + Chor
Taktanzahl:	16	16	16	16	16	16

Preise dein Glücke, gesegnetes Sachsen · BWV 215

NBA I/37, 87 – AD: ca. 37 Min.

1. Coro: Preise dein Glücke, gesegnetes Sachsen	D	3/8
2. Recitativo [T]: Wie können wir, großmächtigster August	h–D	C
3. Aria [T]: Freilich trotzt Augustus' Name	G	C
4. Recitativo [B]: Was hat dich sonst, Sarmatien, bewogen	e–A	C
5. Aria [B]: Rase nur, verwegner Schwarm	A	3/8
6. Recitativo [S]: Ja, ja, Gott ist uns noch mit seiner Hülfe nah	fis–h	C
7. Aria [S]: Durch die von Eifer entflammeten Waffen	h	2/4
8. Recitativo [S, T, B]: Laß doch, o teurer Landesvater, zu	A–G	C
9. Coro: Stifter der Reiche, Beherrscher der Kronen	D	6/8

Über die äußeren Umstände, die zu Komposition und Aufführung der Kantate geführt haben, sind wir diesmal außergewöhnlich gut unterrichtet, und der Kritische Bericht der Neuen Bach-Ausgabe (Werner Neumann) gibt eine anschauliche Schilderung der Zusammenhänge.

Der Kurfürst von Sachsen und König von Polen August III. hatte sich mit seiner Gamahlin – offenbar überraschend – für die Zeit vom 2. bis 6. Oktober 1734 in Leipzig angesagt, und da sich am 5. Oktober gerade der Tag seiner Wahl zum polnischen König jährte, so beschlossen die Studierenden der Leipziger Universität, ihm an diesem Tage eine Abendmusik mit Fackelzug darzubringen. Den Text dichtete der Leipziger Magister Johann Christoph Clauder; Bach komponierte die Musik – eine Arbeit, zu der er kaum mehr als drei Tage Zeit gehabt haben dürfte. Vom Ablauf der Veranstaltung gibt der Leipziger Stadtchronist Salomon Riemer ein anschauliches Bild:

> Gegen 9. Uhr Abends brachten Ihro Majt. die allhiesigen Studirenden eine allerunterthänigste Abend Music mit Trompeten und Pauken, so Hr. Capell Meister Joh. Sebastian Bach Cant. zu St. Thom. componiret. Wobey 600. Studenten lauter Wachs Fäckeln trugen, und 4. Grafen als Marschälle

> die Music aufführeten. Der Zug geschahe aus dem schwartzen Bret durch die Ritter Strasse, Brühl und Catharinen Strasse herauf, bis ans Königs Logis, als die Music an der Wage angelanget, giengen auf derselben Trompeten und Pauken, wie den auch solches vom Rath Hause, durch ein Chor geschahe. Bey übergabe des Carmens wurden die 4. Grafen zum Hand Kuß gelaßen, nachegehnds sind Ihro Königl. Majestät, nebst Dero Königl. Frau Gemahlin u. Königl. Printzen, so lange die Music gedauret, nicht vom Fenster weg gegangen, sondern haben solche gnädigst angehöret, und Ihr. Majestät herzlich wohlgefallen.

Freilich fiel am Tage darauf noch ein Wermutstropfen in die Freude über das Gelingen: Bachs erster Trompeter, der Stadtpfeifer Gottfried Reiche, erlag einem Schlaganfall, dessen Ursache die Strapazen des Blasens und der Fackelrauch bei der »Königlichen Musique« gewesen sein sollen.

Der Text, der diesmal nicht einer antiken Götter- oder Hirtenschar in den Mund gelegt ist, nimmt unmittelbar auf die Ereignisse der vergangenen Monate bezug: Nach dem Tode Augusts des Starken war dessen Nachfolger als Kurfürst von Sachsen zwar auch wiederum zum polnischen König gewählt worden; doch war ihm in Stanislaus Leszczynski ein Gegenkönig erstanden, der zunächst besiegt werden mußte. Stanislaus floh nach Danzig, und mit der Kapitulation dieser Stadt am 6. Juli 1734 war der Ausgang der Wirren zugunsten Augusts entschieden. Es ist begreiflich, daß die nur wenige Monate zurückliegenden Ereignisse ihren Niederschlag in der Kantatendichtung finden: Die ersten drei Sätze preisen das Glück, das Sachsen in seinem König zuteil geworden ist; danach wird der Blick auf die Ursache gelenkt: Augustus sei, so erfährt man, nicht allein durch Herkunft, sondern auch durch eigene Tugend ausgezeichnet. Aber auch Gefahren bleiben nicht aus: Solches Glück schafft Neider, die freilich nichts ausrichten können (Satz 5). Das dritte Satzpaar Rezitativ – Arie spielt noch genauer auf die Geschehnisse der letzten Monate an: »Der gesamte Norden«, die »besiegte Weichsel« und Danzig, »jene Stadt, die sich so lang ihm widersetzet hat«, kennen Augusts Kriegsmacht, aber auch seine Gnade; denn der König bestraft nicht, er vergilt »Bosheit mit Wohltat« (Satz 7). Nun wird der Herrscher selbst angeredet, es wird ihm gedankt und endlich der Himmel um künftigen Schutz angerufen.

Fällt so die Dichtung nicht aus dem Rahmen dessen, was wir an Schmeicheleien bei barocker Herrscherverehrung gewohnt sind, so erfrischt er doch durch die Bezogenheit auf die geschichtlichen Vorgänge jener Tage.

Bei der Kürze der Frist, die Bach zur Fertigstellung der Komposition verblieb, liegt die Vermutung nahe, daß auch manches früher Komponierte in die neue Kantate miteingeflossen sei. Freilich ist das in keinem Falle an erhaltenen Kompositionen nachweisbar; und auch die sonst so erfolgreiche Methode, auf Grund des Versschemas in der Dichtung Parodiebeziehungen zu verschollenen Kompositionen (deren Text sich erhalten hat) nachzuweisen, versagt hier: Offenbar hat Bach vor der Fertigstellung der Textdichtung keine Gelegenheit mehr gehabt, Einzelheiten des Parodieverfahrens mit Magister Clauder durchzusprechen, wie er das mit Picander oft zu tun pflegte.

Trotzdem hat Werner Neumann das Urbild des Eingangschors nachweisen können: Es ist der Chor ›Es lebe der König, der Vater im Lande‹ der gleichnamigen Kantate (BWV Anh. 11), die Bach zum Namenstag Augusts des Starken am 3. August 1732 mit dem Collegium musicum – damals freilich nicht im Beisein des Hofes – aufgeführt hatte. Der Satz erfüllte mit seiner vokalen (achtstimmigen) Doppelchörigkeit und einer prächtigen Instrumentation mit Trompeten, Pauken, Flöten, Oboen, Streichern und Continuo alle Voraussetzungen, die an eine Freiluftaufführung in Anwesenheit des Königs zu stellen waren; nur erforderte die Ungleichheit des Strophenbaus mancherlei Änderungen in der Singstimmenführung. So mußte gleich zu Anfang die Auftaktsilbe eingeschliffen werden. Der Beginn des Vokalteils lautete ursprünglich (Sopran + Alt unisono, Tenor + Baß in der tieferen Oktave):

Daraus wurde nun:

Erst über ein Jahrzehnt später, als Bach die h-Moll-Messe vollendete, erhielt der Satz als ›Osanna‹ wieder die ursprüngliche und uns heute aus diesem Großwerk vertraute Form des Anfangsmotivs.

In den folgenden Sätzen verzichtet Bach freilich auf die Beibehaltung der Doppelchörigkeit in den Singstimmen; er beschränkt sich auf 3 Vokalsolisten (Sopran, Tenor, Baß) und faßt im Schlußchor alle Sänger zu einchöriger Vierstimmigkeit zusammen. Doch ist das Instrumentarium dem Anlaß entsprechend reich bedacht; und auch von den vier Rezitativen ist nur eines als Secco komponiert, zwei weitere als motivgeprägtes Accompagnato mit Oboen- bzw. Flötenbegleitung und das letzte, die Anrede an den König, gar mit wechselnder Heranziehung sämtlicher Instrumente.

Die Arien sind mit Sorgfalt aufeinander abgestimmt. Die feierlich-frohe Weise ›Freilich trotzt Augustus' Name‹ des Satzes 3 ist ein begeisterter Lobgesang auf den König (die langgezogene Anfangssilbe läßt wiederum verborgene Parodiebeziehungen ahnen), während zu den Worten ›Rase nur, verwegner Schwarm‹ (Satz 5) ein wahrhaftes Spottlied auf die Feinde des Königs erklingt. Bachs Vorschrift ›Presto‹ und die Anweisung für die Oboe »staccato sempre« machen diese Absicht deutlich.

Ganz anders gibt sich Satz 7, die dritte und letzte Arie der Kantate, mit der die Gnade des Königs gepriesen wird. Schon die ungewöhnliche Instrumentation mit obligater (zweifach besetzter) Flöte, einem durch Oboe d'amore verstärkten Sopran und einer in damaliger Zeit »Bassettchen« genannten Grundstimme aus Violinen und Violetta (einer Bratschenart) läßt erkennen, worauf es Bach dabei ankommt: Das Continuo-Fundament, das Symbol des »Mit-beiden-Beinen-auf-der-Erde-Stehens«, fehlt; denn »Bosheit mit Wohltat vergelten« ist eine ganz und gar unirdische Eigenschaft (365). Bach hat die Kantatenarie später im Weihnachts-Oratorium wiederverwendet auf den Text ›Erleucht auch meine finstre Sinnen‹, und diesmal mit Continuo, für den freilich eine schwächere Besetzung vorgesehen wurde als für die übrigen Sätze.

Zur abschließenden Huldigung treten in Satz 8 zunächst Tenor, Baß und Sopran nacheinander in einem Accompagnatorezitativ hervor, vereinigen sich dann, um in einem ariosen Terzett den Schutz des Himmels anzuflehen, ehe sich alle Beteiligten zu einem hymnischen, in Rondoform (A B A B' A) und überwiegend homophon komponierten Schlußgebet an den »Stifter der Reiche, Beherrscher der Kronen« zusammenfinden.

Auf, schmetternde Töne der muntern Trompeten · BWV 207a

NBA I/37,3 – AD: ca. 31 Min.

1. Chorus: Auf, schmetternde Töne der muntern Trompeten	D	6/8
2. Recitativo [T]: Die stille Pleiße spielt	h–fis	C
3. Aria [T]: Augustus' Namenstages Schimmer	h	¢
4. Recitativo [S, B]: Augustus' Wohl ist der treuen Sachsen Wohlergehn	G–A	C
5. Aria [e Ritornello. S, B]: Mich kann die süße Ruhe laben	D	C
6. Recitativo [A]: Augustus schützt die frohen Felder	A–G	C
7. Aria [A]: Preiset, späte Folgezeiten	G	3/4
8. Recitativo [S, A, T, B]: Ihr Fröhlichen, herbei	D–D	C
9. Chorus: August lebe, lebe König	D	2
[Anhang: Marche	D	C]

Die Kantate, deren Bestimmung zum Namenstage des Kurfürsten und Königs aus Satz 3 ersichtlich wird, ist am 3. August, wahrscheinlich 1735 (oder in einem der unmittelbar angrenzenden Jahre) aufgeführt worden. In der Mehrzahl ihrer Sätze ist sie eine Parodie der Kantate 207 aus dem Jahre 1726; nur die Sätze 2, 4 und 6 sind Neuschöpfung. Dem unbekannten Textdichter erwuchs daraus die Aufgabe, sich an das Textschema des bereits vorliegenden Werkes zu halten – eine Aufgabe, deren sich der Poet zwar einigermaßen geschickt entledigte, doch ohne einen Text zuwegezubringen, der sich über das Maß schlichter Brauchbarkeit hinaus zu dichterischem Eigenwert erhebt.

Das Werk gehört, wenngleich keine eigentliche Handlung erkennbar ist, dem Typus des »Dramma per musica« an: Eingerahmt von zwei vollstimmigen Chorsätzen preisen Einzelgesänge der vier Solisten die hervorragenden Eigenschaften des Monarchen und das daraus resultierende Glück der Untertanen. Wahrscheinlich haben wir es mit mythologischen oder allegorischen Gestalten zu tun, über deren Bedeutung uns der Textdruck, wäre ein Exemplar erhalten geblieben, Aufschluß gegeben hätte. Ohne ihn läßt sich höchstens vermuten, daß der Sopran vielleicht den Frieden (Irene? – vgl. Satz 4), der Baß den Krieg (Mavors = Mars? – vgl. Satz 4), der Tenor möglicherweise die Weisheit (Apollo? – vgl. Satz 8), vielleicht aber auch die Stadt Leipzig (vgl. Satz 2) darzustellen haben; doch auch Flüsse (Pleiße in Satz 2 und 8, Elbe in Satz 4) und der Gott Merkur (Satz 4) werden genannt, so daß auch ganz andere Gestalten denkbar wären. Am wenigsten eindeutig ist die Funktion des Altsolisten, in dem man bald eine Gottheit der Wälder und der Jagd (Satz 6), bald des Nachruhms (Satz 7) vermuten möchte.

Die Sätze 1, 3, 5, 7–9 sind aus Kantate 207 (681 ff.) übernommen und im wesentlichen nur soweit verändert worden, wie es die Neutextierung erforderte. Satz 3 erhielt zu den Streichern noch eine Oboe zugeteilt, die jedoch in der Hauptsache als Tuttiverstärkung der Violine 1 dient. Die Rezitativsätze 2, 4 und 6 sind Neukomposition, alle drei nur continuobegleitet, jedoch in Satz 2 mit charakteristischen Instrumentalfiguren versehen, die die Wellen der »stillen Pleiße« darstellen, und in Satz 4 mit motivischen Continuozwischenspielen zur Markierung der Gesangszäsuren.

Wahrscheinlich hat Bach auch erst zur Aufführung dieser Kantate den Marsch hinzukomponiert, der offenbar mit einem beträchtlichen Aufgebot an Spielern musiziert wurde, jedoch nicht eigentlich zur Kantate gehört, sondern vermutlich als Aufzugsmusik verwendet wurde, wie sie uns in Zusammenhang mit der Aufführung der Kantate 215 beschrieben ist (668 f.).

Schleicht, spielende Wellen • BWV 206

NBA I/36, 159 – AD: ca. 43 Min.

1. Chorus: Schleicht, spielende Wellen	D	$\frac{3}{8}$
2. Recitativo [B]: O glückliche Veränderung	A–A	C
3. Aria [B]: Schleuß des Janustempels Türen	A	$\frac{2}{4}$
4. Recitativo [T]: So recht! beglückter Weichselstrom	fis–h	C
5. Aria [T]: Jede Woge meiner Wellen	h	$\frac{6}{8}$
6. Recitativo [A]: Ich nehm zugleich an deiner Freude teil	D–fis	C
7. Aria [A]: Reis von Habsburgs hohem Stamme	fis	C

8.	Recitativo [S]: Verzeiht, bemooste Häupter starker Ströme	A–e	C
9.	Aria [S]: Hört doch der sanften Flöten Chor	G	C
10.	Recitativo [S, A, T, B]: Ich muß, ich will gehorsam sein	e–D	C
11.	Chorus: Die himmlische Vorsicht der ewigen Güte	D	12/8

Die Entstehungsgeschichte dieser Kantate ist recht kompliziert. Wenn nicht alles täuscht, hatte Bach ihre Komposition ursprünglich zur Feier des Geburtstags des Königs am 7. Oktober 1734 aufführen wollen, dann aber zurückgestellt, als bekannt wurde, daß das Königspaar wenige Tage vor dem Geburtstag persönlich in Leipzig sein werde – zu diesem Anlaß hat Bach dann die eilends komponierte Kantate 215 (668ff.) aufgeführt. Erst zwei Jahre später, vielleicht zum 7. Oktober 1736, hat Bach das zurückgestellte Werk vollendet und aufgeführt und wahrscheinlich einige Jahre danach (1740?) zum Namenstage des Königs mit geringfügigen Textänderungen wiederholt.

Das Werk ist als »Dramma per musica« entworfen. In der bescheidenen Handlung treten vier Flüsse als personifizierte Vertreter ihres Landes oder ihrer Stadt auf: die Weichsel (Polen), die Elbe (Sachsen), die Donau (Österreich: Maria Josepha, die Gattin Augusts III., war eine österreichische Prinzessin) und die Pleiße (Leipzig). Weichsel, Elbe und Donau bringen ihre Gründe vor, um den Monarchen für sich zu beanspruchen; endlich schlichtet die Pleiße den Streit: Sie entscheidet, daß die Donau das Königspaar zwar verehren, es aber den übrigen Flüssen gänzlich überlassen solle; Weichsel und Elbe sollen sich abwechselnd in die Anwesenheit des Fürsten teilen. Schweren Herzens fügen sich die Ströme in den Richterspruch und vereinigen sich zu einem Huldigungschor an den Herrscher.

Hat aber der unbekannte Dichter damit eine zwar originelle, in ihrem Ablauf jedoch nicht gerade atemberaubende Handlung entworfen, so ist dagegen Bachs Komposition ungewöhnlich reich an musikalischen Schönheiten.

Die festliche Besetzung mit Trompeten, Pauken, Querflöten, Oboen, Streichern, Continuo und vier Singstimmen läßt trotz der vorgerückten Jahreszeit des kurfürstlichen Geburtstages (7. Oktober) an eine Freiluftaufführung denken. Eingerahmt von zwei großangelegten Chorsätzen ist jedem der vier Flüsse ein Formpaar Rezitativ – Arie zugewiesen, wobei die Singstimmenlage vom Baß beginnend über Tenor und Alt zum Sopran aufsteigt; danach bringt ein Rezitativ aller vier Solisten (wiederum in aufsteigender Folge der Stimmlagen) die Handlung zum Abschluß und leitet zugleich zum chorischen Finale über.

Auch die Anordnung der Tonarten folgt insoweit der Handlung, als den streitenden Flüssen im Rahmen der Grundtonart D-Dur (der Ecksätze) mit den Tonarten A–h–fis zunächst der Raum der Dominant- und Paralleltonarten zugewiesen ist, während der Richterspruch der Pleiße mit einer Arie im subdominantischen G-Dur den Umschwung der Handlung und zugleich des Modulationsverlaufs kennzeichnet.

Der Eingangschor ist ein originelles Tongemälde der rauschenden Ströme, dessen schon in der Einleitung angedeutete dynamische Kontraste aus den Textworten »murmelt gelinde« und »nein, rauschet geschwinde« gewonnen werden. Im Mittelteil sind dann »die Dämme der Schüchternheit« endgültig durchbrochen: In freudigem Allegro strömt der vierstimmige Vokalsatz, von Holzbläsern und Streichern begleitet, dahin.

Einem Seccorezitativ folgt die Arie ›Schleuß des Janustempels Türen‹ (Satz 3), inhaltlich auf die Überwindung der polnischen Wirren anspielend, musikalisch als tänzerisch-feierliche Baß-Arie mit Begleitung von Streichern, unter denen die Violine 1 mehrfach konzertierend hervortritt.

Mit Satz 4, einem Seccorezitativ, das in ein Arioso mündet, tritt die Elbe auf den Plan. Die ihr zugeteilte Arie (Satz 5) wirkt durch die Passagen der obligaten Solovioline recht virtuos; dabei ist das Hineinrufen des »goldnen« Wortes »August« durch den Tenor in das Konzertieren der Violine (wie auch zuvor schon des Wortes »ruft«) von bezaubernder Wirkung. Nicht weniger reizvoll wird im Mittelteil das Schwellen der Fluten und ihr Zurückprallen von ausgedehnten Koloraturen gemalt.

Mit dem dritten Seccorezitativ der Kantate (Satz 6) führt sich die Donau ein. Ihre Arie (Satz 7), die auf die hohe Herkunft der Kurfürstin anspielt, schlägt mit 2 obligaten Oboen feierlichere Töne an. Auffällig ist ihr synkopischer Rhythmus, der zu jener Zeit als modisch empfunden worden sein dürfte.

Endlich tritt die Pleiße auf, zunächst gleichfalls mit einem Seccorezitativ, dann mit einer Arie (Satz 9), in der der Klang dreier Flöten zur Eintracht mahnen soll – eine Wirkung, die der

Hörer diesem fesselnden und originellen Satz und seiner ungewöhnlichen Instrumentation gerne zugestehen wird.

Das Rezitativ, das die Handlung zum Abschluß bringt (Satz 10), beginnt als Secco: Weichsel, Elbe und Donau fügen sich dem Schiedsspruch der Pleiße. Zu ihrem Schlußwort, das mit Hinweis auf den königlichen Geburtstag (zum Namenstag wurde der Text ein wenig geändert) den Schlußchor einleitet, treten Streicherakkorde hinzu.

Der Schlußchor im Charakter einer Gigue hat – wie häufig in Bachs Glückwunschkantaten – Rondoform: Der Hauptteil erklingt dreimal; die beiden Zwischenteile treten dynamisch zurück, da im ersten die Trompeten schweigen, während im zweiten nur noch Sopran und Alt zu einem »Baß« von Violinen und Viola singen, so daß die Schlußwiederholung des Hauptteils Satz und Werk desto wirkungsvoller abschließt.

3. Festmusiken zu Leipziger Universitätsfeiern

Als Bach 1723 nach Leipzig kam, hatte es der Nikolaiorganist Johann Gottlieb Görner bereits verstanden, den durch Johann Kuhnaus Tod frei gewordenen Posten des Universitätsmusikdirektors an sich zu reißen. Zwar gelang es dem streitbaren Bach, eine Aufgabenteilung zu erwirken, die ihm die Ausgestaltung der »alten Gottesdienste« (zu Weihnachten, Ostern, Pfingsten, Reformationsfest sowie der sogenannten »Quartalsorationen«) zusicherte; doch verlor er, vielleicht wegen der Vorzugsstellung, die Görner auch persönlich bei der Universität genoß, nach 1725 allmählich das Interesse an diesen Aufgaben. Daher kommt es, daß die von Bach komponierten Festmusiken meist nur am Rande des offiziellen akademischen Lebens Leipzigs angesiedelt sind, sei es, daß sie sich an nichtakademische Persönlichkeiten wenden (BWV Anh. 20, BWV 198), sei es, daß sie außerhalb akademischer Feiern aufgeführt wurden (BWV 205, 207, 36b). Zu den letztgenannten zählt auch eine Kantate ›Murmelt nur, ihr heitern Bäche‹ (ohne BWV-Nr.), die zu Ehren des Leipziger Juristen Dr. Johann Florens Rivinus von seinen Studenten am 9. Juni 1723 als Abendmusik dargebracht wurde. Doch wird Bachs Autorschaft an der (verschollenen) Musik lediglich vermutet, Belege fehlen.

Lateinische Ode (Text verloren) · BWV Anh. 20

Die zum Geburtstage des Herzogs Friedrich II. von Sachsen-Gotha komponierte Musik wurde in einem akademischen Festakt am 9. August 1723 in der Leipziger Universität aufgeführt. Musik und Text sind verschollen, obwohl der Text zu diesem Anlaß gedruckt worden war. Einzelheiten enthält der Kritische Bericht NBA I/38, S. 10.

Zerreißet, zersprenget, zertrümmert die Gruft · BWV 205

NBA I/38, 3 – AD: ca. 41 Min.

1. Chor der Winde: Zerreißet, zersprenget, zertrümmert die Gruft	D	$\frac{3}{4}$
2. Recitativo [B]: Ja, ja! die Stunden sind nunmehro nah	G–fis	C
3. Aria [B]: Wie will ich lustig lachen	A	C
4. Recitativo [T]: Gefürcht'ter Äolus	cis h	C
5. Aria [T]: Frische Schatten, meine Freude	h	$\frac{3}{8}$
6. Recitativo [B]: Beinahe wirst du mich bewegen	D–D	C
7. Aria [A]: Können nicht die roten Wangen	fis	C
8. Recitativo [S, A]: So willst du, grimmger Äolus	cis–E	C
9. Aria [S]: Angenehmer Zephyrus	E	$\frac{12}{8}$
10. Recitativo [S, B]: Mein Äolus, ach! störe nicht die Fröhlichkeiten	h–D	C
11. Aria [B]: Zurücke, zurücke, geflügelten Winde	D	$\frac{3}{8}$
12. Recitativo [S, A, T]: Was Lust! Was Freude! Welch Vergnügen	G–G	C
13. Aria [A, T]: Zweig und Äste	G	$\frac{3}{4}$
14. Recitativo [S]: Ja, ja! ich lad euch selbst zu dieser Feier ein	D–D	C
15. Chorus: Vivat August, August vivat	D	2

Am 3. August 1725 brachten die Leipziger Studenten dem Universitätslehrer Dr. August Friedrich Müller eine Ovation zu seinem Namenstag dar. Der Geehrte erfreute sich bei seinen Studenten großer Beliebtheit. Er war 1684 geboren, also mit Bach fast gleichaltrig. Seit 1707 Magister und seit 1714 Dr. jur., erlangte er 1731 noch die Professorenwürde und war 1733 und 1743 Rector magnificus. Wahrscheinlich ist Bachs Kantate als studentische Abendmusik vor Müllers Haus aufgeführt worden.

Das Werk ist als »Dramma per musica« abgefaßt; die Textdichtung lieferte Picander (56f.), der sie im 1. Band seiner Gedichte abgedruckt hat. Die Handlung ist denkbar einfach: Pallas Athene feiert mit den Musen auf dem Helikon ein Fest zu Ehren des Gelehrten, muß aber fürchten, daß der Gott der Winde,

Äolus, schon die Herbststürme loslassen werde. Tatsächlich verkündet auch Äolus seinen Winden schon baldige Freilassung und freut sich selbst auf die kommenden Stürme. Nachdem bereits Zephyrus, der Gott der milden Sommerlüfte, und Pomona, die Göttin des Obstbaues, um Aufschub gebeten hatten, erreicht endlich Pallas durch ihren Hinweis auf die Ehrung des allseitig geschätzten August Müller die Zusage des Äolus, die Ruhe der Jahreszeit vorläufig noch nicht zu stören. Darauf lädt Pallas alle Anwesenden ein, selbst an ihrer Feier teilzunehmen und in ein »Vivat« auf den gelehrten Mann einzustimmen.

Bachs Komposition ist das Musterbeispiel einer prächtig besetzten Freiluftmusik, zu der ein Instrumentarium von Trompeten, Pauken, Hörnern, Flöten, Oboen, Streichern und Continuo aufgeboten wird, dazu 4 Singstimmen.

Ein lebhafter ›Chor der Winde‹ leitet das Werk ein; dichterisches Vorbild hierzu war die bekannte Schilderung des Äolus und seiner Winde im ersten Buch der Äneis Vergils. In konzertierendem Gegeneinander, in auf- und absteigenden Skalenläufen, in die auch der Continuo miteinbezogen wird, entwirft Bach ein anschauliches tönendes Bild der ungeduldigen Winde.

Das Rezitativ des Äolus (Satz 2) nimmt dieses Bild auf. In voller Orchestrierung branden auch hier in den rezitativischen Gesang die Skalenfiguren der Instrumente. Auch die Arie des Äolus (Satz 3) setzt diese Stimmung fort und malt das Lachen des Gottes in zahlreichen Tonrepetitionen. Besonders der Mittelteil steigert sich auf die Worte »und wenn die Dächer krachen« zu lebhafter Zweiunddreißigstelbewegung der begleitenden Instrumente.

Nun aber tritt Zephyrus auf und singt nach einem kurzen Rezitativ eine jener beliebten »Schatten«-Arien, die in ihrer beschaulichen Naturschilderung zum ständigen Repertoire der italienischen Barockoper gehören. Bachs Arie des Zephyrus (Satz 5) jedoch ist ein besonderes Juwel und läßt ihre Vorbilder weit hinter sich. Viola d'amore und Viola da gamba als Obligatinstrumente schaffen nach den polternden Gesängen des Äolus der vorhergehenden Sätze nun eine Atmosphäre der Stille und Ruhe.

Es ist aufschlußreich zu beobachten, wie Bach auch die folgenden Arien der Pomona und der Pallas, die wie die eben geschilderte das Ziel haben, den Äolus zu besänftigen, trotz ähnlicher Grundstimmung unterschiedlich anzulegen weiß. Diesem Zweck dient besonders die wechselnde Instrumentation:

Auf Viola d'amore und Viola da gamba (Zephyrus) folgen in Satz 7 Oboe d'amore (Pomona) und in Satz 9 eine virtuos gespielte Violine (Pallas); aber auch die Tonartenfolge, die von h-Moll (Satz 5) im Quintenzirkel aufwärts über fis-Moll (Satz 7) nach E-Dur (Satz 9) führt, kennzeichnet die Zielstrebigkeit der Handlung, die nach immer eindringlicherem Bitten ahnen läßt, daß mit dem Auftreten der Pallas im strahlenden Dur der Umschwung der Handlung einsetzt.

Dieser Umschwung vollzieht sich dann auch tatsächlich in dem Rezitativ ›Mein Äolus, ach störe nicht die Fröhlichkeiten‹, dessen Bedeutung durch das Hinzutreten zweier Querflöten gekennzeichnet ist. Zugleich vollzieht sich der Wandel auch in der Tonartenfolge, die sich plötzlich wieder zur Tonika D-Dur zurückwendet (Arie des Äolus), um sich anschließend dem bisher noch ausgesparten Bereich der Subdominante G-Dur zuzuwenden. Die Arie des Äolus ›Zurücke, zurücke, geflügelten Winde‹ (Satz 11) aber steht in völligem Gegensatz zu den drei vorangegangenen: Mit dem polternden Äolus treten nun Trompeten, Pauken und Hörner als alleinige Begleitinstrumente zum Continuo – eine bei Bach singuläre Arienbesetzung. Dabei ist es reizvoll zu beobachten, wie Bach die hohe Lage der Trompeten und die tiefe Lage der Hörner programmatisch verwendet: Auf die Worte des Mittelteils »so weht doch itzund nur gelinde« bleiben von dem Furioso der Blechmusik nur noch die beiden Hörner übrig.

Ein Terzett-Rezitativ (Satz 12) gibt der Freude der Bittsteller über die Erfüllung ihrer Wünsche Ausdruck; und in einem flötenbegleiteten Duett der Pomona und des Zephyrus (Satz 13) werden noch einmal sanfte Töne angeschlagen: Pomona bringt ihre Früchte als Gaben, Zephyrus das sanfte Wehen des Sommerwindes.

Zum Schluß vereinigt sich wieder die volle Besetzung in einem Gratulations-Chor, dessen immer erneut aufbrausendes »Vivat« schon die Instrumentaleinleitung, dann aber auch die Gesangsteile beherrscht. Auf geistvolle Weise wird im Mittelteil das »Vivat« zuweilen auch allein von den Instrumenten zu anders textiertem Gesang des Chores hineingerufen.

Vereinigte Zwietracht der wechselnden Saiten · BWV 207

NBA I/38,99 – AD: ca. 32 Min.

1. Chorus: Vereinigte Zwietracht der wechselnden Saiten	D	6/8
2. Recitativo [T]: Wen treibt ein edler Trieb	h–h	C
3. Aria [T]: Zieht euren Fuß nur nicht zurücke	h	¢
4. Recitativo [S, B]: Dem nur allein soll meine Wohnung	G–D	C
5. Aria Duetto [e Ritornello. S, B]: Den soll mein Lorbeer schützend decken	D	¢
6. Recitativo [A]: Es ist kein leeres Wort	G–G	C
7. Aria [A]: Ätzet dieses Angedenken	G	3/4
8. Recitativo [S, A, T, B]: Ihr Schläfrigen, herbei	D–D	C
9. Chorus: Kortte lebe, Kortte blühe	D	2

Mit dieser Kantate wurde Dr. Kortte, ein Leipziger Professor geehrt, der unter den Studenten nicht weniger beliebt gewesen zu sein scheint wie August Müller, dem die zuvor betrachtete Kantate 205 gewidmet war. Initiator der Huldigungsmusik dürfte einer seiner Studenten gewesen sein; Anlaß war »D. Korttens erhaltene Profession«: Am 11. Dezember 1726 hatte er seine Antrittsvorlesung als Professor der Rechtswissenschaft gehalten – übrigens auswendig, weil er sein Manuskript zu Hause vergessen hatte. Die Kantate wird am selben Tage oder kurz danach aufgeführt worden sein.

Der Verfasser der Textdichtung ist unbekannt. Nach Art des »Dramma per musica« treten darin vier Solosänger auf, offensichtlich allegorische Personen, deren Bedeutung aus dem Textdruck zweifellos zu ersehen war; doch leider ist uns keiner erhalten. Nur an zwei Stellen der Partitur hat Bach selbst eine Angabe beigefügt; demnach personifiziert der Alt die »Dankbarkeit« und der Baß die »Ehre«. Die beiden übrigen Personen sind – bisher unwidersprochen – gemäß dem Textinhalt als »Glück« (Sopran) und »Fleiß« (Tenor) gedeutet worden.

Der Eingangschor ist durch Umarbeitung einer älteren Komposition entstanden, und dieser Umformungsprozeß ist eine bewundernswerte Leistung Bachs. Dem Instrumentalsatz liegt nämlich der 3. Satz des ersten Brandenburgischen Konzerts (BWV 1046) zugrunde, der von F- nach D-Dur transponiert worden war. Die beiden Hörner hatten 3 Trompeten und Pauken weichen müssen, den 3 Oboen hatte Bach noch 2 Querflöten zugesellt, und der konzertierende Part der Terzgeige (Violino piccolo) war in den Chor- und Orchesterpart eingegangen. In diesen vorgegebenen Rahmen hat Bach den Chorpart hineinkomponiert; dabei erfuhr der Satz eine Verlängerung von insgesamt 6 Takten und überdies – dem Textbau entsprechend – eine Umformung des Eingangsthemas zu auftaktiger Metrik, in die nunmehr auch der Instrumentalpart durch Vorsetzen eines Auftaktachtels einbezogen wurde. In der Einheitlichkeit des so entstandenen Gebildes, der Bruchlosigkeit, mit der sich der Chorsatz dem Instrumentalpart einfügt, als habe er ihm schon von allem Anfang an zugehört, offenbart sich die reife Meisterschaft, die der einundvierzigjährige Bach erlangt hatte.

Als Binnensätze finden wir die übliche Wechselfolge von Rezitativen und Arien, und zwar drei Doppelglieder Rezitativ – Arie (um alle Stimmlagen solistisch hervortreten zu lassen, wurden die Sätze 4 und 5 zu Duetten gestaltet), danach ein abschließendes, mit Streichern und Bläsern ausinstrumentiertes Rezitativ, in dem nochmals alle Solisten nacheinander zu Worte kommen.

Die drei Arien zeigen eine reiche Vielfalt in Charakter, Besetzung und Form. Satz 3, in vollstimmigem Streicherklang, besticht durch seine synkopisch-modische Rhythmik, mit der offenbar das mühsame Voranschreiten, die »sauren Tritte« dessen, der den Weg des Fleißes erwählt hat, charakterisiert werden sollen. Satz 5, ein continuobegleitetes Duett, führt die beiden Singstimmen im Hauptteil in imitatorischem Satz; der Continuo gibt im Eingangsritornell das Thema an, beschränkt sich aber in den Gesangsabschnitten auf durchgängige Achtelbegleitung. Im Mittelteil dieses Dacaposatzes treten beide Singstimmen nacheinander einstimmig hervor. Überraschend ist der Schluß des Satzes: Der Wiederholung des Hauptteils folgt unerwartet das II. Trio aus dem ersten Brandenburgischen Konzert, das bereits den Instrumentalsatz zum Eingangschor geliefert hatte, gleichfalls nach D-Dur transponiert und mit Trompeten statt Hörnern besetzt, ferner in den Wiederholungen mit Pizzicato-Akkorden der Streicher und des Continuo angereichert – ein geschickter Kunstgriff Bachs, mit dem er u. a. wohl die Absicht verfolgte, das Nacheinander dreier Continuosätze (4, 5, 6) aufzulockern. Satz 7 gesellt der Altstimme 2 obligate Flöten in imitatorischem Satz bei, dazu die all' unisono zusammengefaßten Violinen und Violen mit einem vielfach wiederholten Repetitionsmotiv in punktiertem Rhythmus, dessen ostinates Beharren wohl den Text »Ätzet dieses Angedenken in den härtsten Marmor ein« interpretieren soll.

Der schlichte, homophone und mitreißende Schlußchor hat in seiner klar überschaubaren Gliederung und seinem lapidaren Rhythmus ausgesprochenen Tanzcharakter: Ein dynamisch zurücktretender 28-taktiger Mittelteil wird umrahmt von einem hälftigen Hauptteil, der in 4 × 16 Takten die Form eines zweiteiligen Reprisensatzes aufweist, wobei jeder der beiden Teile zunächst mit Choreinbau (32 f.), in der Wiederholung jedoch rein instrumental vorgetragen wird.

Ein in der Partitur dieser Kantate gleichfalls enthaltener und daher häufig zusammen mit diesem Werk aufgeführte rein instrumentaler Marsch gehört aller Wahrscheinlichkeit nach als selbständige Aufzugsmusik zum Parodiewerk BWV 207a (673).

Laß, Fürstin, laß noch einen Strahl (Trauer-Ode) · BWV 198

NBA I/38, 181 – AD: ca. 35 Min.

1. [Chor]: Laß, Fürstin, laß noch einen Strahl	h	C
2. Recitativo [S]: Dein Sachsen, dein bestürztes Meißen	fis–fis	C
3. Aria [S]: Verstummt, verstummt, ihr holden Saiten	h	C
4. Recitativo [A]: Der Glocken bebendes Getön	G–fis	C
5. Aria [A]: Wie starb die Heldin so vergnügt	D	12/8
6. Recitativo [T]: Ihr Leben ließ die Kunst zu sterben	G–fis	C
7. [Chor]: An dir, du Fürbild großer Frauen	h	2
Pars secunda. Nach gehaltener Trauerrede		
8. [Aria. T]: Der Ewigkeit saphirnes Haus	e	3/4
9. Recitativo [B]: Was Wunder ists? Du bist es wert	G–h	C, 3/4, C
10. Chorus ultimus: Doch, Königin! du stirbest nicht	h	12/8

Über die Entstehungsgeschichte dieses Werkes sind wir außergewöhnlich gut unterrichtet. Den Anlaß zur Komposition bot der Tod der Gemahlin Augusts des Starken, der Kurfürstin Christiane Eberhardine am 5. September 1727, einer Frau, die in Sachsen allseitige Verehrung genoß, weil sie den Übertritt ihres Gemahls zum Katholizismus (zur Erlangung der polnischen Königskrone) nicht mitvollzogen hatte. Der Leipziger Student Carl von Kirchbach hatte bald darauf die Universität und den Kurfürsten um die Erlaubnis zur Abhaltung einer Lob- und Trauerrede in der Paulinerkirche gebeten, den Text zu einer Trauermusik bei Gottsched (64f.) und die Komposition dazu bei Bach bestellt. Wiederum versuchte man seitens der Universität, den bevorzugten Görner (40) die Musik komponieren und aufführen zu lassen; und nur der Standhaftigkeit Kirchbachs, der drohte, die ganze Veranstaltung abzusagen, ist es zu verdanken, daß Bach den Auftrag behielt. Beschämend und zugleich belustigend ist es, daß man Bach aus diesem Anlaß einen Revers unterschreiben lassen wollte, der Auftrag stelle keinen Präzedenzfall dar, aus dem künftige Rechte abgeleitet werden könnten, daß sich jedoch der Registrator der Universität am 11. und 12. Oktober vergeblich um die Unterschrift Bachs bemühte.

Nach dem autographen Schlußdatum hat Bach die Partitur am 15. Oktober 1727 fertiggestellt. Die Trauerfeier fand bereits zwei Tage darauf, am 17. Oktober statt. Die Zeit zur Einrichtung des Stimmenmaterials und zum Proben muß also recht knapp gewesen sein.

Gottscheds *Dichtung* weicht als »Ode«, also als Strophengedicht, von der herkömmlichen Form des Kantatenlibrettos ab, und es ist fraglich, ob sich Gottsched mit Bachs Vertonung des Textes in Arien und Rezitativen sowie mit der willkürlichen Zerreißung der Strophen zu den einzelnen Sätzen hat anfreunden können. Denn Bach hat die neun 8-zeiligen Strophen in seiner Komposition wie folgt aufgeteilt:

Dichtung		*Komposition*
Strophe	Zeilen	Satz
1	1–4	1. Chor
	5–8	2. Rezitativ (Sopran)
2	1–4	
	5–8	3. Arie (Sopran)

3	1–8	4. Rezitativ (Alt)	
4	1–4	5. Arie (Alt)	
	5–8	6. Rezitativ (Tenor)	
5	1–4		
	5–8	7. Chor	
6	1–8	8. Arie (Tenor)	
7	1–8	9. Rezitativ	(Baß)
8	1–4	Arioso	
	5–8	Rezitativ	
9	1–8	10. Chor	

Bedenkt man, wie spät die Komposition fertiggeworden ist, so drängt sich die Vermutung auf, der Baß habe vielleicht ursprünglich ebenso wie Sopran, Alt und Tenor (in absteigender Folge!) nicht nur ein Rezitativ, sondern auch eine Arie erhalten sollen, wozu Strophe 8, vergleicht man die sonstige Aufteilung, reichlich Text geliefert hätte.

Bachs *Komposition* verlangt ein ungewöhnlich reiches Instrumentarium. Die Holzbläser sind mit je 2 Querflöten und Oboi d'amore vertreten[1], die Streicher um 2 Viole da gamba vermehrt, der Continuo um 2 Lauten; und wenn wir dem Chronisten glauben dürfen, so war an der Ausführung des Continuo außer der Orgel noch ein Cembalo beteiligt, das Bach selbst gespielt und von dem aus er die Aufführung geleitet haben soll.

Beginn, Mitte und Schluß des Werkes werden durch je einen *Chorsatz* mit Gesamtinstrumentarium markiert. Jeder dieser Chorsätze repräsentiert ein eigenes musikalisches Prinzip, und zwar der Eingangssatz das Konzert, genauer das Gruppenkonzert. Die einzelnen Instrumentengruppen treten wechselweise hervor: Flöten, Oboen, Violinen mit Viola, Gamben. Der Chor ist, figurativ aufgelockert, in dieses instrumentale Konzertieren hineinkomponiert. Die Gesamtform ist hälftig (A A'), jeder der beiden Teile umfaßt den gesamten vierzeiligen Text. Der zweite Chor (Satz 7) repräsentiert das Prinzip der Fuge; auch er ist hälftig angelegt; beide Teile, durch einen thematischen Orchesterzwischensatz getrennt, bestehen aus je einer Fugenexposition, der sich ein aufgelockerter akkordlicher Nachsatz anschließt. Der Schlußchor endlich repräsentiert das Prinzip des

1 Ein zeitgenössischer Bericht nennt auch noch Blockflöten, die im Partiturautograph nicht vermerkt sind; doch sind die Aufführungsstimmen nicht erhalten.

tänzerischen Liedes; er ist eine Chor-Arie mit teilweise obligaten Instrumenten, die zwar zuweilen ein wechselchöriges Konzertieren andeuten, ohne dadurch jedoch den Gesamteindruck des Tänzerisch-Liedhaften zu verschleiern. Der Aufbau gibt sich als ritornellumrahmte zweiteilige Reprisenform zu erkennen; die Melodik hat Gigue-Charakter. Bemerkenswert ist das (wiederholte) Chor-Unisono im B-Teil, das, auf den Text »Ihr Dichter, schreibt, wir wollens lesen:« folgend, die Worte der Dichter als Zitat hervorhebt: »Sie ist der Tugend Eigentum, der Untertanen Lust und Ruhm, der Königinnen Preis gewesen«.

Den drei Chorsätzen gliedern sich drei *Arien* ein, in denen verschiedene Instrumente und Instrumentengruppen solistisch hervortreten, und zwar in der ersten (Satz 3) Violinen und Viola, in der zweiten (Satz 5) die beiden Gamben, begleitet von den Lauten des Continuo, und in der dritten (Satz 8) Flöte und Oboe, in zweiter Linie Gamben und Lauten als figurative Auszierung des Continuo mit begleitenden Stützakkorden der Violinen. Zwei vollstimmige Ariensätze umrahmen also einen durch Gamben- und Lautenklang dynamisch zurücktretenden, »stillen« Satz von intimem Charakter.

Die übrigen vier Sätze 2, 4, 6 und 9 sind *Rezitative*. Diese erfordern bei der textlichen Anlage des Werkes eine differenziertere musikalische Behandlung als in madrigalischer Dichtung. So sind die drei ersten Rezitative vollständig und das letzte teilweise als Accompagnato vertont, vielfach motivgeprägt, um einer charakteristischen Textwendung Nachdruck zu verleihen. In Satz 2 sind es die Streicher, die auf den Text »Dein Sachsen, dein bestürztes Meißen erstarrt ...« zunächst mit kurzen Akkordeinwürfen, dann aber von den Worten »das Auge tränt« an durch Wellenbewegung den Text sinnfällig ausdeuten. Noch drastischer geschieht das in Satz 4, in dem Flöten und gezupfte Streicher ein realistisches Bild des Glockenklangs in verschiedenen Tonlagen vom kleinen Glöcklein (Flöte) bis zur sonoren Glocke der Gamben und des Continuo entwerfen. Auch Satz 6 ist ein motivgeprägtes Accompagnato; doch scheinen die Motive der beiden Oboen sowie die ständig wiederkehrende Dreiklangsbrechung im Continuo hier ohne sinnfällig-realistischen Textbezug zu sein. Satz 9 ist in sich dreigeteilt: Ein einleitendes Secco geht in ein ebenfalls nur vom Continuo begleitetes Arioso über und dieses in ein von Holzbläsern ausinstrumentiertes Accompagnatorezitativ, diesmal ohne motivische Prägung. Auf diese Weise werden die 16 Textzeilen gegliedert.

Bach hat später die Arien und die beiden Rahmenchöre, mit anderem Text versehen, wiederverwendet, die Chöre sogar mehrmals:

Satz 1 und 10 gingen zunächst in die Trauermusik für Leopold von Anhalt-Köthen BWV 244a (621 ff.) als Sätze 1 und 7 ein (1729), ehe sie 1731 in der Markus-Passion BWV 247 ihre wohl endgültige Stelle fanden (›Geh, Jesu, geh zu deiner Pein‹ und ›Bei deinem Grab- und Leichenstein‹).

Satz 3, 5 und 8 wurden gleichfalls 1731 in der Markus-Passion wiederverwendet und wurden dort zu den Sätzen ›Er kommt, er kommt, er ist vorhanden‹, ›Mein Heiland, dich vergeß ich nicht‹ und ›Mein Tröster ist nicht mehr bei mir‹.

Für Satz 7 läßt sich keine Wiederverwendung nachweisen; doch wäre es durchaus denkbar, daß er in einem heute verschollenen Werk einen neuen Platz gefunden hat, möglicherweise gar als einer der Bibelwortchöre der Markus-Passion.

Die Freude reget sich · BWV 36b

NBA I/38, 257 – AD: ca. 30 Min.

1. Chorus: Die Freude reget sich	D	3/4
2. Recitativo [T]: Ihr seht, wie sich das Glücke	D–fis	C
3. Aria [T]: Aus Gottes milden Vaterhänden	h	3/8
4. Recitativo [A]: Die Freunde sind vergnügt	G–A	C
5. Aria [A]: Das Gute, das dein Gott beschert	D	C
6. Recitativo [S]: Wenn sich die Welt mit deinem Ruhme trägt	fis–cis	C
7. Aria [S]: Mit zarten und vergnügten Trieben	A	6/8
8. Chorus/Recitativo [S, A, T]: Was wir dir vor Glücke gönnen	D	¢/C

Diese Kantate ist die zeitlich letzte der in nicht weniger als fünf Werkgestalten vorliegenden Kantatengruppe BWV 36, die bereits oben (100 f.) in ihrer Entstehungsfolge geschildert worden ist. Sie dürfte um 1735 entstanden sein als Huldigungskantate für ein Mitglied der Leipziger Gelehrtenfamilie Rivinus, und zwar, wie aus dem Text hervorgeht, einen Juristen. Obwohl weder der Widmungsträger (aus einer größeren Zahl in Frage kommender Personen) noch der Anlaß mit Gewißheit zu ermitteln sind[2], liegt es nach Vergleich mit den chronologischen Merkmalen der Quellen nahe, den Rektoratsantritt des Johann Florens Rivinus im Oktober 1735 als Anlaß für die Kantatenaufführung anzusehen.

Das Werk ist uns nur in Stimmen und leider nicht vollständig überliefert; doch bietet die Rekonstruktion des Fehlenden angesichts der erhaltenen Parallelfassungen keine wesentlichen Probleme. Werner Neumann hat sie in der Neuen Bach-Ausgabe vorgelegt. Trotzdem wird man bei einer musikalischen Aufführung meist zu einer der Parallelgestalten der Werkgruppe greifen, weil der Text dieser Fassung weder von dichterischem Wert ist noch sich der Musik ebenso glücklich anpaßt wie in den gleichfalls erhaltenen Fassungen BWV 36 und 36c.

Neukomposition sind in Kantate 36b lediglich die Rezitative, also die Sätze 2, 4, 6 und die Rezitativeinschübe in Satz 8. Von ihnen verlangt Satz 4 Streicherbegleitung, die übrigen sind als continuobegleitetes Secco komponiert, das dritte Teilstück in Satz 8 mit ariosem Ausklang.

Die übrigen Sätze sind nur leicht veränderte Parodien, wobei die Sätze 1, 3, 5, 7 mit den Sätzen gleicher Zählung in BWV 36 und 36c korrespondieren. Die Änderungen sind, von den textbedingten Abweichungen in der Singstimmenführung abgesehen, geringfügig. Bemerkenswert ist die Besetzung des Vokalparts in Satz 5 mit Alt statt Baß und die Hinzunahme einer Querflöte zu den Sätzen 1, 5, 7 und 8.

2 Vgl. den Kritischen Bericht NBA I/38, S. 163–166.

4. Festmusiken zu Leipziger Rats- und Schulfeiern

Sieht man von den Kirchenkantaten ab, die Bach für die Ratswechselgottesdienste komponiert hat, so sind uns nur wenige den Leipziger Rats- und Schulbehörden gewidmete Werke bekannt, und keines davon ist erhalten. Nachweisbar sind:

›Erwählte Pleißenstadt‹, BWV 216a, eine nach 1728 entstandene Huldigungskantate für den Rat der Stadt Leipzig; der genaue Anlaß der Aufführung ist unbekannt. Erhalten sind nur der Text und 2 Stimmen der Kantate 216 als der Parodievorlage in den nichtrezitativischen Sätzen 1, 3, 5, 7 für die Sätze gleicher Zählung des hier genannten Werkes. Einzelheiten enthält der Kritische Bericht NBA I/39.

›Froher Tag, verlangte Stunden‹, BWV Anh. 18, aufgeführt am 5. 6. 1732 zur Einweihung der erneuerten Thomasschule. Erhalten sind nur der Text von Johann Heinrich Winckler und die Parodie des Satzes 1 als Eingangschor des Himmelfahrts-Oratoriums BWV 11 (288), ferner die Parodiedichtung Picanders (56f.) zu der gleichfalls verschollenen Kantate BWV Anh. 12. Vermutet wurde außerdem, daß sich die Musik zu Satz 6, der Arie ›Geist und Herze sind begierig‹, im ›Domine Deus‹ der F-Dur-Messe BWV 233 erhalten habe (Arnold Schering in: BJ 1921, S. 93). Einzelheiten enthält der Kritische Bericht NBA I/39.

›Thomana saß annoch betrübt‹, BWV Anh. 19, aufgeführt am 21. 11. 1734 zur Begrüßung des neuen Thomasrektors Ernesti. Erhalten ist nur der Text aus der Feder des Thomaners Johann August Landvoigt. Ferner wurde vermutet, daß Satz 9, der Schlußchor ›Himmel, streue deinen Segen‹, eine Parodie nach Satz 15 der Kantate 201 (711ff.) darstelle (Arnold Schering in: BJ 1921, S. 93).

5. Leipziger Huldigungsmusiken für Adelige und Bürger

Schwingt freudig euch empor · BWV 36c

NBA I/39 – AD: ca. 29 Min.

1. [CHOR]: Schwingt freudig euch empor	D	3/8
2. RECITATIVO [T]: Ein Herz, in zärtlichem Empfinden	h–h	C
3. ARIA [T]: Die Liebe führt mit sanften Schritten	h	3/8
4. RECITATIVO [B]: Du bist es ja, o hochverdienter Mann	e–D	C
5. ARIA [B]: Der Tag, der dich vordem gebar	D	¢
6. RECITATIVO [S]: Nur dieses einzge sorgen wir	h–fis	C
7. ARIA [S]: Auch mit gedämpften, schwachen Stimmen	A	12/8
8. RECITATIVO [T]: Bei solchen freudenvollen Stunden	A–D	C
9. CHORUS [+ RECITATIVO. S, T, B]: Wie die Jahre sich verneuen	D	¢/C

Der genaue Anlaß zu Komposition und Aufführung dieser Kantate ist unbekannt. Der Text läßt erkennen, daß sie zu Ehren eines bereits älteren Lehrers als Geburtstagskantate erklang, und die diplomatischen Merkmale des allein erhaltenen Partiturautographs verweisen ihre Entstehung in das Jahr 1725, wahrscheinlich in die Zeit um April/Mai, vielleicht jedoch auch in die späteren Monate dieses Jahres. Diese Datierung schließt aus, daß der Geehrte – wie bisweilen vermutet worden war – Johann Matthias Gesner gewesen sein könnte, der erst von 1730 bis 1734 als Rektor der Thomasschule in Leipzig weilte und, am 9. 4. 1691 geboren, mit 34 Jahren gewiß noch nicht »in unausgesetzten Lehren mit höchsten Ehren den Silberschmuck des Alters« getragen hat.

Bachs Musik, die später noch vielfach wiederverwendet worden ist (100f.), klingt uns heute in ihrer geistlichen Parodie als Adventskantate BWV 36 vertrauter als in ihrer weltlichen Urform. Wir dürfen daher hinsichtlich der in der Kirchenkantate wiederverwendeten Sätze 1, 3, 5, 7 auf das hierzu Gesagte verweisen (100ff.). Die Gesamtform zeigt eine symmetrische Anlage: Verbunden durch Seccorezitative, werden drei Arien von zwei Chorsätzen umrahmt. Das Zentrum, Satz 5, bildet eine Arie in vollstimmigem Streichersatz; die beiden äußeren Arien sind dagegen als Triosätze mit je einem charakteristischen Obligatinstrument besetzt, Oboe d'amore (Satz 3) und Viola d'amore (Satz 7), die in der Kirchenkantate durch Violine mit Dämpfer ersetzt wurde. Das dynamische Zurücktreten der Sätze 3 und 7 gegenüber der Mittelarie wird auch durch ihren Text gerechtfertigt: Dem sieghaften »Es werde Licht« der zentralen Arie stehen in Satz 3 die »sanften Schritte« und das in Ehrfurcht »behutsam« sich bewegende Herz sowie in Satz 7 die »gedämpften, schwachen Stimmen« gegenüber. Die Ecksätze in Tuttibesetzung verkörpern je ein charakteristisches Musizierprinzip: Satz 1 das Konzert und Satz 9 den Tanz. Dieser letztgenannte Satz, der aus gutem Grunde nicht in die Kirchenkantate eingegangen ist, stellt eine Gavotte dar, in die drei Rezitative eingefügt wurden, und zwar ein streicherbegleitetes Tenor-Rezitativ (unten: *Rez. 1*), ein continuobegleitetes Baß-Rezitativ (*Rez. 2*) und ein vom Gesamtinstrumentarium motivisch begleitetes Sopran-Rezitativ (*Rez. 3*). Die Gavotte selbst ist in sich wiederum symmetrisch gebaut:

A A+Chor B B+Chor *Rez.1* C+Chor *Rez.2* D+Chor *Rez.3* A A+Chor B B+Chor

Verjaget, zerstreuet, zerrüttet, ihr Sterne (Die Feier des Genius) · BWV 249b

Zu dieser Kantate, die Bach am 25. 8. 1726 zum Geburtstag des Grafen Joachim Friedrich von Flemming aufgeführt hat, ist lediglich der Text Picanders (56f.) erhalten. Dieser läßt jedoch erkennen, daß das Werk in seinen nichtrezitativischen Sätzen vermutlich durchweg Parodie der Schäferkantate BWV 249a (650ff.) war; es ist daher aus dem Oster-Oratorium weitgehend rekonstruierbar; doch fehlen die Rezitative. Ferner bleibt ungewiß, ob die übrigen Sätze tatsächlich ohne weitere Veränderung in dieses Werk übergeführt wurden. Einzelheiten enthält der Kritische Bericht I/39.

So kämpfet nur, ihr muntern Töne · BWV Anh. 10

Wie die zuvor erwähnte Kantate ist auch diese eine Glückwunschmusik für den Grafen Flemming, aufgeführt am 25. 8. 1731. Auch von ihr ist nur Picanders (56f.) Text erhalten. Ferner hat Friedrich Smend glaubhaft gemacht[1], daß der Eingangssatz dieses Werkes im Eröffnungschor zu Teil VI des Weihnachts-Oratoriums (Satz 54) als Parodie erhalten ist – allerdings wohl als Parodie 2. Grades, da der gesamte Teil VI seinerseits Parodie einer verschollenen Kirchenkantate ist. Auch könnte der Schlußchor der Flemming-Kantate ›Lebe und grüne, großer Flemming‹ (Satz 7) aus Satz 15 der Kantate 201 parodiert worden sein. Einzelheiten enthält der Kritische Bericht NBA I/39.

O angenehme Melodei · BWV 210a

NBA I/39 – AD: ca. 36 Min.

1.	RECITATIVO [S]: O angenehme Melodei	A–D	C
2.	ARIA [S]: Spielet, ihr beseelten Lieder	A	3/8
3.	RECITATIVO [S]: Ihr Sorgen, flieht	fis–E	C
4.	ARIA [S]: Ruhet hie, matte Sinne	E	12/8
5.	RECITATIVO [S]: Wiewohl, beliebte Musica	cis–h	C
6.	ARIA [S]: Schweigt, ihr Flöten, schweigt, ihr Töne	h	C
7.	RECITATIVO [S]: Doch fasse dich	D–A	C
8.	ARIA [S]: Großer Flemming, alles Wissen	cis	3/8
9.	RECITATIVO [S]: Erleuchtet Haupt, so bleibe fernerweit	fis–A	C
10.	ARIA [S]: Sei vergnügt, großer Flemming	A	¢

Auch diese Kantate ist in einer ihrer Fassungen wie die beiden zuvor genannten eine Huldigungsmusik für den Grafen Flemming; Datum (1738/1740?) und Anlaß der Aufführung lassen sich nicht sicher ermitteln. Leider ist von diesem Werk nur die Sopranstimme erhalten geblieben, und selbst sie ist aus ihrer Verlagerung im Kriege nicht wieder zurückgekommen. Doch

1 Neue Bach-Funde, in: Archiv für Musikwissenschaft, Jg. 7, 1942, S. 8ff.

ist die Kantate weitgehend rekonstruierbar, da sie einer Gruppe von Werken angehört, die durch Parodiebeziehungen untereinander verbunden sind und innerhalb deren die Hochzeitskantate BWV 210 (704ff.) vollständig erhalten ist. Von diesen Werken sind drei unter der BWV-Nr. 210a zusammengefaßt und tatsächlich nur wenig voneinander unterschieden:

1. Huldigungskantate an eine unbekannte Persönlichkeit (nachweisbar durch Rasuren im Gesangstext)
2. Huldigungskantate an den Grafen Flemming
3. Huldigungskantate an unbekannte »Gönner« (nachweisbar durch Textänderungen in Fassung 2).

Musikalisch stimmen die nichtrezitativischen Sätze (2, 4, 6, 8, 10) sowie das Eingangsrezitativ mit Kantate 210 überein. Die Rezitativsätze 3, 5, 7 sind Neukompositionen (nur der Sopranpart ist erhalten), Satz 9 ist anfangs mit dem entsprechenden Satz in Kantate 210 musikalisch gleich, gegen Schluß jedoch verändert.

Angenehmes Wiederau · BWV 30a

NBA I/39 – AD: ca. 47 Min.

1. Aria Tutti: Angenehmes Wiederau, freue dich	D	2/4
2. Recitativo [B + Chor]: So ziehen wir in diesem Hause hier	h–G	C
3. Aria]B]: Willkommen im Heil	G	3/8
4. Recitativo [A]: Da heute dir, gepriesner Hennicke	A–A	C
5. Aria [A]: Was die Seele kann ergötzen	A	¢
6. Recitativo [B]: Und wie ich jederzeit bedacht	fis–D	C
7. Aria [B]: Ich will dich halten	h	2/4
8. Recitativo [S]: Und obwohl sonst der Unbestand	fis–G	C
9. Aria [S]: Eilt, ihr Stunden, wie ihr wollt	e	9/8
10. Recitativo [T]: So recht, ihr seid mir werte Gäste	G–fis	C
11. Aria [T]: So wie ich die Tropfen zolle	h	3/4

12. RECITATIVO [S, A, B + CHOR]: Drum, angenehmes Wiederau — G–D — C
13. ARIA TUTTI: Angenehmes Wiederau, prange nun — D — $\frac{2}{4}$

Johann Christian Hennicke, ein Günstling des allmächtigen Grafen Brühl, nahm am 28. September 1737 als »Erb-, Lehn- und Gerichtsherr« auf Wiederau bei Leipzig eine Huldigung entgegen; und zu diesem Anlaß hatten Picander (56f.) den Text, Bach die Musik einer Huldigungskantate verfertigt.

Während die Dichtung dieses »Dramma per musica« in kärglicher, konventioneller Handlung und unterwürfiger Gebärde die allegorischen Personen »Schicksal« (Baß), »Glück« (Alt), »Zeit« (Sopran) und endlich den das Besitztum durchziehenden Elsterfluß (Tenor) Hennickes Lob verbreiten läßt, ist die Bachsche Musik ebenso gefällig, ja bisweilen ausgesprochen modisch, wie originell und fesselnd in der Erfindung. Vielleicht hat Bach bei der Komposition zuweilen auf früher Geschaffenes zurückgegriffen; insbesondere steht die Musik zu Satz 11 in Parodiebeziehung zur Werkgruppe BWV 210(a) und dürfte auf ein verschollenes Urbild zurückgehen.

Die Mehrzahl der nichtrezitativischen Sätze hat Bach überdies – vielleicht schon wenig später – in der Johanniskantate BWV 30 wiederverwendet, nämlich Eingangs- und Schlußchor (Satz 1 und 13), die bis auf die unterschiedliche Textierung musikalisch identisch sind, sowie die Ariensätze 3, 5, 7 und 9. Wir haben sie dort bereits betrachtet (566f.). Auch zu Kantate 195 bestehen Parodiebeziehungen (608ff.).

Nicht in andere Werke übergeführt wurden lediglich die Rezitativsätze, die überwiegend als continuobegleitetes Secco komponiert sind; nur Satz 12 ist mit Streichern ausinstrumentiert. Bemerkenswert sind die vokal vierstimmigen Teilstücke in den Rahmenrezitativen, Satz 2 (Mitte) und 12 (Schluß), in denen bedeutsame Textstellen von allen vier Solisten gemeinsam gesungen werden.

Mer hahn en neue Oberkeet (Bauernkantate) · BWV 212

NBA I/39 – AD: ca. 30 Min.

1. [Ouverture]	A	$\frac{3}{4}$ / $\frac{2}{4}$ / $\frac{6}{8}$
2. Aria Duetto [S, B]: Mer hahn en neue Oberkeet	A	¢
3. Recitativo [S, B]: Nu, Mieke, gib dein Guschel immer her	D–A	C
4. [Aria. S]: Ach, es schmeckt doch gar zu gut	A	$\frac{3}{4}$
5. Recitativo [B]: Der Herr ist gut	fis–D	C
6. Aria [B]: Ach, Herr Schösser, geht nicht gar zu schlimm	D	$\frac{3}{4}$
7. Recitativo [S]: Es bleibt dabei	A–h	C
8. [Aria. S]: Unser trefflicher, lieber Kammerherr	h	$\frac{3}{4}$
9. Recitativo [S, B]: Er hilft uns allen, alt und jung	D–G	C
10. Aria [S]: Das ist galant	G	$\frac{3}{4}$
11. Recitativo [B]: Und unsre gnädge Frau	e–d	C
12. Aria [B]: Fünfzig Taler bares Geld	B	$\frac{3}{4}$
13. Recitativo [S]: Im Ernst ein Wort	C–D	C
14. Aria [S]: Klein-Zschocher müsse so zart und süße	A	$\frac{3}{8}$
15. Recitativo [B]: Das ist zu klug vor dich	D–e	C
16. Aria [B]: Es nehme zehntausend Dukaten	G	$\frac{6}{8}$
17. Recitativo [S]: Das klingt zu liederlich	D–A	$\frac{6}{8}$, C
18. [Aria. S]: Gib, Schöne, viel Söhne	D	$\frac{3}{4}$
19. Recitativo [B]: Du hast wohl recht	h–A	C
20. Aria [B]: Dein Wachstum sei feste	A	$\frac{3}{8}$, ¢, $\frac{3}{8}$
21. Recitativo [S, B]: Und damit sei es auch genung	A–h	C
22. [Aria. S]: Und daß ihrs alle wißt	h	¢
23. [Recitativo. S, B]: Mein Schatz, erraten	D–D	C
24. Chor [S, B]: Wir gehn nun, wo der Dudelsack	F	C

Bachs ›Bauernkantate‹, eines seiner volkstümlichsten, fröhlichsten und originellsten Werke, ist zugleich die späteste seiner datierbaren Kantaten. Der Korrekturenreichtum des flüchtig, offenbar in knapper Zeit angefertigten Partiturautographs beweist zudem, daß ältere Musik nur in wenigen Fällen zuhilfe genommen worden war. Mit Sicherheit Parodie ist nur Satz 20, sein Urbild BWV 201, Satz 7 (711 ff.); wahrscheinlich wurde auch die Musik zu Satz 14 aus der verlorenen Kantate BWV Anh. 11, Satz 9 entlehnt. Die übrigen Sätze sind vermutlich durchweg oder fast durchweg Neukomposition.

Der Titel ›Bauernkantate‹ oder, wie Picanders (56f.) Textdruck sagt, ›Cantate en burlesque‹ darf nicht irreführen: Das Werk ist keine Musik für bäuerliche Verhältnisse, von oder für Bauern aufzuführen, sondern vielmehr eine Huldigungsmusik wie viele andere, musiziert zu Ehren des altem Adelsgeschlecht entsprossenen Carl Heinrich von Dieskau, der 1742, nach dem Tode seiner Mutter eine Reihe von Gütern geerbt hatte und darum am 30. August auf Klein-Zschocher bei Leipzig die übliche Huldigung seiner Untergebenen entgegennahm. Als Vorsteher der Steuereinnahme im Kreise Leipzig war er auch der unmittelbare Vorgesetzte Henrici-Picanders, und dieser, offenbar bemüht, sich die Gunst Dieskaus auch mit Hilfe seines dichterischen Talents zu erhalten, mag Bach um die Komposition des von ihm verfaßten Textes und die Aufführung der Huldigungsmusik gebeten haben.

Die Wahl des bäuerlichen Milieus für die, wie üblich, bescheidene Handlung läßt sich wohl als Beweis für den allmählichen Rückgang des barocken Götter- und Schäferdramas gegen die Jahrhundertmitte werten; überschätzen sollte man sie dennoch nicht. Sie ist originell; aber sie dient dem Amüsement, keinesfalls der Gesellschaftskritik. Wenn man gelegentlich versucht, Bach unter Hinweis auf Satz 6 und dessen Bitte um Schonung für die »armen Bauersleute« zum Sozialrevolutionär und Anwalt der ausgebeuteten Bauern zu stempeln, so vergißt man Anlaß der Huldigung und Zweck des Gedichts, das im übrigen von Picander und nicht von Bach stammt.

Dennoch bietet der Text genug charakteristische Züge aus dem Bauernleben jener Zeit. Die obersächsische Mundart wird zwar nach dem Eingangsduett weitgehend fallengelassen und setzt sich nur noch in einzelnen mundartlichen Formen fort wie »Mieke« (Marie), »Guschel« (Mund), »Dahlen« (Kosen), »prinkel« (bißchen) u. a. Im Dialog der beiden Solisten wird auf eine

Reihe von Ereignissen angespielt, die wir heute vielfach nur noch ahnen können. So wird der »Schösser« (Steuereinnehmer) – meinte Picander sich selbst oder einen Kollegen damit? - aufs Korn genommen, da er strafen könne, »wenn man den Finger kaum ins kalte Wasser steckt« (d. h. wohl die Fischereirechte verletzte), und auch sonst die Bauern schlimm ausbeute. Ferner erfährt man, daß Klein-Zschocher durch Dieskaus Einfluß bei der letzten Werbung (Rekrutierung) glimpflich davongekommen sei, daß der neue Herr aber insbesondere »bei der Steuer viel« gelte, so daß die »caducken Schocken«, d. h. die Grundsteuer für Ödland, nicht erhoben werden. Endlich ist der Wunsch »Gib, Schöne, viel Söhne« nur allzu begründet, da die Familie Dieskau bis dahin zwar mit fünf Töchtern, aber keinem einzigen Sohn gesegnet war[2].

Die bei derartigen Huldigungsmusiken übliche anspruchslose Handlung führt uns Mieke, ein junges Bauernmädchen, und ihren Liebsten vor. Der eigentliche Zweck, die Huldigung vor dem neuen Herrn, wird erst nach ausgiebiger gegenseitiger Neckerei und gründlicher Abrechnung mit dem ungeliebten Schösser angegangen: Der Kammerherr, der seinen Einfluß zugunsten seiner Bauern geltend zu machen wisse, und seine leutselige Frau werden in einer Kette von Rezitativen und Arien gepriesen, wobei der Dichter mit dem Kontrast zwischen der »liederlichen« ländlichen Singart und »der Städter Weise«, die hier eigentlich am Platze wäre, aber als »zu klug vor dich« empfunden wird, ein geschickt genutztes stilistisches Spannungsmoment in die sonst oft allzu einförmige Reihe der Huldigungswünsche bringt – ein Spannungsmoment, das auch der Komposition zugutekommt.

Bachs Vertonung beeindruckt durch die ungekünstelte Selbstverständlichkeit, mit der volkstümliche und hochstilisierte Formen zu einer Einheit zusammenwachsen, ähnlich wie wir es auf ganz anderer Ebene später in Mozarts ›Zauberflöte‹ wiederfinden. Die Besetzung verlangt insgesamt Horn, Querflöte, Streicher und Continuo, dazu Sopran und Baß; doch wird die ländliche Triobesetzung von Violine, Viola und Continuo bevorzugt, und die Bläser treten nur in einzelnen Sätzen auf – vielleicht wurden gar Flöte und Horn vom selben Spieler geblasen. Gleich bei der Komposition der Einleitungsmusik, die sieben Sätzchen unvermittelt aneinanderreiht (a b c d e f a'), mag sich

2 Die Ausführungen zum Text der Kantate folgen im wesentlichen dem Nachwort zur Neuausgabe von Werner Neumann, Ed. Peters, Leipzig (1952).

Bach seiner Jugendzeit und der Quodlibets der Bachschen Familientage entsonnen haben. Die beiden Rahmenduette zeigen Bourréecharakter, und auch die übrigen Sätze verleugnen kaum ihre Tanzverwandtschaft: Satz 4 und 6 dürfen als Polonaise, Satz 8 als Sarabande, Satz 12 als Mazurka, Satz 14 als Menuett, Satz 22 als Paysanne (Bauerntanz) zu verstehen sein, und Satz 20 steht dem Passepied nahe. Mehrfach scheint Bach auch bekannte Volksweisen eingeflochten zu haben. So dient in Satz 3 nach den Worten »Ich kenn dich schon, du Bärenhäuter, du willst hernach nur immer weiter« und am Satzschluß das instrumentale Zitat des Liedes ›Mit dir und mir ins Federbett, mit dir und mir aufs Stroh; da sticht uns keine Feder net, da beißt uns auch kein Floh‹ (in umgestellter Zeilenfolge: 3–4, 1–2) als anzüglicher Kommentar. Auch Satz 16 ist ein bekanntes Jagdlied aus Böhmen, und Satz 18 wird im vorausgehenden Rezitativ als »die alte Weise« angesprochen, könnte also auch eine bekannte Melodie zur Grundlage haben.

Auf ein Stilcharakteristikum volkstümlicher Musik, das in dieser Kantate vielfach wiederkehrt, sei noch hingewiesen: die Aufspaltung des schweren Taktteils bzw. die Synkopierung des leichten. Wir finden dieses Merkmal schon im Adagio und im zweiten Allegro der Einleitung:

In den späteren Sätzen tritt es vielfach wieder auf:

Satz 4:

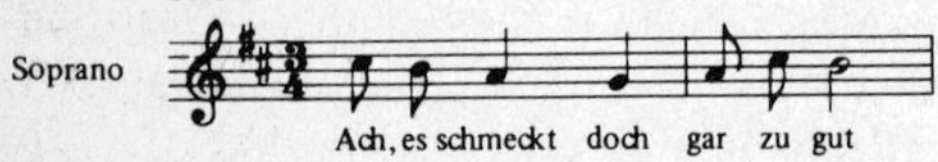

Satz 6:

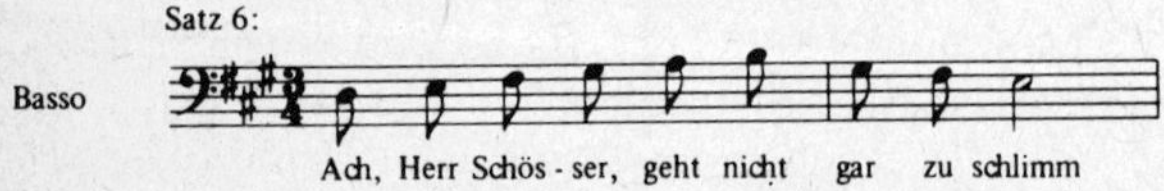

Satz 8:

Satz 10:

Soprano

Satz 12:

Basso

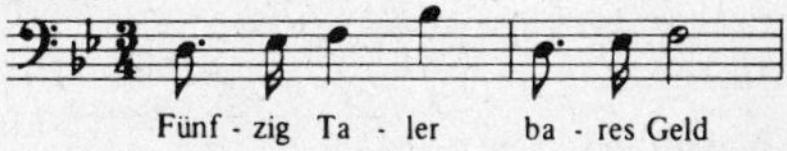

Die musikalische Abfolge ist so angeordnet, daß jeder der beiden Solisten außer einer Reihe lied- und tanzartiger Gesänge je eine »städtische« Arie zu singen hat, die den Höhepunkt des betreffenden Soloparts bildet. Von außerordentlichem Reiz ist die Sopran-Arie ›Klein Zschocher müsse so zart und süße‹ (Satz 14), während der mit Bachs Kantatenwerk vertraute Hörer in den Schüttelfiguren der Baß-Arie ›Dein Wachstum sei feste‹ (Satz 20) nicht umhin können wird, das »wackelnde Herz« aus der Arie des Pan – BWV 201, Satz 7 – wiederzuerkennen, obgleich sich der Parodietext ». . . und lache vor Lust« nicht ungeschickt anpaßt.

Wir wollen nicht in das Extrem verfallen, die Bauernkantate unter Bachs Hauptwerke zu zählen. Dennoch nötigt es uns Bewunderung ab, daß Bach sein enges Verhältnis zum Tanz, zur Volksmusik, zu Lied und Choral von seiner Jugend an bis ins Alter behalten und in seinen Kompositionen mit soviel Glück künstlerisch verwertet hat.

6. Hochzeitskantaten

Weichet nur, betrübte Schatten · BWV 202

NBA I/40,3 – AD: ca. 23 Min.

1. [ARIA. S.]: Weichet nur, betrübte Schatten	G	C
2. [RECITATIVO. S]: Die Welt wird wieder neu	C–C	C
3. ARIA [S]: Phoebus eilt mit schnellen Pferden	C	$\frac{12}{8}$
4. RECITATIVO [S]: Drum sucht auch Amor sein Vergnügen	a–e	C
5. ARIA [S]: Wenn die Frühlingslüfte streichen	e	C
6. RECITATIVO [S]: Und dieses ist das Glücke	A–D	C
7. ARIA [S]: Sich üben im Lieben	D	$\frac{3}{8}$
8. RECITATIVO [S]: So sei das Band der keuschen Liebe	G–G	C
9. GAVOTTE [S]: Sehet in Zufriedenheit	G	2

Die Entstehungsgeschichte dieser Kantate liegt im Dunkeln. Erhalten ist sie uns nur in einer Abschrift von 1730 in merkwürdig altertümlicher Notierungsweise, wie sie Bach nur bis 1714 anzuwenden pflegte; und auch die Dichtung könnte, wie neuerdings vermutet wurde[1], von dem Weimarer Dichter Salomon Franck (26f.) stammen. Doch spricht der Stil des Werkes in verschiedener Hinsicht gegen eine derart frühe Einordnung: Die ausgedehnten Ariensätze 3 und 5 wollen nicht recht zu den knospenhaften Formen der Kantate 208 passen, in deren unmittelbare Nachbarschaft unsere Hochzeitskantate als Weimarer Frühwerk gelangen würde. Jedenfalls erscheint die Datierung durch die bisherige Forschung in die Köthener Jahre (1718 bis 1723) aus stilistischen Gründen glaubhafter; selbst eine Entstehung in den ersten Leipziger Jahren ist nicht völlig auszuschließen. Nur die oberste Grenze ist mit dem Datum der Abschrift auf 1730 festgelegt.

Kennen wir das Jahr der Entstehung nicht, so doch die Jahreszeit der Aufführung: Die Dichtung verrät mit launigen Worten, daß der Winter sich dem Ende zuneige: »Der Tag ist von

1 Harald Streck, Die Verskunst in den poetischen Texten zu den Kantaten J. S. Bachs, Hamburger Beiträge zur Musikwissenschaft, Bd. 5, Hamburg 1971.

der Kälte frei«, und die Blumen beginnen zu sprießen (Satz 1, 2); die Sonne steigt wieder höher (Satz 3), und darum hält auch Amor wieder nach Beute Ausschau (Satz 4, 5). Damit ist das Stichwort für den gegenwärtigen Anlaß gegeben: Es gilt, ein Brautpaar zu feiern (Satz 6); denn die Liebe »ist besser als Florens vergängliche Lust« (Satz 7). Mit guten Wünschen klingt die Kantate fröhlich aus.

Das schlichte Klanggewand der Bachschen Komposition, das an Sängern allein einen Solosopran und an Instrumenten nur Oboe, Streicher und Continuo verlangt, läßt den Anlaß zur Komposition eher in einer bürgerlichen, allenfalls adligen, schwerlich jedoch fürstlichen Hochzeit suchen; auch der tändelnde, scherzende Ton wäre einer hochgestellten Persönlichkeit gegenüber nicht angemessen gewesen. Arien und Rezitative wechseln einander ab, wobei die Rezitative stets als continuobegleitetes Secco beginnen, sich gegen Schluß jedoch zum Arioso verdichten – ein typisches Stilmerkmal der Weimarer und Köthener Zeit Bachs, das in den ersten Leipziger Kantaten wohl noch aufklingt, alsbald aber in solcher Ausschließlichkeit nicht mehr angewendet wird.

Von den Arien verdient besonders der Eingangssatz Bewunderung, dessen unkonventioneller, präludienhafter Hauptteil formal die Mitte zwischen quasi-improvisatorischem Arioso und streng aufgebauter Arie hält: Über den Streichermotiven, die in aufsteigenden Akkordfolgen das Entweichen der winterlichen Schatten malen, spannt die Oboe eine weitausladende Melodie, die sich nach dem Einsatz der Singstimme zum Duett erweitert. Diesem ›Adagio‹ überschriebenen Hauptteil steht ein in Tempo – ›andante‹ – und Thematik kontrastierender, belebter Mittelteil gegenüber, so wie auch im Text der »Ruh«, zu der sich Frost und Wind begeben, nunmehr das Glück gegenübertritt, das »Florens Lust« vermittelt. Ein Dacapo des Hauptteils beschließt den eindrucksvollen Satz.

Unverkennbar wird in der zweiten Arie (Satz 3) mit der Figur des Continuo das Getrappel der »schnellen Pferde« des Phoebus abgebildet. Auf die Verwandtschaft dieser Arie mit dem Schlußsatz der Violinsonate G-Dur BWV 1019 ist vielfach hingewiesen worden.

Die dritte Arie (Satz 5), mit obligater Violine, schlägt wieder elegischere Töne an, während die vierte (Satz 7), mit obligater Oboe, in ihrem tänzerischen Dreiertakt und ihrer eingängigen Melodik ausgesprochen liedhaft und volkstümlich wirkt.

Im Schlußsatz spricht die Überschrift ›Gavotte‹ den Tanzcharakter offen aus: Ein schlichter, 16-taktiger Satz des Gesamtinstrumentariums wird in vokalem Gewande nur leicht variiert wiederholt, und ein Dacapo des Instrumentalritornells beendet den ungewöhnlich knappen Satz.

Die Gesamtform der Kantate läßt sich als allmähliche, in Wellenbewegung sich vollziehende Wandlung vom aperiodischen, hochstilisierten, konzerthaften Satz zum periodisch gegliederten, volkstümlichen Tanzsatz beschreiben. Die Ecksätze 1 und 9 prägen die beiden Extreme aus; Satz 5 ist dem ersten Typus angenähert, während in den Sätzen 3 und 7 der zweite Typus zunehmend deutlicher Gestalt gewinnt.

Auf! süß entzückende Gewalt · (ohne BWV-Nr.)

Diese Kantate Bachs auf die Hochzeit der Christiana Sibylla Mencke mit Peter Hohmann, der 1736 unter dem Namen von Hohenthal in den Reichsfreiherrenstand erhoben wurde, ist verschollen; erhalten ist lediglich die Textdichtung von Johann Christoph Gottsched (64f.), der sie 1730 in seinem ›Versuch einer Critischen Dichtkunst‹ (und später mehrmals) abgedruckt hat. Gottsched, erst kürzlich in Leipzig eingetroffen, hatte bei dem hochangesehenen Vater der Braut Aufnahme und Förderung gefunden; und die Gelegenheit, sich zugleich dankbar und als gewandter Poet zu erweisen, mag ihm willkommen gewesen sein. Daß Bach den Text vertont hat, ist von Friedrich Smend nachgewiesen worden (Bach-Gedenkschrift, Zürich 1950, S. 42–65), und zwar auf Grund der Gleichheit des metrischen Aufbaus zweier Arien mit den Sätzen 4 und 10 des Himmelfahrts-Oratoriums BWV 11 (288ff.). Während sich aber die erste der beiden Arien, ›Entfernet euch, ihr kalten Herzen‹ (Satz 3) aus der Oratorienarie ›Ach bleibe doch, mein liebstes Leben‹ nach Smend nicht ohne weiteres rekonstruieren läßt, können wir die zweite, ›Unschuld, Kleinod reiner Seelen‹ (Satz 5) aus der Oratorienarie ›Jesu, deine Gnadenblicke‹ in ihrer mutmaßlichen Urgestalt wiedergewinnen; ja, hier läßt das Autograph des Himmelsfahrts-Oratoriums noch eine ältere Instrumentalbesetzung erkennen (Querflöte I, Querflöte II sowie 2 unisono geführte Oboi da caccia), die vermutlich für die Hochzeitskantate gegolten hatte und für die Oratorienfassung geändert worden war. Auf diese Weise haben wir aus der verlorenen Hochzeitsmusik wenigstens eine reizende Arie zurückgewonnen.

In Gottscheds Libretto treten als allegorische Personen die »Natur«, die »Schamhaftigkeit«, die »Tugend«, das »Verhängnis« (= die Vorsehung) und zum Schluß ein »Chor der Nymphen an der Pleiße« auf. Unsere Arie ›Unschuld, Kleinod reiner Seelen‹ ist der »Schamhaftigkeit« in den Mund gelegt. Diese schreckt zunächst noch aus Furcht vor Befleckung vor der Liebe zurück, bis sie sich von der »Natur« belehren lassen muß, daß es auch reine, gottwohlgefällige Liebe gebe.

Betrachtet man daraufhin die Komposition der neugewonnenen Arie, so wird ihr »bräutlicher« Charakter erst richtig offenbar. Ganz besonders erweist sich das Fehlen eines Continuobasses als textbedingt: Ähnlich wie in der Arie ›Aus Liebe will mein Heiland sterben, von einer Sünde weiß er nichts‹ und einigen weiteren Sätzen bedient sich Bach dieses Mittels zur Symbolisierung der Unschuld. Daher tritt die Oboe da caccia als »Bassettchen« an die Stelle des Continuo; die Arie verwendet also durchweg Stimmen der Sopran- und Altlage.

So mag uns der besondere Reiz dieser Arie ein wenig über den Verlust der übrigen Kantatensätze hinwegtrösten.

Vergnügte Pleißenstadt · BWV 216

Von dieser Kantate, die Bach auf einen Text Picanders (56f.) zur Hochzeit eines Johann Heinrich Wolff mit Susanna Regina Hempel komponiert und am 5. Februar 1728 aufgeführt hat, sind nur 2 Singstimmen sowie der Textdruck erhalten. Die Arie ›Angenehme Hempelin‹ (Satz 3) läßt sich als Parodie des Satzes 8 der Kantate 204 (708 ff.) ermitteln, das Duett ›Heil und Segen‹ (Satz 7) als Parodie des Satzes 13 der Kantate 205 (678 ff.). Die Veröffentlichung des Fragments findet man in NBA I/40, S. 23–34; Einzelheiten zu Geschichte und Überlieferung bietet der Kritische Bericht zu diesem Band (S. 26–46). Die Ausgabe einer Kantate dieses Titels, die 1924 durch Georg Schumann und Werner Wolffheim vorgelegt worden ist, kann nicht den Anspruch erheben, als Rekonstruktion zu gelten; sie gehört in das Gebiet paraphrasierender Neugestaltung.

O holder Tag, erwünschte Zeit · BWV 210

NBA I/40, 37 – AD: ca. 39 Min.

1.	Recitativo [S]: O holder Tag, erwünschte Zeit	A–D	C
2.	Aria [S]: Spielet, ihr beseelten Lieder	A	3/8
3.	Recitativo [S]: Doch, haltet ein, ihr muntern Saiten	fis–H	C
4.	Aria [S]: Ruhet hie, matte Töne	E	12/8
5.	Recitativo [S]: So glaubt man denn, daß die Musik verführe	cis–h	C
6.	Aria [S]: Schweigt, ihr Flöten, schweigt, ihr Töne	h	C
7.	Recitativo [S]: Was Luft, was Grab	fis–E	C
8.	Aria [S]: Großer Gönner, dein Vergnügen	cis	3/4
9.	Recitativo [S]: Hochteurer Mann, so fahre ferner fort	fis–A	C
10.	Aria [S]: Seid beglückt	A	¢

Diese Kantate ist die einzige vollständig erhaltene aus einer Gruppe, über die bereits oben (692f.) berichtet wurde. Sie scheint ihrerseits mindestens zweimal Verwendung gefunden zu haben; nur die Fassung des zweiten Anlasses ist überliefert. Für welches Brautpaar sie bestimmt war, ist nicht sicher festzustellen; der diplomatische Befund des Quellenmaterials weist in Bachs letztes Lebensjahrzehnt, und Werner Neumanns Vermutung (im Kritischen Bericht NBA I/40), die Aufführung könne der Hochzeit der Anna Regina Bose mit Friedrich Heinrich Graf (3. 4. 1742) oder der Christina Sibylla Bose mit Johann Zacharias Richter (6. 2. 1744) gegolten haben, hat viel für sich, da die Familien Bose und Bach einander durch Patenschaften verbunden waren. Doch ist unserer Ansicht nach die Hochzeit der Johanna Catharina Amalia Schatz mit Friedrich Gottlieb Zoller am 11. 8. 1746, die Hermann von Hase als Entstehungsanlaß vermutet (BJ 1913, S. 115f.), gleichfalls in Betracht zu ziehen. Einige Hinweise gibt der Text selbst. Der Bräutigam muß ein einflußreicher Mann gewesen sein, der offenbar der Musik in besonderer Weise zugetan war. Die Verse

Unter deinen Weisheitsschätzen
Kann dich nichts so sehr ergetzen
Als der süßen Töne Kunst

brauchen nicht unbedingt auf einen professionellen Gelehrten zu deuten, so wenig die Worte »Ein frommes Paar will ... ein beseeltes Abba beten« mit Notwendigkeit auf einen Theologen schließen lassen; doch sind mit diesen Anspielungen offenbar die besonderen Interessengebiete jenes Mäzens genannt, unter denen die Musik, wie man erfährt, den ersten Platz einnimmt.

Erwähnt sei noch, daß uns im Rahmen des Stimmenmaterials eine Zusammenfassung von Sopran- und Continuostimme erhalten ist, die wohl das Äußerste an Schönschrift darstellt, was uns von Bachs Hand erhalten ist, und zweifellos als Präsentationsexemplar für das Brautpaar bestimmt war[2].

Der unbekannte Textdichter meditiert in seinem Libretto über die Wechselbeziehungen zwischen Musik und Liebe: Die »beseelten Lieder« versetzen die Brust zwar in Verzückung, doch harmonieren sie nicht mit der Liebe, da sie »zur Eitelkeit« verleiten. Aber auch die »matten Töne« sind nicht das richtige Heilmittel (»Panacee«) für eine glückliche Ehe, und erst recht müssen die Klagelieder der Flöte schweigen, da ihr Trauergesang nicht zum festlichen Anlaß passe. Nun fragt der Dichter, ob die Musik denn gänzlich ersterben solle, und antwortet mit nein: »Die Liebe kann vergnügte Saiten gar wohl vor ihrem Throne leiden«, zumal, solange es noch Beschützer der Musik gebe; und einen solchen gelte es heute zu verehren. Mit einem Lob auf den Bräutigam als Mäzen der Musik und guten Wünschen an das Brautpaar endet der Text.

Bach hat mit der Komposition dieses Textes nicht nur ein künstlerisch überaus reifes, sondern zugleich auch ein gesangstechnisch recht anspruchsvolles Werk geschaffen. Von der Sängerin werden Koloraturen und Triller sowie schnelle Passagen bis zur Höhe des dreigestrichenen *cis* verlangt; und auch von den Instrumentalisten, zumal der Flöte, werden beträchtliche Fähigkeiten erwartet – offensichtlich waren nicht nur der Librettist, sondern auch Bach von der Kennerschaft des Bräutigams, der dies zu schätzen verstand, überzeugt.

Die Beschränkung auf den Sopran als Singstimme – Bach schreibt auf das Titelblatt: ›Cantata a Voce sola‹ – verlangt naturgemäß eine kontrastreiche Behandlung der einzelnen Sätze,

2 Faksimile mit Vorwort von Werner Neumann in der Faksimile-Reihe Bachscher Werke und Schriftstücke, herausgegeben vom Bach-Archiv Leipzig, Bd. 8, Leipzig (1967).

um der Gefahr der Eintönigkeit entgegenzuwirken. Hier hat der Dichter durch seine Schilderung des unterschiedlichen Charakters der Musik dem Komponisten eine wertvolle Hilfe gegeben.

Das Werk beginnt mit einem Accompagnato, dem eine tänzerische Arie (Satz 2) folgt. Die Instrumentation mit Streichern, verstärkt durch eine Oboe d'amore, läßt bereits im Ritornell die wechselvollen Gefühle der »entzückten Brust«, das Auf- und Niederwallen der Stimmungen anschaulich werden.

Die zweite Arie (Satz 4) entwirft ein gegensätzliches Bild: Oboe d'amore und (Solo-)Violine konzertieren in beseelter Innigkeit, die musikalisch – wie schon im Eingangsrezitativ auf die Worte »O holder Tag« – durch die bevorzugte Verwendung der kleinen (mixolydischen) Septime charakterisiert wird.

Die dritte Arie endlich (Satz 6) verlangt als Soloinstrument eine Querflöte. Ihre Anlage ist durch den Text bedingt: Schon nach wenigen Tönen wird die Flötenmelodie von der Singstimme mit den Worten »Schweigt, ihr Flöten« unterbrochen; das Eingangsritornell ist durch ausgiebige Zwischenspiele innerhalb der Vokalteile ersetzt. Auch dieser Kunstgriff schafft einen Wechsel gegenüber den anderen Arien und führt zu einem belebten Konzertieren zwischen Singstimmen und den weitgespannten Figuren der Flöte.

Das »Decrescendo« in der Besetzung der drei ersten Arien spiegelt die Ablehnung solcher Klänge als ungeeignet zur Hochzeitsmusik wider; und mit der Apostrophierung des Bräutigams als Patron der Musik tritt nun wieder die Vollstimmigkeit in ihre Rechte ein. Die vierte Arie (Satz 8) ›Großer Gönner, dein Vergnügen muß auch unsern Klang besiegen‹ gehört der obligaten Oboe d'amore, gestützt durch Füllstimmen der beiden Violinen. Auch hier ist der tänzerische Charakter unverkennbar. Er wird unterstützt durch die Echoeffekte im Instrumentalritornell.

Waren die verbindenden Rezitative zwischen den Arien bisher nur als continuobegleitetes Secco komponiert, so schafft Bach mit Satz 9, dem zum Schlußsatz überleitenden motivgeprägten Accompagnato, ein Gegenstück zum Eingangsrezitativ: Flöte und Oboe d'amore untermalen die Singstimme durch Sechzehntelfiguren zu Stützakkorden der Streicher.

Die abschließende Arie endlich vereinigt das Gesamtinstrumentarium zu feierlichem Glückwunsch an das Brautpaar.

Auch in diesem Satz bestätigt sich wieder die Bestimmung unseres Werkes für einen Kenner; denn Bach begnügte sich nicht, wie sonst häufig, mit einem volkstümlich-flotten Tanzsatz als Abschluß, sondern findet bei aller Eingängigkeit der Melodik einen doch beinahe hymnischen Ausklang.

7. Weltliche Kantaten verschiedener Bestimmung

Ich bin in mir vergnügt · BWV 204

NBA I/40, 81 – AD: ca. 31 Min.

1. Recitativo [S]: Ich bin in mir vergnügt	B–B	C
2. Aria [S]: Ruhig und in sich zufrieden	g	3/8
3. Recitativo [S]: Ihr Seelen, die ihr außer euch	Es–F	C
4. Aria [S]: Die Schätzbarkeit der weiten Erden	F	C
5. Recitativo [S]: Schwer ist es zwar, viel Eitles zu besitzen	d–d	C
6. [Aria. S]: Meine Seele sei vergnügt	d	12/8
7. Recitativo [S]: Ein edler Mensch ist Perlenmuscheln gleich	F–B	C
8. Aria [S]: Himmlische Vergnügsamkeit	B	2/4

Die Kantate, die auch unter dem Titel ›Von der Vergnügsamkeit‹ oder ›Der vergnügte Mensch‹ überliefert ist, gibt sich als eine echte »Cantata« zu erkennen, da sie nur für eine einzige Singstimme, Sopran, komponiert ist. Bach muß sie 1726 oder 1727 geschrieben haben; der Anlaß ihrer Entstehung ist unbekannt. Vielleicht war sie überhaupt nur für eine häusliche Aufführung im Familien- oder Freundeskreise bestimmt.

Dem Text liegt Christian Friedrich Hunolds (34f.) ›Von der Zufriedenheit‹ betitelte »Cantata« zugrunde, jedoch in merkwürdiger Veränderung. Sieht man von Geringfügigkeiten ab, so lassen sich die Unterschiede zwischen Hunolds Text und Bachs Kantate wie folgt skizzieren:

Satz	*Hunold*	*Bach*
1	»Ein edler Mensch ist Perlenmuscheln gleich: In sich am meisten reich.«	6-strophiges Gedicht unbekannter Herkunft
2–6	In beiden Fassungen nahezu gleich	

7	–		Hunolds Satz 1, darauffolgend 6-strophiges Gedicht unbekannter Herkunft
8	–		2-strophiges Gedicht unbekannter Herkunft

Die nächstliegende Annahme, Hunold selbst habe seinen gedruckten Text aus gegebenem Anlaß vielleicht in die von Bach komponierte Form gebracht, erweist sich bei näherer Prüfung als unglaubwürdig. Hunold war bereits 1721 verstorben; außerdem hätte ein mit den Regeln der Poetik so vertrauter Dichter wie Hunold für die Rezitativsätze 1 und 7 natürlich Texte in der üblichen »madrigalischen« (16) Form geliefert und keine Strophendichtung. Werner Neumann, der den ganzen Sachverhalt zum ersten Male dargestellt hat (im Kritischen Bericht NBA I/40), vermutet daher mit Recht, daß der Textredaktor in unmittelbarer Nähe Bachs zu suchen ist und daß zur Anreicherung des Hunoldschen Textes bekannte Strophenlieder verwendet wurden, wie sie damals vielfach im Umlauf waren. Denn die Zufriedenheit mit dem Los, das dem Menschen zufällt, oder das Sichfügen in das von Gott verhängte Geschick gehörte, wie schon die Betrachtung der Kantaten zum Sonntag Septuagesimae gezeigt hat, zu den stets wieder neu behandelten Lieblingsthemen der Zeit. So ist denn der gesamte Text ein teils launiges, teils auch hausbacken moralisierendes Lob der Zufriedenheit und Selbstgenügsamkeit: Das Streben der Unzufriedenen nach Ruhm und Schätzen ist sinnlos und schwächlich, ein edler Mensch dagegen trägt seinen Schatz in sich selbst; und so wird auch die »himmlische Vergnügsamkeit« von Gott ihren Lohn im Himmel empfangen.

Bachs Komposition umfaßt die viermalige Folge des Satzpaares Rezitativ–Arie. Da die Singstimmenbesetzung mit Solosopran durchweg beibehalten wird, bleibt als Variationsmöglichkeit hauptsächlich ein Wechsel der Instrumentierung, ferner, soweit der Text das zuläßt, des Satzcharakters. Die Instrumentalbesetzung sieht Querflöte, 2 Oboen, Streicher und Continuo vor. Als Obligatinstrumente sind in der ersten Arie 2 Oboen, in der zweiten eine Solovioline und in der dritten eine Soloflöte vorgesehen, während die Schlußarie als einzige die volle Besetzung verlangt, nämlich das Streicherensemble, verstärkt durch die beiden Oboen und die zuweilen konzertierend-selbständig geführte Flöte. Auch für die Rezitative empfahl sich wegen ihrer Textfülle eine abwechslungsreiche Vertonung. So ist das erste Rezitativ als reines Secco, das zweite als streicherbegleitetes Accompagnato (mit kurzem ›Presto‹-Einschub auf die Worte »wie Staub zerfliegen«), das dritte wieder als Secco (mit einzelnen, den Text illustrierenden Koloraturen) und das vierte als Secco mit folgendem Arioso komponiert.

Demnach hat Bach auf die strophische Textordnung in Satz 1 keine Rücksicht genommen, was freilich zu einer etwas stereotypen Folge von Ganztakt-Zeilenabschnitten geführt hat; in Satz 7 dagegen teilt er die 6 Strophen auf, vertont Hunolds Zweizeiler und die ersten 3 Strophen als Secco – wiederum nicht ohne stereotype Ganztaktzeilen –, die übrigen 3 Strophen jedoch als liedhaftes Arioso, dessen schlicht-natürliche Sanglichkeit nun plötzlich den Strophenliedcharakter des Textes offenbart, gleichsam als sei es der Komponist nun leid, weiterhin so zu tun, als habe er einen madrigalischen Text vor sich.

Zur musikalischen Darstellung einer ruhigen, in sich gefestigten Gemütshaltung eignet sich außer der eben erwähnten schlichten Liedhaftigkeit eine gewisse Gleichförmigkeit der Bewegung, wie wir sie in der Violinfiguration des Satzes 4 antreffen, besonders aber das Stilmittel des *Orgelpunkts*. Dieser ist in Rezitativen als langgehaltener Begleitton – gleich Satz 1 beginnt damit – zwar allgemein häufig, er wird daher als stilistische Besonderheit weniger wahrgenommen; auffallen muß dagegen, daß auch die Arien dieser Kantate immer wieder von Orgelpunktbildungen und Haltetönen Gebrauch machen. Sie spielen zumal in der dritten Arie (Satz 6) eine wesentliche Rolle, während die erste und letzte Arie (Satz 2 und 8) jeweils mit einem in Bewegung aufgelösten Orgelpunkt beginnen (als Bestandteil des Themas kehrt er auch innerhalb der Sätze vielfach wieder), also gleichsam einer Kombination der Stilmittel gleichförmiger Bewegung und des Orgelpunkts:

Satz 2

Continuo 

Satz 8

Continuo 

Im übrigen ist die Gestaltung der Arien durchaus abwechslungsreich. Satz 2 ist ein Siciliano, in dem die Singstimme sich dem Triosatz der beiden Oboen samt Continuo als vierte Stimme gleichberechtigt einfügt. In Satz 4 wird die schlichte, liedhafte Melodie des Soprans von lebhafter Violinfiguration umrankt, die aus gebrochenen Akkorden, teilweise mit Echowirkungen, besteht und dadurch einen mehr flächigen Kontrast zum Linienspiel der ersten Arie bildet. In der dritten Arie (Satz 6) dominiert das Skalenspiel der Soloflöte, die sich hier, wie auch der Sopran, in weitgespannten Melodiebögen ergeht, wohl als Abbild des ausgeglichenen seelischen Gleichmuts. Die Schlußarie (Satz 8) endlich hat wieder mehr tänzerischen Charakter; sie ist akkordisch-kompakt. Während jedoch in den Ritornellen dieses Satzes die Instrumente zu einem einzigen Klangkörper verschmelzen, löst sich in den Gesangsteilen die Flöte aus dem übrigen, Begleitfunktion ausübenden Instrumentarium heraus und tritt selbständig kontrapunktierend der Singstimme gegenüber. Der zweistrophige Text wird wiederholt, so daß textlich die Form I–II–I–II entsteht. Musikalisch sind alle vier Abschnitte miteinander verwandt, besonders aber der erste und letzte (bei unterschiedlichem Text!) – eine Form, die sich durch ein Schema wie A B C A' oder auch A A' A" A nur annähernd darstellen läßt und beim Anhören den Eindruck einer rondoartigen Anlage erweckt.

Geschwinde, ihr wirbelnden Winde · BWV 201

Der Streit zwischen Phoebus und Pan

NBA I/40, 119 – AD: ca. 54 Min.

1. CHORUS: Geschwinde, ihr wirbelnden Winde	D	3/8
2. RECITATIVO [S, B I, II]: Und du bist doch so unverschämt und frei	h–G	C
3. ARIA [S]: Patron, das macht der Wind	G	2/4
4. RECITATIVO [A, B I, II]: Was braucht ihr euch zu zanken	e–D	C
5. ARIA [B I]: Mit Verlangen	h	3/8
6. RECITATIVO [S, B II]: Pan, rücke deine Kehle nun	D–A	C

7. Aria [B II]: Zu Tanze, zu Sprunge, so wackelt das Herz	A	3/8, ¢, 3/8
8. Recitativo [A, T I]: Nunmehro Richter her	D–fis	C
9. Aria [T I]: Phoebus, deine Melodei	fis	12/8
10. Recitativo [T II, B II]: Komm, Midas, sage du nun an	A–G	C
11. Aria [T II]: Pan ist Meister, laßt ihn gehn	D	¢
12. Recitativo [S, A, T I, II, B I, II]: Wie, Midas, bist du toll	h–e	C
13. Aria [A]: Aufgeblasne Hitze	e	3/4
14. Recitativo [S]: Du guter Midas, geh nun hin	G–D	C
15. Chorus: Labt das Herz, ihr holden Saiten	D	2/4

Mit dieser Kantate ergreift Bach das Wort »in eigener Sache«: Er kämpft für die hohen Ansprüche, die jede wahre Kunst und damit seine eigene Musik stellt, er zieht zu Felde gegen das Ignorantentum, das sich mit leichter Kost begnügen möchte, und er wählt für diese ihm todernste Angelegenheit die Form des heiteren »Dramma per musica«, das, so dürfen wir annehmen, von seinem studentischen Collegium musicum im Zimmermannschen Kaffeegarten aufgeführt wurde, vielleicht als Eröffnungswerk zu Beginn der Bachschen Tätigkeit.

Gerne möchten wir die Entstehung der Kantate mit bestimmten Ereignissen in Zusammenhang bringen; und tatsächlich hat es auch an Angriffen gegen Bach, wie sie hier verspottet werden, nicht gefehlt. So lesen wir z. B. im ›Critischen Musicus‹ des Jahres 1737 aus der Feder von Johann Adolph Scheibe über Bach:

> Dieser große Mann würde die Bewunderung gantzer Nationen seyn, wenn er mehr Annehmlichkeit hätte, und wenn er nicht seinen Stücken durch ein schwülstiges und verworrenes Wesen das Natürliche entzöge, und ihre Schönheit durch allzugroße Kunst verdunkelte.

Ein auf noch breiterer Front geführter Angriff auf die Musik und die Musiker erschütterte 1749 die Gemüter: Der Freiberger Rektor Biedermann suchte in einem Schulprogramm zu beweisen, daß eine intensive Musikpflege für die Jugend schädlich sei. Eine allgemeine Empörung unter der Musikerschaft war die Folge, und auch Bach schaltete sich mittelbar in die Polemik ein.

Allein, beide Vorfälle liegen zeitlich später als die um 1729 anzusetzende Entstehung der Kantate und lassen sich allenfalls zu Wiederaufführungen – eine solche ist (mit Anspielungen auf Biedermann) für 1749 bezeugt – in Beziehung setzen. Auch war das Streben nach schlichter Natürlichkeit der fortschrittlichen Ästhetik dieser Zeit so allgemein eigen, daß es keines speziellen Anlasses bedurfte: Unter ihrem Blickwinkel mußte Bachs Kunst als Künstlichkeit, seine strengstimmige Polyphonie verworren und seine ornamentale Melodik als Schwulst erscheinen – eine Einstellung, die sich erst mit dem wachsenden Geschichtsverständnis der Romantik allmählich zu wandeln begann.

Die Dichtung lieferte der federgewandte Picander (56f.). Er wählte dazu die alte griechische Sage, daß Apollo zum Musikwettstreit herausgefordert worden sei und als Sieger den Unterlegenen hart bestraft habe. In späterer und etwas veränderter Fassung berichtet Ovid im 11. Buch seiner Metamorphosen davon, und weil dieser die Quelle für Picander war, sei seine Erzählung mit kurzen Worten wiedergegeben:

> Auf dem Berge Tmolus (auch Timolus) in Lydien prahlt Pan mit seiner nach ihm benannten Flöte vor den Nymphen und fordert den Erfinder der Kithara, Phoebus Apollo, zum Wettstreit heraus. Zum Richter wird der Gott des Berges (Tmolus) eingesetzt. Zuerst spielt Pan auf der Flöte, dann Phoebus auf der Kithara, und alle Welt muß Tmolus recht geben, der dem Apoll den Sieg zuspricht – bis auf den gleichfalls anwesenden Midas, den König von Lydien (es ist derselbe, den sein törichter Wunsch, alles, was er berühre, möge zu Gold werden, an den Rand des Hungertodes geführt hatte). Ihm allein gefällt das ungehobelte Lied des Pan besser, und zur Strafe erhält er Eselsohren.
>
> (Ovid erzählt noch weiter, Midas habe seine Ohren unter einer phrygischen Mütze – wohl der »Schellenmütze« unserer Kantate – zu verbergen gesucht; sein Diener habe ihn aber verraten, indem er die Entdeckung, unfähig, sie bei sich zu behalten, einem Erdloch anvertraute. Das Schilfrohr, das später daraus gewachsen sei, habe das Geheimnis flüsternd an die Öffentlichkeit gebracht: »Midas hat Eselsohren«.)

Picander und Bach haben sich nicht allzu genau an die Ovidsche Vorlage gehalten. So werden Tmolus und Midas zu Sekundanten der beiden Streitenden; und während Phoebus zu Streichern, Flöte und Oboe singt, wird Pan nicht etwa durch die Flöte, sondern durch Violinen begleitet. Insbesondere werden aber noch zwei weitere Personen eingeführt, nämlich Momus, der Gott des Spottes, und Merkur – sicherlich nicht ohne Absicht: Als Gott der Kaufleute repräsentiert er die Bürger Leipzigs (dieselbe Funktion hat er auch in Bachs Kantate BWV 216a), und durch seinen Mund ergreifen auch sie für Phoebus Partei – so jedenfalls will es unsere Kantate.

Es geht also Bach offensichtlich nicht darum, ein möglichst sinnfälliges und dramatisches Abbild der antiken Sage zu geben, sondern vielmehr um die Herausarbeitung jenes aktuellen Gegensatzes zwischen dem »kunstvollen, gebundenen, ernsten und dem leichten, bloß gefälligen Stil« (Spitta). Wenn Midas gesteht:

Dein Lied hat mir so wohl geklungen,
Daß ich es mir auf einmal gleich gemerkt,

so denkt man unwillkürlich an die Forderung nach dem »Schein des Bekannten« der Berliner Liederschule. Daß es um aktuelle Probleme geht, zeigt auch das Schlußrezitativ des Momus:

Du guter Midas, geh nun hin,
Und lege dich in deinem Walde nieder;
Doch tröste dich in deinem Sinn,
Du hast noch mehr dergleichen Brüder.
Der Unverstand und Unvernunft
Will jetzt der Weisheit Nachbar sein,
Man urteilt in den Tag hinein,
Und die so tun,
Gehören all in deine Zunft.

Die Vertonung Bachs zeigt einen ungewöhnlichen Prachtaufwand: Zum sechsstimmigen Gesangspart treten Trompeten, Pauken, 2 Querflöten, 2 Oboen, Streicher und Continuo.

Der Eingangschor entfesselt sogleich eine turbulente Musik, die die »wirbelnden Winde« in ihre Höhlen verweist, damit das »Hin- und Widerschallen« der Wettmusik ungestört vernehmbar sei.

Während im folgenden die Handlung in schlichten Seccorezitativen vorangetrieben wird, erklingen die eingestreuten Arien in sorgsam abgestimmtem Kontrast: Stücke von bukolischem und lyrischem Charakter wechseln stets miteinander ab. Auch die wechselnde Besetzung verstärkt die Wirkung der Arien, so, wenn auf die continuobegleitete Spottarie des Momus

›Patron, das macht der Wind‹ die reich instrumentierte Arie des Phoebus ›Mit Verlangen‹ folgt, für die Bach offensichtlich all seine Kunst aufgeboten hat, ohne sie deswegen »gelehrt« wirken zu lassen; ihre klare Periodenbildung läßt trotz des ausdrücklich geforderten gemäßigten Tempos (›Largo‹) doch den tänzerischen Ursprung noch erkennen. Andererseits ist aber die Arie des Pan ›Zu Tanze, zu Sprunge, so wackelt das Herz‹ mehr als nur ein musikalischer Spaß; sie steckt voller Feinheiten (man beachte z. B. den imitierend einsetzenden Continuo zu Beginn) und war deshalb auch geeignet, auf den Text ›Dein Wachstum sei feste und lache vor Lust‹ dreizehn Jahre später in die Bauernkantate übernommen zu werden. Freilich ist sie mehr als die Arie des Phoebus auf sinnfällige Wirkung hin angelegt, nicht nur in ihrer volkstümlichen Melodik, sondern auch in ihrer drastischen Schilderung des »wackelnden« Herzens.

Dem Gesang des Phoebus entspricht in ihrer Haltung die Arie des Tmolus ›Phoebus, deine Melodei‹ mit obligater Oboe d'amore. Wie sehr Bach auch hier wieder um die Kraft des melodischen Ausdrucks bemüht war, zeigt die sorgfältige Bezeichnung der Stimmen mit Vortragsanweisungen. Hier findet sich der seltene Fall eines von Bach ausdrücklich geforderten Crescendo; denn anders dürfte die folgende Bezeichnung nicht zu verstehen sein:

Oboe d'amore

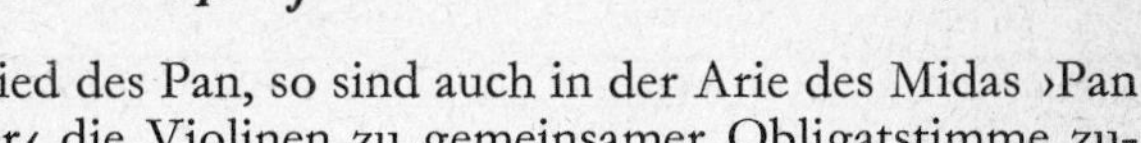

Wie im Lied des Pan, so sind auch in der Arie des Midas ›Pan ist Meister‹ die Violinen zu gemeinsamer Obligatstimme zusammengefaßt. Verräterisch ist ihre Textillustration zu der Stelle »denn nach meinen beiden Ohren singt er unvergleichlich schön«:

Violino I II

Tenore Midas

Continuo

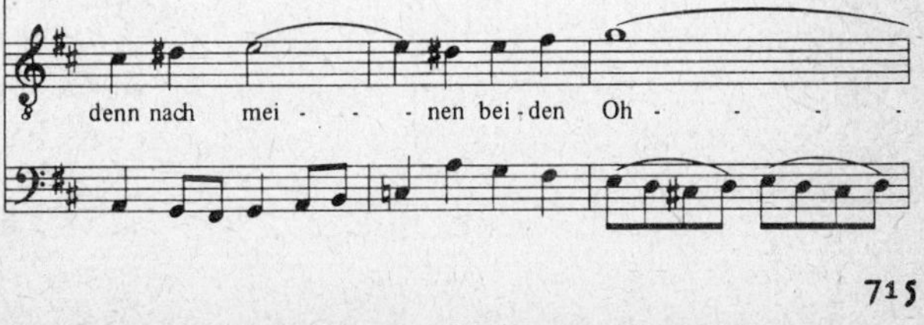

Ganz offenbar wird hier das Eselsgeschrei nachgeahmt, um zu zeigen, welcher Art diese beiden Ohren sind. So ist die Stelle ein früher Vorläufer von Mendelssohns »I–a« aus der Sommernachtstraum-Ouvertüre.

In einer tänzerischen Arie ›Aufgeblasne Hitze‹ mit 2 obligaten Flöten zieht schließlich Mercurius das Fazit aus dem Drama. Das letzte Rezitativ, die Warnung des Momus vor dem überhand nehmenden Unverstand erhält durch Streicherbegleitung besonderen Nachdruck.

Der Schlußchor ist ein mitreißender Hymnus auf die Musik. Im Hauptteil des in Dacapoform angelegten Satzes dominieren die Instrumente; der Chor ist jeweils in die Reprise des Instrumentalsatzes eingefügt. Im zweigliedrigen Mitteilteil dominiert der Chor; die Instrumente gehen vielfach colla parte, die Flöten sind selbständig, die Trompeten schweigen. Daraus ergibt sich folgende Gesamtform:

Hauptteil — Mittelteil — Hauptteil
a a+Chor b b+Chor — c c' — a a+Chor b b+Chor

Schweigt stille, plaudert nicht · BWV 211
(Kaffee-Kantate)

NBA I/40, 195 – AD: ca. 27 Min.

1. Recitativo [T]: Schweigt stille, plaudert nicht	G–D	C
2. Aria [B]: Hat man nicht mit seinen Kindern	D	C
3. Recitativo [S, B]: Du böses Kind, du loses Mädchen	e–fis	C
4. Aria [S]: Ei, wie schmeckt der Coffee süße	h	3/8

5. RECITATIVO [S, B]: Wenn du mir nicht den Coffee läßt	A–e	C
6. ARIA [B]: Mädchen, die von harten Sinnen	e	C
7. RECITATIVO [S, B]: Nun folge, was dein Vater spricht	C–D	C
8. ARIA [S]: Heute noch, lieber Vater, tut es doch	G	6/8
9. RECITATIVO [T]: Nun geht und sucht der alte Schlendrian	e–e	C
10. CHORUS [S, T, B]: Die Katze läßt das Mausen nicht	G	¢

Die Kantatendichtung Picanders (56f.), die die Mode des Kaffeetrinkens in launiger Weise aufs Korn nimmt, scheint viel Anklang gefunden zu haben; denn außer von Bach ist sie mindestens noch von zwei weiteren Komponisten vertont worden. Die Fabel ist einfach: Liesgen, ein junges Bürgermädchen, will um nichts in der Welt auf ihren täglichen »Coffee« verzichten; keine Drohung ihres Vaters, der den schönen Namen Schlendrian führt, will etwas fruchten. Erst als dieser verspricht, ihr einen Mann zu verschaffen, wenn sie vom Kaffeetrinken ablasse, schlägt ihr Sinn um: »Heute noch, lieber Vater, tut es doch! Ach, ein Mann! wahrlich dieser steht mir an.« Damit enden Picanders Dichtung und die übrigen Kompositionen. Bach jedoch fügt noch den Bericht bei, Liesgen habe heimlich verbreiten lassen, kein Freier komme ihr ins Haus, der ihr nicht die Erlaubnis zu beliebigem Kaffeetrinken feierlich im Ehekontrakt zugestehe. Damit ist der kleinen Handlung nicht nur eine reizvolle Pointe angehängt; sie gibt auch zugleich Gelegenheit, den nur im Eingangsrezitativ beschäftigten Erzähler (Tenor) nochmals auftreten zu lassen und danach das Werk mit einem wirkungsvollen Schluß-Terzett zu beenden, das die Moral von der Geschichte noch einmal zusammenfaßt: »Die Katze läßt das Mausen nicht, die Jungfern bleiben Coffeeschwestern«. Ob Bach diese beiden Sätze selbst hinzugedichtet hat oder ob nicht doch eher der befreundete Picander um einen geeigneten Finale-Text gebeten worden war, ist bis heute ungeklärt.

Bach hat das launige Werkchen vermutlich Ende 1734 oder Anfang 1735, sicherlich jedoch im Zeitraum um 1732/1735 geschaffen, also zu einer Zeit, als Picander seine Dichtung bereits veröffentlicht hatte (sie war 1732 im III. Teil seiner Gedichtsammlung erschienen). Zweifellos war die Musik dazu bestimmt, die Besucher des Zimmermannschen Kaffeehauses mit einer Aufführung des studentischen Musikkollegiums zu erheitern. Die immer wieder geäußerte Meinung, in der Person des Liesgen werde auf Bachs Tochter gleichen Namens (Elisabeth Juliana Friederica) angespielt, erledigt sich damit: Die spätere Gattin des Bachschülers und Naumburger Organisten Johann Christoph Altnickol war erst 1726 geboren und hat gewiß weder sechsjährig für den dichtenden Picander noch achtjährig für den komponierenden Vater das geeignete Modell abgegeben.

Bachs Kaffeekantate gehört sicherlich ebensowenig wie die Bauernkantate zu den Hauptwerken des Thomaskantors. Dennoch prägt sich in beiden ein für ihre Zeit moderner Zug aus. Das Sujet des Textes stellt uns weder Götter in barockem Fürstenornat noch die immer wieder strapazierten Hirten und Schäferinnen vor Augen, sondern – in der Kaffeekantate – Leipziger Bürger mit ihren kleinen Schwächen und Listen. Und Bachs Musik macht diese seine Mitbürger erst recht lebendig in einer Weise, die schon beinahe die Charakterisierungskunst eines Mozart ahnen läßt. – Fast ist man versucht zu bedauern, daß Bach nicht auch Opern komponiert hat!

Die Rezitative treten völlig zurück; sie fördern die Handlung, dienen dem Dialog und sind stets als syllabisch deklamierendes Secco komponiert. Um so ausgeprägter ist die Differenzierungskunst der Arien. Die eigentliche Handlung spielt sich, umrahmt von zwei Rezitativen des Tenors (Satz 1 und 9) und beschlossen von einem Ensemblesatz (Satz 10), in den Sätzen 2 bis 8 ab, also in vier durch Rezitativdialoge miteinander verbundenen Arien, in denen wechselweise Schlendrian und Liesgen zu Worte kommen.

Im ersten Arienpaar werden die beiden Personen der Handlung vorgestellt. Schlendrian erscheint als cholerischer Vater, entrüstet über seine mißratene Tochter. Das Eingangsritornell in vollem Streichersatz mit seinem ostinaten Kopfmotiv präsentiert ihn als hartnäckig auf seiner Meinung beharrenden Polterer:

Violino I

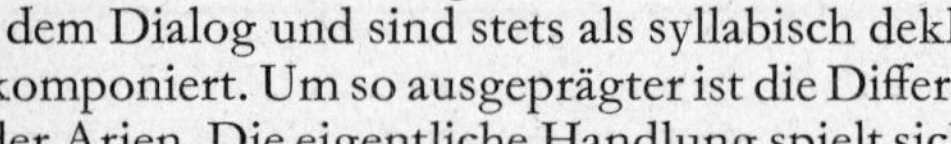

Vor Wut überschlägt er sich fast; er hat »mit seinen Kindern ...

Basso

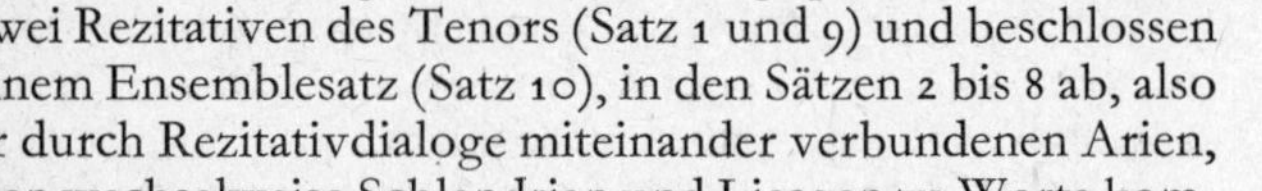

So hartnäckig der Vater auf seinem Verbot besteht, so leicht entflammt schmachtet Liesgen nach ihrem »Coffee«. Sie schwebt in höheren Sphären, und während das Thema des Vaters in festgefügtem Vierviertelaktakt sicher einherschreitet, bekommt Liesgen gleichsam »kein Bein zur Erde«; denn das Kopfthema im Ritornell ihrer Arie ist zwar im 3/8-Takt notiert, schwankt aber in Wahrheit ständig zwischen 3/4- und 3/8-Takt; und die Singstimme greift dasselbe Thema auf:

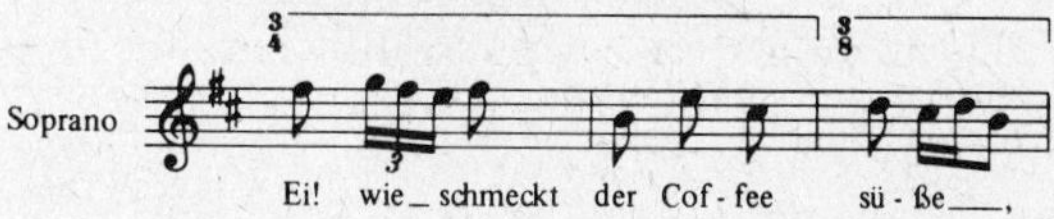

Dazu unterstreichen die virtuosen Fiorituren der obligaten Flöte das flatterhafte Wesen der Tochter. Im Mittelteil ihrer Arie ist des Schmachtens nach Kaffee erst recht kein Ende, zunächst in leidenschaftlichen Quarten und Quinten:

und endlich in Synkopenketten:

Das zweite Arienpaar bringt den Umschwung. Schlendrian erweist sich – zunächst jedenfalls – als der klügere; er weiß, wie man Mädchen zur Sinnesänderung bringen kann. Seine Arie (Satz 6) ist Continuosatz mit Ostinatobildungen. Das Thema, von vielfältiger Chromatik geprägt, malt die Schwierigkeit der Aufgabe, wohl aber zugleich auch Schlendrians Gelehrsamkeit, mit der er seine Aufgabe bewältigt.

Liesgen dagegen ist in ihrer Arie (Satz 8) schon wieder hell entflammt. Eben noch für den Kaffee begeistert, schmachtet sie nun nach einem Mann. Streicher und figurativ aufgelöster Cembalobaß geben einen wirkungsvollen klanglichen Hintergrund, und die Themengleichheit zwischen Instrumenten und Singstimme erlaubt, wie schon in Satz 4, ein effektvolles Wechselspiel zwischen thematischer Dominanz des Soprans und des Orchesters oder auch der Unisonoführung beider.

Das Schlußterzett mit gesamtem Instrumentarium (Flöte, Streicher, Continuo) ist eine Bourrée, die zumal in ihrem Hauptteil aus vielfältigen variierten Wiederholungen kurzer Abschnitte besteht. Erst im Mittelteil – er wird verändert wiederholt, so daß eine Gesamtform nach dem Schema A B A B' A entsteht – kommen die Sänger ein wenig ausführlicher zu Worte.

Amore traditore · BWV 203

NBA I/41 – AD: ca. 14 Min.

1. [Aria. B]: Amore traditore	a	$\frac{12}{8}$
2. Recitativo [B]: Voglio provar	C–G	C
3. Aria [B]: Chi in amore ha nemica la sorte	C	$\frac{3}{4}$

Zwei Kantaten auf italienische Texte sind uns unter Bachs Namen überliefert, BWV 203 und 209. Ob beide wirklich von Sebastian Bach stammen, wird von manchen Forschern bezweifelt; und da wir keine Autographe mehr besitzen, läßt sich ihre Echtheit auf diplomatischem Wege auch nicht beweisen. Andererseits findet man in ihnen so viele Bachsche Züge, daß ihre Echtheit aus stilistischen Gründen immerhin viel Wahrscheinlichkeit für sich hat. Und wenn die Zweifler fragen, welchen Grund Bach gehabt haben sollte, ausgerechnet Texte in *italienischer* Sprache zu vertonen, so wäre dem entgegenzuhalten, daß dies eine Mode war, der auch andere deutsche Komponisten – und viele noch häufiger als Bach – folgten, und daß für Bach nicht der mindeste Anlaß bestand, sich hiervon auszuschließen. Schließlich war Italien das Ursprungsland der weltlichen Solokantate; und um eine »Cantata« im ursprünglichen Sinne des Wortes handelt es sich bei diesen beiden Werken.

Der Text zu der hier betrachteten Kantate ist, dem fast allgemeinen Brauch folgend, Liebeslyrik: Der unbekannte Dichter klagt über die Ketten, über die schmerzlichen Wunden, die die Liebe mit sich bringt, und beschließt, sich von ihr nicht mehr bestricken zu lassen, um künftig in Freiheit zu leben.

Auch die Besetzung der Kantate mit einer Solostimme und

Cembalo ist die in Italien am meisten verbreitete; allenfalls ist es als Besonderheit zu werten, daß die zweite Arie das Cembalo nicht mehr generalbaßmäßig, sondern als Obligatinstrument verwendet und so dem Werk einen konzerthaften Zug verleiht.

Der Formaufbau ist knapp: Zwei Arien werden durch ein schlichtes, nur 11 Takte langes Seccorezitativ miteinander verbunden. Der ersten Arie geht ein 6-taktiges Continuoritornell voran, das auch im weiteren Verlauf der Arie zuweilen ganz, zuweilen in einzelne Abschnitte zerlegt, wiederauftritt. Gerade dieses konsequente Festhalten am exponierten Themenmaterial – nicht nur in den Ritornellen, sondern auch in den Gesangsteilen – ist für Bach charakteristisch und könnte die Echtheit des Werkes bezeugen.

Die zweite Arie hat ein noch weiter ausgeführtes, konzertierendes Ritornell, das im folgenden zwar freier behandelt wird, in einzelnen Teilen jedoch gleichfalls mehrfach wiederholt wird, wodurch auch dieser Satz einen einheitlichen und zumindest nicht unbachischen Charakter erhält.

Beide Arien sind in der konventionellen reinen Dacapoform angelegt, verkörpern also in formaler Hinsicht den italienischen Normaltypus.

Non sa che sia dolore · BWV 209

NBA I/41 – AD: ca. 24 Min.

1. Sinfonia	h	$\frac{2}{4}$
2. Recitativo [S]: Non sa che sia dolore	h–A	C
3. Aria [S]: Parti pur e con dolore	e	C
4. Recitativo [S]: Tuo saver al tempo	h–e	C
5. Aria [S]: Ricetti gramezza e pavento	G	$\frac{3}{8}$

Wie die zuvor betrachtete Kantate ist auch dieses Werk in seiner Echtheit angezweifelt; doch da es in seiner Anlage anspruchsvoller und ausgedehnter ist, lassen sich mehr Gründe pro und contra anführen, ohne daß sich freilich bisher ein sicheres Ergebnis hätte gewinnen lassen.

Die ungelösten Fragen beginnen bereits beim Text, der in einem bis zur Unverständlichkeit schlechten Italienisch abgefaßt ist. Wahrscheinlich ist Luigi Ansbacher im Recht mit seiner

Vermutung, ein des Italienischen weitgehend unkundiger Redaktor habe den Text einer originalen italienischen Kantatendichtung umgeformt, um ihn für den beabsichtigten Anlaß passend zu machen (Bach-Gedenkschrift, Zürich 1950). Darauf deutet gleich der Beginn, auf deutsch: »Der weiß nicht, was Schmerz ist, der von seinem Freunde scheidet und nicht stirbt«. Das scheint selbst im pathetischen Barock reichlich übertrieben, und der Verdacht drängt sich auf, daß es im Original ein wesentlich grausameres Schicksal war, das den Sänger an den Rand des Todes geführt hat, vielleicht – um ein beliebtes Sujet der Zeit zu nennen – der unwiederbringliche Verlust des Geliebten.

Auch die folgenden Ausführungen des Textes bringen kein Licht in das Dunkel der Zusammenhänge. Wir erfahren, daß der Scheidende ein Gelehrter sei, der in sein Vaterland zurückkehrt, um diesem zu dienen. Wind und Wellen mögen ihm zur Fahrt günstig sein (nimmt man das beim Wort, so handelt es sich um eine Seefahrt). Sein Wissen ist für sein Alter ungewöhnlich (er ist also noch jung); in Ansbach scheint er fördernde Gönner zu haben. Dies könnte – so die Meinung Luigi Ansbachers – auf Johann Matthias Gesner (1691–1761) deuten, der im Jahre 1729 Weimar verließ, um als Gymnasialrektor in seine Heimat Ansbach zurückzukehren. Wir wissen, daß Gesner später als Rektor der Thomasschule zu Leipzig (1730–1734) Bach schätzen gelernt hat; vielleicht kannten sich beide auch schon aus Bachs Weimarer Zeit. Aber so ganz will der Text doch nicht passen. Selbst wenn man »Wind und Wellen« nur als gleichnishafte Bilder auch für eine Landreise gelten läßt und wenn man die Unwahrscheinlichkeit, daß die Weimarer Freunde ihre Abschiedsmusik für Gesner in Leipzig bestellten, mit alten Beziehungen (die uns nicht bezeugt sind) zwischen Bach und Gesner zu erklären versucht, so bleibt immer noch das Problem seines Alters: Sagt man von einem Achtunddreißigjährigen noch, sein Wissen eile seinem Alter voraus? So scheint uns die Frage nach dem Anlaß zur Entstehung dieser Kantate trotz manchen Anhaltspunkten, die der Text liefert, noch ungeklärt zu sein.

Das Werk beginnt mit einem Konzertsatz für Soloflöte und Streichorchester, der ganz im Stil von Bachs h-Moll-Suite für dieselbe Besetzung (BWV 1067) komponiert ist und keinerlei Zweifel an Bachs Autorschaft aufkommen läßt. Charakteristisch (für diesen Satz wie für Bach überhaupt) ist die dominierende Rolle des Eingangsmotivs (Takt 1–2), das im weiteren Verlauf des Satzes immer wieder auftaucht, nicht nur im Tuttiritornell, sondern auch als begleitender Einwurf der Streicher zu den Solofiguren der Flöte.

Ein kurzes, von Streichern begleitetes Rezitativ erzählt vom Abschiedsschmerz über den scheidenden Jünger der Minerva.

Beide Arien der Kantate verlangen jeweils die gesamte Besetzung; in beiden tritt die Flöte konzertierend vor dem Streichertutti hervor. In der ersten Arie (Satz 3) hat das Eingangsmotiv – wie in der Sinfonia – eine dominierende Stellung, doch ist es weicher, dem klagenden Charakter des Textes angepaßt (was den Verdacht erweckt, die Sinfonia könne, wie in so vielen andern Bachschen Kantaten, einem bereits vorhandenen Konzert entlehnt worden sein, da sie keine unmittelbare Einstimmung in den »Affekt« der Kantate bietet). Im Hauptteil der Arie singt der Sopran zu den weitausholenden Sechzehntelpassagen der Flöte vom Schmerz der Zurückbleibenden, während der Mittelteil, der von der Freude des Vaterlands über den zurückkehrenden Gelehrten handelt, fröhlichere Töne anschlägt.

Ein nur kurzes und diesmal allein vom Continuo begleitetes Seccorezitativ leitet zu der tänzerischen Schlußarie über, die den Kummer zu verscheuchen sucht. Sie freilich trägt ausgesprochen moderne, italianisierende Züge und gibt zu Echtheitszweifeln am ehesten Anlaß. Das polyphone Gewebe weicht einer mehr homophonen Struktur, die Harmonik ist galant, gefühlsbetont. Trotzdem ist der Satz in seiner Art ein Meisterwerk und ein würdiger Abschluß dieser vielleicht nicht allzu tiefgründigen, aber doch überaus reizvollen und einfallsreichen Kantate.

Eine Neujahrskantate ›Ihr wallenden Wolken‹ wird unter Bachs Namen im Nachlaßverzeichnis des Göttinger Musikgelehrten Johann Nikolaus Forkel (Göttingen 1819) aufgeführt; sie ist heute verschollen. Ihre Echtheit und ihr genauer Verwendungszweck (Kirchenkantate? Huldigungsmusik?) sind ohne Kenntnis weiterer Einzelheiten nicht zu ermitteln.

Als unecht wurden aus unseren Betrachtungen folgende Kantaten ausgeschieden (in Klammern: Nachweis des für unsere Entscheidung jeweils ausschlaggebenden Literaturbelegs):

BWV 15 Denn du wirst meine Seele nicht in der Hölle lassen (Scheide 1)

BWV 53 Schlage doch, gewünschte Stunde (Dürr St, S. 48; BJ 1955, S. 15, Anm. 9)
BWV 141 Das ist je gewißlich wahr (BJ 1951–1952, S. 31–35)
BWV 142 Uns ist ein Kind geboren (Dürr St, S. 47f.)
BWV 160 Ich weiß, daß mein Erlöser lebt (BJ 1951–1952, S. 35)
BWV 189 Meine Seele rühmt und preist (BJ 1956, S. 155)

Ferner die Kantaten BWV 217–222, die niemals ernstlich als Werke Bachs gegolten haben.

Für BWV 15 ist Johann Ludwig Bach als Komponist ermittelt worden, für BWV 141, 160, 218, 219 Georg Philipp Telemann, für BWV 53 und 189 mit Wahrscheinlichkeit Georg Melchior Hoffmann; die Komponisten der übrigen sind unbekannt.

Anhang

Bibliographie

1. Ausgaben

Die BWV-Nummern sind den jeweiligen Bandnummern der Gesamtausgaben in Klammern beigefügt.

Johann Sebastian Bachs Werke, hrsg. von der Bach-Gesellschaft zu Leipzig, Leipzig 1851–1899 (BG). Die Kantaten und Oratorien sind in den folgenden Jahrgängen enthalten:
1 (1–10), 2 (11–20), 5,1 (21–30, 30a), 5,2 (248), 7 (31–40), 10 (41–50), 11,2 (201–205), 12,2 (51–60), 13,1 (195–197), 13,3 (198), 16 (61–70, 69a), 18 (71–80), 20,1 (81–90), 20,2 (206, 207, 207a), 21,3 (249), 22 (91–100), 23 (101–110), 24 (111–120), 26 (121 bis 130), 28 (131–140, 134a), 29 (208–210, 194, 211, 212, 134a, 210a), 30 (141–150), 32 (151–160), 33 (161–170), 34 (173a, 36c, 36b, 213–215, 30a, 207a), 35 (171–180), 37 (181–190), 41 (191–193, 197a, 120a, 34a).

Die nicht in der BG enthaltenen Kantaten sind in folgenden Einzelausgaben erschienen:
BWV 199: Veröffentlichung der Neuen Bachgesellschaft XIII, 2, hrsg. von C[arl] A[dolf] Martienssen, Leipzig 1913.
BWV 200: Hrsg. von Ludwig Landshoff, Leipzig 1935.

Als Rekonstruktionen sind erschienen:
BWV 120a: Hrsg. von Frederick Hudson, London (1955).
BWV 186a: Hrsg. von Diethard Hellmann, Stuttgart (1963).
BWV 190: Hrsg. von Walther Reinhart, Zürich 1948.
BWV 197a: Satz 4, hrsg. von Diethard Hellmann, Stuttgart (1964).
BWV 249a: Hrsg. von Friedrich Smend, Kassel (1943).

Rekonstruktionen in Vorbereitung:
BWV 139: Satz 2, hrsg. von Winfried Radeke, Wiesbaden.
BWV 162: Satz 3, hrsg. von Winfried Radeke, Wiesbaden.

Johann Sebastian Bach. Neue Ausgabe sämtlicher Werke, hrsg. vom Johann-Sebastian-Bach-Institut Göttingen und vom Bach-Archiv Leipzig, Kassel etc. und Leipzig 1954 ff. (NBA). Erschienen sind bisher folgende Kantaten- und Oratorienbände:
Serie I, Band 1 (61, 36, 62, 70a, 186a, 132, 147a), 2 (63, 197a, 110, 91, 191), 4 (190, 41, 16, 171, 143, Ihr wallenden Wolken, 153, 58), 7 (144, 84, 92, 18, 181, 126), 10 (66, 6, 134, 145, 158), 12 (166, 108, 86, 87, 37, 128, 43, 44, 183), 13 (172, 59, 74, 34), 14 (173, 68, 174, 184, 175), 15 (165, 176, 129, 75, 20, 39), 18 (54, 186, 107, 187, Anh. 1, 136, 178, 45), 21 (77, 33, 164, 25, 78, 17), 27 (60, 26, 90, 116, 70, 140), 33 (196, Anh. 14, 34a, 120a, 197, 195), 35 (208, 249a, 66a, 134a, Anh. 6–8, 173a, 184a, 194a, 36a), 36 (Anh. 9, 193a, Anh. 11–12, 213, 214, 206), 37 (205a, 207a, 215, 208a, Anh. 13), 38 (205, 207, 198, 36b), 40 (202, Auf, süß entzückende Gewalt, 216, 210, 204, 201, 211).
Serie II, Band 6 (248).

Über das umfangreiche und vielfach wechselnde Angebot an Einzelausgaben, Taschenpartituren und Klavierauszügen unterrichten die Kataloge der einzelnen Musikverlage.

2. Literatur

Aus der Fülle des Bach-Schrifttums kann im folgenden nur eine kleine Auswahl mitgeteilt werden, die neben den wichtigsten (in Buchform erschienenen) Einführungen in Kantaten Bachs insbesondere diejenigen Werke nennt, die zum weiterführenden Studium empfohlen werden können. Hierzu sei noch besonders vermerkt:

Außer den aufgeführten speziellen Titeln enthalten die Bach-Jahrbücher, Leipzig 1904 ff., eine große Zahl weiterer zum Studium empfehlenswerter Beiträge. Ferner enthalten die Bachfestbücher zu den Bachfesten der Neuen Bachgesellschaft, 1901 ff., Erläuterungen zu den jeweils aufgeführten Werken, deren Aufzählung hier zu weit führen würde. Gleichfalls zu weit führen würde eine Bibliographie der qualitativ sehr unterschiedlichen, bisweilen aber vorzüglichen Einführungstexte zu Schallplatten.

Ausführliche Literaturangaben zu jedem einzelnen Werk enthält Wolfgang Schmieders Bach-Werke-Verzeichnis (siehe unten); für die Zeit nach seiner Veröffentlichung sei auf die Bibliographie in den Bach-Jahrbüchern 1953 (Zeitraum 1945–1952), 1958 (1953–1957) und 1967 (1958–1962) verwiesen.

Zu den vor 1957 erschienenen Publikationen (und auch etlichen später veröffentlichten, z. B. den Heften I, II der Einführungen von Paul Mies) ist zu berücksichtigen, daß ihre chronologischen Angaben durch die neueren Forschungen überholt sind. Besonders zu bedauern ist dies für die einzige bisher vorliegende Einführung in sämtliche Kantaten Bachs: Die umfangreiche und fleißige Arbeit von W. Gillies Whittaker war, da sie sehr viel früher abgefaßt und erst posthum veröffentlicht wurde, in zahlreichen Angaben bereits zur Zeit ihres Erscheinens überholt. Daß auch die älteren Veröffentlichungen von Franke, Voigt und Wolff heute mit Berücksichtigung der historischen Distanz zu würdigen sind, versteht sich von selbst. Dagegen wird der Leser aus den Publikationen Friedrich Smends ungeachtet der inzwischen angefallenen Forschungsergebnisse stets wertvolle Erkenntnisse gewinnen. Ähnliches gilt für die Kantateneinführungen von Arnold Schering. Unentbehrliche Hilfsmittel für jede eingehendere Beschäftigung mit Bachs Kantaten sind neben den Werkausgaben selbst stets Schmieders BWV, Neumanns Kantatenhandbuch und seine Ausgabe der Kantatentexte (NWK).

Agricola, Johann Friedrich, und Bach, Carl Philipp Emanuel, [Nekrolog auf Johann Sebastian Bach] in: Mizler, Lorenz, Musikalische Bibliothek, Bd. IV, Teil 1, Leipzig 1754. Neudruck in: BJ 1920 und als Mitgliedsausgabe 1965 der Neuen Bachgesellschaft

Ansbacher, Luigi, Sulla cantata profana N° 209 ›Non sa che sia dolore‹ di G. S. Bach, in: Rivista musicale italiana, Jg. 51, 1949. Wiederabdruck in: Bach-Gedenkschrift 1950. Im Auftrag der Internationalen Bach-Gesellschaft hrsg. von Karl Matthäi, Zürich 1950

Bach, Carl Philipp Emanuel, siehe Agricola

Bach, Johann Sebastian, Neue Ausgabe sämtlicher Werke. Kritische Berichte (siehe oben: 1. Ausgaben).

Berri, Pietro, Sulla cantata profana N. 209 di Bach, in: Rivista musicale itatliana, Jg. 51, 1949

Blume, Friedrich, Umrisse eines neuen Bachbildes, in: Musica, Jg. 16, 1962. Wiederabdruck in: Blume, Friedrich, Syntagma musicologicum, Kassel etc. 1963

Brandt, Konrad, Fragen zur Fagottbesetzung in den kirchenmusikalischen Werken Johann Sebastian Bachs, in: BJ 1968

von Dadelsen, Georg, Beiträge zur Chronologie der Werke Johann Sebastian Bachs, Tübinger Bach-Studien, Heft 4/5, Trossingen 1958

Dibelius, Martin, Individualismus und Gemeindebewußtsein in Joh. Seb. Bachs Pas-

sionen, in: Archiv für Reformationsgeschichte, Jg. 41, 1948. Wiederabdruck in: Dibelius, Martin, Botschaft und Geschichte, Bd. I, Tübingen 1953
Dürr, Alfred, Über Kantatenformen in den geistlichen Dichtungen Salomon Francks, in: Die Musikforschung, Jg. 3, 1950
–, Studien über die frühen Kantaten J. S. Bach, Leipzig 1951
–, Zur Echtheit einiger Bach zugeschriebener Kantaten, in: BJ 1951–1952
–, Zur Chronologie der Leipziger Vokalwerke J. S. Bachs, in: BJ 1957
–, ›Ich bin ein Pilgrim auf der Welt‹. Eine verschollene Kantate J. S. Bachs, in: Die Musikforschung, Jg. 11, 1958
–, Verstümmelt überlieferte Arien aus Kantaten J. S. Bachs, in: BJ 1960
–, Der Eingangssatz zu Bachs Himmelfahrts-Oratorium und seine Vorlage, in: Hans Albrecht in memoriam, Kassel etc. 1962
–, Johann Sebastian Bach. Weihnachts-Oratorium, Meisterwerke der Musik, hrsg. von Ernst Ludwig Waeltner, Heft 8, München 1967
–, Bach's Chorale Cantatas, in: Cantors at the Crossroads, Essays on Church Music in Honour of Walter Buszin, St. Louis, Missouri, 1967. Wiederabdruck: Gedanken zu Bachs Choralkantaten, in: Wege der Forschung, hrsg. von Walter Blankenburg, Bd. 170, Darmstadt 1970
–, Zur Entstehungsgeschichte des Bachschen Choralkantaten-Jahrgangs, in: Bach-Interpretationen, hrsg. von Martin Geck, Göttingen 1969
–, Bachs Kantatentexte. Probleme und Aufgaben der Forschung (in Sammeldruck, Werner Neumann zum 65. Geburtstag, in Vorbereitung)
Ehmann, Wilhelm, »Concertisten« und »Ripienisten« in der h-moll-Messe von Johann Sebastian Bach, in: Musik und Kirche, Jg. 30, 1960
Finke-Hecklinger, Doris, Tanzcharaktere in Johann Sebastian Bachs Vokalmusik, Tübinger Bach-Studien, Heft 6, Trossingen 1970 (konnte bis zum Abschluß der vorliegenden Arbeit nicht mehr eingesehen werden)
Finlay, Jan, Johann Sebastian Bachs weltliche Kantaten, Göttingen 1950 [Privatdruck]
Finscher, Ludwig, Zum Parodieproblem bei Bach, in: Bach-Interpretationen, Göttingen 1970
Franke, Friedrich Wilhelm, Bachs Kirchenkantaten, 2 Hefte, Leipzig 1925
Gojowy, Detlev, Zur Frage der Köthener Trauermusik und der Matthäuspassion, in: BJ 1965
Hamel, Fred, Johann Sebastian Bach. Geistige Welt, Göttingen 1951
von Hase, Hermann, Breitkopfsche Textdrucke zu Leipziger Musikaufführungen zu Bachs Zeiten, in: BJ 1913
Husmann, Heinrich, Die Viola pomposa, in: BJ 1936
Jauernig, Reinhold, Zur Kantate ›Ich hatte viel Bekümmernis‹ (BWV 21), in: BJ 1954
Krummacher, Friedhelm, Die Tradition in Bachs vokalen Choralbearbeitungen, in: Bach-Interpretationen, Göttingen 1969
Melchert, Hermann, Das Rezitativ der Kirchenkantaten J. S. Bachs, in: BJ 1958
Mendel, Arthur, Recent Developments in Bach Chronology, in: The Musical Quarterly, Jg. 46, 1960. Wiederabdruck: Neue Ergebnisse in der Chronologie Bachscher Werke, in: Wege der Forschung, Bd. 170, Darmstadt 1970
Mies, Paul, Die geistlichen Kantaten Johann Sebastian Bachs und der Hörer von heute, Heft I–III, Wiesbaden 1959–1964
–, Die weltlichen Kantaten Johann Sebastian Bachs und der Hörer von heute, Wiesbaden 1967
Mizler, siehe Agricola
Neumann, Werner, J. S. Bachs Chorfuge, Leipzig 1938 [spätere Aufl. unverändert]
–, Handbuch der Kantaten Johann Sebastian Bachs, Leipzig 1947; 3. Aufl. Leipzig 1967

–, Zur Aufführungspraxis der Kantate 152, in: BJ 1949–1950
–, Johann Sebastian Bach. Sämtliche Kantatentexte. Unter Mitbenutzung von Rudolf Wustmanns Ausgabe der Bachschen Kantatentexte, Leipzig 1956; unveränderte Neuauflage mit Nachwort 1967
–, Das »Bachische Collegium Musicum«, in: BJ 1960
–, Eine verschollene Ratswechselkantate J. S. Bachs, in: BJ 1961
–, und Schulze, Hans-Joachim (Hrsg.), Bach-Dokumente. Herausgegeben vom Bach-Archiv Leipzig.
I. Schriftstücke von der Hand Johann Sebastian Bachs, Kassel etc. und Leipzig 1963
II. Fremdschriftliche und gedruckte Dokumente zur Lebensgeschichte Johann Sebastian Bachs 1685–1750, ebda. 1969
–, Über Ausmaß und Wesen des Bachschen Parodieverfahrens, in: BJ 1965
–, Probleme der Aufführungspraxis im Spiegel der Geschichte der Neuen Bachgesellschaft, in: BJ 1967
–, Eine Leiptziger Bach-Gedenkstätte. Über die Beziehungen der Familien Bach und Bose, in: BJ 1970
Niebergall, Alfred, Die Geschichte der christlichen Predigt, in: Leiturgia, Bd. II, Kassel etc. 1955
Noack, Elisabeth, Georg Christian Lehms, ein Textdichter Johann Sebastian Bachs, in: BJ 1970
Platen, Emil, Untersuchungen zur Struktur der chorischen Choralbearbeitung Johann Sebastian Bachs, Phil. Diss. Bonn 1957, Bonn 1959
Pirro, André, L'Esthétique de Jean Sébastien Bach, Paris 1907
Richter, Bernhard Friedrich, Über die Schicksale der der Thomasschule zu Leipzig angehörenden Kantaten Joh. Seb. Bachs, in: BJ 1906
–, Zur Kantate ›Ärgre dich, o Seele, nicht‹, in: BJ 1906
–, Über Seb. Bachs Kantaten mit obligater Orgel, in: BJ 1908
–, Joh. Seb. Bach und die Universität zu Leipzig, in: BJ 1925
Riemann Musiklexikon, 12. Aufl. hrsg. von Wilibald Gurlitt und Hans Heinrich Eggebrecht. Sachteil, Mainz 1967
Scheide, William H., Johann Sebastian Bachs Sammlung von Kantaten seines Vetters Johann Ludwig Bach, in: I. BJ 1959, II. BJ 1961, III. BJ 1962
Schering, Arnold [Hrsg.], Sebastian Knüpfer, Johann Schelle, Johann Kuhnau. Ausgewählte Kirchenkantaten, DDT, Bd. 58/59
Schering, Arnold, Beiträge zur Bachkritik, in: BJ 1919
–, Die Kantate Nr. 150 ›Nach dir, Herr, verlanget mich‹, in: BJ 1913
–, Über Bachs Parodieverfahren, in: BJ 1921
–, Kleine Bachstudien, in: BJ 1933
–, Johann Sebastian Bachs Leipziger Kirchenmusik, Leipzig 1936 [weitere Aufl. im Wortlaut unverändert]
–, Bachs Musik für den Leipziger Universitätsgottesdienst 1723–1725, in: BJ: 1938
–, Johann Sebastian Bach und das Musikleben Leipzigs im 18. Jahrhundert, Musikgeschichte Leipzigs Bd. III, Leipzig 1941
–, Über Kantaten Johann Sebastian Bachs [= Vorworte der von Schering edierten Eulenburg-Taschenpartituren], hrsg. von Friedrich Blume, Leipzig 1942 [weitere Aufl. unverändert]
Schmalfuß, Hermann, Johann Sebastian Bachs ›Actus tragicus‹ (BWV 106). Ein Beitrag zu seiner Entstehungsgeschichte, in: BJ 1970
Schmieder, Wolfgang, Thematisch-systematisches Verzeichnis der musikalischen Werke von Johann Sebastian Bach. Bach-Werke-Verzeichnis (BWV), Leipzig 1950
Schmitz, Arnold, Die Bildlichkeit der wortgebundenen Musik Johann Sebastian Bachs, Mainz 1950

–, Die oratorische Kunst J. S. Bachs, in: Kongreßbericht Lüneburg 1950, Kassel etc. o. J. Wiederabdruck in: Wege der Forschung, Bd. 170, Darmstadt 1970

Schneider, Max, Bach-Urkunden, Veröffentlichungen der Neuen Bachgesellschaft, Jg. 17, Heft 3, Leipzig o. J.

Schöne, Albrecht, Emblematik und Drama im Zeitalter des Barock, 2. Aufl., München 1968

Schulze, Hans-Joachim, Bemerkungen zu einigen Kantatentexten Johann Sebastian Bachs, in: BJ 1959

–, Marginalien zu einigen Bach-Dokumenten, in: BJ 1961

–, Johann Sebastian Bach und Christian Gottlob Meißner, in: BJ 1968

–, Neuerkenntnisse zu einigen Kantatentexten Bachs auf Grund neuer biographischer Daten, in: Bach-Interpretationen, hrsg. von Martin Geck, Göttingen 1969

Seiffert, Max, Praktische Bearbeitungen Bachscher Kompositionen, in: BJ 1904

Siegele, Ulrich, Kompositionsweise und Bearbeitungstechnik in der Instrumentalmusik Johann Sebastian Bachs, Phil. Diss. Tübingen 1957 [maschinenschriftlich]

Sirp, Hermann, Die Thematik der Kirchenkantaten J. S. Bachs in ihren Beziehungen zum protestantischen Kirchenlied, in: BJ 1931, 1932

Smend, Friedrich, Bachs h-Moll-Messe. Entstehung, Überlieferung, Bedeutung, in: BJ 1937

–, Bachs Markus-Passion, in: BJ 1940–1948

–, Neue Bach-Funde, in: Archiv für Musikforschung, Jg. 7, 1942

–, Joh. Seb. Bach. Kirchen-Kantaten, 6 Hefte, Berlin, 1947–1949 [weitere Aufl. im Wortlaut unverändert]

–, Bachs Himmelfahrts-Oratorium, in: Bach-Gedenkschrift 1950, Zürich 1950

–, Bach in Köthen, Berlin 1951

–, Bachs Trauungskantate ›Dem Gerechten muß das Licht immer wieder aufgehen‹, in: Die Musikforschung, Jg. 5, 1952. Wiederabdruck in: Wege der Forschung, Bd. 170, Darmstadt 1970

Spitta, Philipp, Johann Sebastian Bach, 2 Bde., Leipzig 1873, 1880

–, Über die Beziehungen Sebastian Bachs zu Christian Friedrich Hunold und Mariane von Ziegler, in: Historische und Philologische Aufsätze, Festgabe an Ernst Curtius zum 2. September 1884. Wiederabdruck in 2 Teilen in: Philipp Spitta, Zur Musik, Berlin 1892 [betr. M. v. Ziegler] und ders., Musikgeschichtliche Aufsätze, Berlin 1894 [betr. C. F. Hunold]

Stephan, Rudolf, Die Wandlung der Konzertform bei Bach, in: Die Musikforschung, Jg. 6, 1953

Streck, Harald, Die Verskunst in den poetischen Texten zu den Kantaten J. S. Bachs, Hamburger Beiträge zur Musikwissenschaft, Bd. 5, Hamburg 1971

Stiller, Günther, Johann Sebastian Bach und das Leipziger gottesdienstliche Leben seiner Zeit, Berlin und Kassel 1970

Tagliavini, Luigi Ferdinando, Studi sui testi delle cantate sacre di J. S. Bach, Padua und Kassel etc. 1956

Terry, Charles Sanford, Joh. Seb. Bach. Cantata Texts Sacred and Secular. With a Reconstruction of the Leipzig Liturgy of his Period, London 1926

Thalheimer, Peter, Der Flauto piccolo bei Johann Sebastian Bach, in: BJ 1966

Voigt, Woldemar, Die Kirchenkantaten Johann Sebastian Bachs. Ein Führer bei ihrem Studium und ein Berater für ihre Aufführung, Leipzig 1928

Werthemann, Helene, Die Bedeutung der alttestamentlichen Historien in Johann Sebastian Bachs Kirchenkantaten, Tübingen 1960

–, Zum Text der Bach-Kantate 21 ›Ich hatte viel Bekümmernis in meinem Herzen‹, in: BJ 1965

Whittaker, W. Gillies, The Cantatas of Johann Sebastian Bach, 2 Bde., London 1959

Wolff, Leonhard, J. Sebastian Bachs Kirchenkantaten. Ein Nachschlagebuch für Dirigenten und Musikfreunde, Leipzig 1913

Wustmann, Rudolf, Joh. Seb. Bachs Kantatentexte, Leipzig 1913

Zahn, Johannes, Die Melodien der deutschen evangelischen Kirchenlieder, 6 Bde., Gütersloh 1889–1893. Neudruck Hildesheim 1963

Zander, Ferdinand, Die Dichter der Kantatentexte Johann Sebastian Bachs. Untersuchungen zu ihrer Bestimmung, in: BJ 1968

Ziebler, Karl, Das Symbol in der Kirchenmusik Joh. Seb. Bachs, Kassel 1930

Register

1. Namenregister

Unberücksichtigt bleiben die in der Bibliographie genannten Autoren und Herausgeber, auch wenn ihr Name im laufenden Text auftritt.

2. Sachregister mit Worterklärungen

Das nachstehende Register hat einen doppelten Zweck:
a) Es will als Verzeichnis der in den vorangegangenen Ausführungen erläuterten Begriffe dienen.
b) Es will Begriffe, die ohne besondere Erklärung verwendet wurden, erläutern und so dem mit der musikalischen Fachsprache weniger vertrauten Leser verständlich machen.
Demgemäß findet sich zu den alphabetisch geordneten Stichworten entweder eine Verweisung auf die Seite, auf der der Begriff näher erläutert wird, oder eine kurze Erklärung. Auf den Nachweis sämtlicher Seiten, auf denen das Stichwort auftritt, kann in beiden Fällen verzichtet werden.

Abgesang, siehe Bar.

a cappella (ital.), Musik nach Art der Kapellchöre, häufig im Sinne eines reinen Vokalsatzes gebraucht; doch war das Mitgehen von Instrumenten und auch eine selbständige Führung des Continuo zu Bachs Zeit durchaus mit dem A-cappella-Begriff vereinbar, nicht jedoch eine selbständige Führung weiterer, nicht zum Continuo gehöriger Instrumente.

Accompagnato (ital. begleitet) 30.

Applicatio (lat. Anfügung, Anwendung), in der Predigtlehre des 17. und 18. Jahrhunderts derjenige Teil der Predigt, der die am Lesungstext explizierten Gedanken auf die gegenwärtige Gemeinde anwendet.

Arie (siehe auch Strophen-Aria) 31 f.

Arioso 30 f.

a tempo (ital. im Tempo), Wiederaufnahme eines festen Zeitmaßes nach einer rhythmisch freien (z. B. rezitativischen) Partie; gelegentlich auch als Warnung gesetzt, eine Rezitativpartie mit Rücksicht auf die spezielle Satzweise (z. B. als Accompagnato, siehe dort) nicht rhythmisch frei zu singen.

Bar, die im Meistergesang bevorzugte Liedform, der auch eine große Zahl unserer Volks- und Kirchenlieder folgt. Der Bar besteht aus zwei gleichen »Stollen«, denen ein andersartiger »Abgesang« folgt (Schema: A A B, z. B. ›Lobe den Herren, den mächtigen König der Ehren‹). Mündet der Abgesang wieder in die Melodie des Stollens, so entsteht ein »Reprisenbar« (Schema: A A B A, z. B. ›Es ist ein Ros entsprungen‹). Auch größere Formkomplexe folgen zuweilen dem Schema der Barform oder kehren es um zum »Gegenbar« (Schema: A B B).

Bassettchen (»Bassettgen«) 365.

Basso (quasi) ostinato. Als Basso ostinato wird eine Satztechnik bezeichnet, in der ein meist kürzeres, markantes, ständig wiederholtes instrumentales Baßthema als Grundlage für einen frei sich entfaltenden, stets abgewandelten Oberstimmengesang dient. Entstehungsgeschichtlich gilt diese Ostinatovariation als Keimzelle und älteste Form der Arie. Zur Zeit Bachs wird der Instrumentalbaß kaum mehr völlig unverändert beibehalten, sondern als »Basso quasi ostinato« (Hugo Riemann) freier behandelt, z. B. in andere Tonarten versetzt, in Teile aufgespalten und gelegentlich von freien Partien unterbrochen.

Benedictus, siehe Psalmton.

Cantata (als weltliche Solokantate) 21 f.

Canticum, siehe Psalmton.

Cantus firmus (lat. feststehender Gesang) bezeichnet eine unveränderliche, der Komposition vorgegebene Melodie; bei Bach meist ein evangelisches Kirchenlied, seltener ein Gregorianischer Choral. Die prinzipiell zu fordernde Unveränderlichkeit der gegebenen Melodie schließt deren Auszierung oder leichte Abwandlung (z.B. zwecks Kanonbildung) nicht aus.

Chor (Formen des Chorsatzes bei Bach) 24 f., 32 f., 43, 47 f.

Choral (= evangelisches Kirchenlied. Formen der Choralbearbeitung bei Bach) 23, 33

Choralkantaten 44 ff., 59 f.

Choreinbau 32 f.

Chorton, ein gegenüber dem aus Frankreich eingeführten Kammerton um 1 bis 1½ Töne höherer Stimmton, bis zum Anfang des 18. Jahrhunderts Notierungsgrundlage der Kirchenkompositionen. Die Tatsache, daß sich die Orgeln (wegen ihrer Pfeifenlänge) nicht in den moderneren Kammerton umstimmen ließen, zwangen Bach und seine Zeitgenossen in ihren Kirchenkompositionen zu Doppelnotierung, wobei entweder die (im Kammerton stehenden) Holzblasinstrumente eine höher notierte (Bachs Praxis vor 1723) oder die Orgel eine tiefer notierte (Bachs Praxis in Leipzig) Stimme erhielten. Für die heutige Aufführungspraxis ergeben sich hieraus zuweilen schwer lösbare Probleme.

Chromatik, chromatisch, Bezeichnung für Tonfolgen, die außer den 7 Tonstufen der »diatonischen« Tonleiter auch deren leiterfremde Erhöhungen und Erniedrigungen (z. B. zu c: cis, ces) verwenden. Durch Auf- oder Abwärtsbewegung in Halbtonschritten (c–cis–d–dis usw.) entsteht die 12-stufige »chromatische Tonleiter«.

colla parte (ital. mit der Stimme), bezeichnet insbesondere (in unseren Ausführungen ausschließlich) das Mitgehen von Instrumenten mit den Singstimmen, z. B. in motettischen Sätzen und in schlicht-vierstimmigen Schlußchorälen.

Comes (lat. Gefährte), siehe Fuge.

Concertino (ital. kleines Konzert), meist als Bezeichnung für eine Gruppe von Soloinstrumenten verwendet, die dem Tutti (siehe dort) gegenübersteht.

Concertisten 38, 67.

Concerto (ital. Konzert), innerhalb der Kirchenmusik oft speziell zur Bezeichnung konzertanter Bibelwort-Vertonungen verwendet, daneben auch synonym mit unserem heutigen Begriff der Kirchenkantate.

Continuo, eigentlich Basso continuo (ital. ununterbrochener Baß), die im Generalbaßzeitalter zu jeder Musik gehörende Grundstimme mit harmoniefüllenden Akkorden. Die in Bachs Kantaten an der Ausführung des C. beteiligten Instrumente sind in der Regel Violoncello, Violone (heute Kontrabaß), Orgel (zur Kirchenmusik) bzw. Cembalo (zu weltlicher Musik), meist auch Fagott, gelegentlich – zusätzlich oder als Ersatz – Laute, Viola da gamba. Vgl. auch Bassettchen.

de tempore (lat. zeitlich). Als »Proprium de tempore« bezeichnet man diejenigen liturgischen Gesänge, die innerhalb des Kirchenjahres ständig wechseln. Der hiernach gebildete Begriff de tempore (auch als Hauptwort Detempore verwendet) bezeichnet den kirchenjahreszeitlich bezogenen Charakter, z. B. eines Kantatentextes auf die Lesungen des Tages.

Devise, eine von Huge Riemann geprägte Bezeichnung für eine Eigentümlichkeit mancher Arien des 17. und 18. Jahrhunderts: Die Vorausschickung des vokalen Themenkopfes (in der Regel nach einem instrumentalen Einleitungsritornell); ihr folgt ein instrumentales Zwischenspiel und danach die identische Wiederholung des Themenkopfes mit Weiterführung (z. B. in der Arie ›Geduld, Geduld‹ aus Bachs Matthäus-Passion). Gelegentlich wird die Devise auch als »Schlußdevise« an das Ende einer Arie gestellt (z. B. in der Arie ›Es ist vollbracht‹ aus Bachs Johannes-Passion).

Doxologie (griech. Lobpreis), im weiteren Sinne jede lobpreisende Formel (z. B. Schluß des Vaterunser), im christlichen Psalmengesang der dem eigentlichen Psalmtext angehängte Preis der Dreieinigkeit, das ›Gloria Patri‹ (»Ehre sei dem Vater und dem Sohne und dem Heiligen Geiste. Wie es war im Anfang ...«).

Dramma per musica 22.

Dux (lat. Führer), siehe Fuge.

Engführung, Technik des polyphonen Satzes (besonders in der Fuge angewendet), bei der ein Thema von zwei oder mehr Stimmen so vorgetragen wird, daß es in der folgenden Stimme einsetzt, bevor es in der vorhergehenden zu Ende geführt ist.

Epistel, Evangelium, siehe Lesungen.

Exposition, Themenaufstellung (im Gegensatz zur Themendurchführung oder zu unthematischen Partien), meist zu Beginn eines Satzes.

Flauto piccolo 50.

Französische Ouvertüre, Bezeichnung für die typische, aus der französischen Oper übernommene Ouvertürenform nach dem Schema: langsam (feierliche, punktierte Rhythmen) – schnell (fugischer Satz) – langsam (wie zu Anfang). Auch außerhalb der Oper wird die F. O. verwendet, zumal als Einleitung der Orchestersuite, aber auch auf andere Werkgattungen übertragen, z. B. die Kantate (vgl. BWV 20, 61, 97, 119, 194).

freipolyphon, siehe Polyphonie.

Fuge (lat. fuga = Flucht), ein streng stimmiger Satz von (in der Regel) gleichbleibender Stimmenzahl, geprägt durch ein charakteristisches Thema, mit dem jede Stimme nacheinander ihren Part beginnt und das normalerweise auch im weiteren Verlauf des Satzes in sogenannten »Durchführungen« wiederholt vorgetragen wird. Vom Kanon unterscheidet sich die Fuge durch freieren Stimmenverlauf, vom imitatorischen Satz (siehe Imitation) durch formale Einheit. Der Beginn einer Fuge bis zum Erreichen der vollen Stimmenzahl wird als Exposition (siehe auch dort) bezeichnet; diese ist gekennzeichnet durch Quintbeantwortung, d. h.: Das im ersten Einsatz normalerweise in der Grundgestalt (»Dux«) auftretende Thema wird von der als zweite einsetzenden Stimme in Quinttransposition (bzw. Unterquarttransposition) »beantwortet« (»Comes«). Je nachdem, ob diese Quintversetzung notengetreu oder mit Rücksicht auf ihre tonartliche Bindung leicht verändert erklingt, spricht man von »realer« oder von »tonaler« Beantwortung. Siehe auch Engführung, Permutationsfuge, Vergrößerung, Verkleinerung.

Hemiole, hemiolisch (griech. anderthalb), in der Musik der Bachzeit Bezeichnung für die Zusammenfassung zweier ungerader Takte (oder Taktteile) zu einem einzigen mit doppelter Zählzeit, z. B. die Umdeutung von

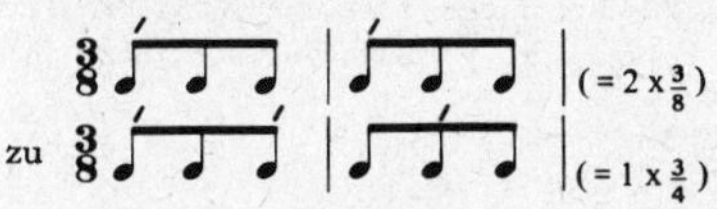

Heterophonie, heterophon, ein aus der vergleichenden Musikwissenschaft stammender, aber auch auf ähnliche Erscheinungen in der abendländischen Musik übertragener Begriff zur Bezeichnung einer charakteristischen Stimmführung, bei der zwei oder mehr Stimmen überwiegend im Einklang geführt werden, jedoch mit gelegentlichen Abweichungen voneinander. Diese Abweichungen sind meist gesangs- oder spieltechnisch bedingt, z. B. wenn eine Melodie von einer Singstimme in schlichter Form vorgetragen, zugleich jedoch von einem Instrument mitgespielt und dabei mit instrumentengerechten Auszierungen versehen wird.

Homophonie, homophon (griech. Gleichklang, gleichklingend), siehe Polyphonie.

Imitation, imitatorisch, Bezeichnung für eine grundlegende Technik des mehrstimmigen Satzes, bei der eine charakteristische Figur (Thema, Motiv) in einer Stimme vorgetragen und in einer anderen wiederholt (»imitiert«) wird. Besonders gut wahrnehmbar (und daher bevorzugt angewendet) ist die I., wenn die Stimmen dabei nacheinander einsetzen, z. B. in der Exposition einer Fuge (siehe dort). Im engeren Sinne wird der Begriff des »imitatorischen Satzes« besonders da angewendet, wo die Imitation innerhalb eines freieren Satzes auftritt, also ohne Bindung an eine der strengen Formen wie Kanon, Fuge u. a.

Kammerton, siehe Chorton.

Kanon (griech. Maßstab, Regel), neben andern Bedeutungen Bezeichnung der strengsten Art der Imitation (siehe dort), bei der zwei oder mehr Stimmen einander in melodischer und rhythmischer Identität folgen. Die musikalische Kompositionspraxis kennt freilich zahlreiche Abstufungen zwischen dem völlig strengen Kanon und kanonähnlicher Stimmführung.

Koloratur (ital. Verzierung), insbesondere kunstvolle Läufe, Triller u. a., besonders in einer Arie oder einem Arioso. Siehe auch Melisma.

Kontrapunkt (von lat. punctus contra punctum = Satz Note gegen Note). Aus dem vielfältigen Bedeutungsbereich des Wortes seien hier herausgegriffen:

1. Satzlehre, bei der der Schüler vom Satz Note gegen Note zu immer komplizierteren Techniken des mehrstimmigen Satzes fortschreitet.

2. Gegenstimme zu einer vorgegebenen Stimme, z. B. einem Thema oder einem Cantus firmus (siehe dort). In der Permutatinosfuge (siehe dort) auch auf die üblicherweise als Thema bezeichnete Stimme angewendet, um die Gleichberechtigung aller beteiligten Stimmen erkennbar zu machen.

3. Satztechnik der Vertauschung selbständig geführter Stimmen (»doppelter« bzw. »mehrfacher« Kontrapunkt).

4. In Bachs ›Kunst der Fuge‹ (BWV 1080) wird die Überschrift ›Contrapunctus‹ auch synonym mit ›Fuge‹ verwendet.

Konzert, Geistliches Konzert 19 f.

Lamento (ital. Klagelied). Als charakteristisch für das L. hat sich im 17. Jahrhundert vielfach die Form des Gesanges über einer ostinaten (siehe ostinato), im Raume einer Quarte chromatisch absteigenden Baßfigur entwickelt. Derartige Baßfiguren (z. B. im ›Crucifixus‹ der h-Moll-Messe) werden daher als »Lamentobässe« bezeichnet.

Leipzig (Bachs Kantaten und Kantatenaufführungen der Leipziger Zeit) 36–72.

Lesungen (des Meß- bzw. Hauptgottesdienstes). Als Bibellesungen haben sich aus einer in frühchristlicher Zeit größeren Zahl allgemein zwei Lektionen erhalten: Die Epistel als Lesung aus den Lehrbüchern (und der Apostelgeschichte) des Neuen Testaments sowie das Evangelium als Lesung aus einem der vier Evangelien. Diese Lesungen sind für die Sonn- und Festtage des Kirchenjahres festgelegt. Siehe auch 14 f.

Liederpredigten 45.

Madrigal 15 f., 18 f.

madrigalische Dichtung, eine nach den Regeln des Madrigals (siehe dort) verfertigter Text. Zugleich Sammelbegriff für alle in freier Dichtung gehaltenen nichtstrophischen Textteile der weltlichen und der neueren Kirchenkantate (Rezitativ, Arioso, Arie, Chor).

Magnificat, siehe Psalmton.

Melisma (griech. Gesang, Lied) bezeichnet meist die Bindung einer Textsilbe über mehrere Noten, auch Koloraturen (siehe dort) und Verzierungen. Gegensatz: syllabischer Gesang (siehe syllabisch).

Monodie 20.

Motette 18.

Motiv, die kleinste musikalische Sinneinheit. Als Teil eines Themas (siehe dort) kann es den Anstoß zur Bildung einer geschlossenen Form geben; dagegen wirkt die Aneinanderreihung gleicher oder ähnlicher Motive der Ausbildung eines deutlich wahrnehmbaren Formverlaufs entgegen und führt zu einer mehr oder weniger offenen Form (z. B. Wohltemperiertes Klavier I, Präludium 1, BWV 846). Siehe auch motivgeprägtes Accompagnato.

motivgeprägtes Accompagnato 30.

Neapolitanischer Sextakkord, alterierter Scheinsextakkord über der 4. Tonleiterstufe, ursprünglich in Moll, häufig jedoch auch in Dur verwendet, mit Subdominantfunktion, z. B.

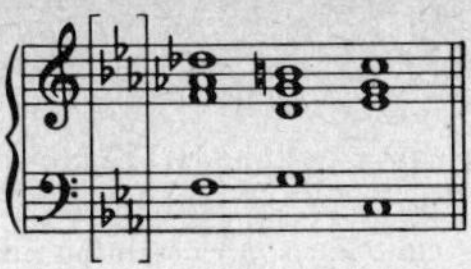

In der Musik der Neapolitanischen Opernschule bevorzugt verwendet.

Nunc dimittis, siehe Psalmton.

Oboe da caccia (ital. Jagdoboe; siehe auch Taille), eine gegenüber der normalen Oboe um eine Quinte tiefer stehende Oboenart, heute durch Englischhorn ersetzt.

Oboe d'amore (ital. Liebesoboe), eine gegenüber der normalen Oboe um eine kleine Terz tiefer stehende Oboenart von sanftem Klang.

Ode, zu Bachs Zeit Bezeichnung für ein Strophengedicht. Gegensatz: madrigalische Dichtung (siehe dort).

Oratorium (Bachs) 61–63.

Ordinarium missae (lat.), die innerhalb des Kirchenjahres weitgehend gleichbleibenden Teile der Meßliturgie (Gegensatz: Proprium missae, die ständig wechselnden Teile).

Orgel (obligate Verwendung) 54–56.

ostinato (ital. hartnäckig), mehrfach unverändert wiederkehrend. Siehe auch Basso (quasi) ostinato.

Parodie (griech.), Umtextierung einer bereits früher geschaffenen Gesangskomposition, die dabei musikalisch mehr oder weniger stark verändert wird. Eine zu Bachs Zeit allgemein praktizierte Form der Umarbeitung mit dem Ziel, zweckgebundene Kompositionen zu verändertem Anlaß wiederverwendbar zu machen.

Permutationsfuge (siehe auch Fuge) 24.

Phrygischer Schluß, kirchentonale, innerhalb des »phrygischen« Modus (e f g a h c d e) verwendete Kadenzformel (wobei die Terz des Schlußakkords häufig erhöht wird), z. B.:

Mit dem Aufkommen der Dur-Moll-Tonalität wird der Ph. S. als Halbschluß auf der Dominante aufgefaßt und wegen seiner (nunmehr) unvollkommenen Schlußwirkung von Bach besonders zur Vertonung einer Frage verwendet.

pizzicato (ital.) gezupft.

Polyphonie, polyphon (griech. Mehrstimmigkeit, mehrstimmig), bezeichnet speziell die Setzweise, in der jede Stimme ihre melodisch-rhythmische Eigenständigkeit bewahrt im Gegensatz zur Homophonie, dem rhythmisch gleichförmigen, akkordischen, mehr harmonie- als melodiebetonten Satz aller Stimmen. Der Ablauf eines polyphon gesetzten Stückes kann sich gebunden an ein Thema, ein Motiv oder einen Cantus firmus (siehe dort) vollziehen oder ungebunden in frei schweifendem, »freipolyphonem« Satz.

Psalmton. Aus der altkirchlichen Tradition des Psalmengesangs auf feststehende melodische Modelle hat die lutherische Kirche die neun »Psalmtöne« übernommen, die zu Bachs Zeit nur noch gelegentlich verwendet werden, hauptsächlich zum Gesang der drei neutestamentlichen »Cantica«, des ›Benedictus‹ (Luk. 1, 68–79), des ›Magnificat‹ (Luk. 1, 46–55) und des ›Nunc dimittis‹ (Luk. 2, 29–32). Siehe auch 538, 555.

Querflöte (Verwendung in Bachs Kantaten) 50.

Querstand, eine im strengen Satz verbotene Stimmführung, bei der ein leiterfremder Halbtonschritt (z. B. c–cis) oder ein Tritonus (z. B. f–h) auf zwei verschiedene

Stimmen (auch oktavversetzt) verteilt auftritt, z. B.: $\begin{matrix} e'\text{–}cis' \\ , \\ c'\text{–}a \end{matrix}$. In der wortgebundenen Musik der Bachzeit gilt der Qu. zur Interpretation bestimmter Textinhalte (z. B. »Sünde«) ausnahmsweise als erlaubt.

Quodlibet (lat. was beliebt), eine meist scherzhaft gemeinte Zusammenstellung mehrerer (oft bekannter) Melodien, die entweder gleichzeitig oder nacheinander vorgetragen werden. Das Singen von Qu. soll eine beliebte Beschäftigung auf den Familientagen der »Bache« gebildet haben.

Rezitativ (von ital. stile recitativo = vortragender, erzählender Stil) 30.

Ripienisten (von ital. ripieno = voll, Füllung) 38, 67.

Secco (ital. trocken) 30.

Serenata 22, 35.

Solo (ital. allein) bezeichnet das Hervortreten eines Instruments oder Einzelsängers. Als Besetzungsangabe zur Unterscheidung von chorischer Besetzung verwendet, als Formbezeichnung (»Solo-Episode«) im Konzertsatz Gegensatz zu Tutti (siehe dort).

Stichnoten, die als Orientierungshilfe für den Ausführenden gedachte Eintragung der seinem Einsatz unmittelbar vorhergehenden Partie einer anderen Stimme in die Noten des eigenen Parts.

Stimmtausch 24 f.

Stollen, siehe Bar.

Strophen-Aria 15, 21.

syllabisch (von griech. syllabē), Silbe für Silbe, bezeichnet einen Gesangsvortrag, bei dem jede Silbe auf eine eigene Note gesungen wird. Gegensatz: melismatisch (siehe Melisma).

tacet (lat. schweigt). Ein Tacet-Vermerk besagt, daß der Sänger oder der Spieler der betreffenden Partie in dem derart gekennzeichneten Teil des Werkes nicht mitwirkt.

Taille (frz.). In der französischen Musik Bezeichnung für die Mittellage, insbesondere die Tenorlage. Bei Bach meint die Bezeichnung Taille stets den Part der Oboe da caccia (innerhalb eines vollstimmigen Satzes), der heute auf dem Englischhorn ausgeführt wird.

Thema, ein melodisch-rhythmisch hinreichend profilierter musikalischer Gedanke, der durch seine Wiederkehr, meist aber auch durch Verarbeitung und Abwandlung formbildend wirkt. Siehe auch Motiv.

Tutti (ital. alle), die Zusammenfassung aller an der Ausführung eines Satzes beteiligten Mitwirkenden (oder ihrer überwiegenden Mehrzahl). Gegensatz: Solo (siehe dort). Im Konzertsatz hat der Wechsel zwischen »Tutti-Ritornellen« und »Solo-Episoden« formbestimmenden Charakter.

unisono (ital. gleichklingend), Bezeichnung für die Fortschreitung mehrerer (in der Regel sonst selbständig geführter) Stimmen im Einklang, evtl. auch in der Oktave.

Vergrößerung, Verkleinerung, Techniken des polyphonen Satzes (besonders in Kanon, Fuge und Cantus-firmus-Bearbeitung angewendet), bei denen eine charakteristische Melodie, meist ein Thema oder ein Cantus firmus, von einer oder mehreren Stimmen in – gemessen am bisherigen Auftreten – doppelten bzw. halben Notenwerten vorgetragen wird.

Violoncello piccolo 50.

Vokaleinbau 32 f.

Vorimitation (siehe auch Imitation), Vorbereitung des Einsatzes einer Stimme, meist eines Cantus firmus (siehe dort) durch imitatorisches Zitat ihrer Melodie in den übrigen an der Ausführung des Satzes beteiligten Stimmen (oder einigen von ihnen). Der darauffolgende, derart vorbereitete Einsatz erklingt dann häufig in der Vergrößerung (siehe dort).

3. Alphabetisches Verzeichnis der Kantatentitel

4. Verzeichnis der BWV-Nummern

Bach-Kantaten in Einzelausgaben nach der »Neuen Bach-Ausgabe«

BWV 6: Bleib bei uns, denn es will Abend werden (2. Ostertag). Alfred Dürr. Taschenpartitur TP 60 DM 4,–. Klavierauszug BA 5117a DM 5,–. Aufführungsmaterial BA 5117 käuflich.

BWV 18: Gleich wie der Regen und Schnee vom Himmel fällt (Leipziger Fassung) (Sexagesimae). Werner Neumann. Taschenpartitur TP 57 DM 4,50. Klavierauszug BA 5137a DM 5,–. Aufführungsmaterial BA 5137 käuflich.

BWV 34: O ewiges Feuer, o Ursprung der Liebe (1. Pfingsttag). Dietrich Kilian. Taschenpartitur TP 83 DM 5,–.

BWV 36: Schwingt freudig euch empor (endgültige Fassung) (1. Advent). Alfred Dürr. Taschenpartitur TP 10 DM 4,50. Klavierauszug BA 5101a DM 5,–. Aufführungsmaterial BA 5101 käuflich.

BWV 45: Es ist dir gesagt, Mensch, was gut ist (8. Sonntag nach Trinitatis). Alfred Dürr. Taschenpartitur TP 189 DM 6,–. Klavierauszug BA5127a DM 6,50. Aufführungsmaterial BA 5127 käuflich.

BWV 59: Wer mich liebet, der wird mein Wort halten (1. Pfingsttag). Dietrich Kilian. Taschenpartitur TP 184 DM 4,–.

BWV 61: Nun komm, der Heiden Heiland (1. Advent). Werner Neumann. Taschenpartitur TP 51 DM 3,50. Klavierauszug BA 5105a DM 4,–. Aufführungsmaterial BA 5105 käuflich.

BWV 62: Nun komm, der Heiden Heiland (1. Advent). Werner Neumann. Taschenpartitur TP 52 DM 4,50. Klavierauszug BA 5106a DM 5,–. Aufführungsmaterial BA 5106 käuflich.

BWV 63: Christen, ätzet diesen Tag (1. Weihnachtstag). Alfred Dürr. Taschenpartitur TP 186 DM 6,–.

BWV 68: Also hat Gott die Welt geliebt (2. Pfingsttag). Alfred Dürr. Taschenpartitur TP 182 DM 5,–. Klavierauszug BA 5124a DM 6,–. Aufführungsmaterial BA 5124 käuflich.

BWV 78: Jesu, der du meine Seele (14. Sonntag nach Trinitatis). Werner Neumann. Taschenpartitur TP 80 DM 4,50. Klavierauszug (Deutsch/Engl.) BA 5139a DM 7,–.

BWV 91: Gelobet seist du, Jesu Christ (1. Weihnachtstag). Alfred Dürr. Taschenpartitur TP 54 DM 4,50. Klavierauszug BA 5114a DM 6,–. Aufführungsmaterial BA 5114 käuflich.

BWV 108: Es ist euch gut, daß ich hingehe (Cantate). Alfred Dürr. Taschenpartitur TP 82 DM 4,50.

BWV 110: Unser Mund sei voll Lachens (1. Weihnachtstag). Alfred Dürr. Taschenpartitur TP 61 DM 5,–.

BWV 128: Auf Christi Himmelfahrt allein (Himmelfahrt). Alfred Dürr. Taschenpartitur TP 187 DM 4,50.

BWV 132: Bereitet die Wege, bereitet die Bahn (4. Advent). Alfred Dürr. Taschenpartitur TP 53 DM 4,50. Klavierauszug BA 5104a DM 4,–. Aufführungsmaterial BA 5104 käuflich.

BWV 134: Ein Herz, das seinen Jesum lebend weiß (3. Fassung) (3. Ostertag). Alfred Dürr. Taschenpartitur TP 55 DM 4,50. Klavierauszug BA 5107a DM 10,–. Aufführungsmaterial BA 5107 käuflich.

BWV 140: Wachet auf, ruft uns die Stimme (27. Sonntag nach Trinitatis). Alfred Dürr. Klavierauszug (Deutsch/Engl.) BA 5142a DM 8,–.

BWV 144: Nimm, was dein ist, und gehe hin (Septuagesimae). Werner Neumann. Taschenpartitur TP 56 DM 4,50.

BWV 158: Der Friede sei mit dir (3. Ostertag). Alfred Dürr. Taschenpartitur TP 79 DM 4,–. Klavierauszug BA 5122a DM 4,–. Aufführungsmaterial BA 5122 käuflich.

BWV 166: Wo gehest du hin (Cantate). Alfred Dürr. Taschenpartitur TP 81 DM 4,–. Klavierauszug BA 5123a DM 5,–. Aufführungsmaterial BA 5123 käuflich.

BWV 172: Erschallet, ihr Lieder (C-dur-Fassung) (1. Pfingsttag). Dietrich Kilian. Taschenpartitur TP 78 DM 5,–. Klavierauszug BA 5126a DM 6,50. Aufführungsmaterial BA 5126 käuflich.

BWV 175: Er rufet seinen Schafen mit Namen (3. Pfingsttag). Alfred Dürr. Taschenpartitur TP 181 DM 4,–. Klavierauszug (Deutsch/Engl.) BA 5138a DM 5,–.

BWV 176: Es ist ein trotzig und verzagt Ding (Trinitatis). Robert Freeman. Taschenpartitur TP 190 DM 4,50.

BWV 207: Vereinigte Zwietracht der wechselnden Saiten (Glückwunschkantate). Werner Neumann. Taschenpartitur TP 84 DM 9,–.

BWV 208: Was mir behagt, ist nur die muntre Jagd (Glückwunschkantate). Alfred Dürr. Taschenpartitur TP 185 DM 5,50. Klavierauszug BA 5125a DM 8,–. Aufführungsmaterial BA 5125 käuflich.

BWV 213: Laßt uns sorgen, laßt uns wachen (Glückwunschkantate »Herkules auf dem Scheidewege«). Werner Neumann. Taschenpartitur TP 188 DM 8,–.

BWV 214: Tönet, ihr Pauken! Erschallet Trompeten! (Glückwunschkantate). Werner Neumann. Taschenpartitur TP 183 DM 8,–.

BWV 248: Weihnachts-Oratorium. Walter Blankenburg/Alfred Dürr. Taschenpartitur TP 85 kart. DM 16,–. Ln DM 20,–. Klavierauszug BA 5014a kart. DM 10,–, Ln DM 18,–. Aufführungsmaterial BA 5014 käuflich.

Preise nach dem Stand vom 1. 7. 1971

Bärenreiter

Eine Enzyklopädie der Alten Welt

dtv-Lexikon der Antike

I: Philosophie, Literatur, Wissenschaft
In vier Bänden

II: Religion, Mythologie
In zwei Bänden

III: Kunst
In zwei Bänden

In Vorbereitung:
IV: Geschichte
V: Kulturgeschichte

Zusammengestellt aus dem ›Lexikon der Alten Welt‹ des Artemis Verlages. Das Nachschlagewerk gibt Auskunft über Kultur und Geistesgeschichte der griechisch-römischen Antike, des Alten Orients und des frühen Christentums. Mit ausführlichen Literaturangaben.

dtv-Lexikon der Antike
Philosophie
Literatur
Wissenschaft
Band 1
A-Din

dtv-Lexikon der Antike
Philosophie
Literatur
Wissenschaft
Band 2
Dio-Kor

dtv-Lexikon der Antike
Philosophie
Literatur
Wissenschaft
Band 3
Kos-Plo

dtv-Lexikon der Antike
Philosophie
Literatur
Wissenschaft
Band 4
Plu-Z

dtv-Lexikon der Antike

dtv